大学生创业基础

主 编 范 龙 戴 玉
副主编 李 倩 杨丽丽 黄海燕

东南大学出版社
SOUTHEAST UNIVERSITY PRESS
·南京·

前　言

我们正处在一个创新驱动发展、创业生机焕发的时代。习近平总书记在全国教育大会上明确指出,要把创新创业教育贯穿人才培养全过程。《2021年国务院政府工作报告》中也多次提到创新创业。高校作为人才培养的摇篮,要不断完善人才培养质量标准,创新人才培养机制,健全创新创业教育课程体系,改变教学方法和考核方式,强化创新创业实践,改革教学和学籍管理制度,加强教师创新创业教育教学能力建设,改进学生创业指导服务,完善创新创业资金支持和政策保障体系。

为了适应新形势,本书按照教育部对于高职高专人才培养规格的具体要求进行编写,结合我国高职高专在校学生创业活动的实际情况,配合国家对于高校创新创业人才培养的基本需求,兼顾高职高专学生的素质能力现实,将知识传授和能力实践相结合,按照创业活动实际发展过程重组知识单元,精选核心内容,广泛借鉴先进成果,以突出教材的先进性和实用性。

本书的编写力争突出三个"三":三突出——突出能力本位,典型引路,举一反三;三结合——实现知识与能力,文化与职业,教学与自学的高度结合;三提高——提高逻辑分析能力,提高共性操作能力,提高想象创新能力。

本书主编为范龙、戴玉,副主编为李倩、杨丽丽、黄海燕。本书的具体编写任务分别由以下老师担任:第一、第二章由戴玉编写;第三章由李倩编写;第四章由黄海燕编写;第五、第六章由范龙编写;第七章由杨丽丽编写;第八章由张满编写;第九章由单媛媛编写。此外,范龙负责全书的整体规划和最终统稿。

本书在编写过程中,得到黄河水利职业技术学院张之峰副教授的大力支持,在此表示感谢。同时,我们参考和借鉴了众多专家和老师的研究成果,以及大量的国内外企业的经验资料,所引材料尽可能注明出处,但仍有不少遗漏。在此,谨向各位前辈、同仁表示衷心的感谢。另外,由于本书编者能力有限,书中难免存在不足之处,恳请各位专家老师以及广大读者批评指正。

编　者

2021年7月

目 录

第一章 创业、创业精神与人生发展 1
 第一节 创业与创业精神 1
 第二节 知识经济发展与创业 12
 第三节 创业与职业生涯发展 15
 巩固与训练 21

第二章 创业者与创业团队 26
 第一节 创业者 26
 第二节 创业团队 35
 巩固与训练 45

第三章 创业机会与风险 50
 第一节 创业机会识别 50
 第二节 创业项目的选择 57
 第三节 创业项目评价 64
 第四节 创业风险的识别 66
 第五节 创业的商业模式开发 73
 巩固与训练 80

第四章 创业资源 82
 第一节 创业资源概述 82
 第二节 创业融资 91
 第三节 创业资源管理 109
 巩固与训练 117

第五章 创业计划 119
 第一节 创业计划与创业计划书 119
 第二节 创业计划书的撰写与展示 127
 巩固与训练 137

第六章 新企业的开办 …… 142
- 第一节 成立新企业前的思考 …… 142
- 第二节 申办企业及大学生创业优惠政策 …… 151
- 第三节 创业资金筹措 …… 158
- 第四节 注册企业必须考虑的法律与法规 …… 160
- 巩固与训练 …… 164

第七章 创业初期的营销管理 …… 165
- 第一节 产品和企业的生命周期 …… 165
- 第二节 产品在不同生命周期的营销策略 …… 167
- 第三节 创业初期的营销理念 …… 171
- 第四节 企业发展需要的经营理念 …… 173
- 第五节 电子商务对企业经营的影响 …… 178
- 巩固与训练 …… 184

第八章 创业初期的财务管理 …… 187
- 第一节 财务管理对创业的影响 …… 187
- 第二节 创业初期应掌握的财务知识 …… 190
- 第三节 创业初期的财务风险及应对措施 …… 196
- 第四节 中小企业的上市 …… 202
- 巩固与训练 …… 209

第九章 创业初期的客户管理 …… 211
- 第一节 以客户为中心的公司才能获得成功 …… 211
- 第二节 企业的差别化经营 …… 218
- 第三节 提升客户满意度 …… 220
- 第四节 挽回流失的客户 …… 228
- 巩固与训练 …… 233

参考文献 …… 235

第一章

创业、创业精神与人生发展

> **学习目标**
>
> 知识目标：了解创业的概念、要素及其对社会和个人发展的影响；理解创业的意义与前景，掌握创业的类型及其不同阶段的主要特征。
>
> 技能目标：能够结合实际情况分析大学生创业的意义与价值，能结合自身实际不断培养自己的创业意识与能力。
>
> 态度目标：具有务实求真精神、吃苦耐劳精神、诚实守信精神、乐于奉献精神、创业意识和创新精神。

第一节 创业与创业精神

> **学习提示**
>
> 使学生了解创业的概念、要点和类型，认识创业过程的特征，掌握创业与创业精神之间的辩证关系，强化学生对创业精神需要培育并可培育的理性认识。

一、创业的定义与功能

（一）创业的定义

创业是创业者对自己拥有的资源或通过努力对能够拥有的资源进行优化整合，从而创造出更大经济或社会价值的过程。创业是一种劳动方式，是一种需要创业者运营、组织、运用服务、技术、器物作业的思考、推理和判断行为。根据杰夫里·提蒙斯（Jeffry A. Timmons）所著创业教育领域经典教科书《创业创造》（New Venture Creation）中的定义：创业是一种思考、推理结合运气的行为方式，它为运气带来的机会所驱动，需要在方法上全盘考虑并拥有和谐的领导能力。

创业作为一个商业领域，以点滴成就、点滴喜悦致力于理解创造新事物（新产品、新市场、新生产过程或原材料，组织现有技术的新方法）的机会如何出现并被特定个体发现或创造，这些人如何运用各种方法去利用和开发它们，然后产生各种结果。

创业是一个人发现一个商机并加以实际行动转化为具体的社会形态，获得利益，实现价值。科尔（Cole）提出，把创业定义为发起、维持和发展以利润为导向的企业的有目的性的行为。我国学者郁义鸿认为，创业是一个发现和捕捉机会并由此创造出新颖产品或服务以实现其潜在价值的过程。创业过程需要付出劳动、承担风险，同时也会收获利益与自我满足。

虽然诸多创业学者从不同的侧重点进行了定义，但编者认为教育部创业培训指导委员会专家委员李肖鸣的定义更为准确。她认为，创业是不拘泥于当前资源约束，寻求机会、进行价值创造的行为过程。

创业，就是挖掘自身潜力、整合周围资源、体现自身价值的一个过程。在创业过程中考验的是大学生的综合素质和创业精神。

(二) 创业的功能

创业是创造，是富有创业精神的创业者与机会结合并创造价值的活动。不同的视角，赋予了创业不同的功能。

(1) 从财富的创造角度来看，创业包含了为了获得利润进行生产的风险承担。

(2) 从企业的创造角度来看，创业体现了一项从前没有过的新企业创造。

(3) 从创新的创造角度来看，创业包含了使已有生产方式或是产品过时的资源独特组合。

(4) 从变革的创造角度来看，创业包含为了抓住环境中的机会而进行的创造性变革，包括对个人生涯、方法、技能的调整、修正、修改等。

(5) 从雇佣的创造角度来看，创业包含了对生产要素包括劳动力的雇佣、管理和发展等。

(6) 从价值的创造角度来看，创业是为了开发没有开启的市场机会，为顾客创造价值的过程。

(7) 从增长的创造角度来看，创业被定义成了销售、收入、资产和雇佣的增长，一种正向的、强烈的导向。

二、创业的要素与类型

(一) 创业的要素

创业是由一系列活动构成的实践过程，涉及多个创业要素。通常来说，创业的关键要素包括创业机会、创业团队和创业资源。

创业机会主要是指具有较强吸引力的、较为持久的有利于创业的商业机会，创业者据此可以为客户提供有价值的产品或服务，并同时使创业者自身获益。创业机会是创业过程中的核心，是创业者创业成功的重要机遇，它关系到新创企业的生存与发展。创业机会往往是一个新的市场需求，或者是一个可以开辟新产品的市场需求，这样的市场需求并非只有创业者认识到，其他的竞争者可能会很快加入竞争的行列。因此，当创业者抓住它时，创业就会获得成功。

创业团队的活动归根到底是人的活动。当今全球化与互联网时代的特点，就是即便你已经专注于某个领域，而且创意不断，还是会有非常多的竞争对手同时参与进来。不管你正在从事哪一领域，创新的半衰期都是如此之短，如果你能开发出特别吸引用户的功能，产品也许会一夜成名，同样很快就会过时。如果缺少快速反应的创新，你很容易就会出局。如何跟上时代的步伐？答案是依靠一个能力互补的强大团队。凭借一个人的力量是无法建立伟大公司的。"选择了正确的团队，就是完成了80％的工作。"这是很多风险投资家投资企业时的经验之谈。团队成员之间能力互补，拥有共同的目标和价值观，相互信任，自觉合作，才能发挥自己的最大潜能。

创业资源是指新创企业在创造价值的过程中需要的特定的资产，包括有形与无形的资产，它是新创企业创立和运营的必要条件，主要表现形式为：创业人才、创业资本、创业机会、创业技术和创业管理等。

(二) 创业的类型

创业活动根据创业主体的性质、创业动机、创业起点等因素,可以划分为多种类型。

1. 按照创业主体的性质分类

(1) 独立创业。是指由创业者个人或者多人组成的创业团队,从资金、技术到销售等环节均完全独立的创业。许多年轻人资金有限,为节约成本在初次创业时多采用独立创业类型。

(2) 附属创业。是指已经投入市场运营的企业投资创立新企业,或是由本企业业务衍生出的新企业。

(3) 公司内部员工创业。是指由一些有创业意向的企业员工发起,在企业的支持下承担企业内部某些业务内容或工作项目,进行创业并与企业分享成果的创业模式。这种方式不仅可以满足员工的创业欲望,同时也能激发企业的内部活力,改善内部分配机制,是一种员工和企业双赢的创业形式。

2. 按照创业动机分类

(1) 生存型创业。创业行为出于没有其他更好的选择,即不得不参与创业活动来解决其所面临的困难。生存型创业大多属于复制型和模仿型创业,创业项目多集中在餐饮、商业零售等比较容易进入的生活服务业,一般规模较小,竞争比较激烈。

(2) 机会型创业。创业者基于实现自我价值的强烈愿望,在发现或创造新的市场机会下进行的创业活动。从事机会型创业的人通常不会选择自我雇佣的形式,而是通常具有明确的创业梦想,进行了创业机会的识别和把握,有备而来。

除了以上几种分类方式,还可以根据创业起点不同,分为建立新企业和再创业;根据创业投入资源不同,分为人力资源转移型创业、技术转移型创业和直接投资型创业;根据企业制度创新层次,分为基于产品层次的创业、营销层次的创业和组织管理层次的创业;对于大学生创业,根据创业时间的不同,可分为在校创业、休学创业、毕业即创业、毕业后创业和深造再创业。

三、创业过程与阶段划分

创业过程是指创业者对一项有市场价值的商业机会从最初的构思到形成创业,以及创业的成长管理过程。整个过程包括创业机会识别、整合资源、创建新企业以及新企业的成长与发展四个主要阶段。

1. 创业机会识别阶段

创业机会识别是创业过程的核心,识别机会的关键是觉察到别人看不见、想不到、难以做到的机会,它包括建立创业设想、进行市场调研和分析、制定初步的经营方案等。

2. 资源整合阶段

整合资源是创业者开发机会的重要手段。创业者在创业活动初期能够掌握和利用的资源较为匮乏,资源的调配与有效利用能够创造新的核心竞争力。通过整合人力资源、资金资源、经营管理资源、产品销售和市场资源,来组建优秀团队,多渠道创业融资。

3. 创建新企业

新企业的创建或新事业的诞生是衡量创业者创业行为的直接标志,包括公司制度设计、企业注册、经营地址的选择、确定进入市场的不同途径等。

4. 新企业的成长与发展

新企业成立之后,进入企业生存与发展阶段。新企业必须重视顾客价值的满足和提升、重视科学的企业管控,才能得以生存和成长。

四、创业精神的本质与来源

创业精神是指在创业者的主观世界中,那些具有开创性的思想、观念、个性、意志、作风和品质等。

(一)创业精神的本质

创业精神是创业者在创业过程中的重要行为特征的高度凝练;主要表现为冒险精神,自信、自强、自立精神,竞争、坚韧、乐观精神和合作意识等几个方面。

1. 冒险精神

创业精神首先体现为一种冒险精神。美国经济学家德鲁克认为,企业家是冒险者,是勇于承担风险、有目的地寻找革新源泉、善于捕捉变化,并把变化作为可供开发利用机会的人。

创业是一种投入,投入就会有风险,创业是需要强大心理承受能力的一项活动。创业者要具备敢于承担风险和不确定性的精神,他们不管程度如何,都是愿意冒险之人。

2. 自信、自强、自立精神

自信能够赋予人主动积极的人生态度和进取精神,使人具有敢为人先的胆略和实事求是的科学态度。要成为一名成功的创业者,必须坚持信仰如一,自己充满信心,相信自己一定能行,具有独立的人格和思维能力,不受传统和世俗偏见的约束。

自强是建立在自信的基础之上,不贪图眼前利益,不畏惧一时困顿,勇于实践,在实践中不断增强自身能力和价值,创造更多的财富,使自己成为事业和生活中的高手。

自立就是彻底撤掉娇生惯养、依赖父母的心理,告别优柔寡断、蒙混过关的心态,要切切实实地凭自己的头脑和双手、智慧和才能,用自己的不懈努力和辛勤奋斗取得创业的成功。

3. 竞争、坚韧、乐观精神

竞争就是个人或团体间力求压倒或胜过对方的一种心理状态,它能使人精神振奋,努力进取,促进事业的发展。对于创业者来说,竞争的目的在于创业的成功。有竞争才会有提高,因此创业者要面对市场,牢固树立竞争意识。

对一般人来说,忍耐是一种美德;对创业者来说,忍耐却是必须具备的品格。创业的结果有两个,一个是成功,一个是失败,创业不意味着成功,创业者也要有面对失败的勇气和失败之后不服输、继续做的毅力和耐力。

乐观是一种最为积极的性格因素之一,同时也是一种积极向上的生活态度。乐观就是无论在什么情况下,也能保持良好心态。在残酷的竞争中,创业者要形成一种自我激励的积极性格,看到事物有利的一面,这是给自己找出路、遇到问题想出办法的前提。

4. 合作意识

创业从来不是一个人可以完成的,纵观那些成功的企业,都是一个团队的结晶。作为创办企业的核心人物,要具备打造高效创业团队的能力。

(二)创业精神的来源

创业精神的来源主要有两个。一方面,来源于创业者主观上强烈的创业意愿与兴趣。创业者在正式创业前,受个人因素、社会因素等影响,会产生强烈的创业意识与动机。在这种创业意识的引导与影响下，创业者会不断赋予自己正能量，充分发挥自身潜能，调动有力情绪投身创业活动。创业者追求理想与价值的实现是创业精神的主要来源之一。另一方面，来源于创业者的客观实践。创业活动是不断参与社会实践的动态过程，为了企业的生存与发展，要在激烈的竞争中胜出，创业者必须不断调整，提高企业经营管理策略，以适应市场的需要。企业的不断发展离不开技术更新、产品更新，这种更新则源于企业领导者的意识创新。

五、创业精神的作用与培育

（一）创业精神的作用

1. 创业精神具有促进人全面自由发展的作用

创新是创业精神的核心内容，创新作为人们改造世界的创造性活动，促进了人的自由全面发展。离开了创新，人的自由全面发展就成了无源之水、无本之木。共产主义的实现，依赖于生产力的高度发展，只有这样才能创造出丰富的物质和精神财富，从而充分满足人们的各种需要。高度发展的社会生产力及其创造的社会物质条件，是个人全面发展的现实基础，而社会生产力的发展归根到底离不开人们的创新活动，创新在促进生产力发展的同时又不断地推动着人的自由和全面发展。

2. 创业精神具有弘扬和培育民族精神的作用

民族精神是要有爱国主义的感情，有爱国的情感就会做出对人民有利的事，做什么事就会从民族的利益出发，也是民族精神的表现。改革创新必须紧跟时代的脉搏，时代精神决定改革创新的方向和目标，改革创新关系到一个国家的进步与否。因此，勇于改革、勇于创新就是爱国主义情感的表现。创业精神作为时代精神，具有弘扬和培育民族精神的作用。

3. 创业精神具有推动改革开放和现代化建设的作用

创业精神是创业者百折不挠的力量源泉，是企业诞生的原动力，是企业发展壮大的助推剂。创业精神将在新时期发挥更大的作用，可以加快转变经济增长方式与经济结构转型，促进经济社会又好又快发展。

（二）创业精神的培育

创业既是一种能力，也是一种精神。资金和项目对创业者来说非常重要，而创业精神作为创业者自身素质是创业成败的关键。创业精神需要在创业过程中慢慢培养，创业者的素质和能力，包括创业者的创业精神，都是可以培养和提高的。

1. 成功企业家对创业精神有示范作用

每一个创业者在创业初期，都应该对已经创业成功或没有创业成功的人做尽可能多地了解。学习别人成功的经验，可以使人更快成功；汲取别人失败的教训，可以使人不复制失败。

2. 在实践中进行创业精神的培育

我们在大学和社会的创业培训实践中发现，真正去创建一个公司是学习创业的最好方法，但是操作过程中有很大困难。因此对于大学生的创业精神培育，我们可以通过以下方式进行：

（1）通过建立优秀的校园文化，孕育创业精神。

校园文化是学生成长的外部环境。它对学生具有陶冶功能、凝聚功能、激励功能、导向功能。良好的校园文化能够塑造学生的优秀品质。西方校园文化，例如个人自由发展、独立精神、竞争和机会均等、开拓精神、创造性和超前性等都极大地促进了创业教育的开展。高校应想方设法将创业精神有机地融入学科活动、科技活动当中,以培养创业意识。在各类小发明、小制作、小创造活动及各种劳动中,要结合着进行创业精神的培养,逐步在学生中孕育出创业精神来。

(2) 培育创业人格,形成健康向上的创业精神。

依据大学生的心理特点,有针对性地讲授心理健康知识,开展辅导或咨询活动,帮助大学生树立心理健康意识,优化心理素质,增强心理调适能力和社会生活的适应能力,有效消除心理困惑,自觉培养坚忍不拔的意志品质和艰苦奋斗的精神,提高承受和应对挫折的能力。

(3) 坚持知识、能力、素质的辩证统一,科学地培养创业精神。

要培养具有独立创业者精神的新型人才,必须坚持知识、能力、素质的辩证统一。知识是能力和素质的载体,包括科学文化知识、专业基础与专业知识、相邻学科知识。可以通过开设相关的创业课程来增加学生的创业知识。

(4) 突出创新能力的培养,提升创业精神。

突出对学生创新能力的培养,才能适应21世纪经济社会发展对人才的需要。要尊重学生的个性发展,爱护和培养学生的好奇心、求知欲,为学生的禀赋和潜能的充分开发创造一种宽松的环境。要让学生感受、理解知识产生和发展的过程,培养学生的科学精神和创新思维。

(5) 通过实践强化学生的创业精神。

创立、创建和完善学生实践活动的外部环境,鼓励学生利用课余时间参加一定的社会实践活动,增强学生对社会的了解并进而加强对社会的适应能力,如开展创业比赛活动、与企业联合开展学生实习活动等。

创业精神的培养既取决于客观条件的许可,更依赖于学生主观的努力。高校应营造有利于人才脱颖而出的氛围,创造各种条件,积极培养学生的创业精神,加上学生自身的重视,就能培养出社会所需要的具有创新精神的各种类型的人才。

创业小案例

16年链家创业史,25载左晖往事

在胡润百富榜中,他的身家已达到110亿。然而这位低调神秘的富豪,一年对外露面也不过两三次。大学计算机应用专业毕业,做保险起家,转而征战房地产经纪市场并将公司做到估值416亿,年交易额超1万亿,他蛰伏了整整16年。

在公司里,大家都喊他"老左",但他已是链家房地产经纪有限公司董事长。外界许多人不知道"老左",但不可能不知道链家地产。链家飞速发展的16年,掌舵者正是这位陕西大个子——左晖。

有媒体曾评价:左晖向左,链家向右。骨子里,左晖低调不张扬,始终游走在外界赋予链家的光环之外。花团锦簇,众声喧哗,链家越是热闹,左晖越要冷静。

相比起在创业路上起起落落或九死一生的人来讲,左晖算是为数不多的"幸运者"。左晖于2001年创办链家,算得上中国最早一批创业者,链家是他的第二次创业,即将IPO(首次公开募股)上市。他除了幸运,还有什么?

一、那些年的试错与第一次创业
• 苦熬3年，一朝顿悟

"刚接进一个电话，还没来得及说您好，不到一米远的另一个电话又毫不客气地响起"，这是1992年刚毕业的"菜鸟"左晖经常要面对的电话轰炸场景。彼时，他刚从学校分配的一家北京郊区工厂辞职，跳槽到中关村一家软件公司，负责客服，他的日常工作除了接电话，就是收集客户反馈。左晖后来回忆："那段时间，整天耳朵里都是嗡嗡作响的声音，脑子里常常一片空白。"1995年他再次跳槽，去了一家软件公司做市场销售，为了一份销售材料就能没日没夜地拼三四个月。每次等项目一完成，就会拿来同行的资料对比，他常常说："可以毫不自夸地讲，我们是最好的，客观而翔实。"但即便如此，苦熬3年依旧没有做出什么成绩，左晖终于想明白："一个人在自己并不擅长的专业里做事情，他永远不可能激发出最大的潜质。面对众多职业选择，弄清楚自己不适合做什么后就不要继续浪费时间。做事情，最重要的是发挥自己的长处。"

• "说干就干"，勇闯保险业

某个夏日夜晚，左晖和两个大学好友约去看足球甲A比赛。那天是北京国安对阵广东宏远，北京队赢得酣畅淋漓，他们看得热血沸腾。也是在这一夜，哥仨聊起了大学时代说过的"25岁的时候出来单干"的约定，一番商量后，说干就干：每人拿出5万块钱，从原公司辞职、创立新公司，左晖任总经理，哥仨一起做财产保险代理。最让人哭笑不得的是——他们仨完全不懂保险，甚至连"保险产品消费者"都不是，这三个门外汉要从零开始学起。左晖虽寡言，但头脑机灵，他知道保险业的入门之道就在保险法律条款之中："如果我的业绩要做得比同行们更好的话，就只有比他们业务更精。"于是等大家下班后，他把自己关在狭窄闷热的办公室里研究各个保险公司的条款。每天晚上匆匆吃几口盒饭，沏上一壶茶，就开始研读平安、人保、太平洋等几大保险公司大部头般的理赔条款细则。那些密密麻麻的条文大同小异，他要找到真正有用的只有几百字关键信息。这种"抠字"式的研究冗长而枯燥，但他后来说："这是必经的过程。事实也证明，正是由于我们比别人更了解行业、了解对手，才打了胜仗。"很快地，他发现除了要面临保险行业的挑战与风险，还要面对更为棘手的问题——培训员工。为了做好培训，他晚上下班后自学，白天上班就在黑板前给员工上培训课，这种"摸着石头过河"的方法居然也卓有成效——3年后，他们撤出保险代理市场时，获得的收益是当年投入的100倍。第一次创业的经历除了给他带来可观的收益，还塑造了他对待事情认真钻研的精神和培训员工的思维，为日后创立链家奠定了坚实的基础，正所谓"人生没有白走的路，每走一步都算数"。

二、链家是怎样炼成的？
• "北漂"的辛酸租房史

2000年，左晖到了而立之年，手头上有了些钱，却还没能在北京买下自己的一套房。算起来，从1992年毕业后留守北京，一直租房住到现在，左晖也算是一个资深的"北漂"了。"我也被中介骗了很多次，因此当我自己开始做中介的时候，正能量很足。"当时，他敏锐地发现，自1998年房改后，国家取消了"福利分房"并实行市场化，北京个人购房比例在加大，却没有一个可靠的购房服务平台，房产交易信息严重不对称。于是，他开始琢磨着在房地产交易这个行业干些事儿。2000年8月，他成立了北京链家房地产展览展示中心，并与《北京晚报》合作，首次创建"房地产个人购房房展会"。"房展会在军博举办，开展前一天，我和工作人员忙了整整一夜后，坐在军博门前的台阶上等着天亮。我心情忐忑，不知道会不会有人来参观。天亮了，人们从四面八方蜂拥而至，会场一度甚至失控。这让我看到市场的巨大潜力！"他每每说起这一天，都似历历在目，激动难平。2001年11月，北京链家房地产经纪有限公司诞生，第一家门店"甜水园店"开业，11月25日，现任大客户经理王晓斌首开第一单。当时链家投资额总共不到300万元，左晖用了3

年时间做到了安身立命,从2005年开始,链家有了快速发展,从30家店面做到了300家店面。也是在2005年,左晖才买下自己在北京的第一套房子。从2002年10月链家第一个推出二手商品房转按揭业务,到2017年6月链家拥有8 000家线下直营店,覆盖全国28个城市,13万员工,经营业绩增长了1万倍,年房产交易额超过1万亿元……在左晖的带领下,链家随着国家的楼市调控政策环境而飞速成长着。在链家16年的发展中,楼市大环境也有遇冷的时候:2005年3月,国务院出台"国八条",以行政手段限制房市交易,导致市场迅速趋冷。大部分人是"风口一来就追,市场一冷就跑"——在其他中介公司纷纷关店减员时,左晖却带领链家逆势扩张。他认为限购并不能解决问题,就当时而言,房地产市场最主要的问题是供应严重不足,因此房市长期看好。他觉得市场降温是件大好事,降低了他扩店的成本,他便马上抓紧机会,一口气把门店数从30家扩增到105家。可以说,正是由于他有"北漂"租房经历,才能准确把握租房需求与痛点,也由于他对市场的冷静思考与对政策的准确把握,才使链家这艘"小船"逐步建造成"航母"。千禧年后,左晖洞察到二手房市场发生了巨大的变化——尤其是在北上广深四个一线城市,二手房的需求超过了新房。大量外来人口涌入一线大城市,租赁市场逐渐火热,他决意抓住这两个需求点,让链家主营二手房业务与租赁业务。自2007年以来,国家为了规范房地产交易市场,出台了一系列对行业产生实质性冲击的政策,包括存量房网上签约、二手房交易资金监管等,不能适应新政策的公司被迫出局。而在这种"大浪淘沙,优胜劣汰"的过程中,链家逐渐胜出。"回想链家的发展历程,我们是幸运的,赶上了行业发展的黄金期。"正因为他紧紧抓住了近些年的两股大风口——"存量房时代"的到来以及租赁市场的崛起,逐步将链家的发展明确定位于"做一个优质房产顾问",从此链家步入发展快车道。

- 首推"真实房源",创建"楼盘字典"

2012年3月,左晖在链家力推真实房源,确保房源——"真实存在、真实委托、真实价格、真实信息",开业界先河。但没想到的是,链家的经纪业务在随后的三个月内连续下滑,还出现了离职潮,在职的经纪人都觉得"老左疯了"。然而在100天后,局面发生了戏剧性的逆转——链家的准客户又回来了,交易额稳步回升,口碑也快速改善。"虽然在推动真实房源后的一段时间里,链家的委托量不升反降,但后来委托量还是大幅度回升了。"左晖说,这可以看出消费者是聪明的,也是理性的,相信会有越来越多的房产中介意识到这一点,并严以自律。他坚信:链家成为业内首家承诺真房源的企业,从长期来看,将有助于改善中介发布虚假信息的状况。2017年7月22日,链家荣获具有行业"奥斯卡"之称的中国地产金砖奖之"年度诚信品牌经纪大奖",在外界与同行看来,此奖项名副其实,受之无愧。作为一个典型的IT理工男,左晖是一个十足的"数据控",他在链家积极推动建设"楼盘字典":把房子的各种信息,如房屋户型图、房屋坐标、楼盘环境、与地铁距离、历史交易数据等,通过300个字段集合成一个大数据,供经纪人调用。链家目前进入的城市里有1亿套房子,建了7 000万套的楼盘字典,数据容量已突破1 200 T,拥有进入城市每一个房子的剖面图。"这些数据是链家经纪人用实地勘察方式一个一个核对过的,绝对真实。"他斩钉截铁地向公众保证。

- 全国加速扩张,寻求上市

从2007年开始,已有数家从事房地产经纪业务的公司在美国上市,但还没有一家在A股上市的二手房经纪公司。作为国内最大且唯一具有全产业链服务能力的房产O2O(线上—线下)平台,链家早已进入"狂飙突进"式的扩张阶段,外界纷纷猜测链家是在为A股上市做铺垫。事实上,链家为谋求上市的布局之大,扩张之快,全民有目共睹:从2014年开始,链家开启"走出北京"的战略,先后收购、合并了上海德佑地产、北京易家地产、深圳中联地产、杭州盛世管家、北京高策地产、广州满堂红和成都伊诚地产。左晖笑称:"全国稍微靠谱一些的中介都已经被链家收购了。"收购完成后,2015年短短一年时间里,链家营业收入相比2014年暴增近四倍;净利润从2014年的1.37亿元飙涨至11.96亿元,交易规模则达到7000亿元。2015年6月,链家举行战略发布会,将"链家地产"正式更名为"链家"并发布新LOGO"lianjia.链家"。有媒体称,此番更名传达出"为上市做好准备"的信号。2016年5月,"自如友家"宣布独立,成立北京自如生活资产管理有限公司,这是首个从链家"母胎"脱离出来的独立运营子公司。业界猜测:"公司独立"与"链家上市"在时间上的巧合,或许有某种必然的联系。2016年,孙宏斌与左晖谈判了近一年,最终成功入股链家。融创投资链家的首要原因是二手房地产的巨量增量市场,其次是链家旗下作为核心资产的金融平台。融创在公告中称:融创将出资26亿元获得链家6.25%的股权,照此算出的链家估值达到416亿。而早在2012年,媒体披露链家估值接近10亿元。粗略估算,最近5年间链家的估值增长了超过40倍,受到各路资本吹捧,实属正常。按照投资计划,链家将在5年内完成上市。说到上市,左晖淡然地说:"我没觉得上市是一个必然,因为不上市的优秀企业太多了,也有很多上了市的企业后悔的。做企业,不管上不上市都会考虑持续发展的。"

三、链家和左晖遇到的挫折
- 2016年"上海链家223事件"

左晖喜欢"用数据说话",为人谨慎客观,他明白执掌链家这个庞大商业帝国绝非易事,因此终日与危机感相伴,所走的每一步如履薄冰。截至2015年,链家年收入已超过150亿,线下门店近6300家,经纪人数量已超10万。当链家成了一个庞然大物时,各种问题和麻烦便随之而来。2016年"上海链家223客户投诉事件",将链家推上舆论的风口浪尖:2016年2月23日,在上海市消保委召开的上海市房产中介消费者满意度调查发布会上,链家因房源问题被点名批评。两名消费者代表认为,上海链家存在隐瞒房源真实信息、把即将被法院查封的房子出售给消费者的行为,同时还提供高息贷款服务,权益受到严重侵害。发布会后,上海链家遭到约谈并受到了调查和处罚,涉事的两家门店被暂停网签资格。时值北京、上海楼市火爆,公众审视的目光不只聚焦于链家经纪业务本身,更转向其金融板块。在网络传播放大下,这引发了链家成立以来最严重的一次舆论危机。风暴口上,左晖说:"从未感受到过今日这般的舆论压力。"这两起事件的问题在于房屋产权的信息调查未向购房者披露,左晖在媒体记者会上向公众坦承链家的错误:"链家没有完成产调,没有及时履行告知义务。"2016年5月12日,他来到上海发表了3个小时讲话,他回应了违规事件:"最近你们都承受了比较大的压力,很多事情应该是我的工作没做好,所以特别抱歉……过去两年,各家品牌中介都在分析评论链家,我从不回应,因为他们的评价对我来说并不重要,我不是一个狂妄的人,但他们并不懂我们。"面对着底下的员工,他平静而有力地说:"选择背后是你信什么,最近的百度、滴滴以及链家的223事件,在社会上产生了很大影响,不管我们碰到什么样的危机、问题,一定会有一招能化解,那就是能有客户站出来说我们好。"他的处理手段快速且果断:对涉及"223事件"的12名员工进行了不同程度的惩罚,带领公司公开对外道歉,称相关工作人员"非常不靠谱,非常不专业",还为那两位客户提供了满意的解决方案。"上海链家223事件",本质上是房屋中介行业在野蛮生长后,必然要遭遇的一次阵痛。链家在急速扩张中暴露的管理、金融业务安全性、业务版图重塑等问题亟待解决,这些"坎儿"不仅考验着正处在"青春期"急速成长的链家,更考验着左晖的应变与领导能力,他必须带领着企业迅速并顺利地"迈过去"。也正是这个过程,让他对链家的当下及未来有了更多的反省与思考,也更加坚定了初心。"大多数竞争者不懂我们,我们也不会去看,"左晖坚定说,"我很清楚自己的初心,很清楚自己在做什么。"

四、用对人才能做对事
左晖对链家的管理哲学是"群狼战术",而非"个人英雄主义"。链家能取得这样的成就,与左晖推行的人事政策有关。近年来,一边是楼市调控"隔山打牛",另一边是左晖根据业务变化调整链家经营策略。今年(2017年,编者注)5月初,他指派链家总部的高层直接空降上海链家指导工作:链家常务副总裁王拥群空降上海,担任上海链家总经理职务;原上海链家总经理邵非的职务变为链家集团高级副总裁、上海链家董事长,主要负责上海链家的事业发展战略规划。人事变动突显出链家战略的调整,二手房事业部的组织架构有所调整,各事业部开始"画地为牢",专攻区域内的客户。在内部培训房产经纪人方面,左晖则另辟蹊径:首先,他招人不用传统中介和互联网中介那一套(用大销售或去竞争对手那里高薪挖人),而是喜欢招聘大学生或没有从业经验的,从零培养,因此员工的忠诚度和经验积累都得到较大的成长。其次,由于房地产经纪业务展业难度大、交易频次低、收入不稳定,导致员工离职率很高。他为在职的经纪人提供了一个开展业务、接受培训以及精神建设的场所,媒体称其为"办公室+学校+教堂"的集合体。这样的效果立竿见影:房地产交易行业的人员月均流失率超过10%,而链家仅有3%。最后,他十分看重员工职业操守的建设,对"黑中介"一词深恶痛绝,希望让经纪人有尊严。"很多人都把经纪人喊作中介,'中介免谈',充满了不信任和鄙夷。而正是这样艰难的市场环境,才更需要我们构建规范的职业操守。"有一次链家组织去郊外团建,回程路上经过一片玉米地,有几个员工偷溜进去掰了玉米。后来有人在内部论坛里说:"为什么要去掰玉米?""我为什么没有去制止这种行为?"在激烈的讨论中,有人说"这没什么",有人站出来认错道歉,但更多的人是反思。"潜水"在论坛里的左晖看到这些讨论时,内心感慨:优秀经纪人的职业操守,首先体现在做人的道德标准上。如果你不能从服务客户的工作中获得乐趣、获得价值,那么你在这个行业里就干不长、干不好。他曾在论坛里做过一次问卷调查:过去这么长时间,有什么事让你特别感动,感动得差不多掉眼泪?"我以为答案会是赚钱,但没有一个人告诉说这个月赚了2万元感动得哭了。一般都说我得到什么认可,顶多是我赚了钱拿回去孝敬爸妈。我就喜欢年轻人这样。"

五、做公益11年,不遗余力

在媒体的报道中,有关链家的一切都被过度神化了。而少有人知的是,在所有巨额数字和具体业务的背后,链家还在做"接地气儿"的事情——坚持做公益,而且一做就是11年。从2006年起,左晖就带着链家走上了公益这条路:2008年2月,链家第一所希望小学——安徽省宿松县许岭镇雨岭小学建成并投入使用,5月汶川地震捐款超过20万;2009年11月,链家地产捐建第二所希望小学——内蒙古巴彦淖尔五原县美林中学,并确定每年捐建一所希望小学的计划。通过筹建爱心小学唤起了人们对教育的关注,距今已经建设了8所爱心小学。今年(2017年,编者注)高考期间,链家在全国8 000多家门店同时展开了"高考休息站",考生和家长都可以在链家门店享受乘凉休憩、便民饮水、应急充电、免费上网等众多服务。链家"高考休息站"只是链家公益服务范畴中很小的部分,从教育助学到社区服务,再到精准扶贫,链家在公益领域已经尝试了很多:链家目前已为偏远贫困山区的小学建立了116所爱心图书馆;启动了"链家在身边,有事儿您说话"社区公益项目,市民走进链家门店便可享用应急电话、上网、充电、饮水等服务;"太阳花成长计划"以及结缘慈善基金会为困难及有病患的孩子提供帮助等。

在刀光剑影的创业江湖中,创始人的性格和才能最终决定一家企业的个性,如同帮派帮主一开始就奠定了本帮派的血性与江湖地位。作为庞大的房地产商业帝国,无论在企业性质还是企业灵魂层面,链家只属于左晖一人。

链家凶猛,左晖低调,这是业内的共识。"我说不上低调,但非常抗拒捷径,宁愿慢慢来,先做事再说话。"他做事力求踏实,链家的成功从某种程度上证明了一件事情:只要你有价值,慢慢做,做困难和正确的事,市场一定会给你回报。他曾在年初(2017年,编者注)的发言中说:"很多创业者将失败归咎于执行力,但真实原因是缺乏战略洞察。"他还说:"这个时代的企业具有相似宿命,不要幻想自己能够青史留名,没有那么多机会。"这些是他一贯犀利的风格。

在未来,左晖的理想是"做一些有价值的事情":通过高质量的数据、信息和内容,提升用户的消费质量和体验,强化交易的可控性和安全性,从而锁定客户,提升房地产交易效率。

"我现在的商业逻辑是,我做的一切是为10年后做准备,做好准备之后,静静地等着它开花结果,我远远地在一些地方等着你,远远地等着消费者赶上来,等着消费者开始买单,等着消费者开始喜欢这些东西,喜欢这些真正重要有品质的东西。"

慢慢来,比较快——风雨兼程25年,即将奔向IPO上市的左晖,正用"以慢制快"的速度,"精雕细琢"着他的链家地产王国。

(案例来源:青年创业资讯网站 http://www.qncye.com/)

【创业语录】

励志照亮人生,创业改变命运。　　　　　　　　　　　　——《赢在中国》主题辞

财富无处不在,行动成就梦想。　　　　　　　　　　　　——《致富经》栏目主题辞

创业资讯站

创业者生存定律

在如今这个寡头垄断的时代,所有创业人都需要有一颗向死而生的心,如果没有这个心态,无法在激烈的竞争中胜过强者而生存。不冲破桎梏,打破框架,就无法实现创新。如此给自己留下的余地特别少,反之将拥有广阔的发展空间。腾讯创业训练营北京站现场,银泰资本合伙人郭佳为我们分享了九大黄金定律:

定律1:永远保持对人的持续投入——作为创业者,资金永远捉襟见肘,人才更是不可或缺。创业者在人上的投入,需走心。这其中包括对创业伙伴、公司员工以及投资人和董事会成员。创业公司在资源缺乏、回报不高的情况下,可以用梦想吸引伙伴,用理想激励员工。同时,不要排斥董事会与投资人的介入,往往他们会为公司带来冲破束缚的惊喜。

定律2:抓住实现梦想的时机——时不可待,说的就是此时。融资过程中会遇到各种问题无法避免地碰撞,如利益分配、融资数目等。但有时项目走上正轨的时机在即,如果错过,便是不可挽回。创业者需抓住实现梦想的时机,并保持梦想。

定律3:业绩导向、利益激励结构——当团队还小,创业者必须要有一个基于3年、5年的激励机制甚至更长,这是非常必要的。在无永动机制的情况下想要留下人才很困难,回报对于团队来讲是凝聚精神的关键。所以,创业者心态很重要,必须让员工感受到自身的所有贡献并非徒劳。另外,投资人和基金要求也很苛刻,创业者需在业务间有所取舍与选择。总之,无论对内还是对外,考虑激励机制的建立,都有很多深层次的意义。

定律4:专注于创造价值而不仅仅是做事——创业者在创业前,需考虑是否能创造更大的价值。需树立目标,想着利益优化的方向选择可做与不可做,而不仅仅是做当前的事。

定律5:简单里面有黄金——对于投资人来说,创业公司拥有越简单的结构越好。其中包括模式设计、组织架构、合作者建立等各方面的结构。在历史经验中不难发现,简单明了的事可执行性最高,也是对于执行来说最重要的。创业公司需快速发展,需在收入与支出的速度上有快速突破,最终达到平衡。公司架构要简单,投资人才看得清楚,对局面清楚认识,更利于企业融资,反之,复杂则使投资人却步。

定律6:不要害怕执着与痴狂——狂热,可能不被很多人看好。但创业者不要以别人的眼光为转移,需自己掌握命运,对即坚持。狂热与执着在创业中非常必要,这将为团队带来永动的能量使之运作永不停歇。如果创业者能点燃团队每个人心中的狂热,就会产生意想不到的效果。

定律7：总会经历所谓灾难时期，镇定如常切忌乱撞——1999年，中国经历互联网泡沫破裂，纳斯达克大盘一夜之间崩落，非常恐怖。既然已踏上融资之路，创业者就已置身于风暴之中，必须随时准备好迎接这个时刻，做好过冬的准备，不要有任何怀疑，这就是"向死而生"之心。如果你相信此事能成，必要沉着应战，不要动摇目标。

定律8：有质量的董事会是无价资产——很多创业朋友觉得董事会不重要，但创业如同滚雪球，后来的投资者会阅尽你的历史。不要推开董事会能为公司贡献的能量，要善于选择，而对投资人的选择就是对人的投资。未来，带来的资源应是超越董事会给你的限制。

定律9：永远学习且聚拢比你强的人——创业路是孤单的，需互相传递能量。没有快捷之路，但必有窍门、经验与教训。互教互助十分重要，创业团队需互相取暖，传递正能量，必将脱离困境。

（案例来源：创业者生存定律，北京晨报，2014-10-13，文字略有改动）

第二节　知识经济发展与创业

学习提示

通过对知识经济发展的分析，使学生了解创业热潮形成的深层次原因，认识经济转型与创业热潮的内在联系，明确创业活动对经济社会发展的贡献。

一、知识经济及其影响

世界经济合作与发展组织认为：知识经济即以知识为基础的经济，是以现代科学技术为核心的，建立在知识信息的生产、存储、使用和消费之上的经济。即知识或现代科学技术作为一种生产要素在社会再生产过程中起主导作用的经济，其最重要的特征是可以把知识作为资本来发展经济。知识经济也有三个"最大限度"：最大限度地利用知识，最大限度地优化配置自然资源，最大限度地使用高技术替代稀缺资源。

知识经济的兴起将对投资模式、产业结构、增长方式和教育的职能与形式产生深刻的影响。在投资模式方面，信息、教育、通信等知识密集型高科技产业的巨大产出和展现出的骤然增长的就业前景，将导致无形资产的大规模投资。在产业结构方面，一方面，电子贸易、网络经济、在线经济等新型产业将大规模兴起；另一方面，农业等传统产业将越来越知识化；再者，产业结构的变化和调整将以知识的学习积累和创新为前提，在变化的速度和跨度上将显现出跳跃式发展的特征。同时，知识更新的加快使终身学习成为必要，受教育和学习成为人一生中最重要的知识经济的时代。

二、经济转型与创业热潮的关系

经济转型是指一个国家或地区的经济结构和经济制度在一定时期内发生的根本变化。具体地讲，经济转型是经济体制的更新，是经济增长方式的转变，是经济结构的提升，是支柱产业的替换，是国民经济体制和结构发生的一个由量变到质变的过程。

经济转型不是我国特有的现象，任何一个国家在实现现代化的过程中都会面临经济转型的问题。即使是市场经济体制完善、经济非常发达的西方国家,其经济体制和经济结构也并非尽善尽美,也存在着现存经济制度向更合理、更完善经济制度转型的过程,也存在着从某种经济结构向另一种经济结构过渡的过程。

创业热潮是指在一定的时期内,由于政策调整或社会需求等条件发生变化,为某一地区提供了大量的创业机会,使得某一特定群体大规模从事创业活动的现象。我国改革开放以来经历了四次创业热潮。

(一) 1984年邓小平初次南行

1984年春天,邓小平南行视察深圳、珠海等特区以及《中共中央关于经济体制改革的决定》酝酿出台,为这股创业浪潮注入了催化剂。张瑞敏、柳传志、王石等企业家成为第一轮创业浪潮的弄潮儿。

(二) 1992年邓小平再次南行

1992年春天,邓小平再次南行,与1984年的低调慎言不同,这一次,邓小平发表了著名的南方谈话。同年2月28日,中共中央将此次谈话以中央第二号文件的形式向全国传达。国务院还修改和废止了400多份约束经商的文件,《人民日报》甚至还发表了《要发财,忙起来》的文章鼓励人们下海经商。陈东升、冯仑、潘石屹、李宁、那英等成为第二波"下海"的创业者。

(三) 1997年启动的"春晖计划"

1997年,江泽民在党的十五大报告中指出,鼓励留学人员回国工作或以适当方式为祖国服务。同年,原国家教委全面启动鼓励和支持留学生短期回国服务的"春晖计划"。1999年国庆,"春晖计划"支持了25名留学生参加新中国成立50周年的阅兵仪式。25人名单中就包括了李彦宏、邓中翰,随后他们回国创立了百度和中星微。

(四) 2008年的全球经济危机

2008年的全球经济危机,让新一轮海归创业潮和全民创业潮出现了叠加,全国各地展开引进海外高层次人才回国创业。创业范围不再以互联网为主,而是涵盖新能源、新材料、生物医药、汽车制造、文化创意等多领域。全民创业潮的新推动者则包括各级地方政府,他们倡导"回乡创业"和"大学生创业",并出台了一系列扶持政策。

三、创业活动的功能

从国家、社会的角度来看,创业的功能主要体现在增加社会财富,促进经济发展和社会繁荣;提供就业岗位,缓解社会就业压力;实现先进技术转化,促进科技创新和生产力提高等方面。

从创业者的角度来看,创业的功能主要体现在充分发挥才干,实现人生价值;积累财富,满足个人对物质的追求欲望;回报社会、贡献社会等方面。

创业活动作为一种社会行为,具有以下属性:

第一,创新性。创办一个企业对社会来讲不是一件新鲜事,但对创业者来讲则是一个创新的过程。这里所谓的创新,是指创业者在整个创业过程中所从事的几乎完全是新事物、所解决的几乎完全是新问题,新问题的解决需要创业者的智慧和能力,需要创业者的创造思维。

第二,风险性。创业活动是有风险的,创业成功将给创业者带来喜悦,创业失败给创业者带来的则不仅是沮丧,还有财产的损失、信心的丧失。如果只考虑到创业风险就不去创业,那就永远不会成为一个成功的创业者。创业成功偏爱于那些细心大胆、勇于面对风险的勇敢者。

第三,利益性。创业者的创业活动也许出于多种目的,但根本的动力是获利,这也是创业者的共同心愿。没有利益驱动,人们就不会冒着风险去创业,创业过程中获利的多少,也是人们衡量创业者创业成功与否的重要标志。

第四,艰难性。任何创业过程都是艰难的,尤其是白手起家的创业者,往往需要经过多年的艰苦奋斗,甚至倾注大量的心血,创业才能成功。所以,创业者要有吃苦的思想准备。

四、知识经济时代赋予创业的重要意义

(一) 创业是国家发展战略的需要

就业是民生之本,创业是富民之源。近年来,党中央、国务院高度重视创业工作,把全民创业摆在突出的位置。党的十八大明确提出,要统筹推进各类人才队伍建设,实施重大人才工程,加大创新创业人才培养支持力度。要关注青年、关爱青年,倾听青年心声,鼓励青年成长,支持青年创业。当前,我国正处于全面建成小康社会的关键时期和深化改革开放、加快转变经济发展方式的攻坚时期,鼓励创业,对于提高自主创新能力、建设创新型国家具有重要的战略意义。

(二) 创业是增加就业的必然要求

创业是就业的基础和前提,就业离不开创业,以创业带动就业。任何一个社会,创业者越多,其生产要素组合就越丰富、活跃,就业也就越容易。美国著名管理学家彼得·德鲁克在研究美国经济与就业关系时发现,创业型就业是美国经济发展的主要动力之一,也是美国就业政策成功的核心。在《创新与创业精神》一书中,德鲁克开宗明义,分析了1965年到1985年间美国的就业结构,发现美国年龄在16~65岁之间的人口从1.29亿增加到1.8亿多,增长了近40%,同期就业人数从7 100万增加到1.06亿,增加了约50%。德鲁克指出,所有这些就业岗位,基本上都是由中小企业所提供的,由此我们可以看出创业对于促进就业的积极作用。

(三) 创业是知识经济时代技术创新的主要实现形式

知识经济的兴起,使知识上升到社会经济发展的基础地位。知识成了最重要的资源,"智能资本"成了最重要的资本,在知识基础上形成的科技实力成了最重要的竞争力,知识已成了时代发展的主流,尤其是以高科技信息为主体的知识经济体系,其迅速发展令世人瞩目。

(四) 创业是解决社会问题的有效途径之一

2021年7月1日,习近平总书记在庆祝中国共产党成立100周年大会上庄严宣告:经过全党全国各族人民持续奋斗,我们实现了第一个百年奋斗目标,在中华大地上全面建成了小康社会,历史性地解决了绝对贫困问题,正在意气风发向着全面建成社会主义现代化强国的第二个百年奋斗目标迈进。在社会主义现代化建设中,创业能够在增加社会财富,促进经济发展和社会繁荣;提供就业岗位,缓解社会就业压力;实现先进技术转化,促进科技创新和生产力提高;充分发挥才干,实现人生价值;积累财富,满足个人对物质的追求欲望;回报社会、贡献社会等方面发挥重要作用,成为解决社会问题的有效途径之一。

【创业语录】

给自己留了后路相当于是劝自己不要全力以赴。

——王石

我现在知道一个企业都是从小长到大的,别着急,而且创业大概有一年半到两年是瓶颈期,特别难,然后突破瓶颈组织成长,组织膨胀、业务膨胀,随后陷入经济危机,这时迅速调整,调整过来就好了,调整不过来就死掉。所以我清楚,头两年要克服瓶颈,之后要控制组织,有了这样一套东西以后,我们心平气和了,知道一个企业要做大要有很多年时间。

——冯仑

> 创业资讯站

成功创业所需的十个公开秘密

1. 积极思考是最重要的。
2. 确定你的梦想与目标,写下具体目标和你达到它们的步骤计划。
3. 采取行动,有了目标要采取行动。
4. 永远不要停止学习:回到学校或读书,获得技能的培训。
5. 坚持与努力:成功是马拉松,而不是百米冲刺,永远不要放弃。
6. 学会分析细节,从错误中学习。
7. 集中时间与金钱:不要让其他人分散你的注意力。
8. 不要害怕创新:有自己的想法,从众心理是平庸之路。
9. 有效地处理与人沟通:没有人可以孤立生存,学会理解与激励他人。
10. 诚实可靠,敢于担当,否则以上九条都不重要。

第三节 创业与职业生涯发展

> 学习提示
>
> 使学生了解创业与职业生涯发展的关系,认识创业能力提升对个人职业生涯发展的积极作用。

一、广义和狭义的创业概念

创业的概念有广义和狭义之分。广义的创业,是指用创业精神,在生产活动中创新、创造未来。狭义的创业,是指产生创业思维的创业者及团队,发现和捕捉机会并由此创新、创造出新颖的产品或服务,实现其潜在市场价值的商业运作过程,即是人们创业意识产生之前到企业成长的全过程。

二、创新型人才的素质要求

创新型人才,就是具有创新精神和创新能力的人才,通常表现出灵活、开放、好奇的个性,具有精力充沛、坚持不懈、注意力集中、想象力丰富以及富于冒险精神等特征。

党的十八大报告中强调创新在中国现阶段建设时期的重要作用,要"勇于实践、勇于变革、勇于创新",包括建设创新型国家、提高科技创新能力、推进实践基础上的理论创新、创新发展理念等内容。"实践创新、理论创新、制度创新"强调"以人为本","培养学生创新精神""加大创新人才培养支持力度"是教育的重点。创业活动与创业者的个体素质关系密切,作为创新型人才应该具备一定的基本素质,包括智能素质、人文素质和身体素质。

(一)创新人才须具备的智能素质

1. 创造性的思维能力

创造性的思维能力有:类比思维、逆向思维、侧向思维、发散和集中思维等,具有独创性、变通性、流畅性、多向性、旁通性、凝聚性等特点。运用创造性的思维能力是创造性人才进行创新活动的必要条件,是人类一切实践活动中的"金钥匙"。

2. 丰富的想象能力

丰富的想象力是创造的火种和出发点,是有效创造的基础,是获得新知识的基本工具。任何想象都必须建立在科学与实践的基础上。具有丰富广泛的知识和科学求真的态度,才能面对事态正确地运用想象,大胆地提出可能存在的各种问题,并相应地设想出各种可能的解决问题的方法。

3. 卓越的实践能力

实践是创新的源泉,也是人才成长的必由之路。创新人才不仅要勇于提出问题,而且要善于解决问题,具有卓越的将设想和创意付诸行动的能力。要创造就离不开实践,通过实践,能更深地理解知识、运用知识,并能促使发现问题,探究问题,寻找解决问题的方法。

4. 独立获取知识的能力

科学技术的飞速发展、专业知识更新的日益加快以及学科之间的相互渗透与交叉使得创新人才独立获取知识的能力显得更为重要。要想适应社会,直面知识经济时代的挑战,创新人才就必须掌握独立获取知识的能力,不断更新自己的知识结构。独立获取知识的能力包括以下几个方面:敏感开发、接受新事物的能力;捕捉发明思想、信息的能力;独立研究、操作与突破的能力。

(二)创新人才需具备的人文素质

1. 以马克思主义哲学为指导,建立科学的世界观和方法论

以马克思主义哲学为指导,建立科学的世界观和方法论,是创新人才所应具备的哲学科学素质。

2. 多学科的综合知识结构

合理的知识结构是进行创新思维的硬件系统,是形成创新能力的基础。从社会发展的基本趋势来看,高新科技领域的创新开始越来越多地影响经济的发展。

3. 健全的人格和先进的精神素质

健康的人格是创新人才与人合作的前提。先进的精神素质是创新人才进行创新活动时必备的精神要素,是创新人才进行创新的行动指南,更是创新人才在创新领域有更进一步发展的基础。

4. 掌握处理问题的诸多具体方法

对于在创新过程当中遇到的一些问题,创新人才还必须掌握科学、具体的方法正确地处理信息。

（三）创新人才需具备的身体素质

1. 体力素质

体力素质是反映一个人体质强弱的标志之一,是人体进行正常生活、工作和维持生命的最重要的机能素质。创造性活动是一种精神高度集中的活动,它往往需要连续的工作和超常的脑力劳动相结合,而良好的体力素质正是适应这种紧张劳动的物质保障。拥有健康的体魄,才能有足够的身体资本和旺盛的精力投入到漫长而艰苦的科学研究中去。

2. 耐力素质

创新活动是一种创造未来的探索,一种既可能成功又可能失败的冒险,是一个艰苦思索、长期磨炼的过程。在这种情况下,耐力素质就显得尤为重要。在创新活动中,耐力突出的人才能够坚持住长期的探索思考过程,并在近似枯燥无味的创新过程中脱颖而出。

3. 身体协调素质

身体协调素质也是创新活动中对身体要求较高的一种素质。对于创新人才来讲,身体的协调也意味着动手与实践能力的提高。可见,创新型人才各方面能力的提高都是十分重要的。

三、创业能力对个人职业生涯发展的意义和作用

创业能力是可以规划的,创业能力对个人职业生涯的发展起着积极作用。

（一）创业能力对个人职业生涯发展的意义

职业选择对于个人和社会都有极其重要的意义。对个人而言,职业选择是否适当,将影响其将来事业的成败及生活是否幸福;对于社会而言,职业选择是否适当,决定社会是否可以繁荣发展。

如今,创业已经成为大学生职业选择的一种,大学生创业积极性很高,但创业是一项实践性很强的过程,创业能力与新创企业成败直接相关。创业能力强,则创业成功率高,反之亦然。

当大学生选择了创业,想成为一名创业者,就需要自我管理、自我决策、自我规划。在选择创业之前,应该进行创业实践训练,在实践中提升和练就自己发现问题、解决问题的能力,然后再去创业,提高创业的成功率和成就感。

（二）创业能力对个人职业生涯发展的作用

1. 创业能力的体现之一是具有执行力

只有行动才可以把梦想变为现实,计划再好,如果没有行动,也只是一纸空谈。

2. 创业能力的体现之二是具有决策力

职业生涯发展过程中经常会面临各种选择,需要做出正确的决策。从分析自我、认知环境,到确定职业目标以及实施方案,都需要决策力。

创业能力是可以在实践中提升和培养的,而提升创业能力的途径就是学习和实践。

🎯 创业小案例

薇娅爆红背后的底层逻辑

"她是 2019 年中国直播热潮中的翘楚,是电商新零售时代符号式的存在,是难以复制的时代文化样本。"这是"2019 年度电商主播"的一段颁奖辞,是专为薇娅写的。

薇娅可以说是一个奇迹,她的直播间带货估值超过 10 亿元,被称为"淘宝直播的天花板",被

誉为"被时代选中的女人"。

薇娅什么东西都卖,小到门把手,大到火箭发射服务,她的梦想就是让用户生活中所用的一切东西,都是通过她的直播间买的。

2018年双11,两小时内,薇娅直播间销售额达到了惊人的2.67亿,全天超3亿!

那2019年的双11呢?

翻了10倍,薇娅直播间的销售额达到30亿,超过了她2018全年的销售额,成为淘宝直播冠军。

这个冠军,当之无愧! 无人能及!

薇娅一年能赚多少钱?

有人估算,按2018年淘宝发布的达人收入排行榜,薇娅当时的一天预计收入就已经高达3 000万,一年收入可超过115亿。除去成本,薇娅可能一年赚20亿。

而这还仅是2018年的估算,现在是多少? 不敢想象。

采访中薇娅说,不论赚多少钱,她都没时间花,这倒是真的。

一年365天,她有300天是在打仗一般的紧张和忙碌中度过,这是她的常态。

有人说,薇娅的成功是因为踩上了风口,不可否认有风口的作用,但是我们更应该看到薇娅成功背后的东西。

下面就让我们走近薇娅,探究她爆红背后的底层逻辑。

1. 方向比努力重要,战略比执行重要

薇娅从小喜欢唱歌,2005年,19岁的薇娅因为热爱唱歌,参加了当时的一档综艺选秀节目《超级偶像》,最终拿到了冠军,签约环球唱片公司,进入娱乐圈。

她怀着明星梦,一腔热血地进了娱乐圈。她和戴军合作主持过娱乐节目,跟成龙同台演出过,和林俊杰一起拍过广告片,还发过专辑Don't Lie。虽然以不错的成绩开启了娱乐生涯,但是她过得并不开心:

"人和人之间都是那种装的感觉,当面一套背后一套,很多人满嘴跑火车,非常不靠谱。没有安全感,没有主导权,每天这样活着我很难受。"

她慢慢发现自己这种直爽的性格适应不了娱乐圈的生活,一旦发现方向不适合自己,她果断选择了退出。

这符合她一直以来果断干脆的性格。

退出娱乐圈后,她选择了服装行业,她父母就是服装行业起家,耳濡目染她学到了很多,她和当时的男朋友、现在的丈夫,在北京动物园服装批发市场开了一家6平方米的服装店。

从歌手到卖服装,这样的人生方向改航,是很多人做不到的。

但是薇娅做了,还做得很成功,3个月就赚了10万。

隔壁老板都忍不住赞叹:你们简直就是做服装生意的天才啊!

2003年"非典"期间,北京的物流不方便,薇娅的堂姐去西安考察,回来说西安那边的市场很好,薇娅起身来到西安,当天看好店铺,当天交了定金,马上回北京收拾行李,准备搬家。

一路打拼,在西安她开了10家服装店,生意做得风生水起。

成功逻辑第一条:

把握方向很重要,战略与执行也很重要。如果没有那个及时退出娱乐圈的薇娅,也就没有现在的淘宝直播一姐。

2. 对趋势嗅觉敏锐,对过往敢于清零

新事物层出不穷,有的人因循守旧,对新事物持鄙夷的态度,而有的人始终保持一颗好奇心,在经济社会中,所谓机会,都藏在你的商业敏感里。

2012年的一天,有个小姑娘来到薇娅的服装店试衣服,她前前后后试了很多套,都没买,而是掏出手机去淘宝上搜同款,比价格。

这件事带给薇娅极大的内心震动,她有了强烈的危机意识,下定决心要开网店。

在《十三邀》的采访中,她说:"不论什么事情,她想到了就会马上去做,她怕会来不及。"

于是,她火速关闭了西安所有的线下服装店,举家搬迁到了广州,组建团队开网店。

为什么不留着西安的服装店呢?

因为她知道如果留着西安的店,那就是给自己留了退路,那么在未知的征途中遇到大的困难和挫折,就一定会退回到老路上。她已经决定做网店,就要斩断自己所有的退路。

所以,即便当时她的这个选择让所有人大跌眼镜,表示不理解,但她还是毅然决然这样做了。

成功逻辑第二条:

对趋势嗅觉敏锐,对过往敢于清零。没有对电商趋势的把握,没有敢于清零的勇气,哪有现在熠熠生辉的薇娅?

3. 谁能不经历失败?全靠死扛

薇娅的服装之路,前面走得顺风顺水,可是到她一切清零,一头扎进电商江湖,她遭遇了她人生的大失败。

他们来到广州后,组建了一支几十人的团队,以最快的速度开了一家淘宝店,2012年9月,又信心满满地开了另一家天猫店。

但是线下服装店的经验,迁移到线上,很多时候是不好用的,第一年他们亏损了200万,卖了两套房。

亏损一直持续,薇娅也无数次自我怀疑过,她沮丧地问丈夫:"咱们这是干什么呀?"

但是第二天醒来,又是一条好汉,不服输的性格让薇娅不会轻言放弃。

2014年双11,薇娅筹款借贷凑了800万,准备大干一场。

好消息是,一款大衣卖成了爆款,卖了1 000多万;但是大惊喜的后面紧跟着大反转,由于订单远超预期,后方供应链跟不上生产,找到临时厂家赶工,品质不达标,造成大范围退货,加上逾期发货缴纳的罚金,一场双11下来,亏了600万。

别人看来这是一次重大的失败,但是这次事件却让薇娅信心大振,她见识到了电商的爆发式威力。对于未来,她更加坚定和清晰。

于是,薇娅又卖了两套广州的房子弥补亏损,继续创业。

第二年,薇娅淘宝店的生意好起来了,当年的双11,销售额突破1 000万,全年销售额突破3 000万。

成功逻辑第三条:

谁能不经历失败?全靠坚持。每年亏损几百万,如果那时薇娅选择了放弃,就没有日后的崛起和成功。

4. 深谙宠粉经济本质,将粉丝宠到极致

得粉丝者得天下,我们现在已经进入粉丝经济的时代,也可以将它称之为"宠粉经济"。

何为"宠粉经济"?简单来说就是用捍卫信任的方法逆向建立品牌。

品牌就像一个容器,它承载着用户的了解、信任和喜好。

最开始,用户不了解一个品牌,但通过一些营销手段让用户慢慢知道这个品牌,尝试使用几次之后,觉得比较好用,开始建立初步的信任。

再到后来,越来越好的使用体验,让用户开始信任这个品牌,发展到最后,用户偏好这个品牌，同一类产品中，只认这个品牌。

从了解到信任再到偏好，品牌这个容器的价值就越大，但直播带货的出现，改变了这个传统的路径。

超级网红的出现，可以从偏好、信任、了解，逆向来建立品牌。

薇娅在《星空演讲》中，讲了这样一个例子。

有一次她在直播间卖豪车，销量很惨淡，有粉丝在直播间留言说，我不要豪车，我要买电动车，我要给我妈买，因为我妈买菜离得很远，薇娅就去找电动车。

团队的人很不解说："薇娅，你疯了吧，你不是搞笑的吧，你竟然要卖电动车。"

薇娅找到电动车厂商，要货几千台，厂商说："没有，谁家生产电动车也不会自己存储几千台的，正常线下店也就十几台，我上哪去给你搞到几千台。"

后来经过努力，几秒钟就卖光了几千台电动车。

薇娅的公众号和微博留言，画风是这样的：

我要折叠泡澡浴缸。

我要真丝睡衣。

我要早餐机。

我要泡脚桶。

我要踢脚线的取暖器。

薇娅说过，她喜欢这种感觉，粉丝有任何想要的东西都来找她，她帮助粉丝买到他们满意的东西，这个过程让她有成就感。

薇娅清楚地知道，她最大的价值，不是帮助品牌商卖东西，而是帮助粉丝们买东西，粉丝才是她的核心资产。

所以她需要建立起粉丝对她的绝对信任，薇娅把她的粉丝称之为"薇娅的女人"，霸气宠粉无极限。

网红，打造的就是个人品牌。他们将自身打造成顶级品牌，粉丝因为信任他们，所以无条件信任他们推荐的产品。因为他们有海量粉丝，有无限流量，所以他们推荐的东西，就会有巨额销售量，所以他们成了各大品牌厂商的宠儿，而这又提高了他们的议价能力，可以争取到更大的让利空间，以此就形成了良性循环。

成功逻辑第四条：

薇娅的成功，在于她始终很清醒，她知道信任是偏好的基础，所以她的做法是不收割粉丝，而是竭尽全力地去服务粉丝，要在红利的海洋里保持清醒，这不是易事。

5. 要想做长远，就要拔高高度，做出情怀

当一个人越成功，就意味着要承担越多的社会责任，而那些走得长远的人，总是主动积极地去承担社会责任。

比如，薇娅。

作为电商主播，做出一定名堂之后，她就积极推动贫困山区的脱贫致富工作，为那些滞销的农产品打开出路。

提到咖啡人们就会想到哥伦比亚、危地马拉，其实我国云南也产咖啡，品质非常好，但从来都卖不上价。

薇娅来到云南，在她的直播间卖咖啡，2秒钟卖出了1.3吨的云南咖啡。

参加直播的云南农垦集团的负责人很兴奋，他对薇娅说："没想到你一句话，顶得上销售跑全国。"

安徽砀山梨又大又甜,但即便是丰收之年,依然不能改变农民的贫困现状。

安徽省砀山县副县长朱明春,来过4次薇娅的直播间,卖当地的特产——油桃和梨,直播间销售额达到257万。

这个销量已经很惊人,更为关键的是,在这里他们打响了牌子,盘活了当地产业链,真正提高了农民收入,2019年砀山摘掉了贫困县的帽子。

薇娅说:"我为自己付出的绵薄之力,感到自豪,这些年做的最有意义的事情就是这些。"

在去年(2020年,编者注)生日时,薇娅收到了一份特殊的生日礼物,这份礼物是她帮助过的贫困县的县政府人员和当地的村民为她录制的生日祝福视频。

这种经历,又会反哺薇娅的品牌口碑,有利于她更多地积累人气和粉丝,而这能助她走得更加长远。

这才是聪明人的远见和战略。

成功逻辑第五条:

将工作做出崇高感和使命感,承担更多社会责任,才能走得更长远。

(案例来源:http://www.360doc.cn/mip/907889437.html)

【创业语录】

野蛮社会,体力可以统御财力和智力;资本社会,财力可以雇用体力和智力;信息社会,智力可以整合财力和体力。

——牛根生

心平才能气和,气和才能人顺,人顺才能做事……我觉得要心平,就是把欲望控制在一个自己能够驾驭的领域内。

——冯仑

创业资讯站

众筹是不是非法集资?

不是。众筹模式从商业和资金流动的角度来看,其实是一种团购的形式,和非法集资有本质上的差别,所有的项目不能够以股权或是资金作为回报,项目发起人更不能向支持者许诺任何资金上的收益,必须是以实物、服务或者媒体内容等作为回报,对一个项目的支持属于购买行为,而不是投资行为。

(资讯来源:https://baike.baidu.com/item/%E4%BC%97%E7%AD%B9/2227544?fr=aladdin)

巩固与训练

案例分析

Keep 王宁挣脱90后创业"魔咒"

王宁是为数不多的挣脱90后创业"魔咒"的人。

2014年,王宁通过自己摸索,3个月减掉50多斤的体重,这样的正反馈让刚刚大学毕业的他决定做一款运动健身APP——Keep。

2015年2月,Keep第一个版本上线时,王宁和联合创始人彭唯在办公室待到了半夜。他们有一个小小的心愿,那就是用户数能在一年之内超过100万。在他们看来,达成这个目标,创业应该就不算失败。

令他们没想到的是,Keep刚上架就获得了苹果APP Store的推荐,上线105天,用户数就超过100万。今年(2021年,编者注)4月,Keep用户数超过3亿,月活跃用户超过3 000万。

成立至今,Keep完成8轮共计超过6亿美元的融资,资本方包括腾讯、高瓴资本、BAI资本等机构。2021年1月,Keep完成了3.6亿美元F轮融资,投后估值20亿美元。不久前,业界传出Keep计划赴美IPO的消息,筹资5亿美元,公司目前已任命CFO(首席财务官)。

过去几年,90后创业神话并不少,但能撑到最后的并不多。从超级课程表的余佳文、神奇百货的王凯歆,再到泡否科技的马佳佳、ofo的戴威,90后明星创业者们相继陨落,淡出大众视野,王宁成为为数不多打破了这一"魔咒"的创业者。

然而,没有一条创业路是容易的。为了寻求变现,王宁带领Keep从移动互联网一路转到智能硬件、运动消费品甚至线下健身空间。这样的多业务并行探索,让Keep在获得更多可能性的同时,也冲散了公司的向心力。

经历一段时间的业务分散后,王宁不得不选择业务聚焦。2019年下半年,王宁一边忙着进行新一轮融资谈判,一边裁撤优化部分员工,并相继关停一部分线下健身空间Keepland。此后,王宁将Keep聚焦在家庭健身场景。

对创始人来说,做这样舍离的决定多少是有些艰难的,但也无可奈何。不过,两年后Keep的业绩也印证王宁当初的决定是正确的。近日,Keep对外宣布,针对家庭场景的运动消费品仅线上渠道销售规模就超过10亿元,整个公司实现单月盈利。

从移动互联网到智能硬件、消费品和线下健身空间,王宁经历了一场奇幻的跨界冒险。

1. 将健身知识结构化

2015年Keep上线时,有一个副标题——移动健身教练。打开APP就是整齐排列的各种健身课程视频,这也是Keep最早的定位。

正是这个简洁到近乎朴实的APP引起了时任BAI资本投资经理汪天凡的注意。

汪天凡在2015年就投资了王宁的Keep,并连续投资了6轮。他向《中国企业家》回忆,当时看了很多体育健身类项目,Keep最实用和易用,更重要的是,王宁就是按照百度贴吧的零碎知识成功瘦身了50斤。在汪天凡看来,"王宁是在把网上零碎的健身知识结构化"。

确实,在创业前,王宁和彭唯都在猿题库(如今的猿辅导)实习和工作,他们负责的项目是将K12(学前教育到高中教育)的知识在线上结构化。在创业初期,王宁就曾称这是一段对他影响最深的实习经历。他参与了产品调研、带领100多名实习生找办公室等众多事务,为创业积累了重要的经验。

王宁曾在朋友圈里写下他的创业愿景:"让100%的人都能像10%的健身达人一样高质量地健身。"他希望,不管用户在家里还是健身房甚至是户外,都可以随时随地打开Keep完成一次训练。

然而,从0到1的建构永远是最难的,仅在招聘这一关就很难跟别人解释清楚这个岗位到底干什么的。据Keep副总裁黄晶晶回忆,当时Keep想招聘"健身课程设计师"和"内容产品经理"这样的职位,但行业里根本没有这样的职业。

当把零碎的内容成体系地建构起来之后,成就感也就显而易见了。仅一年时间,Keep的用户数就突破了1 000万。

在彭唯看来,这个阶段的Keep之所以能受到用户欢迎,取决于三大核心功能:第一,课程和工具,用户不管想瘦腿还是减肚子甚至是练瑜伽,都能在 Keep 找到对应的课程;第二,社区,Keep 同时也成了运动爱好者的聚集地,在每一次运动后用户都可以分享自己的进步和心得,运动不再是一个人坚持;第三,数据,用户的每一次运动记录和反馈都留在 Keep,平台再基于数据给用户推荐更好的课程编排。

产品易用之外,Keep 开始了在《快乐大本营》等综艺和线下场景的品牌推广,那句"自律给我自由"的品牌文案,击中了许多立志于减肥的健身用户的心。

2017 年,Apple 公司 CEO(首席执行官)蒂姆·库克来中国,Keep 是他去的其中一站。库克跟王宁聊了聊 Keep 与 Apple Watch 结合的可能,随后库克又去了字节跳动跟张一鸣拍了抖音。那一年 8 月,Keep 用户数破亿。

用户数破亿当天,王宁发了一封内部信,在激动之余,他写道:"一个亿是一个很伟大的成绩,但也是另一个伟大的开始。我们还会面临更大的压力,接受更大的挑战。我们应该学会变换新的角度思考问题,学会担负起更多的责任,学会更加开放与连接。是的,连接。这将成为我们未来很长一段时间的重点。我们将通过运动,连接数据,连接家庭,连接城市,连接生活,连接你我他,连接这个世界!"

也是在这期间,用户间衍生出新的需求,比如如何购买课程同款健身器材。于是,Keep 开始大张旗鼓地扩张。

在王宁、彭唯等创始团队的设想中,通过这么多用户可以辐射家庭和线下健身空间两大场景,通过智能硬件又能够打通内容和数据,于是延伸出 KeepKit(智能运动产品)和 Keepland(线下运动空间)两大业务线。

2. 线下探险

王宁一方面招揽新人才,一方面筹备开拓新业务。

2017 年,刘冬第一次见到王宁,他告诉王宁:"Keep 这个名字特别好,是一个状态,也是一种生活方式,但它不应该只是一个 APP,而应该是一个有科技感的运动品牌。"后来,刘冬成为 Keep 合伙人之一,负责智能硬件和消费品业务。

与此同时,王宁到日本参观拜访 7-ELEVEN、永旺等零售巨头,并向小米等企业学习。

从移动互联网到智能硬件和线下业务,跨界难度并不小,而 Keep 首款硬件产品没有选择智能手环这类试错成本相对低廉、科技化程度更高的可穿戴产品,而是一上来就推出了一款跑步机。

在那场跑步机发布会上,有媒体问王宁为什么这么做。王宁反问:"你能说出中国哪款跑步机卖得最好吗?或者你哪怕能说出任何一个跑步机的品牌吗?"现场无人应答。

随后,针对家庭场景,Keep 又推出瑜伽垫、体脂秤、运动服装、智能手环、低脂食物等产品;针对城市场景,Keep 在北京和上海两地开了多个线下健身空间。

Keep 从一个移动健身工具变成一个运动消费品牌。

刘冬回忆,在智能硬件上,"从课程同款开始去做跑步机,第一年就卖了 4 万多台,其实第一年就站稳了脚跟"。

在运动服装上,虽然 Keep 一开始像李宁、FILA 等品牌一样开始往生活风偏,但很快就发现李宁这种传统品牌有分销商,有各种选品会,渠道会有层层容错的机制,而 Keep 还不具备这样的能力,于是就回过头来重新从功能性服装出发,及时调整了回来。

然而,2018 年下半年起,整个创业市场募资变难,资本进入了所谓的寒冬,投资数额相较前几年大幅下降。在此背景下,Keep 在多条业务线的并行探索也给王宁带来巨大的压力,尤其是 Keepland 线下业务。

作为投资人,汪天凡见证了王宁那一阶段的焦虑和成长。汪天凡告诉《中国企业家》,虽然当时 Keep 在用户端的反响还不错,但是在资本方也没少面临商业变现上的质疑,"比如有人认为健身就是反人性的,当时还处于非共识阶段,想变现很难"。

甚至在一些时刻,汪天凡都会有点自我怀疑,但王宁为此做了不少探索。汪天凡表示,在消费品和线下健身空间的布局之外,Keep 还曾借鉴教育行业的微信模式尝试过群课等业务。

王宁是 1990 年生人,汪天凡是 1989 年生人,汪天凡常常觉得他俩有种跟同龄人一起成长的感觉,他们保持着隔几天就会交流一次的沟通频率。最终,他们一致决定还是聚焦家庭健身场景。

在汪天凡看来,健身房是个影响力有限的业务,每家店能辐射到的人群是固定的一两千人,市场规模有限,而 Keep 的家庭健身业务能服务数亿级别的人群,为什么不选择后者?"Keep 短期内没必要再做一个更好的线下健身房,就像 Apple 没必要做一个更好的诺基亚。"

后来 Keep 关停了部分 Keepland,包含上海 4 家,北京 1 家。当时 Keep CTO(首席技术官)彭跃辉在内部信中表示:"商业化的业务相对于去年(2018 年)有成倍以上的增长,但远没有达到预期,为此我们需要做一些调整,持续聚焦,并同步进行人员的优化。公司的精力是有限的,要把有限的精力放到更核心更有价值的事情上,要考虑 ROI(投入产出比)。"

3. 聚焦之后爆发

2019 年底,王宁在公司内部开了一次战略会,当时得出的结论是,"家庭场景是我们在未来几年非常重要的优先级"。提出这个战略两个月后,新冠疫情就爆发了。

疫情期间,由于健身房无法开店,通过参考线上内容在家健身成为热潮,Keep 迎来一波流量增长。根据酷传数据统计,仅在安卓应用市场,整个 2020 年 Keep 的下载量就增长了 35.59%。与此同时,Keep 的健身器材、服装和食品也获得不同程度的增长。

刘冬告诉《中国企业家》:"Keep 与传统品牌不一样之处在于,传统运动品牌通常是以运动场景作为拓展,比如跑步、篮球、足球,需要不同的运动形式去获得不同运动的人群,Keep 则以用户为中心,去洞察用户所有的需求,以一个用户在整个健身过程中的吃、穿、用、练去布局我们的产品规划,同时能通过产品打通内容和数据,实现一体化。"

在做用户调研时刘冬就发现,阻碍用户在家里购买一个运动器械通常的原因都是,家里放不下、噪音太大了、没有办法坚持。因此,Keep 在做智能动感单车时就主打这些用户痛点,如占地面积只有 0.54 平方米,运动起来没有噪音,不会打扰家人和邻居,且在单车前端结合屏幕,方便用户在线上直播课,跟随线上人群一起练。

刘冬透露,2020 年"双 11",Keep 仅靠一款单车撬动了行业四分之一的市场份额。截至今年 4 月底,Keep 智能产品的用户超过 156 万,购买 Keep 动感单车的用户 80% 都在通过直播课使用。

目前,Keep 已经实现整体盈利,营收主要来自消费品业务、广告业务、会员服务业务三个方面。

黄晶晶告诉《中国企业家》:"可能对外界来说,我们 2020 年的爆发有疫情的因素,但其实背后的大趋势是,随着经济水平的变化,大家对健康的重视,越来越多人加入运动。此外,我们在 2015 年开始就已经在做垂直赛道了,相当于积攒了五年的经验,在 2020 年得到了集中的释放。"

去年,Keep 招募了大量线上线下优秀的教练和运动达人,包括在社交媒体大火的帕梅拉、小马哥等等,并引入众多版权内容。此外,在硬件方面,Keep 接入近 20 家移动厂商,包括华为、佳明等等。

如今,Keepland 在北京还有 9 家门店。"Keepland 不仅是 Keep 的线下健身房,也是线上直播业务、教练团队的孵化器和基础设施,从那里产生的认知是可以通过互联网方式去放大的。我们不会去收缩,也不会过度扩张。"刘冬告诉《中国企业家》。

作为一个投资人,汪天凡庆幸地看到了王宁的历险和成长,作为一个同龄人,他甚至有点羡慕王宁的学习能力和成长速度。

多年前,汪天凡在Keep的股东会上听到这样一场争论:王宁和团队因为用户付了会员费却没有充分使用到会员权益而争辩起来,王宁坚持认为这样的会员制是需要调整和升级的。这让汪天凡有点佩服,这就是Keep这家公司的用户关注视角。

汪天凡和王宁都坚持认为,Keep在一个特别长特别宽的赛道里,"第一步覆盖健身人群,第二步是运动人群,第三步是健康人群,一步一步越变越大。健身可能就是几千万人,运动可能上亿人,健康则是每个人都想要的"。

(案例来源:中国企业家杂志 https://baijiahao.baidu.com/s?id=17018860955704201988&wfr=spider&for=pc)

请对王宁创业成功的具体原因进行分析,并详述该项目对自己的启发。

【课后实训】

1. 列出当代中国创业成功者的名字,至少5人以上。列出他们所创造的公司和业绩,并试着谈谈他们的创业对中国经济发展起了哪些作用?

2. 在众多的创业活动中,你喜欢哪种或哪些类型的创业?为什么?

第二章

创业者与创业团队

学习目标

知识目标：了解创业者的基本含义以及创业者的类型，掌握创业者应具备的基本素质和能力，熟悉创业动机的含义及分类；了解创业团队的含义以及团队对创业成功的重要性，掌握创业团队的类型及其优劣势，熟悉创业团队的构成和组建原则，认识创业团队领袖的角色与作用。

技能目标：学会寻找创业的驱动力，学习如何成为一名创业者；学习如何组建创业团队，掌握创业团队的管理策略和技巧。

态度目标：形成对创业者和创业团队的理性认识。

第一节 创 业 者

学习提示

创业者是组织、管理一个生意或企业并承担其风险的人。创业者必须具备强烈的创业意识、执着的创新精神、良好的创业心态和积极的竞争意识，还必须具备分析决策能力、经营管理能力、专业技术能力与交往协调能力。

一、创业者的概念

创业者的概念经历了一个演变过程。1755年，法国经济学家坎蒂隆首次将"创业者"一词引入经济学领域。1880年，法国经济学家萨伊首次给出了创业者的定义，他将创业者描述为将经济资源从生产率较低的区域转移到生产率较高的区域的人，并认为创业者是经济活动过程中的代理人。1934年，美籍奥地利经济学家熊彼特认为创业者应该是创新者，创业者概念中又加了一条，具有发现和引入更好地能赚钱的产品、服务和过程的能力。

在欧美学术界和企业界，创业者被定义为组织、管理一个生意或企业并承担其风险的人。创业者的对应英文单词是entrepreneur，entrepreneur有两个基本含义：一是指企业家，即在现有企业中负责经营和决策的领导人；二是指创始人，通常理解为即将创办新企业或者是刚刚创办新企业的领导人。

香港创业学院是世界一流的非营利性的大学后创业教育机构，是创业领袖的摇篮，是创业技术的平台，是创业商品的舞台，是创业者的使命、荣誉、责任及其商品、企业、现金流的样板。香港创业学院院长张世平认为创业者一般被界定为具有以下几点的人：创业者是一种主导劳动方式的领导人;创业者是具有使命、荣誉、责任能力的人;创业者是组织、运用服务、技术、器物作业的人;创业者是具有思考、推理、判断能力的人;创业者是能使人追随并在追随的过程中获得利益的人;创业者是具有完全权利能力和行为能力的人。

我们认为,创业者首先是一个有梦想的追求者,他追求的是未来的回报,而非现在的回报。如果未来的回报低于预期,或者低于现在的回报,一个人不可能有创业的动力。因此,创业者进行创业活动是为了获得更大的价值,这种价值的实现,有物质上的诉求,而更多的是人生价值的实现。创业者的未来收益是一种投资性活动的收益,这些投资既可能是实际的资本投入,也有本人和团队的时间和精力的投入,而收益也就不只是金钱上的收益,还应包括价值的收益、理想的实现等。

在实际生活中,与一般人的观念不同,创业者所谓高度的商业才能,不仅仅是创办一个企业,而且是在企业的整个发展过程中,都能够做出正确的决策,及时解决面临的问题,修正企业的发展方向,使企业长期保持活力,不断发展壮大,成为具有影响力的企业的才能。同时,界定一个创业者,还应该从社会发展的角度出发,那些建立了新的商业模式并获得了好的发展的企业,并且为其他企业的发展提供样板,为社会提供就业,不断带来财富的企业的创立者通常也被称为创业者。

二、创业者的类型

(一) 生存型

生存型创业者,最初或许根本就没什么创业的概念以及什么伟大的理想与梦想,只是出于生存的渴望与责任,凭自己的勤劳、努力与节俭,在生存的道路上不断积累财富、经验、品格、人脉,然后不断做大做强,最后,在历史潮流的推动下,走上了一条持久创业发展的道路,取得了最终让自己都从来未曾想过的成就与事业,李嘉诚就是典型的案例。

这种生存型企业,起初阶段根本就不需要什么管理,因为什么事都是自己做,但到后期就需要不断完善管理与制度,否则很快就会倒下去,当然能够留下的肯定是优秀的企业,毕竟经过磨炼而生存发展壮大起来的企业肯定有其独到之处。

(二) 投机型

投机型创业者,不一定有生存的顾虑,而更多可能是对金钱与财富的渴望,甚至可能是贪婪,利用特权或政策的漏洞,而进行利益的谋取。这种创业者为了利益与金钱可以不顾一切风险,可以不择手段,甚至可能铤而走险。

这种投机型企业也不需要什么管理与体制,因为它生存的基础就是钻空子,但如果需要转型或提升,就必须要加强自身的管理与升华,否则难免穷途末路。

(三) 兄弟型

顾名思义,兄弟型创业者最初由几个情投意合的兄弟或朋友共同创建,有的是为生存,有的是为了兴趣,有的是为了梦想,有的也是机缘巧合等。总之,当他们走到一起时,总是充满了活力与激情,无所谓辛苦与收入,只为把它做起来,做大做强。

(四) 梦想型

梦想型创业者,执着于心中的梦想与目标,充满超强的激情、活力与精力,但其可能没有什么特别的权势与财富积累,只是凭借自己的眼光、思想、特长、毅力与感召力去坚持不懈地努力,感召越来越多的志同道合者,聚集越来越多的资源,吸引越来越多的投资商,凭着一股打不死的精神,做出一番事业。

梦想型创业者最初可能无所谓管理,也根本不在乎管理,有的只是梦想、目标、未来、希望、激情与活力,这是其原动力与永不停止的源泉。梦想型创业者要的是志同道合者,而不只是苟于生存者或唯利是图者。

(五)投资型

投资型创业者,对财富的聚集与对未来的掌握永不满足,早已不存在生存与理想追求问题,而更多是某种理念或生活的升华,这也是创业的最高境界。这种创业者可能具有雄厚的资金或资源实力,又有敏锐的洞察力,凭自己独到的洞察与判断投资项目,而取得一个又一个事业成就。

投资型创业者很注重体制与规则,就是我投资你管理,我出钱你干活,一切按制度来办。所以他可以把竞争对手的团队挖过去,很快的又可以把整个团队赶走,因为作为投资型创业者最重要的就是利用员工的剩余价值与能力创造财富,至于情感、共同梦想、长期发展及员工培养则根本不在他们的考虑范围之内。

三、创业者应具备的素质和能力

创业是极具挑战性的社会活动,是对创业者自身智慧、能力、气魄、胆识的全方位考验。一个创业者要想获得成功,必须具备基本的创业素质和创业能力。

(一)创业者应具备的创业素质

创业素质是创业者进行创业行动所需要的基本素质,包括强烈的创业意识、执着的创新精神、良好的创业心态和积极的竞争意识,这些基本素质是开创事业的基础。

1. 强烈的创业意识

要想取得创业的成功,创业者必须具备自我实现、追求成功的强烈的创业意识。强烈的创业意识能够帮助创业者克服创业道路上的各种艰难险阻,将创业目标作为自己的人生奋斗目标。创业的成功是思想上长期准备的结果,事业的成功总是属于有思想准备的人,也属于有创业意识的人。

2. 执着的创新精神

创新精神是一个国家和民族发展的不竭动力,是推动经济和社会发展的主导力量,是企业长盛不衰的法宝。创业者应该具有不断追求创新的素质,要有不满足维持现状的意识,要有不断推陈出新的精神。在当前信息化和经济全球一体化的时代,创业者应与市场紧密结合,不去创新,企业就无法生存与发展,只有具有创新精神,创业者才能在未来的发展中不断开辟新的天地。创业实际是一个充满创新的事业,所以创业者要有创新思维、无思维定式、不墨守成规,能根据客观情况的变化,及时提出新目标、新方案,不断开拓新局面,创出新路子。可以说,不断创新是创业者不断前进的关键因素。

3. 良好的创业心态

创业之路,是充满艰险与曲折的,自主创业就等于是一个人去面对变化莫测的激烈竞争以及随时出现的需要迅速正确解决的问题和矛盾,这需要创业者具有非常强的心理调控能力,能够持续保持一种积极、沉稳的心态,即有良好的创业心态。创业之路不可能一帆风顺,所以,如果不具备良好的心理素质、坚忍的意志,一遇挫折就垂头丧气、一蹶不振,那么,在创业的道路上是走不远的。宋代大文豪苏轼说:"古之立大事者,不惟有超世之才,亦必有坚忍不拔之志。"只有具有处变不惊的良好心理素质和愈挫愈强的顽强意志,才能在创业的道路上自强不息、竞争进取、顽强拼搏,才能从小到大、从无到有,闯出属于自己的一番事业。创业的成功在很大程度上取决于创业者良好的创业心理素质。

4. 积极的竞争意识

竞争是市场经济最重要的特征之一,是企业赖以生存和发展的基础,也是立足社会不可缺乏的一种精神。随着我国社会主义市场经济从低级向高级发展,竞争愈来愈激烈。从小规模的分散竞争,发展到大集团集中竞争;从国内竞争发展到国际竞争;从单纯产品竞争,发展到综合实力的竞争。因此,创业者如果缺乏竞争意识,实际上就等于放弃了自己的生存权利。创业者只有敢于竞争,善于竞争,才能取得成功。创业者创业之初面临的是一个充满压力的市场,如果创业者缺乏竞争的心理准备,甚至害怕竞争,就只能是一事无成。

(二) 创业者应具备的创业能力

创业能力是一种特殊的能力,这种特殊能力往往影响创业活动的效率和创业的成功,是对创业者综合能力的一种全方位考验。创业能力包括分析决策能力、经营管理能力、专业技术能力与交往协作能力等。

1. 分析决策能力

分析决策能力是创业者根据主客观条件,因地制宜,正确地确定创业的发展方向、目标、战略以及具体选择实施方案的能力。决策是一个人综合能力的表现,一个创业者首先要成为一个决策者。创业者的决策能力通常包括:分析能力、判断能力和创新能力。大学生要创业,首先要从众多的创业目标以及方向中进行分析比较,选择最适合发挥自己特长与优势的创业方向、途径和方法。在创业的过程中,能从错综复杂的现象中发现事物的本质,找出存在的真正问题,分析原因,从而正确处理问题,这就要求创业者具有良好的分析能力。

2. 经营管理能力

经营管理能力是指对人员、资金的管理能力,涉及人员的选择、使用、组合和优化,也涉及资金聚集、核算、分配、使用、流动。经营管理能力是一种较高层次的综合能力,在较高层次上决定了创业实践活动的效率和成败,要从学会经营、学会管理、学会用人、学会理财几个方面去努力培养提升。

3. 专业技术能力

专业技术能力是创业者掌握和运用专业知识进行专业生产的能力。专业技术能力的形成具有很强的实践性,许多专业知识和专业技巧需要在实践中摸索,逐步提高、发展和完善。因此,要求创业者不断学习,开阔视野,精益求精,学有所长,高度重视创业过程中知识、经验和技能的积累。

4. 交往协作能力

交往协作能力是指创业者能够妥善地处理与外界(政府部门、新闻媒体、合作伙伴、客户等)之间的关系,以及能够有效协调下属及部门成员之间关系的能力。创业者应该做到妥当地处理与外界的关系,尤其要争取政府部门、工商以及税务部门的支持与理解;同时要善于团结一切可以团结的人,团结一切可以团结的力量,善于发掘合作伙伴,与合作伙伴之间求同存异、平等互利,共同协调发展,做到互惠互助,共同实现目标和利益;不断增强企业内部的团队合作能力和凝聚力,建立一个有利于自己创业的和谐环境,为成功创业打好基础。

四、创业动机

（一）创业动机的含义

创业动机是引起和维持个体从事创业活动，并使活动朝向某些目标的内部动力，是鼓励和引导个体为实现创业成功而行动的内在力量。

美国心理学家韦纳（Weiner）认为，心理学上的动机是激发和维持个体进行活动，并导致该活动朝向某一目标的心理倾向或动力，是构成人类大部分行为的基础。创业动机可以理解为激发、维持、调节人们从事创业活动，并引导创业活动朝向某一目标的内部心理过程或内在动力。

创业动机常常决定着创业的行业选择、目标定位等具体取向，内源于个体的心智与教育成长环境，是个体在综合自我、环境、价值、目标以及期望等诸多因素之后所形成于内在的、个人的初始动力，是创业的开始和最基本的驱动力。

（二）大学生创业动机

随着大学扩招，毕业生数量迅速增加，社会需求基本上保持在扩招前的水平，而用人单位大多希望招聘到有几年工作经验的人员，毕业生就业压力越来越大。面对这种形势，选择自主创业既可以为自己寻找出路，又可以为社会减轻就业压力。当前，大学生自主创业的意识越来越明显，积极主动发现商机、寻找机遇。归纳起来，大学生的创业动机主要有以下四种类型：

1. 生存的需要

首先，由于经济的原因许多家庭越来越难以负担昂贵的学费，国家有助学贷款、奖学金制度也不能完全解决问题。在沉重的经济负担压力之下，为了顺利完成学业，部分学生只能利用课余时间打工来维持正常的学习和生活。在打工过程中一部分具有创业素质的学生会发现并把握商机，开始走上创业的道路。

其次，当前我国高校在校生中来自城镇的学生95%都是独生子女，培养他们的独立性已经成为当务之急。目前已经有一部分学生开始独立承担自己的学习、生活费用，产生了一定数量的创业先行者。这部分创业者通常都以学习为主要目的，也从事一些需要投入时间和精力较少的行业，对经济回报要求较低。

2. 积累的需要

按照奥尔德弗（Alderfer）的ERG（人本主义需要）理论，人的需求分为生存、相互关系和成长。这三种需求并不一定严格按照由低向高的顺序发展，可以越级。当代大学生随着年龄的增长，对于相互关系和成长的需要会逐渐强烈。一部分大学生为了增加自己的实践经验，丰富自己的社会阅历，为自己以后的发展或者实现自己的某个目标做好经济上的准备，在条件成熟的情况下也会利用课余时间走上创业的道路。该类型的创业者往往以锻炼为目的，承受失败的能力较强。同时，由于压力较小，失败和半途而废的比例也比较高。

3. 自我实现的需要

心理学研究表明：25～29岁是创造力最为活跃的时期，这个年龄段的青年正处于创造能力的觉醒时期，对创新充满了渴望和憧憬。他们思维活跃、创新意识强烈，同时所受的约束和束缚较少，按照ERG理论对成长的需要也更为强烈。另外，由于大学生所处的环境，他们往往更容易接触一些新的发明和学术上的新成果，或者他们中的一部分人本身拥有自主知识产权的科研成果。为了能早日实现成功的目标,他们中的一部分人改变了成功观念也开始了自己的创业生涯。

4. 就业的需要

当前,我国大学生就业形势相当严峻,一方面表现为需求不足,另外一方面表现为大学毕业生的工资待遇降低。很多大学生认为创业是就业的一条很好的出路。在就业高峰期,给自己一片更广阔的天空,并且很多人认为在今后的社会中,自主创业的人会越来越多,甚至成为就业的主流,这也是大学生毕业后选择自主创业的一个重要原因。在以经济建设为中心的大环境中,工作待遇是不得不考虑的一个重要因素,自主创业可能带来的就是良好的经济效益。

(三) 创业动机的驱动因素

在知识经济飞速发展的今天,传统雇佣制的经济与创业的界限也变得模糊起来,并且产生大量的介于雇佣制与创业者之间的自由职业者。而在当今社会中,由于信息的高速发展,社会的价值被大量分享,学习成本的降低,因此造就了社会的快速转型。当今社会最有价值的东西包括:可以随意学习的知识和技能、有兴趣的工作、不断学习的机会、有效沟通的网络(包括虚拟世界的有效沟通)。正是在这种变化中,为人们带来创业的便利,改变了当今的创业环境。

当人们的创业活动不再与金钱单纯挂钩时,这种创业活动就会变得多姿多彩,创业动机也丰富起来。创业动机的驱动因素包括两类:

1. 热情驱动创业

这类创业者创业的动机是梦想着有自己的企业,喜欢在自己的公司中扮演决策者的角色,虽然此时还没有机会,但是一旦这些人获得机会,就会毫不犹豫地改变自己。热情驱动创业的创业者有一个通病,他们在考虑创业时,并不太会考虑将来干什么,在传统行业的创业活动中,也能施展他们的技能。

2. 梦想驱动创业

这些人的创业动机非常简单,他们希望能够以创业养家糊口,改变自己贫穷的现状。他们可以尝试创建一个适合个人境况、生活方式的小企业,以"小生意"或者"小微企业"来保证自己衣食无忧,但是当机会来到时,他们当中也会有人毫不犹豫地扩大企业的发展。在通常情况下,此类创业者并没有较为宏大的创业计划,他们或许只想开办一家生活型企业,在经营中获得乐趣,并利用销售收入维持企业的发展。

🎯 创业小案例

三只松鼠创始人章燎原的创业经历

在中国商界,三只松鼠创始人章燎原有着一段与众不同的经历,让所有人为之叹服。

他曾是一个街头小混混,抽烟、打架,浑浑噩噩过日子;19岁出来打工,什么都做过,依然一事无成;27岁还在当摩的司机,曾3次被城管收掉摩托,委屈得直哭;36岁,他创办三只松鼠,1年做到全行业第一,4年卖出60亿! 2017年"双11",他更是在12分52秒内就销售额破亿!

这样一个曾经的街头小混混,到底是怎么逆袭走到今天的?

1976年,章燎原出生在安徽省绩溪县,父亲在市里的煤炭部门工作,平常根本管不了他。年幼的章燎原,就和村里的大孩子混在一起,受武侠小说、电视剧影响,他从小就渴望"闯荡江湖"

"行侠仗义"。等到从村里转学到镇里的学校,因为听不懂镇里的方言,章燎原没有朋友,也很自卑,开始抽烟打架。直到有一天,他跑去找做生意的表哥玩,表哥很豪气地请他吃饭,足足花了3 000元。章燎原下定决心要成为一个像表哥这样的有钱人。

回到学校,章燎原打算认真读书,但落后太多,根本读不进去,他干脆辍学南下,和几个同学去东莞打工,那时候他才19岁。在南方,章燎原什么都做过,卖过光碟、刷过油漆、砌过墙、跑过摩,但都没有成功过。和朋友一起凑了点钱开了个小饭馆,最终生意赔得一塌糊涂。做摩的司机,前后买了3次摩的,被城管抓了3次,没收了3次摩的。最后一次被抓时,他十分委屈,哭了起来:满大街都是跑摩的的,为什么总盯着我?此时他已经27岁,在外面混了快10年依然一事无成,换作一般人可能就自暴自弃,觉得自己这辈子就这样了。但章燎原还是不愿意放弃,他思前想后,觉得自己没知识没人脉,啥都不懂就凭着一腔热血往前冲,肯定不会成功的。想成功,还是得动脑子。章燎原想通了这一点,回安徽老家进入詹氏食品公司,做了一名山核桃营业员。

从27岁到36岁,章燎原在詹氏待了足足9年,从一个小营业员一路做到了总经理。当他离开时,公司年营业收入已经超过1亿。在这里,他增加了自信,锻炼了能力,为自己未来的创业之路打下了坚实基础。刚开始时,他啥都不懂,能做的只是努力和学习,为了做好市场,他学习谈进场费、学税务、学工商注册、学管理……靠着勤奋和之前在外闯荡锻炼出来的沟通能力,他成长得非常快,很快就把业务做到了增长率第一,他自己也成了营销总监。在这之后,他继续努力,又把詹氏做成了安徽最具知名度的坚果品牌,他也成了总经理。此时,他雄心勃勃,想进军电商界,却和老板发生了意见分歧,他选择了辞职创业。这一念头一出,把周围人都吓疯了,大家纷纷劝他,你一年能赚几十万,有房有车,好不容易才有今天的成就,跑去创业不是犯傻吗?但章燎原就是不管不顾,他于2012年辞职,创办三只松鼠。

当时,章燎原的团队一共才5个人:一个当厨子的发小,一个卖化妆品的推销员,一个从詹氏离职的员工,一个做营销的网友,再加上章燎原。他们自我评价"团队只是比垃圾好那么一点点"。办公室兼宿舍,不过是当地一套三室两厅的民居,房租每个月1 000多元。虽然条件很简陋,但章燎原已经把公司发展的战略都想好了。他给品牌命名为"三只松鼠",这个名字辨识度极高;他让所有客服都称呼顾客为"主人",虽然开始有些顾客很难接受,但时间长了,还真把隔着屏幕的客服当松鼠了;很多公司还沉浸在免费流量时,章燎原就花大价钱打广告,树品牌;2012年6月,三只松鼠正式上线,第一单客户是一位姓黄的先生,大家都很激动,章燎原亲自打包好寄给对方。

做成第一单生意,小团队几个人去大排档喝啤酒庆祝,但旁边有一群工人大吵大闹,影响了大家的兴致。章燎原看了看大家,说:"以后我们会去海螺酒店开年会,我还会给大家发汽车!"海螺酒店是当地最有名的酒店之一,大家觉得这座酒店简直"像白宫一样高级"。对于章燎原说的话,大家听听就算了,也没把它当真。谁知1年后,章燎原就给大家发车了,每人20万额度,油钱公司出。因为在这时,成立仅仅1年的三只松鼠,已经成了全行业第一。

有媒体总结,章燎原的成功之道,其实是"三疯"——员工疯、产品疯、制度疯。

1. 员工疯

三只松鼠内部有一条特别的规定,凡是对同事、上级、公司不满,只准向CEO信箱投递,CEO都必须公示回复。章燎原说:"有问题直接找我。"

2016年,三只松鼠实现了2.63亿盈利,章燎原就给3 100名员工发了700万红包。

2. 产品疯

对于产品,章燎原有一种非常偏执的高要求。产品保证在15天内完成生产,让天下网民吃到新鲜的坚果;包装采取牛皮纸+锡箔纸,"如有破裂,双倍赔偿";靠着高质量的产品,三只松鼠这才打开市场,成为同行业中的领军者。

3. 制度疯

2015年，章燎原在内部推出"11545"文化行动纲领，相当于企业宪法。有一家供货商，仅仅因为给业务员发了1元微信红包，就被暂停合作2个月。章燎原曾到三只松鼠苏州的某家线下门店视察，发现里面的装修很差，执意要把这家门店砸了。结果，他亲自扛着锤子，把这家门店砸了，付出了200万的经济损失。但对于章燎原来说，这家店不砸不可，根据他的说法，原因有两个：一是装修太烂，"装修简直是10年前的水平"；二是"最低档的板材、最低档的地面、最差的施工，与它的报价完全不符"。

这一砸，也看出了章燎原对制度整治的决心，"品质丢了，企业就没了；廉政丢了，价值观就没了；道德丢了，人就没了"。

一个人最重要的是有希望，不认命。从一个一无是处的小混混，到今天的中国坚果大王，章燎原的逆袭故事，实在是非常激动人心。哪怕现在身家过亿，章燎原依然野心勃勃，"上市从来都不是我的梦想，我的梦想是创造一个独特的松鼠世界"。或许正是因为这一颗野心，才让他一直走到现在。有一句话说得好：一个人最重要的是有希望、不认命。只要不认命，你就还有机会，如果认输了，你就真的输了，永远没有翻身的可能。哪怕到处打工、摆摊、做摩的司机……一次又一次失败，章燎原都没有放弃成为一个富翁的梦想。

一个人连心气都没了，就一定会开始沉沦。

（案例来源：http://goodyomo.com/archives/151）

创业资讯站

大学生创业优惠政策

为支持大学生创业，国家和各级政府出台了许多优惠政策，涉及融资、开业、税收、创业培训、创业指导等诸多方面。对打算创业的大学生来说，了解这些政策，才能走好创业的第一步。

1. 大学生自主创业市场主体类型：个体工商户、个人独资企业、合伙企业、农民专业合作社、有限责任公司。

2. 创业优惠政策：

（1）税收优惠

持人社部门核发的《就业创业证》的高校毕业生，在毕业年度内创办个体工商户、个人独资企业的，三年内按每户每年8 000元为限额，依次扣减其当年实际应缴纳的营业税、城市维护建设税、教育费附加税和个人所得税。

对高校毕业生创办的小型微利企业，按国家规定享受相关税收支持政策。

（2）创业担保贷款和贴息

对符合条件的大学生自主创业的，可在创业地按规定申请创业担保贷款，贷款额度为10万元。

鼓励金融机构参照贷款基础利率，结合风险分担情况，合理确定贷款利率水平，对个人发放的创业担保贷款，在贷款基础利率基础上上浮三个百分点以内的，由财政给予贴息。

（3）免收有关行政事业性收费

毕业两年以内的普通高校学生从事个体经营（除国家限制的行业外）的，自其在工商部门首次注册登记之日起三年内，免收管理类、登记类和证照类等有关行政事业性收费。

（4）创业担保贷款和贴息

对大学生创办的小微企业新招用毕业年度高校毕业生，签订一年以上劳动合同并缴纳社会保险的,给予一年社会保险补贴。

对大学生在毕业学年(从毕业前一年7月1日起的12个月内)参加创业培训的,根据其获得创业培训合格证书或就业、创业情况,按规定给予培训补贴。

(5) 免费创业服务

有创业意愿的大学生,可免费获得公共就业和人才服务机构提供的创业指导服务,包括政策咨询、信息服务、项目开发、风险评估、开业指导、融资服务、跟踪服务等"一条龙"创业服务。

(6) 取消高校毕业生落户限制

高校毕业生可在创业地办理落户手续(直辖市按有关规定执行)。

(7) 创新人才培养

创业大学生可享受各地各高校实施的系列"卓越计划"、科教结合协同育人行动计划等,同时享受跨学科专业开设的交叉课程,创新创业教育实验班等,以及探索建立的跨院系、跨学科、跨专业交叉培养创新创业人才的新机制。

(8) 开设创新创业教育课程

自主创业大学生可享受各高校挖掘和充实的各类专业课程和创新创业教育资源,以及面向全体学生开发开设的研究方法、学科前沿、创业基础、就业创业指导等方面的必修课和选修课,享受各地区、各高校资源共享的慕课、视频公开课等在线开放课程,和在线开放课程学习认证和学分认证制度。

(9) 强化创新创业实践

自主创业大学生可共享学校面向全体学生开放的大学科技园、创业园、创业孵化基地、教育部工程研究中心、各类实验室、教学仪器设备等科技创新资源和实验教学平台。参加全国大学生创新创业大赛、全国高职院校技能大赛和各类科技创新、创意设计、创业计划等专题竞赛,以及高校学生成立的创新创业协会、创业俱乐部等社团,提升创新创业实践能力。

(10) 改革教学制度

自主创业大学生可享受各高校建立的自主创业大学生创新创业学分累计与转换制度,和学生开展创新实验、发表论文、获得专利和自主创业等情况折算为学分,将学生参与课题研究、项目实验等活动认定为课堂学习的新探索。

同时也享受为有意愿有潜质的学生制订的创新创业能力培养计划,创新创业档案和成绩单等系列客观记录并量化评价学生开展创新创业活动情况的教学实践活动。优先支持参与创业的学生转入相关专业学习。

(11) 完善学籍管理规定

有自主创业意愿的大学生,可享受高校实施的弹性学制,放宽学生修业年限,允许调整学业进程,保留学籍休学创新创业等管理规定。

(12) 大学生创业指导服务

自主创业大学生可享受各地高校对自主创业学生实行的持续帮扶,全程指导,一站式服务以及地方、高校两级信息服务平台,为学生提供实时的国家政策市场动向等信息和创业项目对接知识产权交易等服务,可享受各地在充分发挥各类创业孵化基地作用的基础上,因地制宜建设的大学生创业孵化基地和相关培训指导服务等扶持政策。

(资料来源:中国政府网 http://www.gov.cn/xinwen/2015-11/18/content_5014052.htm)

第二节 创业团队

> **学习提示**
>
> 创业团队是由技能互补、贡献互补、责任共担、愿为共同的创业目标而奋斗的人所组成的特殊群体。创业团队的组建原则应包括合理的人员数量、互补的人才结构和共同的奋斗目标等,创业团队的领导者是创业团队的灵魂。

一、创业团队

(一) 创业团队的含义

创业团队是由技能互补、贡献互补、责任共担、愿为共同的创业目标而奋斗的人所组成的特殊群体。该群体在一个共同认同的、能使彼此担负责任的程序规范下,为达成高品质的创业结果而共同努力,相互协作、依赖,共同担当。

创业团队应该具有较强的资源整合能力,能通过团队成员之间的技能互补来提高驾驭环境不确定性的能力,从而降低新创企业的经营风险,增加创业成功的概率。

(二) 创业团队对于创业的重要意义

现代企业,需要的是少走弯路,从一开始就走规范化管理道路,因此,创业者在创业初期就应该组建创业团队。一个好的创业团队对于创业的成功起着举足轻重的作用。一个喜欢独立奋斗的创业者固然可以谋生,然而一个团队的营造者却能够创建出一个组织或一个公司,而且是一个能够创造出重要价值的公司。

创业团队的凝聚力、合作精神、立足长远目标的敬业精神会帮助新创企业渡过危难时刻,加快成长步伐。更为重要的是,共同创业具有更强的资源整合能力,能同时从多个融资渠道获取创业资金等资源,保证创业的成功。因此,组建一支优秀的创业团队对任何创业者而言,都是一项至关重要的工作。

创业团队对于创业的成功有重要的影响,美国一项针对 104 家高科技企业的研究报告指出,在年销售额达到 500 万美元以上的高成长企业中,有 83.3% 是以团队形式建立的;而在另外 73 家停止经营的企业中,仅有 53.8% 的企业有数位创始人。

(三) 创业团队的 5P 要素

创业团队就是由少数具有技能互补的创业者组成,为实现共同的创业目标、达成高品质的结果而努力的共同体。创业团队需具备五个重要的团队组成要素,称为 5P。5P 要素包括:

1. 目标(Purpose)

目标是指团队应该有一个共同的既定目标,为团队成员导航,知道要向何处去。没有目标,这个团队就没有存在的价值。作为创业团队,应将目标分为长期与短期;长期目标即公司的愿景,短期目标则是长期目标的分解。目标的完成过程,应当是所有团队成员共同努力的过程,而不能成为创业者自己奋斗的辛酸史。

2. 人(People)

人是构成团队最核心的力量,2个(包含2个)以上的人就可以构成团队。目标是通过人员具体实现的,所以人员的选择是团队中非常重要的一部分。一般来说,创业者都愿意选择那些技能最优、经验丰富的人员作为创业团队成员。当这些人员进入团队时,如何留住他们就成为摆在创业者面前的一个难题,如果处理不当,就会造成人才的流失,这是创业过程中的普遍现象之一。

3. 定位(Place)

定位通常包含两个层次:团队在企业中的定位,是指团队在企业中所扮演的角色以及团队内部的决策力和执行力;成员在团队中的定位,是指团队成员在团队中扮演的角色及团队内部决策的制定和执行。

4. 权限(Power)

权限是指新企业中职、责、权的划分与管理。一般来说,团队的权限与企业的大小、正规程度相关。在新企业的团队中,核心领导者的权力很大,随着团队的成熟,核心领导者的权限会降低,这是一个团队成熟的表现。

5. 计划(Plan)

计划有两层含义:一方面是为保证目标的实现而制定的具体实施方案;另一方面计划在实施中又会分解出细节性的计划,需要团队共同努力完成。

创业之初,创业者往往会面临很多困难,团队的建设并不像想象中的那样简单,这需要创业者有心理准备。有时创业过程会与团队组建一起完成,由于创业活动的特殊性,创业团队不必具备每一个因素。随着企业发展逐步成熟,团队建设也应该逐步完善,创业者应当时刻记得一句俗语"三个臭皮匠,顶个诸葛亮",这正说明创业团队在创业过程中的重要性。

创业团队通常是在创业初期通过不断地寻找得到的,团队成员共同参与从新企业的创建到发展的整个过程并做出贡献。作为创业团队成员,共同参与创业过程,他们的思路会影响创业者的战略决策,在经济上占有一定的股权,因此也承担一定的风险。虽然每个创业者的创业过程各不相同且具有不可复制性,但是我们在研究了中外众多的创业活动后仍然可以得出以下结论:一个人单打独斗的创业要比团队创业的成功率低得多。

二、创业团队的优劣势分析

不同类型的创业团队各有其优势和劣势,以下是三种典型创业团队优劣势分析。

(一)领袖型创业团队

创业团队中有一个核心人物充当"主导"角色。一般是某人先有了成熟的技术或者创意,在深入调研、充分论证,甚至已经拥有资金的情况下,再根据技术或者项目的推广需要,找到相关专业的人员参与。

因此,在团队形成之前,核心人物已经根据自己的想法选择相应人员加入团队。这些加入创业团队的成员可能是以前熟悉的,也可能是不熟悉的,在创业中更多的是支持者角色。这种创业团队的优劣势在于:

(1) 组织结构紧密、向心力强,主导人物在组织中对其他个体影响较大。

(2) 决策程序相对简单,组织效率较高。

(3) 容易形成权力过分集中的局面,从而使决策失误的风险加大。

(4) 当其他团队成员和主导人物发生冲突时,因为核心人物的特殊权威,使其他团队成员在冲突发生时往往处于被动地位;在冲突较严重时,一般都会选择离开团队,因而对组织的影响较大。

(二) 伙伴型创业团队

创业团队成员主要来自因为经验、友谊和共同兴趣而结缘的伙伴,彼此在一起发现商业机会。在创业团队组成时,大家根据各自的特点进行自发的组织角色定位。因此,在企业初创时期,各位成员基本上扮演的是协作者或者伙伴角色。这种创业团队的优劣势在于:

(1) 团队没有明显的核心,整体结构较为松散。

(2) 组织决策时,一般采取集体决策的方式,通过大量的沟通和讨论达成一致意见,因此组织的决策效率相对较低。

(3) 由于团队成员在团队中的地位相似,因此容易在组织中形成多头领导的局面。

(4) 当团队成员之间发生冲突时,一般都采取平等协商、积极解决的态度消除冲突,团队成员不会轻易离开。但是一旦团队成员间的冲突升级,使某些成员撤出团队,就容易导致整个团队的涣散。

(三) 核心型创业团队

这种创业团队是由伙伴型创业团队演化而来,基本上是前两种的中间形态。在团队中,有一个核心成员,但该核心人物从某种意义上说是整个团队的代言人,而不是主导型人物,其在团队中的行为必须充分考虑其他团队成员的意见,不如领袖型创业团队中的核心人物那样有权威。这种创业团队的优劣势在于:

(1) 核心成员地位的确立是团队成员协商的结果,因此,该核心成员具有一定的威信,能够作为整个团队的主导。

(2) 团队的领导是在创业过程中形成的,既不像领袖型团队那样集权,又不像伙伴型创业团队那样分散。

(3) 核心成员的行为必须充分考虑团队其他成员的意见,不像领袖型创业团队中的核心主导人物那样有权威。

三、组建创业团队的策略分析

(一) 创业团队的组建原则

组建创业团队,首先应考虑创业计划实施过程中所需人员应具备的基本知识与能力,从而按照实际需要组织能够担当各种职能的团队成员。组建创业团队一般要遵循下面的原则:树立正确的团队理念,确立明确的团队发展目标,建立责、权、利相统一的团队管理机制。

1. 合理的人员数量

创业团队的人数一般控制在 3 至 5 人为宜。刚开始创业的时候,往往会碰到很多意料不到的问题,人少了,团队的群体效应没发挥出来;人多了,团队思想不容易统一。人数合理,便于领导与任务分工协调的有效开展,保证各项工作完成的速度和质量,提高办事效率,占据有利的市场地位。

2. 互补的人才结构

创业者之所以寻求团队合作,其目的就在于弥补创业目标与自身能力间的差距。只有当团队成员相互间在知识、技能、经验等方面实现互补时,才有可能通过相互协作发挥出"1+1>2"的协同效应。在组建创业团队时,应强调团队成员人才结构的互补性,这种互补性不仅是指在性格方面的互补,更强调技能方面的互补,因为任何创业团队成员的能力不可能面面俱到。一个完整的创业团队,应包括管理型人才、营销型人才和技术型人才。

管理型人才,负责团队工作的调配与应急事务处理等。

营销型人才,负责创业计划书的起草修正及市场调研推广等。

技术型人才,负责创业的技术支持和专业服务等。

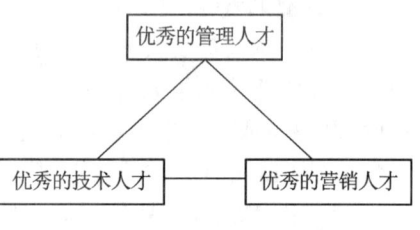

图 2-1 创业团队基本架构

创业团队基本架构如图 2-1 所示。

3. 共同的奋斗目标

团队共同的奋斗目标在团队组建过程中具有特殊的价值。首先,目标是一种有效的激励因素,既能帮助团队成员看清未来的发展方向,又能激励创业团队勇于克服困难,取得胜利。其次,目标是一种有效的协调因素。《孙子兵法》曰:"上下同欲者胜。"团队中各种角色的个性、能力有所不同,只有真正目标一致、齐心协力的创业团队才会得到最终的胜利。因此,目标必须明确,这样才能使团队成员清楚地认识到共同的奋斗方向是什么。与此同时,目标也必须是合理的、切实可行的,这样才能真正达到激励的目的。

(二)创业团队的组建方式

创业团队的组建形式主要有合伙制、公司制两种。

1. 合伙制

合伙制由合伙人订立合伙协议,共同出资、合伙经营、共享收益、共担风险,并对债务承担无限连带责任。创业团队采取合伙制是一种过渡型创业模式,有利于将创业中的激励机制与约束机制有机结合起来。合伙人执行合伙企业事务,有全体合伙人共同执行合伙企业事务、委托一名或数名合伙人执行合伙企业事务两种形式。这种创业模式比较自由灵活,启动资金少,创业者可抓住消费群体特点来确定行业,降低了创业风险。

2. 公司制

公司制是采取设立有限责任公司或股份有限公司的形式组建创业团队,运用公司投资的运作机制及形式进行创业。公司制能有效集中资金进行投资活动,以自有资本进行投资的收益可以根据自身发展需要,做必要扣除和提留后再进行分配;随着业务的快速发展,可以申请对公司进行改制上市,使投资者的股份可以公开转让而以所得资金用于循环投资。

组建一个高效的创业团队是成功创业的基础。创业团队理念和团队成员的素质是实现公司愿景的关键。优秀的创业团队日渐形成的、高绩效的、卓越的团队风格会逐渐演变成一种传统,形成企业文化。

(三)创业团队的组建程序

创业团队的组建是一个相当复杂的过程,创业项目的类型不同,所需的团队不一样,创建步骤也不完全相同。概括来讲,大致的组建程序如下:

1. 明确创业目标

创业团队的总目标就是要通过完成创业阶段的技术、市场、规划、组织、管理等各项工作实现企业从无到有、从起步到成熟。总目标确定之后,为了推动团队最终实现创业目标,再将总目标加以分解,设定若干可行的、阶段性的子目标。

2. 制订创业计划

在确定了总目标和各阶段性子目标之后,紧接着就要研究如何实现这些目标,这就需要制订周密的创业计划。创业计划是在对创业目标进行具体分解的基础上,以团队为整体来考虑的计划,创业计划确定了在不同的创业阶段需要完成的阶段性任务,通过逐步完成这些阶段性任务来最终实现创业目标。

3. 吸纳创业成员

吸纳创业成员是创业团队组建最关键的一步。关于创业团队成员的吸纳,主要应考虑两个方面:一是考虑互补性,即考虑其能否与其他成员在能力或技术上形成互补。这种互补性形成既有助于强化团队成员间彼此的合作,又能保证整个团队的战斗力,更好地发挥团队的作用。一般而言,创业团队至少需要管理、技术和营销三个方面的人才。只有这三个方面的人才形成良好的沟通协作关系后,创业团队才可能实现稳定高效。二是考虑适度规模,适度的团队规模是保证团队高效运转的重要条件。团队成员太少则无法实现团队的功能和优势,而过多又可能会产生交流障碍,团队很可能会分裂成许多较小的团体,进而削弱团队凝聚力。一般认为,创业团队的规模控制在 3~5 人最佳。

4. 进行职权划分

为了保证团队成员执行创业计划、顺利开展各项工作,必须预先在团队内部进行职权的划分。创业团队的职权划分就是根据执行创业计划的需要,具体确定每个团队成员所要担负的职责以及相应所享有的权限。团队成员间职权的划分必须明确,既要避免职权的重叠和交叉,也要避免无人承担造成工作上的疏漏。此外,由于创业过程中面临的创业环境是动态复杂的,会不断出现新的问题,团队成员可能不断出现更换,因此创业团队成员的职权也应根据需要及时进行调整。

5. 构建制度体系

创业团队制度体系体现了创业团队对成员的控制和激励能力,主要包括团队的各种约束制度和各种激励制度。一方面,创业团队通过各种约束制度(主要包括纪律条例、组织条例、财务条例、保密条例等)指导其成员避免做出不利于团队发展的行为,实现对团队成员的行为进行约束,保证团队的稳定秩序。另一方面,创业团队实现高效运作需要有效的激励机制(主要包括利益分配方案、奖惩制度、考核标准、激励措施等),使团队成员看到随着创业目标的实现,其自身利益将会得到怎样的改变,从而达到充分调动成员的积极性、最大限度发挥团队成员作用的目的。要实现有效的激励首先就必须把成员的收益模式界定清楚,尤其是关于股权、奖惩等与团队成员利益密切相关的事宜。需要注意的是,创业团队的制度体系应以规范化的书面形式确定下来,以免带来不必要的混乱。

6. 调整融合团队

完美组合的创业团队并非创业一开始就能建立起来的,很多时候是在企业创立一定时间以后随着企业的发展逐步形成的。随着团队的运作,团队组建时在人员匹配、制度设计、职权划分等方面的不合理之处会逐渐暴露出来,这时就需要对团队进行调整融合。由于问题的暴露需要一个过程,因此团队调整融合也应是一个动态持续的过程。创业团队的组建程序如图 2-2 所示,

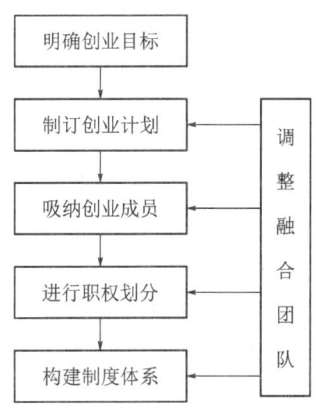

图 2-2 创业团队的组建程序

在完成了前面的工作步骤之后,团队调整融合工作专门针对运行中出现的问题不断对前面的步骤进行调整,直至满足实践需要为止。在进行团队调整融合的过程中,最为重要的是要保证团队成员间经常进行有效的沟通与协调,培养强化团队精神,提升团队士气。

四、团队管理的策略

企业管理的重点是在维持团队稳定的前提下发挥团队多样性优势。有效的团队管理能使原本分散的个体和具有不同能力、不同个性的人组成一个有共同目标、相互协调的群体,使团队具有不断改善、不断革新的精神,发展和增强团队成员的才能,从而起到"1+1>2"的效果。

(一)打造团队精神

任何一个成功企业的背后,都有一个以强大团队精神作支撑的团队,团队精神是各个成员的精神支柱,是创业成功的基石。是否拥有和谐向上的团队文化是进行团队管理的灵魂。团队精神和团队文化能充分调动整个小组成员的团队意识,相互理解和支持,为实现团队的目标服务。

1. 重视团队精神

没有团队意识的员工,无论学识有多高、技术有多精、学历有多高,对企业来讲都是"零"。只有具备"团队精神"的团队,才会形成一种无形的向心力、凝聚力和塑造力。在创业过程中,团队所有成员都认同整个团队是一股密切联系而又缺一不可的力量。团队的利益高于团队每一位成员的利益,如果团队成员能够为团队利益而舍弃自己的小利,团队的凝聚力则更强。

2. 形成团队精神

(1) 培养敬业精神

敬业是积极向上的人生态度,而兢兢业业做好本职工作是敬业精神中最基本的一条。要做到敬业,就要求创业者具有"三心",即耐心、恒心和决心。任何事情都不是一蹴而就的,不可只凭一时的热情、三分钟的热度来工作,也不能在情绪低落时就马马虎虎、应付了事。特别在创业初期,要勇敢地面对并解决困难,而不是一遇困难就退缩。

(2) 建设学习型团队

爱尔兰作家萧伯纳有一句名言:"两个人各自拿着一个苹果,互相交换,每人仍然只有一个苹果;两个人各自拥有一个思想,互相交换,每个人就拥有两个思想。"如果团队中每个成员都能把自己掌握的新知识、新技术、新思想与其他团队成员分享,集体的智慧势必大增,团队的学习力就会大于个人的学习力,团队智商就会大大高于每个成员的智商,整体大于部分之和。

(3) 建立竞争型团队

人类社会发展遵循着优胜劣汰的法则,在激烈的市场竞争条件下,竞争意识应渗透到团队建设之中,从而建立一个竞争型的团队。竞争型团队必须具有竞争意识,敢于正视自己,敢于面对强手。竞争型团队要提高自身水平和技能,能有效完成团队任务。竞争型团队在建立内部竞争机制时,要注意成员之间的关系是建立在理性基础上的竞争,而不是斗争。协作是团队的核心,要用争论来激活团队的气氛,激发成员的竞争意识。要以发展来吸引人,以事业来凝聚人,以工作来培养人,以业绩来考核人,用有情的鼓励和无情的鞭策,让团队的每一个人都能以积极的心态工作,实现自我和超越自我,最大程度地发挥团队威力。

3. 塑造团队文化

高效的团队注重团队文化的塑造,尤其是共同价值观的培养。团队文化是由团队价值观、团队使命、团队愿景和团队氛围等要素综合在一起而形成的。塑造团队文化的关键就是在团队形成与发展的过程中确立团队的价值观、团队使命和团队愿景,并以此为基础逐渐形成相应的团队文化氛围。

(二)设置创业团队的组织结构

团队在设置组织结构时,必须以自己的战略任务和经营目标为依据,这是设置企业组织结构的出发点和归宿。在设置组织结构时要注意以下几点:

1. 权责分明

团队的任何一项工作都离不开其他人的配合,只有协作配合好,才能顺利完成管理工作。对于初创立的创业团队,人员的分工一般都比较粗放,很多事情不分彼此、一起决策、共同实施。但一定要注意落实责任、权责分明,避免出错或者失误后互相推诿,造成团队成员之间的矛盾。

2. 分工明确

在设置不同组织结构时,分工要明确,且适当。分工并不是越细越好,分工过细导致工作环节的增加,往往引起工作流程延长,会削弱分工带来的好处。解决扯皮的事情关键是整个团队或成员要在团队精神的指导下相互协调以完成总体目标。

3. 适时联动

适时联动是为了完成特定任务,成立打破部门分工、跨越部门职能的专门工作小组。小组成员具有双重身份,既要向本部门主管汇报工作,又要向跨部门小组组长负责。

这种模式适用于已经具有一定规模的大学生企业。创业团队初期由于没有专门的跨部门功能小组,各成员各司其职,在企业规模不是很大的情况下,运行状况还比较好。但是随着企业规模的不断扩大,尤其在新产品更新速度不断加快和一些比较重大的项目上,缺乏全盘的统筹和协调,会造成企业运转困难。因此,一个专门负责新项目或一些重大项目组织协调工作的机构就显得尤为必要。当有新项目时,组织各职能部门职员成立一个跨部门工作小组,小组成员在向本部门主管负责或报告的同时要向小组组长报告该项目所辖职能的进展状况,直到项目完成,小组解散;当有新项目时重新组织新的跨部门工作小组,不断滚动。这样跨部门工作小组在组长的协调下充分发挥团队精神,提高工作效率。

跨部门工作小组从组织结构上保证了团队精神的实现,但要充分发挥相关部门和小组成员的团队意识和能动性,还应该讲究一定的方法和途径,并按部门职能或小组成员特长进行合理分工,协调和监督各小组成员的工作进度,朝着团队的既定目标前进。

(三)优化创业团队的运作机制

1. 做好决策权限分配

创业团队内部需要妥善处理各种权力和利益关系,确定谁适合于从事何种关键任务和谁对关键任务承担什么责任。在治理层面,主要解决剩余索取权和剩余控制权问题。治理层面的规则大致可以分为合伙关系与雇佣关系。同时,还必须建立进入机制和退出机制,约定以后创业者退出的条件和约束,以及股权的转让、增股等问题。而在管理层面,最基本的原则有三条:一是平等原则,制度面前人人平等;二是服从原则,下级服从上级,行动要听指挥;三是秩序原则,不能随意越级指挥,也不能随意越级请示。大学生创业团队内部的管理界限没有那么明显,但一定得把决策权限理清,做到有权有责。

2. 制定员工激励办法

新创团队需要妥善处理创业团队内部的利益关系。大学生创业的资金筹措本来就是难题,团队的报酬体系就显得尤为重要,分配就应更加合理谨慎。团队的管理者要认真研究和设计整个团队的报酬体系,使之具有吸引力,并且使报酬水平不受贡献水平的变化和人员增加的限制,即能够保证按贡献付酬和不因人员增加而降低报酬水平。

3. 建立业绩评估体系

业绩考核必须与个人的能力、团队的发展、扮演的角色和取得的成绩结合起来。传统的绩效评估体系和绩效管理只关注个人绩效如何,而不去考虑个人绩效与团队绩效更好地进行结合。造成这种状况的原因多种多样,包括评估不及时,各方意见不能真实反映实际情况,评估含糊不清,易掺入情感因素,忽略了被评估人的绩效给他人带来的影响等。成功的绩效管理不再限定于只注重个人的绩效,而是更加注重整体表现。这样的交流能让员工个人了解团队合作的重要性,个人需要不断进行自我调整以适应不断变化的环境和业务发展。

五、创业团队领导者角色与行为策略

创业团队领导者是创业团队的灵魂,每个团队都必须有一个领导创业者或者说灵魂。创业团队领导者是整个团队力量的协调者和整合者,其能力和行为对于创业团队高效运转,乃至创业项目的实施有着至关重要的作用。主要体现在以下几个方面:

(一) 项目策划

创业团队领导者是项目策划的召集人和组织者。项目策划包括策略思考与计划编制等。项目策划必须注意几方面的问题:第一,必须弄清策划项目的价值所在、所涉及的范围和有关的限制因素,创建企业市场服务的定位;第二,确定由谁作为该项目的策划小组负责人;第三,必须选定创业目标,在资金、人脉、市场等各方面条件都已准备妥当或已积累了相当的实力后,要带领团队准备完整的创业经营计划。创业经营计划除了能让创业者自己坚定创业目标,梳理创业内容之外,还可以说服他人合资、入股,甚至可以募得创业基金。

(二) 组织实施

创业团队领导者在制订行动计划后要组织团队成员去实施,计划的执行程度和领导创业者的组织实施能力呈正相关的关系。领导创业者组织团队实施计划的过程中,必须注意下面几个问题:一是团队行动必须随着企业创业环境的变化而变化,必须与创业企业的发展目标相适应。二是设计组织改革的方案时要集思广益,团队人员需要共同参与思考设计组织改革的基本框架和操作流程。三是创业团队领导者要充分发挥组织领导能力,确立改革创新的理念,创造一个有利于激活企业组织的良好氛围,使组织能够沿着健康的方向运行。

(三) 提高领导力

创业团队领导者是一个指挥员,要精明果断,根据具体情况设计出最佳的组织结构形式。善于量才用人,用其所长,避其所短,最大限度地发挥团队成员的主观能动性,做到统筹兼顾,合理安排,指挥调度得当;善于抓住决策时机,及时下达正确的指令,使下属成员步调一致。

(四) 加强控制

控制是指根据既定的目标不断跟踪和修正所采取的行为,以实现预想的目标或业绩。控制的主要目的是使正确的行动得到长期保持,错误的行动得到及时改正。通过评估监控创业团队的绩效,将实际的表现与预先设定的目标进行比较,纠正显著的偏差,使创业回到正确的轨道。由此,要采取两个具体的措施:考核与激励。对执行计划的团体和个人加以考核和督促,激励员工提高工作兴趣和工作效率。

◎ 创业小案例

小米将实行合伙人制度 团队新增四名成员至九人

从2010年成立至今,小米公司已经走过十年。8月11日晚,雷军以"一往无前"为主题进行小米十周年公开演讲,演讲对创立十年来的小米进行了总结,并对下一个十年进行了规划。

8月16日消息,雷军宣布,今日开始,小米重启创业模式,增补了四位新的合伙人,现在小米合伙人委员会由五位在任的联合创始人和四位新增的合伙人构成。

据悉,小米公司成立之初共有八位创始人,分别是雷军、林斌、洪锋、王川、刘德、黎万强、黄江吉、周光平,小米八位联合创始人还被称作小米八大金刚。

随后,黄江吉、周光平于2018年4月27日辞去小米公司职务,黎万强于2020年6月卸任小米旗下多家公司高管职务。小米公司的联合创始人剩下五位。

新增的四名合伙人分别是:王翔(小米集团总裁,2015年7月加入小米)、周受资(小米集团高级副总裁兼国际部总裁,2015年7月加入小米)、张峰(小米集团副总裁、集团参谋长、集团采购委员会主席,2016年9月加入小米)、卢伟冰(小米集团副总裁、中国区总裁、Redmi品牌总经理,2019年1月加入小米)。

随着新增合伙人的加入,小米公司合伙人团队扩大至九人。并且小米公司给每位合伙人发了一张纯金的名片,表示这是一份对小米使命和价值观金子般的宝贵承诺。

雷军指出,小米的合伙人制度是集团核心事项的集体决策机制,更是小米文化价值观和互联网方法论的传承机制。除了合伙人制度,小米"新十年创业者计划"也同时启动。

雷军称,将选拔百位认同小米使命、愿景、价值观,有能力、有潜力,并且在核心岗位有突出贡献的年轻干部,给予类似早期创业者的回报,激励他们以创业者心态和投入度,和公司共绘未来十年的美好蓝图。

(案例来源:https://baijiahao.baidu.com/s?id=1675172296428775554&wfr=spider&for=pc)

◎ 创业资讯站

全国各地创客空间百花齐放

2014年9月的夏季达沃斯论坛上,李克强总理首次提出:要在960万平方公里土地上掀起"大众创业""草根创业"的新浪潮,形成"万众创新""人人创新"的新态势。2015年,李克强总理在政府工作报告再次提出"大众创业,万众创新"。根据2015年《国务院政府工作报告》部署,国务院专门下发了《关于大力推进大众创业万众创新若干政策措施的意见》(国发〔2015〕32号),强调:"发展创业服务,构建创业生态。加快发展创业孵化服务。大力发展创新工场、车库咖啡等新型孵化器,做大做强众创空间,完善创业孵化服务。"

当前,全国各地创客空间正百花齐放。创客空间指的是社区化运营的工作空间,在这里,有共同兴趣的人们可以聚会、社交,展开合作。

2021年1月4日,清华大学李兆基科技大楼"新基建大数据中心"正式投入使用,标志着iCenter"水木习园"——一个专为学生开放的创新创业实践空间全面建成。2020年9月,iCenter"水木习园"陆续开放,并迎接了"科技创新,星火燎原"清华大学创新人才培养计划(后简称"星火班")、人工智能创新创业能力提升证书项目(后简称"AI创证书")、清华大学钱学森班(后简称"钱班")等多个学生团队入驻,支持他们在此开展双创和科研实践活动。短短几个月,"水木习园"见证并支持了学生团队在全国大学生节能减排竞赛、"挑战杯"、中国机器人及人工智能大赛、中美青年创客大赛等多个大赛中斩获奖项。

iCenter于李兆基大楼B565室建设了"学生科创实践空间"。空间中配备了多功能组合桌椅、多台显示器、白板、移动投影设备、临时物品存放柜、有线网络接口、无线WIFI以及插座等硬件设施,为学生提供了中小型团队学术研讨、项目交流分享、信息演示与发布、学生自习等活动使用的空间。

"星火班"自2007年成立以来,培养涉及能源环境、信息技术、先进制造、人文社科、基础科学等诸多领域的创新人才。在培养期内,学员们将获得一系列锻炼学术科技创新能力的机会。2020年10月,"星火班"的学生正式入驻"学生科创实践空间",每天约有10名学生在此进行科学创新实践活动。

iCenter于李兆基大楼B643室建设了"水木习园下的'5+1'双创实践空间",即面向AI创证书下设的智慧城市、智慧医疗、智能交通、智能机器人、智能产品等5个专业方向,以及"钱班"方向的学生,通过空间公用,促进不同背景的学生进行跨学科融合交叉的创新实践活动。

该空间可容纳200人以内的会议、学习、培训等活动,并配有大型LED屏幕、帮助学生头脑风暴的教学设备、可供小组讨论的小型会议角落以及摆放科创作品的储物空间等。

iCenter于李兆基大楼B558建设了"人工智能产品创新空间",不仅支持了围绕人工智能开展的教学和科创活动,展示了多种智能硬件、智能机器人、6爪机器人等学生作品及课程用具,同时承载了基于线上线下融合式教学的"实践教学云平台"运转。

"实践教学云平台"包括工业云平台iCenter-Cloud、智能硬件库iCenter-Things和智能机器人库iCenter-Robotics等,拥有多种在线访问途径及应用方式,在融合式教学期间,为多门实践课程的线上教学提供了极具针对性的技术支持。

为了更好地服务学生并管理各科创空间,iCenter建设了主要面向教学和实验室管理的"新基建大数据中心",通过统计实践教学大数据(课程&学生)、教学资源大数据、实验室安全大数据和实验室环境大数据,实时监测、反映各空间情况,并为资源的统筹规划提供数据参考。

iCenter"水木习园"于2020年7月起统筹实施,建设了多个具有不同功能、面向不同专业、专为学生开放的人工智能特色双创实践空间,促进了跨学科交叉融合的科创活动。同时,iCenter为"水木习园"招募了7名学生管理员,在一周7天内轮流值岗,辅助其他学生团队创新并制作三创产品,保障了科创空间的顺利运营。

(资料来源:百度百科 http://baike.baidu.com/item/大众创业万众创新

资料来源:中华人民共和国中央人民政府网 http://www.gov.cn/zhengce/content/2015-06/16/content_9855.htm

资料来源:中国教育在线 https://www.eol.cn/news/dongtai/202101/t20210106_2066666.shtml)

【创业语录】

领导力最重要的事情就是沟通，说服别人理解自己、影响别人跟随自己、团结大家战胜对手，这就是沟通。但是沟通不是勾结，在沟通中公司保持文化的明朗、简单，人与人之间的诚信，承诺的事情兑现，大家容易跟随。

——冯仑

企业发展就是要发展一批狼。狼有三大特性：一是敏锐的嗅觉；二是不屈不挠、奋不顾身的进攻精神；三是群体奋斗的意识。

——任正非

巩固与训练

案例分析 1

将"饿了么"卖给阿里，套现 665 亿的研究生，如今怎样了？

外卖的出现不仅为人们的生活提供了便利，还提供了成千上万的就业岗位，据美团公布的数据，截至 2020 年底，累计共有 950 万名外卖骑手。随着科学技术的发展，目前包括美团、饿了么在内的外卖平台已经发展到无人配送领域。在 2021 年 5 月，美团公开表示将长期投资无人配送领域，而其竞争对手饿了么也作为领投方，参与了该领域的融资，目前，这两个平台都已开展试点活动。

众所周知，作为目前最主流的两大外卖平台，美团和饿了么几乎占据了国内外卖市场近 80% 的份额，而两者之间的"竞争"也一直不断。值得一提的是，饿了么并不是阿里开发出来的，它真正的创始人是 85 后年轻小伙张旭豪和他的三个同学，后来，饿了么逐渐发展起来，才被阿里发现了它的潜力，最后以 665 亿的价格收购了。

在饿了么的初创团队中，张旭豪身上有很多标签：85 后、上海交大硕士等，而最响亮的标签莫过于饿了么创始人。2008 年，研究生张旭豪才二十出头，就带着几个朋友共同创立了饿了么。

据了解，在校期间张旭豪和室友一起玩游戏，常常过了饭点才想起吃饭，所以他们经常在宿舍点外卖。但当时外卖只能通过电话或短信下单，此外商家送饭要等很长时间，极不方便。恰巧当时淘宝等电商正处于发展阶段，网购方式逐渐渗透到每个人的日常生活中，于是，张旭豪想到了通过网络和外卖相结合的方式在网上订餐。

当他把这个想法告诉其他室友时，几个人一拍即合，决定共同开发一个网络订餐系统平台，也就是如今的"饿了么"。为了把梦想变成现实，张旭豪放弃了继续攻读博士，由于资金紧张，雇不起员工，张旭豪和室友便是饿了么的第一支外卖骑手队伍。

几年的时间，从电话订餐到网页订餐，最后到智能手机订餐平台，可以说饿了么开启了线上外卖的"先例"，甚至可以说饿了么开辟了中国外卖行业的先河，当时"独占鳌头"的饿了么发展也是非常好的。2010 年，随着智能手机的迅速崛起，"饿了么"也迎来了新的机遇，变得更加流行，当时，饿了么一度有 2 万多用户，以及日均 3 000 单的交易量。

面对发展如此好的市场，不少人都想进来分一杯羹。市场上模仿者层出不穷，美团也在这时候应运而生。而美团创始人王兴在创建美团之前，已经有了不少成功的创业经验，再加上饿了么作为开辟者，一定程度上也为外卖行业铺平了道路，所以美团迅速崛起。

面对资本的"碾压",张旭豪团队不遗余力地参加各种创业大赛,争取更多的融资。2015年完成了一轮3.5亿美元的融资;同年8月,饿了么又完成了6.3亿美元的新一轮融资,刷新了全球外卖行业中单轮最高融资金额。2017年,饿了么覆盖全国2 000个城市,加盟130万家餐厅,成为外卖巨头之一。

但市场竞争依然激烈,与饿了么相比,美团外卖显然拥有更为成熟完善的服务体系,很快"代替"饿了么成为年轻人订购外卖的首选软件。面对用户和商家数量的下降,张旭豪也意识到,这个由几人打造的品牌如果再这样下去,必然会"倒下"。

为了不让自己最初的梦想付诸东流,虽然不甘心但张旭豪最终还是决定把"饿了么"交给一个更优秀的团队来管理。张旭豪便把这个想法告诉了其他队员,一开始,大家都接受不了,但经过磨合协商几个人终于达成了一致。

2018年,张旭豪团队找上了阿里巴巴团队商谈。最初,阿里巴巴出价70亿美元,遭到张旭豪拒绝。后来美团想以90亿美元的价格并购饿了么,美团的这一举动反而成了饿了么的推手,经过与阿里的几轮谈判,饿了么最终以95亿美元的价格出售给阿里,折合人民币665亿元。自此,饿了么正式成为阿里系的一员。

如今已经是2021年,距离张旭豪卖出饿了么已经过去了3年,而"套现"665亿的85后张旭豪又如何了呢?

在卖掉饿了么之后,张旭豪也没有重新创业,相反,他留在了阿里巴巴,担任饿了么董事长和阿里CEO张勇的特别助理,团队其他成员也选择留在了阿里巴巴。此外,张旭豪还将目光放在投资领域。在2021年的中国福布斯富豪榜中,张旭豪以90亿身家上榜,在同龄人中,张旭豪无疑是成功的。而饿了么有了阿里强大的背景支撑,或许不久的将来,饿了么的市场占比会和美团外卖平分秋色。

(案例来源:https://www.163.com/dy/article/GCKLBCTI0531MYZO.html)

思考并回答:

(1) 张旭豪之所以创业成功,有哪些内部因素和外部因素?

(2) 张旭豪创业过程中,团队发挥了哪些作用?

案例分析2

文和友联合创始人:为每个城市打造一个世外桃源

2020年十一假期,旅游、餐饮强势回暖,从一个数据即可看出:10月4日,长沙超级文和友客流峰值达6.8万,"排号4万、等位2万"刷新了去年纪录。

可以说,当下中国餐饮界,几乎无人不识"文和友"。有人说超级文和友是网红餐饮店、旅游打卡地,有人说是长沙新名片、城市新地标。作为一个融合了餐饮文化、地域文化、市井文化的商业综合体,超级文和友的星辰大海真的是"中国美食迪士尼"吗? 文和友的其他品牌又将何去何从?

自2011年老长沙油炸社开业至今,文和友成长已快10年。一路走来,际遇多少? 思考几何? 我们采访了文和友联合创始人杨干军,听听他的故事和想法,并一起认识这个中国餐饮界的新传奇。

1. 创业伊始的市井情怀

与文宾相识,源于摆地摊。2010年,22岁的文宾辞掉了年薪20万的工作,在长沙街头摆起了路边摊,也同时成了杨干军三百多个客户之一。彼时的杨干军,正在做香肠供应业务。

"我出生在一个比较贫困的家庭,之前种过菜、开过拖拉机、洗过车,后来还是想做生意,就抱着这个梦想,找了一个地方做销售,做了七八年,直到做香肠供应商,偶遇文宾。"杨干军坦言,当时一直想找人合伙干餐饮,认识文宾后,觉得就是他了。

"文宾有超前的思维,我觉得他跟别人不同。"在文宾关掉路边炸串摊后,杨干军连着两个月和他一起吃夜宵,相互增进了解,探索商业模式。"当时也有很多人找文宾,有开火锅城的,有做销售的……我们聊了两个月,我喝可乐,他喝啤酒,一聊可以啊,我们就开个店吧,就这样开始了第一个项目。"

文和友的第一家店"老长沙油炸社"开业的时候,在墙上写了几个字:小时候的长沙,你还记得吗?

"写这句话其实没有想太多,谁也不知道能做到今天的成果。当时就是想把食品做好,把油炸店做好,做到安全,做到人们喜欢就可以了。"回想2011年刚创业时,杨干军表示没这么大的理想,但一直想做一件有情感的事情。而长沙人最喜欢吃油炸串串,它能代表长沙的故事和文化,还有小时候的记忆。

或许,下意识地带入怀旧的市井文化,是文和友诞生之初就已既定的基因。

长沙油炸社开业短短几个月就火了。"开店只有5张桌子,外面多的时候摆40桌都行,当时都是邻居帮忙摆桌子。2月开业,年底就做到了一天两三千,第二年5月上了一个美食节目后就跳到了六千,到第二年年底就基本日入七八千甚至过万了。"

但是杨干军当时并不是很开心。因为火得太快,很多材料、顾客满意度还没有达到想要的水平,只能不断去学习,去梳理流程,去逼着自己快速成长。

当然,创业过程难免遇到很多困难。"那时候就两三个人,采购都是我们俩在负责,每天就睡4小时左右,就这样坚持了3年。"杨干军回忆,因为不是科班出身,没做过厨师,要自己琢磨酱料,做各种实验,去外面拜师,还经常4点之后开复盘会,一开就开到天亮。

谈及和文宾的分工,杨干军表示,如果把企业比作一个家庭,每个子品牌比作孩子的话,文宾就是爸爸的角色,而他自己是妈妈的角色。

"一般爸爸管大方向,大的战略。这么多年,虽然我们交流不多,但是默契度蛮高。我知道他想什么,他知道我想什么,互相没有猜疑,很信任。他做出的所有决定,如果我认为是错的,我跟他说,说赢了,他也就听我的,没说赢,也没更好的办法,那就按照他的去做,做错了再回头。我认为企业不走弯路是没有的,不知道路是对是错时,你得先试。"

2. 爆款背后的商业逻辑

超级文和友的出现,如同一个分水岭,让文和友找到了金字塔尖,"三层金字塔"发展战略愈发明晰。

成为爆款,跳出餐饮界的桎梏,打开餐饮、文旅、市井文化的商业边界……超级文和友不再只是一个餐饮品牌,它更像迪士尼,覆盖全产业链,可以"+无限可能"。

杨干军认为,超级文和友要为每个城市打造一个世外桃源。"8年前我们一直在做多品牌运作,都是在打基础,在摸索。2019年超级文和友出现后,我们把'文和友'重新定位,决定未来5年还是做超级文和友,因为超级文和友是给社会带来价值的。"

杨干军分享了他认为的超级文和友三大价值:

其一,给用户带来价值。为人们打造一个逃离现实的空间。

其二,给商户带来价值。成就一批老匠人,传承老手艺,同时一站式服务方便客户。

其三,给城市带来价值。给城市一个有人间烟火味的地方,做市井文旅地标,带动城市活力,也就是今年常说的夜经济。

除了带来价值,文和友的商业逻辑还可以这样解释:把店关了,客户同不同意。如果客户、用户不同意,证明这个商业模式肯定有价值。"我从来没想过赚钱这两个字,和文宾创业以来也从来没有为了钱争吵过。在商业逻辑上,只看钱是做不好的,而是把味道做好了,给人们带来开心、快乐,让别人赚到钱的同时我也赚到钱。"

杨干军透露,目前业务重点还是超级文和友,虽然也有很多小业态,但未来会以超级文和友为主。文和友首席文化官孙开先也表示,未来5年要在中国建设20家超级文和友,10年之内,把中国美食文化传向世界。在孙开先眼中,文和友在做一件很伟大的事。"文和友是一个创造性的组织,将文化和美食结合,给人们带来精神和肉体的满足。我认为能够让更多的人快乐,是一件不逊于像马斯克他们做的高科技改变世界的事情。"

"做中国美食迪士尼是我们的一个目标,或者说是使命。"迪士尼是给人们带来快乐的,文和友也是,和迪士尼乐园一样,未来的文和友,吃喝玩乐一站式打卡,让你在这里游玩一天都开开心心的。杨干军认为,"每个城市有每个城市的味道,文和友要做的是找到当地的匠人,找到这些小吃,再配场景还原,让你回到当地的(20世纪)八九十年代,味道地道,情感涌动"。

3. 社会责任与企业担当

尽管今年十一黄金周,餐饮业已强势回暖。但在疫情期间,从餐饮角度来说,对文和友的影响还是较大的。

"本来年前我们存了很多食材,准备初三营业。但疫情关系,开不了业。当时我们所有决策层开了个会,决定往医院免费送餐。当时医院所有的厨师也去不了,医生护士都在吃方便面,我们当时留守的八十多个员工全部都送便当到医院。二三月份大概送了三百多万成本的订单出去,另外还支持武汉医务人员全年免费吃小龙虾。"

从企业社会责任来看,文和友非常有担当,在对区域经济的拉动方面,同样也不遗余力。长沙超级文和友,养"宁乡花猪"作为展览,小龙虾也精选湖南望城荷花虾,此外,超级文和友还开辟专门的空间,留给地方特色的美食、文创产品,把城市的不一样展示出来。

关于"人人能成为文和友的老板",杨干军解释:"其实很想学华为这样的企业,我相信如果一个企业的股份越大,担当就越大,所以我想做得更大,让更多的人担当,让大家都一起来创造,因为文和友是属于文宾和朋友们的,文和友不属于个人,属于大家。这几年断断续续引进来的员工也成了我们的股东。"

当然,目前文和友并不是全员持股,只有为企业解决问题,带动企业发展,才能成为股东。

4. 汇入长江,持续学习

"原来读书的时候可以不爱学习,但做企业比较有压力,不学习你就麻烦了。开会都要你拍板,如果你没有想法,没有知识,就拍不了板,这一下子可能影响的是公司的存亡。这个时候需要的是主动学习。"

于长江商学院22期总裁班读书后,杨干军感受颇深。他表示,在长江商学院第一节课就感受到了大的格局,站在月球看地球,全球视野。特别是长江商学院的文化,每次到同学企业去学习的时候,发现每个企业都有不同的商业逻辑,每个人都有每个人的生意经,这是在长江商学院最大的收获。

在长江商学院的经典组织行为和领导力课程《从洞见自我到激励他人》中,张晓萌教授基于情境领导力及行为理论,对个体和团队的领导力特质进行分析。"我是属于'变色龙',文宾基本上就是'老虎型'。我适合做调节工作,因为我会用价值观和企业文化去熏陶人。遇到问题时再气也是气自己,但事情还是要解决。在创业过程中,肯定会受无数的气,我是这样想的,你成功了就对了,你比别人牛就对了。"杨干军表示。

杨干军给人的第一感觉是如沐春风。他看上去非常自信、智慧、运筹帷幄又温文尔雅。采访过程我们聊得非常愉快。

那么，在其他同事眼中，他是个什么样的管理者或者合作者？

5. 同事们眼中的杨干军

店长孙平：

我觉得他是一个很有善心的人，我印象当中有件事非常打动我，有一次我这边一个厨师长生病住院，家里没有钱，当时病情比较危急，躺在过道里面，没有进病房，我们给杨总打了一个电话，他说不用担心，要多少钱，挂完电话他就把钱转过来了，我觉得他是特有善心的一个老板。在工作上，他给所有人的感觉都是一个和蔼可亲的人。向他汇报工作，不需要有很多顾忌，想说什么就说什么，他也会仔仔细细听下来，给到一些很好的建议。

首席文化官孙开先：

如果文宾是一个战略家，那么杨干军就是一个协调者。如果没有老杨，我认为文和友至少今天不会是这个样子。他在公司发展过程中，不管是内外部协调，还是去解决问题，使得我们整个组织能健康成长、运转，我认为他起到了一个决定性的作用。他是一个很好的人，绝大多数时候很温柔，能够使我们有更强的归属感，对人很真诚，我觉得这个特别特别重要。

财务部部长唐俊：

他是一个很包容的人，可以容纳不同的意见，不同的观点，哪怕这些意见和观点不符合他的价值观，甚至会有些冒犯到他，他都能包容。但他也有自己的原则和底线，也是一个做事情非常有步骤和计划的人。

（案例来源：http://www.360doc.cn/mip/942915154.html）

思考并回答：

（1）杨干军作为文和友的联合创始人，具备哪些创业者素质？

（2）杨干军是如何有效管理管队的？

【课后训练】

1. 除本节提到的八项创业者应具备的创业素质和能力外，你认为创业者还应具备其他哪些素质和能力？在你的身边进行调研，了解人们对创业者素质和能力的认识。

2. 运用头脑风暴法分析什么样的人适合创业，并判断自己是否适合创业，熟悉创业者应该具备的知识、技能和特征。

3. 从网上搜集大学生创业的案例，针对案例，讨论创业者能取得成功的原因。

4. 调研身边的创业团队，了解他们的组织架构及运行方式。搜集优秀创业团队案例，分析他们有何共同点。

5. 分析《西游记》中唐僧取经团队的成员构成，唐僧师徒分别适合在企业中担任什么职位？如果你是唐僧，你认为你的哪个徒弟是可以舍弃的？为什么？

6. 如果你打算进行创业，在选择团队成员时有何要求？如果你是团队的领导者，如何更好地凝聚激励团队？你将怎样建立团队的管理制度？

第三章 创业机会与风险

学习目标

知识目标：了解创业机会、创业风险和创业模式的相关知识要点。
技能目标：掌握创业机会识别和创业风险控制的方法和技巧。
态度目标：始终保持开放、理性的心态。

第一节 创业机会识别

学习提示

创业机会识别是创业领域的关键问题之一，从创业过程的角度来说，它是创业的起点。创业过程就是围绕着机会进行识别、开发、利用的过程。识别正确的创业机会是创业者应当具备的重要技能，创业需要机会，机会要靠发现。创业难，发掘创业机会更难。

一、创业机会的内涵与构成要素

创业机会主要是指具有较强吸引力的、较为持久的有利于创业的商业机会，创业者据此可以为客户提供有价值的产品或服务，并同时使创业者自身获益。

还有人将创业机会定义成可以为购买者或使用者创造或增加价值的产品或服务，它具有吸引力、持久性和适时性；或者创业机会是可以引入新产品、新服务、新原材料和新组织方式，并能以高于成本价出售的情况。创业机会让创业者可以用新的方法改变市场，为市场提供新的产品和创造新的价值，也通过它为自己获得更多的收益。

虽然诸多学者对创业界定的侧重点有所不同，但指出了创业的共同特质：创新与开拓性、利益与价值的创造与满足、创业活动的社会性。因此，我们可以明白创业的基本概念。"创业"是指在兴趣理想、责任等观念的推动下，由个体或团队开展的，承担一定风险并以价值、财富为创造目的的，不局限于当前资源的约束，寻求商业机会，投入知识、技能、资金开创新企业、新事业的价值创造过程。创业具有创新性、开拓性、挑战性、持久性的基本特征。

创业有三要素：一是了解产品的市场，明确产品针对的消费人群；二是考虑清楚到底怎么赚钱，这包括选择具体的销售模式；三是个人能力，侧重在专业素质、团队管理意识、决策能力、人际关系处理能力等。

创业者在开发一种市场未存在过的新产品时，最先考虑的应当是新产品的特色和"卖点"。理解"卖点"，打造新颖有创意的口号以创造影响力，将很大程度上帮助创业者提升产品。例如,农夫山泉代言词是"天然",康师傅则代表一种"情感",每种品牌都有其形象,创业者必须明确自己的产品特色和主打概念,这将有利于产品的销售。

做好企业不仅需要好的产品质量,同样需要打通各种政府资源网络,减少企业前进的阻力,这也是创业者必备的重要素质之一。现在国家对大学生创业有优惠政策支持,涉及融资、开业、税收、创业培训、创业指导等诸多方面,包括微企补助、贴息贷款等。有了这些优惠政策的支持,创业者的成功之路才会没有那么多的坎坷。另外,建设好自己的销售团队,把握住"重要的事情自己做,着急的事情属下做"是一个不错的方法。对于专业性要求较强的创业计划,抓住产品核心技术,证明自己的产品与竞争对手的区别和优势,同时把握用户群和市场,将对创业有很大的帮助。

【创业语录】

最有希望成功的,并不是才华出众的人,而是善于利用每一次机遇,并全力以赴的人。

——苏格拉底

创业小案例

蘑菇街创始人陈琪:只有创新才能驱动创业

流量红利逐渐消失、直播电商主播间竞争加剧,电商直播已步入"下半场"。对于直播电商平台与主播而言,如何维持长期向上发展已成为共同命题。

5月8日,蘑菇街在杭州召开以"总有高手帮你挑"为主题的"2021主播大会暨年度颁奖典礼"。大会上,蘑菇街创始人兼CEO陈琪发表"只有创新才能驱动创业"的主题分享,并官宣了全新业务形态"短播"。

1. 创新驱动蘑菇街十年发展

蘑菇街创始人兼CEO陈琪表示,"蘑菇街发展过程中非常重视一件事,就是创新。从导购到电商,到首创直播电商,再到短播,蘑菇街从来没有停止创新,只有创新才能驱动创业"。在直播电商领域,作为首创者的蘑菇街在直播的前台、后台、销售方式、供应链及培养主播方式上持续创新,近年来增长迅速。陈琪分享道,2020财年,蘑菇街新增了1530万用户、近1500位新主播,并引入超2300个首次合作的品牌。蘑菇街还诞生了全网头部主播,也是新主播孵化成功率最高的平台。同时,在不断创新下,蘑菇街商品与核心客群垂类特征明显,平台粉丝的强购买心智以及与导购红人之间较近的情感距离,驱动高粉丝价值的形成。根据36氪研究院于2020年12月发布的研究报告,蘑菇街是全网粉丝价值最高的平台。

陈琪坦言:"中国互联网与电商人群的增长已几近'天花板',自己手中每增加一个用户,必然是别人手里减少一个用户。因此,对于平台来说,一定要积极创新,要让用户感受到进步与变化,否则易被市场所淘汰。"对于主播而言也是如此。随着直播电商市场规模持续增长、主播职业越来越被社会所认同,主播间的竞争也愈发激烈。"主播为消费者带来优质的产品,与消费者之间产生情感纽带,通过服务积累起信任,直播间流量的增长自然是一个结果。"陈琪指出,不论是头部主播,还是中腰部主播,抑或是新主播都需要创新,在直播间、商业模式、供应链等方面持续创新,形成自己的竞争力,从而获得长期向上发展。

2. 短播能为新人主播带来突围机遇

在当天的主播大会上,陈琪还官宣了蘑菇街全新业务形态——"短播"。

据介绍,短播是将短视频与直播进行有机融合。"短播"是源于蘑菇街2020年10月推出的

"切片"业务。之前的切片业务,是将主播的商品讲解视频放到首页,希望主播的精华讲解视频让更多人看到。而短播业务则是将商品讲解视频与电商系统中的搜索引擎打通,在平台公域流量池通过个性化算法推荐,让优质的商品讲解视频脱颖而出。

对于消费者来说,短播让直播间出现过的商品可以被搜索、浏览,从而让没有直播购物习惯的消费者发现更多好商品。陈琪分享道,过去消费者受"在蘑菇街上买连衣裙是非常高性价比的"广告内容吸引进入平台,然而,面对平台大量的直播间,消费者无法准确找到目标直播间,最后用户可能会流失。但如今,消费者能够很便捷地进行搜索、浏览,极大地提升了用户体验和留存。

陈琪表示,对于主播而言,做"短播"并没有带来太多额外的工作,成本也很低。但不大的投入却能让原本只能在直播间卖5分钟的商品,在接下来的很长一段时间创造持续稳定的销售额。借助短播,主播也不必再像过去一样,前期投入大量成本、时间拍摄可能并无法带来收益的短视频积累粉丝,再通过直播实现流量变现。尤其对于新主播或中腰部主播来说,创造成本较低的短播能为他们带来从激烈竞争中突围的机遇。他补充到,平台会通过人工智能算法将短播的内容打通到整个交易体系中,包括搜索、类目、首页信息流等渠道,相当于让直播商品被搜索,主播也可以被用户更快地认识,这解决了直播行业的最大难题,即直播客户贵、直播客户获客难的问题。

"这是一种新的模式,在不提高很多成本,甚至没有提高成本的情况下能找到一条新的路径,帮助平台、主播与商家有效地成长。"陈琪指出,区别于其他因大流量而衍生出直播电商的平台,作为专业直播电商平台,蘑菇街拥有大量的结构化数据,更容易使得短播业务形态进行有效运转。

"短播是短视频与直播的结合体,是未来非常重要的内容形态,也是蘑菇街赋能主播的方式之一。我们希望能有更多主播积极把握短播发展红利,与蘑菇街共成长。"陈琪表示。

(案例来源:https://www.zhizhigu.com/mingren/1199.htm)

二、创业机会的来源和识别的一般过程、步骤

创业机会主要有五大来源:问题、变化、创造发明、竞争、新技术的产生。

创业的根本目的是满足顾客需求,而顾客需求在没有满足前就是问题。寻找创业机会的一个重要途径是善于去发现和体会自己和他人在需求方面的问题或生活中的难处。比如,上海有一位大学毕业生发现远在郊区的本校师生往返市区交通十分不便,创办了一家客运公司,就是把问题转化为创业机会的成功案例。

创业机会大都产生于不断"变化"的市场环境,环境变化了,市场需求、市场结构必然发生变化。著名管理大师彼得·德鲁克将创业者定义为那些能"寻找变化,并积极反应,把它当作机会充分利用起来的人"。这种变化主要来自产业结构的变动、消费结构的升级、城市化的加速、人口思想观念的变化、政府政策的变化、人口结构的变化、居民收入水平的提高、全球化趋势等诸方面。比如居民收入水平提高,私人轿车的拥有量将不断增加,这就会派生出汽车销售、修理、配件、清洁、装潢、二手车交易、陪驾等诸多创业机会。

创造发明提供了新产品、新服务,更好地满足顾客需求,同时也带来了创业机会,比如随着电脑的诞生,电脑维修、软件开发、电脑操作的培训、图文制作、信息服务、网上开店等创业机会随之而来,即使你不发明新的东西,你也能成为销售和推广新产品的人,从而给你带来商机。如果你能弥补竞争对手的缺陷和不足,这也将成为你的创业机会。看看你周围的公司,你能比他们更快、更可靠、更便宜地提供产品或服务吗?你能做得更好吗?若能,你也许

就找到了机会。例如随着健康知识的普及和技术的进步,围绕"水"就带来了许多创业机会,上海就有不少创业者加盟"都市清泉"而走上了创业之路。

创业机会识别是创业领域的关键问题之一,从创业过程角度来说,它是创业的起点。创业过程就是围绕着机会进行识别、开发、利用的过程。识别正确的创业机会是创业者应当具备的重要技能,创业需要机会,机会要靠发现。创业难,发掘创业机会更难。识别创业机会的一般过程和步骤有以下四点:

1. 形成创意

一个企业创业成功开始的关键,可能来源于一个被适当评价的新产品或服务的较完美的创意,而创意往往来源于对市场机会、技术机会和政策机会的感觉和把握,具体来源于顾客、现有企业、企业的分销渠道、政府机构以及企业的研发活动等。

2. 搜集创业机会信息

搜集创业机会信息是使创意变为现实的创业机会的基础工作。

3. 分析创业环境

环境在创业过程中扮演着非常重要的角色,因此,创业者准备创业计划之前,首先有必要对其进行研究分析,主要包括技术环境分析、市场环境分析和政策环境分析。

4. 分析结果,形成创业机会

一般来说,有关市场特征、竞争者等的可获数据,常常反过来与一个创业机会中真正的潜力相联系。也就是说,如果市场数据已经可以获得,数据清晰显示出重要的潜力,那么大量的竞争者就会进入该市场,该市场中的创业机会就会随之减少。因此,对搜集的信息进行结果评价和分析,识别真正的创业机会是重要的一步。一般而言,单纯地对问题答案的总结,可以给出一些初步印象;接着对这些数据信息交叉制表进行分析,则可以获得更加有意义的结果。也就是说,对创业者来说,搜集必要的信息,发现可能性,将别人看来仅仅是一片混乱的事物联系起来以发现真正的创业机会,这是非常重要的。

创业小案例

字节跳动张一鸣:天才创业者的算法人生

2020年4月,《福布斯》全球亿万富豪榜,张一鸣以162亿美元(折合人民币约1 090亿)身家,荣登中国富豪第9位。排在张一鸣前面的人,除了黄峥,其余都是叱咤风云多年的前辈。2019年《时代》杂志公布了全球100位最有影响力的人,张一鸣位列其中。其他上榜的内地人物还有华为创始人任正非、国家航天局张克俭等。在中国互联网圈,张一鸣与美团王兴、雪球方三文同为福建龙岩老乡,被称为"龙岩三杰"。

1. 成长之路

1983年出生的张一鸣,在一个轻松的家庭氛围里长大,父母很少干扰他热爱和感兴趣的事情,这也培养了他的独立思考能力和自立能力,在一定程度上影响了张一鸣后来的人生走向。2001年,张一鸣进入南开大学学习。大学期间他专注于三件事:一是编写代码,不停地编写代码培养了他极具耐心的性格;二是灌水技术论坛,常热心地帮助同学修电脑,成了技术圈里的网红;三是看书,不停地阅读各种不同领域的书籍。阅读人物传记时,张一鸣深受触动,多数伟人在突破黑暗前,也是终日地重复枯燥且看似微不足道的事情,直到这些事情最后连成线,才成就了他们。在灌水技术论坛期间,帮同学修电脑为"技术宅"张一鸣打开了社交圈,结识了不少志同道合的伙伴,为他之后的创业路打下了坚实的人脉基础。

2. 人生的算法

张一鸣善于学习,且有强烈的目标导向,将所有行为精确掌握在可控范围内。张一鸣的大学同学梁汝波曾回忆大学期间两人相约每周末打羽毛球的事情,他评价张一鸣:"他是觉得'应该运动'而坚持了下来,而我是因为喜爱运动。"张一鸣的社交媒体简介中有一句话"逃避平庸的重力",用他自己的话解释就是变成超级赛亚人,然后适应,最后变成更高级的超级赛亚人。张一鸣"渴望卓越",而这样的思想衍生出的所有行为都是张一鸣的修炼过程。延迟满足感是张一鸣人生算法里最重要的一个词。选择什么专业、公司、发展路径要有自己的判断力,不被短期的选择左右。张一鸣曾在采访时总结道:"当自己无法选择和判断时,就要离远一步,远到用更重要的原则和更长时间的尺度去衡量就清楚了。"在算法构建阶段,张一鸣把算法量化有限资源、择优而行这一法则,运用得炉火纯青。

3. 创业之路

在创业之前,张一鸣有过两次就业经历。2006年,张一鸣进入旅游搜索网站酷讯,他用两年的时间,从一个普通程序员成长为高管。2008年,为了学习大企业管理机制,张一鸣跳槽微软,因受不了大企业沉闷压抑的运行机制,他很快转身离开。2008年9月,同为福建龙岩的老乡王兴(现美团CEO)找到他,一起创立饭否,在饭否期间他经常与用户沟通,所以更懂得用户需求。饭否让张一鸣感受到信息在人与人之间流动的价值。而酷讯的工作经历让他意识到,网站搜索没有个性化定制推送的概念,用户需求的信息只能自己查询。如果把酷讯和饭否结合起来,就是"个性化信息推荐"。这就是今日头条的雏形。之后,张一鸣创办垂直房产搜索引擎"九九房",第一次涉足移动开发,6个月推出5款移动应用,成为当时房产类应用第一名。移动互联网带来的信息爆炸,用户越来越难以适从。移动互联网的无限商机,使张一鸣开始迅速高效地训练自己的人生算法。

2012年,张一鸣创立字节跳动,一口气开发了"内涵段子""内涵漫画""今晚必看视频"等几十款内容社区类APP。紧接着推出今日头条,系统采集海量信息,通过数据智能分析值得用户关心的热门资讯,系统根据用户搜索信息建立个人用户模型,智能地为用户推荐个性化的信息。在2016年今日头条的鼎盛时期,张一鸣趁热打铁做了抖音。

4. 算法下的成功路

确定了正确的算法模型后,这套模型得到迅速且高效的训练和验证,决定能否得到最优解的唯一影响因素,只有时间。29岁创办今日头条,估值5亿美元,张一鸣用了4年。33岁创办抖音,成为国民级应用,张一鸣用了2年。字节跳动成立8年,先后打造出抖音、今日头条、激萌等热门产品。它是中国科技互联网巨头之一,更是目前全球估值最高的创业公司,价值750亿美元。在资本市场中,它是各大投资公司的宠儿,拥有包括软银、KKR和红杉资本在内的众多投资者。字节跳动,是中国增长最快的企业之一。

目前,字节跳动成为除苹果外,唯一一家在中国和西方的用户数都超过1亿的科技公司。

这是阿里、腾讯都未曾打开过的局面。张一鸣做到了。凭借"机器算法"这一颠覆性的模式,在互联网江湖中硬闯出一条路。2020年3月初,张一鸣率领这支从谷歌、Facebook、华纳音乐、微软等众多海外互联网巨头公司招揽来的精兵强将组成的"豪华军团",继续征战海外市场。张一鸣的海外市场刚拉起帷幕。

很多成功创业者的创业之路都跌宕起伏,有凤凰涅槃浴火重生的坚毅。任正非创立华为时,3次濒临破产,在公司最艰难的时候,常深夜被噩梦惊醒,醒来放声大哭以释放压力;在《乔布斯传》全书中,乔布斯哭泣157次,平均3页哭1次。与这些大佬们相比,掌握了机器算法和人生算法的张一鸣,在创业路上显得较轻松。在这个浮躁的时代,始终保持清醒冷静的张一鸣,终于占据自己的一片天。

(案例来源:https://www.zhizhigu.com/mingren/679.html)

三、影响创业机会识别的主要因素

对于是什么因素导致一些人更善于识别出有价值的创业机会,不少学者进行过研究,下面是取得共识的四类主要因素:

社会关系网络:社会关系网络能带来承载创业机会的有价值信息,个人社会关系网络的深度和广度影响着机会识别。研究已经发现,社会关系网络是个体识别创业机会的主要来源,与强关系相比,弱关系更有助于个体识别创业机会。

创造性:创造性是产生新奇或有用创意的过程。从某种程度上讲,机会识别是一个创造过程,是不断反复的创造性思维过程。在听到更多趣闻轶事的基础上,你会很容易看到创造性包含在许多产品、服务和业务的形成过程中。对个人来说,创造过程可分为五个阶段,分别是准备、孵化、洞察、评价和阐述。

先前经验:在特定产业中的先前经验有助于创业者识别出商业机会,这被称为走廊原理。它是指创业者一旦创建企业,就开始了一段旅程,在这段旅程中,通向创业机会的"走廊"将变得清晰可见。这个原理提供的见解是,某个人一旦投身于某产业创业,这个人将比那些从产业外观察的人,更容易看到产业内的新机会。

认知因素:机会识别可能是一项先天技能或一种认知过程。有些人认为,创业者有"第六感",使他们能看到别人错过的机会。多数创业者以这种观点看待自己,认为他们比别人更"警觉"。警觉很大程度上是一种习得性的技能;拥有某个领域更多知识的人,倾向于比其他人对该领域内的机会更警觉。

四、创业机会识别的技巧、方法及案例分析

发现创业机会不是一件容易的事情,但也不是高不可攀的,识别创业机会主要有四个方法:

1. 现有市场机会和潜在市场机会

市场机会中那些明显未被满足的市场需求称为现有市场机会,那些隐藏在现有需求背后的、未被满足的市场需求称为潜在市场机会。现有市场机会表现明显,往往发现者多,进入者也多,竞争势必激烈。潜在市场机会则不易被发现,识别难度大,往往蕴藏着极大的商机。

2. 行业市场机会与边缘市场机会

行业市场机会是指某一个行业内的市场机会,而在不同行业之间的交叉结合部分出现的市场机会被称为边缘市场机会。一般而言,人们对行业市场机会比较重视,因为发现、寻找和识别的难度系数较小,但往往竞争激烈,成功的概率也低。而在行业与行业之间出现"夹缝"的真空地带,往往无人涉足或难以发现,需要有丰富的想象力和大胆的开拓精神,一旦开发,成功的概率也较高。

3. 目前市场机会与未来市场机会

那些在目前环境变化中出现的市场机会称为目前市场机会,而通过市场研究和预测分析将在未来某一时期内实现的市场机会称为未来市场机会。如果创业者提前预测到某种机

会出现,就可以在这种市场机会到来前早做准备,从而获得领先优势。

4. 全面市场机会与局部市场机会

全面市场机会是指在大范围市场出现的未满足的需求,如国际市场或全国市场出现的市场机会,着重于拓展市场的宽度和广度。而局部市场机会则是在一个局部范围或细分市场出现的未满足的需求。在大市场中寻找和发掘局部或细分市场机会,见缝插针,拾遗补阙,创业者就可以集中优势资源投入目标市场,有利于增强主动性、减少盲目性、增加成功的可能。

创业者可以在日常生活中有意识地加强实践,培养和提高这种能力。

首先,要有良好的市场调研习惯。发现创业机会的最根本一点是深入市场进行调研,要了解市场供求状况和变化的趋势、顾客的需求是否得到了满足、竞争对手的长处与不足。

其次,要多看、多听、多想。我们常说见多识广,识多路广,我们每个人的知识、经验、思维以及对市场的了解不可能做到面面俱到。多看、多听、多想能使我们广泛获取信息,及时从别人的知识、经验、想法中汲取有益的东西,从而增强发现机会的可能性和概率,平常的积累将是你今后寻找创业机会和方向的基础。

最后,要有独特的思维。机会常常表现为仅被少数人抓住,我们就要做这样的少数人。我们要克服从众心理和传统习惯思维的束缚,敢于相信自己,有独立见解,不能人云亦云,不为别人的评头论足和闲言碎语所左右,才能发现和抓住被别人忽视或遗忘的机会。

创业小案例

泡泡玛特,小玩具如何变成大生意

从街边的潮流小百货一步一步成长为国内知名的IP潮流玩具渠道商,年销1亿元,泡泡玛特如何把潮流玩具做成一门"大生意"?

潮流玩具又被称为艺术家玩具,20世纪90年代起源于中国香港,是由设计师、艺术家设计制作,尺寸多在几厘米到几十厘米不等的3D立体玩偶。

今年(2018年)9月,在泡泡玛特主办的首届北京国际潮流玩具展上,巨大玻璃展柜罩里面是造型形态各异的"玩具":有精致漂亮的人偶,也有抽象诡异的怪兽,它们不会跳舞说话,售价却动辄数百上千元。如果你现在还有"玩具是儿童专属"这样的想法,那你就大错特错了。此次展会共接待游客20 000余人次,其中90%都是成年人。2017年上半年,泡泡玛特的营收达7 000多万元,从一家潮流生活小百货店到知名潮流玩具渠道商,泡泡玛特有着怎样的成长逻辑?

1. 突破

2010年,王宁在北京中关村开了一家叫泡泡玛特的零售店,目标顾客为15~30岁的人群,主要售卖服装、化妆品、玩具等创意小百货。但是时间一长,王宁很快就发展这样的模式存在很大的问题。一是业务松散、产品不聚焦;二是模式复制成本低,市场上很多品牌产品在网上都有售卖,而且价格更便宜。作为线下渠道商,不仅利润非常低,还要受制于上游,王宁便一直琢磨着如何转型。时机发生在2014年,王宁留意到一款名叫Sonny Angel的潮流玩具在一年内销售了60多万个,为泡泡玛特带来了3 000多万元的销售额,约占该年总销售额的30%。后来王宁在与香港艺术设计师王信明接触的过程中了解到,高档潮流玩具主要是某个设计师的IP衍生品,而普通的设计师以自身的资源和财力很难量产衍生品玩具和做大规模地宣传,所以他们会自己把玩具放到网上售卖或者寄售在生活潮品店,价格也相对较高。因此,潮流玩具一直属于小众文化,难以得到大规模关注。

如今，中国的潮流玩具市场还在起步阶段，这个市场正缺少一个大的品牌渠道商把这些IP潮流玩具整合起来。于是王宁找到几个知名的设计师一起合作，签订长期独家销售和独家生产合约，共同孵化IP。就这样，从3D建模、生产、包装、销售，将全部由泡泡玛特一手包办。这种从涉及销售深度参与的合作方式，实现了潮流玩具的量产化，既让设计师有充分的时间专注于创作，也为泡泡玛特带来巨大的商业价值。不断整合大量的IP资源，培养设计师偶像，泡泡玛特已经不只是渠道商，更像是一家设计师经纪公司。

2. 吸娃

泡泡玛特只是简单地卖玩具吗？当然不是，它卖的是你的好奇心和满足感。自从拿下Molly等IP在中国境内的独家销售额生产权后，泡泡玛特还采用日本流行的"盲盒"玩法。每一个迷你摆件都包含12个不同造型的产品，单个售价59元。但是它们的包装都是全密封盒，不拆开包装，都不知道盒子里是哪一款。因此，想要买到自己心仪的款不是那么容易的，还需要一些运气，特别是"隐藏款"、节日款等限量款娃娃。这样的"盲抽"制度在买卖的商业行为中加入娱乐化，正好契合了顾客以猎奇心、占有欲和炫耀心为原始驱动力的收藏心理需求，就像过去大家爱好"集邮"一样。每次购买排队时的期待，"盲摇"时的忐忑，拆盒时抑制不住的惊喜或失望，以及收集了一套时的满足感，这个过程给顾客所带来的趣味性和情感已经远超产品本身。

3. 潮玩

今年(2018年)3月，泡泡玛特在微信平台上线了一款"抓娃娃"的H5小游戏。娃娃机的传送带上不停地滑动着各种各样的可爱娃娃，用户可通过充值来获得抓娃娃"碎片"的机会，抓齐一个娃娃的所有碎片(通常是4片)，即可兑换一个一模一样的实体玩具。直至7月份，该游戏用户数已经超过30万。把抓娃娃机搬到线上，用户可以随时随地地玩，打破了传统抓娃娃机的时间、空间限制。同时，微信的入口效应，也为泡泡玛特带来了许多品牌展示的机会，实现线上反哺线下。

目前，泡泡玛特在全国已经开了近60家门店。2017年上半年，泡泡玛特的销售额已经达到7 000多万元，预计全年销售额将会达到2亿元。泡泡玛特牢牢抓住优质IP资源和供应链，以线下零售为主要渠道，辅以线上社群"助攻"，打造了一个潮流玩具的产业链闭环。也许，后来者想要切入这个行业，都绕不开泡泡玛特了。

(案例来源：https://www.sohu.com/a/255289727_100006132)

第二节 创业项目的选择

> **学习提示**
>
> 成功是留给有准备的人，万事皆如此。创业者只有充分调查创业前需要准备的工作，才能有计划、有步骤地朝原定轨迹前进，才能收获创业的成果。
>
> 选择创业项目需要四个字："知己知彼"。知己，就是要清醒地审视自己的优势、强项、兴趣、知识积累与结构、性格与心理特征等。知彼，是对社会未来发展趋势的认识，稳定的、恒久的、潜在的需要，特别是能够对潜在的趋势和需求敏感。

一、创业项目初选的原则

每位创业者都知道商机选择的重要性，但对于正确的选择创业项目和进入时机可能都不太了解。正确选择合适的创业项目,是成功创业最重要的基础。所以每一位创业者必须抱有严谨的态度,按照自身的优势条件和资金实力对行业细致分析。因此,我们将详细介绍创业项目选择的四大原则,让创业者把握行业趋势,成功创业。

1. 选择国家政策扶持并具有发展前景的行业

想要开创自己的一番事业,就必须先要知道国家目前在扶持鼓励哪些行业发展,哪些行业是允许创业的,哪些是限制的。创业者选择国家政策扶持鼓励的行业,对于日后企业的发展将起到不可估量的作用。而当地政府出台的优惠政策和银行贷款利率都需要核查清楚,确保资金充裕。

2. 要认真做好市场调研,挖掘市场需求

不少创业者只是认为,办企业办公司就是为了赚钱,哪些行业热火,哪些赚钱就做哪个,其实这种想法是不对的。创业必须树立一个"企业是为解决客户需求才存在"的观点,才能确保企业长盛不衰。创业项目的选择是以市场为导向,投资什么项目不是凭空想象出来的,必须要从社会需求出发。要想知道社会需求,就必须要做调查,特别是第一次创业者就必须对市场做出详细的调研报告。

3. 充分利用自身优势与长处

市场就好比一个汪洋大海,创业老前辈都称之为下海。创业者好比沧海一粟,但是每一个人都有自己的长处和优势,当你对某一行业、某一领域感到熟悉时,又在技术上有所专长,这就是自己的行业长处之一。切记,能充分发挥自己的长处和优势,并且选择自己有兴趣并且熟悉的行业,创业就成功一半了。

4. 量力而行,从小做起、从小利做起

创业算是一种价值风险投资,所以每位创业者都必须遵从量力而行原则,才能安稳创业。若拿着自己的血汗钱或者借钱创业,就应该尽量规避风险较大的创业项目,用为数不多的资金投资到风险较少、规模较小的创业项目当中,积少成多滚动发展起来。

【创业语录】

如果有人错过机会,多半不是机会没有到来,而是因为等待机会者没有看见机会到来,而且机会过来时,没有一伸手就抓住它。

——罗曼·罗兰

二、创业项目选择的步骤

可以按以下四个步骤来选择创业项目:

1. 排除一大片

知道什么事情是不可以做的。某个地方有 100 户人家,每家有 1 元钱,你有很大本事,把所有人家的所有的钱都赚来了——100 元。还有某个地方有 100 户人家,每家有 10 000 元钱,你本事不大,只能把 1/10 人家的 1/10 的钱赚来——10 000 元。

2. 划出一个圈

知道哪些事情是能长期做的。把社会恒久需要的、已初露端倪的大趋势划进来,圈子里的事才具有发展的空间与时间。空间意味着有发展的广阔天地,时间意味着可以长期地做下去。以趋势为例,任何一种趋势都是一个长长的链条,环环相扣。只要能够抓住其中的一个环节,项目的前景便大体确定了。例如,由环境保护引发治理江河,导致关闭中小造纸厂,

产生纸制品的供求不平衡,腾出了一块市场。如果用再生纸做资源去添补,会怎么样呢?

3. 列出一个序

把可能做的事情排列起来。回头看看过去的20年,做强、做长的企业都生存在哪些行业,很大程度上能够证实行业与发展的联系,比如房地产、医药、保健品、证券市场、建材、装修、交通、教育、通信等。那么,就把大的范围圈定在这里,选出若干项。

4. 切入一个点

成就事业的公认法则是集中和持续。让生命之火在一点上持续地燃烧,不发光才是奇怪的事。在已经缩小的范围内,可做的事仍然很多,该是把眼睛转向自己的时候了,这时,比较优势的道理是有用的——认真地审视自己的强项、优势、兴趣何在,可能同时有几个,与他人比较哪个优势是最有利的。这时,机会成本的概念也是有用的——同样多的时间,同样的付出,哪个能力所对应的事业会有更大的前景收益,比较中优势会凸显出来。项目选择固然重要,还需要记住:再好的项目也要靠艰苦努力,结果由过程决定,过程由细节决定。

三、大学生创业项目案例分享

创业不同于稳定的就业,它有一定的风险性,对个人能力等方面都有很高的要求。创业做好了,会享受到成功的喜悦和巨大的利润;做不好,随之而来的将会是失败和债务,这对个人的心理素质也是很大的考验。下面要讲述几位大学生创业的案例。通过学习他们成功的经验或失败的教训,可以对大学生以后的创业之路有很大的帮助。

> **创业小案例**
>
> ### 王锐旭:在大众创业时代编织青年奋进梦
>
> "人如果没有梦想的话,那跟咸鱼有什么区别?"这是喜剧大师周星驰在电影《少林足球》中的经典台词,也是25岁的王锐旭掷地有声的创业口号。王锐旭是幸运的,因为他的梦想实现了。然而,王锐旭的成功之路并非一帆风顺,他曾复读求学,小小年纪就立志撑起家庭重担;他曾是兼职达人,从职场小白晋升商界新秀;他也曾带领团队,身体力行地去探求一切发展的可能。从始至终,他都是一个梦想家,在无限可能的大众创业时代,乘着时代的风编织着瑰丽美妙的青春梦想。
>
> **1. 学习创业两不误:一个90后的非凡追求**
>
> 大学生创业者、90后CEO、创业三年公司市值已过亿……王锐旭的成功似乎符合人们对年少成功的全部期待,然而这并未冲昏王锐旭的头脑,每提到此,他总是谦虚而略带羞涩地表示,自己只是一个普通人。
>
> 1990年,王锐旭出生在广东潮汕一个生意人家庭,耳濡目染的生意经和"崇商"文化使得王锐旭从小就有着敢打敢拼、追求经济独立、不安于现状的精神追求。王锐旭说,正是那段经历让他有了最初的商业思维,也让他在就业和创业之间选择了后者。
>
> "刚上大学时我也是一心想着念书,希望以后读研读博,继续深造。但由于当时家里经济条件并不好,出于不想向家里要生活费的考虑,我在大学期间做了很多兼职。"然而正是这很多大学生都有过的兼职经历,王锐旭却从中看到了商机。"为了赚钱,我曾花250元在某中介公司办了会员卡,交钱之后却没了下文。我身边其实有不少同学都为了找兼职上当受骗过,我当时就想,为什么我们不能自己创办一个为大学生服务的真实可靠的兼职平台,让大家更有效地找到工作

呢?"于是,就有了现在的"兼职猫"APP,2015年1月,王锐旭受邀参加了李克强总理主持召开的科教文卫体界人士和基层群众代表座谈会,分享了自己的创业故事和心得。

"从决定复读求学起,我就建立起一个信念,只要是我想做的事情,就不去管过程有多困难,我想的只是目标。"王锐旭这样对记者说,而他也一直都是这样做的。"开始做兼职是不希望继续问家里要生活费。但到了后期,变成了为创业积攒启动资金。"为了这个目标,王锐旭做过保安、举过牌、派过传单、摆过地摊……这段经历,为他收获了对社会和市场的了解,也为他积攒下了创业的第一桶金。

大学时期的王锐旭不只是同学们眼中的兼职达人,还是一个不折不扣的好学生。在校期间,王锐旭曾多次获得奖学金奖励和"中国优秀科普志愿者""千名志愿者"等称号,并在首届广州青年创意创业大赛、"2014挑战杯"广东省创业实践赛等青年赛事中成绩斐然。在创业梦想之外,王锐旭把自己的学习生活同样经营得有声有色。他像是一个两支笔作画的造梦者,一手校园,一手社会,不同的色彩与线条,同样的勤奋与精彩。

2. 创业力在点滴:志在远方

和许多白手起家的商业精英一样,王锐旭的创业梦也是从一个小的团队开始的。2012年,他组建了魔灯团队。也是从这个时候开始,他正式带领自己小小的班底做起了大大的创业梦。创业初期,资金的缺乏、人员的不足、经验的缺失都曾经是摆在这个年轻人面前的大山,那段摸着石头过河的时期,一切看起来都是那么艰难。说起那时的艰辛,王锐旭至今历历在目:"公司成立之初资金紧缺,发不出工资,我们几个非技术人员就去找兼职赚钱来供技术人员,这对我们来说是一种必须承受的历练。很辛苦很累,但是对梦想的执着让我没有放弃。"与辛苦和努力相伴而来的,是经济状况的快速改善,人气、经验的双丰收以及创业团队的发展。有了创业初期的积累,2013年8月,王锐旭成立了广州九尾信息科技有限公司,把业务目标瞄准了自己最熟悉的"兼职"领域,作为一款供大学生搜寻各种安全可靠的兼职信息的手机APP,"兼职猫"应运而生。2015年初,王锐旭刚毕业半年,他的公司就已经拿下第二轮天使投资和千万级的A轮融资,公司估值过亿元。

创业是一条肆意而精彩的路,向着心中的目标,带着青春的张扬与勇敢前进。一路有喜有忧,凯歌高奏。王锐旭的创业路走得并不孤单,爱情的甜蜜成了筑梦路上最美丽的点缀。"在创业过程中最让我感激的就是我的女朋友,也就是现在九尾科技的运营总监。创业的艰辛是必然的,但是能够和她一路上互相扶持,让这段经历都变得不那么艰难了。"

现如今,"兼职猫"已经覆盖全国40多个城市,拥有100多万学生用户和3万多企业用户。王锐旭本人也已然成为广大创业青年追捧的90后创业明星。但王锐旭的创业路远未止步。目前,王锐旭正忙于"兼职猫"的产品迭代,接下来将会推出2.6新版本。"新版本能够让用户跟企业完成高效对接,让他们产生对话,让双方更好地理解和沟通,希望'兼职猫'能成为大学生兼职的第一品牌!"

3. 大众创业时代:梦想、才能、市场缺一不可

现在九尾团队已经迈入了百人时期,25岁的王锐旭也完成了从大学生创业者到企业CEO的身份转换。相较于领导,王锐旭更愿意与员工做朋友。谈到公司的管理之道,他也表现出了年轻人的谦虚与随和。"其实我一直都没有太感觉自己是CEO,因为团队之中大部分都是年纪相仿的年轻人,平时交流更像是大学时期的同学讨论。"从几个人的团队到上百人的公司,年轻的王锐旭面临的问题还有很多。公司的团队建设和制度化管理就是其中重要的一环。对此,王锐旭也有自己的成功秘诀:"我认为带领团队,最重要的是以己达人。一开始要赢得认可确实不容易,但权力不是你跟别人要的,而是别人给你的,你要身体力行才能赢得认可。创业早期我把整个运营工作都包了,无怨无悔。当然后面团队大了就要慢慢实现制度化管理。"

在王锐旭看来,现在正赶上创业最为强劲的时代,今年两会之后,这股风潮更借着诸多鼓励性政策汹涌来袭,吹遍了祖国大地。越来越多有志青年投身创业浪潮,编织自己青春无悔的创业梦想。"总理所提倡的大众创业万众创新的时代已来临,我认为这也是大环境对创业者的一个最好的鼓舞和激励。"对那些想创业的青年人,王锐旭也分享了自己的经验及心得。"我认为创业还是要慎重,不能什么都不了解就贸然投身。要了解这个市场需要什么,也要有自己的团队,有了这个才能吸引到投资,但这三方面都不容易做到。"

关于未来,王锐旭也有新的发展计划。作为一名心怀梦想的年轻人,王锐旭表示,希望在将来与更多的创业团队互相学习和成长。"我从大学生创业出身,很清楚大学生对于就业和未来规划上还存在很多痛点,接下来我们将会与一个校园O2O项目合作,为我们的大学生用户提供更多实用服务。"

无论是成为总理的"座上宾"还是拿到大额融资,都不是王锐旭的创业故事的终点。"在拿到了300万美元融资之后,我们会逐步推出基于校园的兼职众包服务,全面覆盖大学生各类兼职。同时,我们现在还推出了百万大学生创业引领计划,将通过'微校长'项目和各类创业大赛帮助更多大学生实现'创业梦'。"

(案例来源: http://qclz.youth.cn/znl/201504/t20150422_6592639.htm)

创业小案例

95后大学生用微信创业 年收入超百万

来自许昌学院的郭玉静虽然还是一名大三的学生,却带着自己的团队创造了一年几百万的利润。从最初的微信平台卖水果到现在的高校小蚂蚁联盟,从三个人的小团队,到现在二十多人的互联网公司"哎吆嗨"。郭玉静说创业中团队和机遇很重要,坚持不懈,遇到任何困难都不要退缩是她创业一直坚守的东西。

1. 成长:从1到100万的蜕变

2014年3月,一向对新兴事物比较敏感的郭玉静,抓住了微信平台开放的风潮。3月是学生对水果消费的旺季,萌生了在微信上卖水果的想法。说做就做,经过一个月的筹备期,"幸福鲜果坊"网上商城上线了,短短一个月之内,平台粉丝量激增上万,靠着口碑和便捷的服务赢得了学生的热烈追捧。不到三个月的时间,郭玉静的团队掘到了第一桶金,也发现了校园市场隐藏的巨大商机。

6月份郭玉静的公司正式成立了,靠着前几个月的经验积累和团队的不断扩大,她瞄准了校园市场上的其他商家,刚开始非常困难,通过跟商家的联合,从校内线上的点对点售卖商品到现在构建网络平台全面推广线上移动购物,他们的公司在校园一炮而红。

现在学校80%的商户都与他们建立了稳固的合作关系,而且他们的校外市场也在延伸。目前通过微信开发建立系统化的网络平台应用规模已经达数百家。在去年(2015年)的3月份,郭玉静又通过校园巡讲方式将技术和经验零成本地与全国高校中有创业梦想的学生分享,虽然才短短几天,却已经收到了来自全国各地的200多份申请,也预示着高校小蚂蚁联盟的正式成立。

为吸引更多高校创业者的加入,小蚂蚁联盟以零成本加盟的形式面向全国高校启动。在谈到他们的盈利模式的时候,郭玉静说这一切都归功于他们的团队,从1到100万基本是靠量积累过来的,天下从来就没有掉馅饼的事情,其中经历的波折只有他们自己心里最清楚,一度面临团队解散、资金无法运转、连续三个月发不出工资的困境,但是幸运的是,他们一直在坚守,不离不弃,最终走到了现在。

2. 创业：拼的是工匠精神

面对社会上的竞争，郭玉静坦言压力是非常大的，而他们做微信开发，做移动商城的应用技术也不是独一无二的。但是没关系，郭玉静说如果在速度上赶超不了别人，那就在技术上精雕细琢，用工匠的心态来做，在营销推广、技术维护与后期服务上做到让客户满意，让每个客户都得到极致的体验。

事实证明他们的努力也得到了回报，联通公司、重庆德庄、电视台等行业翘楚主动向他们寻求合作，山西、广西、湖南、湖北、北京、新疆等各地人士纷纷慕名而来寻求合作，他们校园"哎吆嗨"团队也在一步步走向更健全的体制，针对不同的行业特色提供"私人定制"服务，让每个客户享受别样的服务。

在竞技游戏比赛中流行这样一句话：不怕神一样的对手，就怕猪一样的队友。技术流的程序员，运营的管理大拿，以及码字想创意的策划者，每个团队成员在里面发光发热才有了他们现在的成就。

3. 梦想：打造全国极客商城

影响用户选择权的不仅是供求关系，而且包含了体验。"唯有用户的体验才是我们首要考虑的因素。"目前主要专注于高校联盟和中小企业转型两大业务的郭玉静说，"我们要因势速变，未来已来，我们要学习的东西还有很多很多。下一步希望通过团队的努力和社会上导师的帮助，打造一站式的极客服务，用最专业的手段来解决中小企业的互联网问题，打造全国第一的极客商城。"

对于将来，郭玉静希望通过逐步打造完整的互联网产业链，让身边的大学生创业群体也能有所作为，更快地成长，最终目标是要打造全国大学生创业第一品牌，同时也希望大学生创业团队能够加入他们的集体中来。

（案例来源：http://henan.qq.com/a/20150404/021916.htm？pgv_ref＝aio2015＝2052）

> **创业小案例**
>
> ## 北大水果配送网站"小超之家"倒闭
>
> "小超之家"是一家专门提供水果配送的网站，从6月上线，到11月中旬谢幕，仅存在了五个月，网站负责人杨智超目前正在中国科学院攻读硕士学位。他表示："由于5个合伙人要各奔前程，水果店就只能停业了，7月和8月暑假期间业务很少，我们真正运作的时间就三个月。"有同学调侃他"亲身经历了一个公司从建立到迅速消亡的过程"，杨智超认为说得没错，但是这种经历很有意义，这次是"尝试创业的最好机会，以后可能没有这么好的机会了"。
>
> ### 1. 坚持做下去，还是能赚钱
>
> 在"谢幕公告"中，杨智超详细解说了自己的收支状况："近一个月的销售记录，我们每天的营业额在2 100元左右。水果与零食平均下来，利润率应该在30％左右。每天毛利有600元左右。一个月下来，减去损耗以及上货的人工成本，毛利应该在1.2万元左右。每个月房租的支出是3 500元，再加上水电煤气、员工吃饭等应该在4 500元左右。员工的工资为8 000元。加在一起每个月大体盈亏平衡，稍微亏一点。"
>
> 对于创业者来说，盈利才是活下去的首要任务，杨智超认为，"小超之家"如果坚持下去，能够在三四所学校都设立送货点，应该会赚钱。在网站运作的三个月中，让杨智超印象最深刻的是"光棍节"后第一天，晚上的订单数猛增到140多个，负责送货的4名工人都忙不过来，几乎是两分钟一单生意，到现在他都没有搞清楚原因。网上订水果，专人派送，这种形式也受到广大学生的喜爱和支持。一个女生在自己的人人网签名中写道，"每天有个胖哥哥到楼下送水果好幸福

啊",很多学生也对"小超之家"的水果质量表示赞赏。"我们的水果比学校实体店卖得便宜,而且我们的货源供应商是一家大型水果连锁企业,品质能够得到保证。"杨智超认为,保证利润率的另一个方法是减少损耗,由于少了顾客自己挑选时会损坏水果的麻烦,损耗非常低。杨智超说,一家水果店的老板曾告诉他,在水果店中损耗最大的是猕猴桃,"因为顾客挑选时都会捏两下,一箱猕猴桃有一半是捏坏的,虽然进货价是每斤1元9角,可卖5元还是亏本。我们损耗低,所以卖3元多也照样赚钱"。

杨智超和伙伴们精心计算过,只要每晚能送完100个订单就不会亏本,而"小超之家"11月每天的订单数量已经能保持在110个以上。虽然后两个月能够基本做到收支平衡,但总计还是亏了5万元。主要是前期的投入比较多,杨智超坦言,开始时没意识到要花很多钱。虽然不是实体店,但也要租房子、买架子和盒子放置水果,还要购买用来配送的自行车、箱子和统一的工作服。"没有开过公司,真不知道做成本预算的重要性,零碎的钱就随便花出去了,花了多少也不知道。"启动项目时,杨智超就曾跟合伙人说过,"钱放进去就别想拿出来了"。虽说是句玩笑话,但这次也多亏合伙人之间关系好,虽然亏了钱,但在公司账目的问题上没有产生矛盾,大家相处仍然很和睦。如今的杨智超已经明白,创业者一定要记好每一笔账。

2. 5个老板,4个员工

杨智超有4个合伙人,除了一个是他的中学同学外,其他3个人都是中科院的在读硕士或博士,"他们有的当初就是我们的顾客,发现我们做水果配送很好玩,就要求加入我们"。杨智超解释说,5月他和中学同学先在中科院研究生院做了尝试,因为顾客数量有限,每天只能接到十几个订单。经过一系列的考察后,他们最终选定了北京大学。"首先是因为北京大学人多,我们打听到有大约6万人;其次是北京大学只有5家水果店,并且位置相对集中,价格偏高。我们设想即使有2万人每周花10元买水果,这个市场也足够大。"

在10月之前,5个合伙人都是员工,虽然各有分工,但是遇到早上来货分单的情况,还是大家一起上。随着配送订单的增多,大家都觉得有必要雇几个工人,于是负责招聘的合伙人就去"蚁族"聚居的地方贴招聘广告,很快就招来了4名员工,包吃包住,每人月工资2000元。4名员工的加入,大大缩短了配送时间,虽然"小超之家"网站上承诺一小时内送货上门,但每笔订单几乎都是在10分钟内送达,有人甚至在北大"未名BBS"中感叹,"小超之家的送货速度太恐怖了"。员工多了,问题却产生了,"5个老板,员工不知道该听谁的"。杨智超觉得,一家店5个老板的直接后果就是容易导致效率低下。有一次,合伙人讨论要不要在校园里发放优惠券,有人说需要发,就相当于做广告了,有人说不能发,发了就好像卖的是廉价水果,最后也没有讨论出结果。"其实这不是什么大事,关键是要有一个人说了算。"杨智超说,创业初期就需要有个人"独断专行",即使错了再改也容易,"如果再创业,我一定要自己说了算"。

这次创业经历也让杨智超有了另一个收获,那就是积累了管理经验,能够安排员工有序地工作,这让杨智超感觉"很爽"。由于他本身所学就是计算机专业,利用计算机进行流程管理,能够让工作有条不紊。"尤其是订单最多的那一天,就我和4个员工在店里,但我指挥大家有条不紊地工作,140多个订单都按时送完了。"

3. 反思两次弯路

反思短暂的创业经历,杨智超坦言走了两次弯路。

租了房子之后,杨智超发现同一座楼里还有一家化妆品连锁店,经过与其经理沟通,"小超之家"把化妆品店的商品摆上了自己的网站,并且帮他们运送,每件化妆品可以拿20%的提成。问题就出在化妆品上。"当我们送第三件化妆品时,就有顾客反映,这化妆品是假货,这让我们很震惊。"杨智超与合伙人到正规商场去买了同类商品做比较,果然发现疑点,于是化妆品立即下架。

"一时联系不到化妆品店的经理,我们只好在网站上注明,由于无法保证化妆品的质量,所以暂停该项服务。"杨智超说。没过几天化妆品店的经理回来了,原来他到上海总部去汇报工作,在展示与"小超之家"的合作情况时,却发现商品已经下架,"这个经理气急败坏,扬言要花钱找人收拾我们"。"小超之家"后来在网站上挂了一个星期的"道歉信",此事不了了之。

"小超之家"的另外一次多元化尝试,就是承接了三元牛奶在北大校园内的送奶业务。"说实话,承接这项业务主要是为了进北大校园方便,因为三元公司会提供统一服装,我们进学校不会被门口保安阻拦,这也方便我们送水果。"杨智超解释说,自从9月接下这项业务,他们就开始了疲于奔命的生活,每天早上要4点多起床,一直忙到7点30分才能送完牛奶,下午4点到7点还要送一次。"刚开始送奶时,每天光统计单据就要半天时间,多亏我是学计算机的,通过软件解决了统计问题。那段时间,我几乎天天都昏昏沉沉的,这也是我们要雇人的直接原因。"

雇人之后,有一个人每天专门送奶,这才让杨智超有了思考的机会。他在谢幕公告中也总结道:"公司里最宝贵的是老板的时间,尽量少做那些员工能做的事情。否则公司就会停滞不前。老板的任务应该是把握方向,开辟新市场。同时需要想好每一步棋的退路。"

(案例来源:https://blog.csdn.net/you_jinjin/article/details/7086735)

第三节 创业项目评价

> **学习提示**
>
> 创业项目的评价以及创业成功与否,不仅受制于创业的自我效能感、创业者拥有的有形资源和无形资源等主体因素的影响,还与特定的政治、经济、法律与政策、社会文化、科技与教育等外部制度环境因素密不可分。

一、创业项目评价的策略、技巧

不是每个创业项目都会给创业者带来益处,每个创业项目都存在一定的风险。因此,创业者在进行创业之前要对创业项目进行科学的分析与评价,然后做出正确的决策。创业者可以从目标市场和时间两个角度评价创业机会的价值,分析目标市场的容量和顾客需求,评价时机是否成熟。

首先,满足顾客需求。一切创业机会都来源于顾客需求,能否满足顾客需求是评判创业机会价值的最根本的标准。

其次,较大的市场容量。有些细分市场容量太小,导致投资成本过大,难以实现盈利。较大的市场容量带来旺盛的需求和较高的利润。同时,较大的市场容量意味着创业窗口关闭的时间比较晚,企业的发展空间比较大,利润的增长空间也比较大。

再次,需求的及时性。有些机会具有较大的市场容量,但是时机没有到,市场没有成熟。这样的机会风险比较大。只有能及时满足顾客需求的市场,才能支撑得起初创企业的生存。

最后,较明确的目标市场。如果一个创业机会连目标市场都不明确,就很难相信这个机会具有价值。具有价值的创业机会一般都比较清楚地知道自己服务的目标市场。

二、个人特质与创业机会的匹配分析

创业家是一些具备创业特质和创业精神的创业者,是人类社会最稀缺的资源之一。正如熊彼特所言,创业家是经济发展的发动机,是经济发展的力量源泉。从企业发展的角度来看,任何一个充满活力和竞争力的企业,在其前面都站着一位杰出的创业家,如通用电气公司的强大得益于杰克·韦尔奇的改革才能,微软公司的兴盛得益于比尔·盖茨敏锐的洞察力,松下电器的辉煌则得益于松下幸之助杰出的领导才能等。从一定程度上讲,企业的发展就是创业家才能作用的结果。因为,创业的主体是创业家,创业家是企业创业及其不断成长的灵魂。创业家承担着创造性决策的职责,承担着经济创新的角色,承担着科学管理的职能,承担着资源配置的责任。

创业者必须具备以下这些基本素质:

1. 要有创业意识

创业意识是指在创业实践活动中对人起动力作用的个性倾向,包括需要、动机、兴趣、思想、信念和世界观等心理成分,创业意识支配着创业者对创业活动的态度和行为。创业意识不是凭空形成的,也不是靠一时冲动产生的,而是需要创业者在创业实践活动中不断磨炼、积累和升华。有了创业理想即创业意识,创业者的创业行为就会充满朝气和活力,产生克服艰难险阻的大无畏精神,使创业者坚持不懈,勇往直前。

2. 要有创造性思维

创造性思维素质是指能够以较高的质量和效率获取知识,并能根据市场需求灵活运用所学知识开发出新产品和新技术的思维方式,创造性思维素质不仅注重对知识的学习能力,更强调发现问题和解决问题的能力。

3. 学会科学管理

创业者不仅要精通本专业的知识,更需要具备经济头脑和管理素质。科技必须应用于生产,生产出的产品或服务必须适应市场需要。在这一过程中,开发、生产和销售必须符合市场原则和机制,创业企业才有生存和发展的可能,这必然涉及资源配置、预测决策、经济分析、经济核算、成果转让、成本费用等一系列经济问题。同时,在激烈的市场竞争中,企业目标是要追求利润最大化,在这一目标引导下,企业不仅要靠产品技术来追求效益,更要靠科学管理来提高效益,正所谓"管理出效益"。因此,创业者必须掌握现代管理的理念和方法,能从系统整体观念出发,统筹、协调、控制和优化各项资源。

4. 具有良好的心理素质

心理素质是指创业者个人的心理条件,由创业者的自我意识、气质、性格、情感、价值观等心理要素构成。心理健康可以使人心情愉快、精力充沛、头脑敏锐、想象丰富、行为协调,可以从根本上提高工作效率,激发创造性。由于创业者致力于创业活动的特殊性,往往要求创业者具有与常人不同的心理条件,如:敢于冒创业风险,不惧怕创业失败,对自己高度自信,能勤俭、吃苦耐劳,有强烈的成功欲望。

创业者的心理素质,还表现在自信、乐观、能够承受一定压力、具有较大的雄心等方面。自信心是任何一个创业者取得成功的前提。特别是在从事某种前所未有的创业活动时,其创业的新颖性,势必会有一些人不理解,甚至会招来冷嘲热讽,自信心就成为创业者的精神支柱。自信心和乐观是密不可分的,乐观是自信心的支撑点。没有乐观的态度,自信就难以支持,更谈不上持久。

5. 积累丰富的经验

创业者的经验素质是指创业者在创业过程及新创企业经营管理活动中实践锻炼和经验

的积累。经验之所以对创业者具有重要意义,是因为经验是形成管理能力的中介,是知识升华为能力的催化剂。一个受过良好管理教育的人,只有与创业实践相结合,才能形成创业管理能力,成为成功的创业者。创业者的能力素质是指创业者解决创业及创业企业成长过程中遇到的各种复杂问题的本领,是创业者基本素质的外在表现。它也是创业者整体素质体系中的核心要素,从实践的角度看,表现为创业者把知识和经验有机结合起来并运用于创业管理的过程。

【创业语录】

当机会呈现在眼前时,若能牢牢掌握,十之八九都可以获得成功;而能克服偶发事件,并且替自己找寻机会的人,更可以百分之百的获得胜利。

——卡耐基

三、创业项目评价的社会因素

创业的政治、法律与政策环境。为了鼓励高校大学生自主创业,国家陆续出台了一系列的优惠政策。比如:免征登记类和管理类的行政事业收费,提供免息的小额贷款和担保,提供创业基金,创业孵化基地等等。这些扶持政策的出台,不仅为大学生创业创造了良好的创业环境,而且也激发了大学生们的创业热情,从而会导致有效创业行为的发生。

创业的经济环境。改革开放以来,我国的国内生产总值一直保持在一个较高的增长水平,总体经济发展态势良好,这对于大学生创业而言,无疑是一个十分利好的因素。不仅如此,作为一个正处于现代化进程中的国家,改革开放的大环境,还酝酿了无数的创业机会。

创业的科技与教育环境。大学生的就业模式已由分配制变成了自主择业,但就业模式的变化并没有及时唤起教学内容的改变。高校没有很好地将创业教育融入大学生日常学习生活中,大部分学校仍停留在就业教育的阶段,很少有学校对学生进行专门的创业教育。

第四节 创业风险的识别

【学习提示】

创业风险的出现是正常的,带来一些损失也是正常的,既不能怨天尤人,也不能骄兵轻敌。关键的问题是要密切监视风险,减少损失,化解不利,甚至转化为盈利的机会。

一、创业风险的内涵与类型

提起风险,很多人马上和失败、亏损联系在一起。其实,这是不全面甚至是错误的看法。对于风险的理解,一般有两个角度,一个角度强调了风险表现为结果的不确定性,另一个角度则强调了损失的不确定性。前者属于广义上的风险,说明未来利润多寡的不确定性,可能是获利(正利润)、损失(负利润)或者无损失也无获利(零利润);后者属于狭义上的风险,只能表现为损失,没有获利的可能性。

中文"风险"一词,相传起源于远古的渔民。渔民出海前都要祈求神灵保佑自己出海时能够风平浪静、满载而归。现代意义上的"风险"一词,已经超越了"遇到危险"的狭窄含义。

无论如何定义风险一词的由来,其基本的核心含义是"未来结果的不确定性或损失"。如果采取适当的措施使破坏或损失的概率不会出现,或者说智慧认知、理性判断,继而采取及时而有效的防范措施,那么风险可能带来机会。由此进一步延伸的意义,不仅仅是规避了风险,可能还会带来比例不等的收益,有时风险越大,回报越高、机会越大。因此,如何判断风险、选择风险、规避风险继而运用风险,在风险中寻求机会创造收益,意义更加深远而重大。

创业风险可以从不同的角度进行划分,主要有以下六种类别:

1. 按创业风险产生的原因划分

按创业风险产生的原因进行划分,可分为主观创业风险和客观创业风险。

(1) 主观创业风险,是指在创业阶段,由于创业者的身体与心理素质等主观方面的因素导致创业失败的可能性。

(2) 客观创业风险,是指在创业阶段,由于客观因素导致创业失败的可能性,如市场的变动、政策的变化、竞争对手的出现、创业资金缺乏等。

2. 按创业风险产生的内容划分

按创业风险产生的内容划分,可分为技术风险、市场风险、政治风险、管理风险、生产风险和经济风险。

(1) 技术风险,是指由于技术方面的因素及其变化的不确定性而导致创业失败的可能性。

(2) 市场风险,是指由于市场情况的不确定性导致创业者或创业企业损失的可能性。

(3) 政治风险,是指由于战争、国际关系变化或有关国家政权更迭、政策改变而导致创业者或企业蒙受损失的可能性。

(4) 管理风险,是指因创业企业管理不善产生的风险。

(5) 生产风险,是指创业企业提供的产品或服务从小批试制到大批生产的风险。

(6) 经济风险,是指由于宏观经济环境发生大幅度波动或调整而使创业者或创业投资者蒙受损失的风险。

3. 按创业风险对资金的影响程度划分

按创业风险对所投入资金即创业投资的影响程度划分,可分为安全性风险、收益性风险和流动性风险。

创业投资的投资方包括专业投资者与投入自身财产的创业者。

(1) 安全性风险,是指从创业投资的安全性角度来看,不仅预期实际收益有损失的可能,而且专业投资者与创业者自身投入的其他财产也可能蒙受损失,即投资方财产的安全存在危险。

(2) 收益性风险,是指创业投资的投资方的资本和其他财产不会蒙受损失,但预期实际收益有损失的可能性。

(3) 流动性风险,是指投资方的资本、其他财产以及预期实际收益不会蒙受损失,但资金有可能不能按期转移或支付,造成资金运营的停滞,使投资方蒙受损失的可能性。

4. 按创业过程划分

按创业过程划分,可分为机会的识别与评估风险、准备与撰写创业计划风险、确定并获取创业资源风险和新创企业管理风险。

(1) 机会的识别与评估风险,指在机会的识别与评估过程中,由于各种主客观因素,如信息获取量不足,把握不准确或推理偏误等使创业一开始就面临方向错误的风险。另外,机会风险即由于创业而放弃了原有的职业所面临的机会成本风险,也是该阶段存在的风险之一。

(2) 准备与撰写创业计划风险,指创业计划的准备与撰写过程带来的风险。创业计划往往是创业投资者决定是否投资的依据,因此创业计划是否合适将对具体的创业产生影响。创业计划制订过程中各种不确定性因素与制订者自身能力的限制,也会给创业活动带来风险。

(3) 确定并获取创业资源风险,指由于存在资源缺口,无法获得所需的关键资源,或即使可获得,但获得的成本较高,从而给创业活动带来一定风险。

(4) 新创企业管理风险,主要包括管理方式、企业文化的选取与创建,发展战略的制定、组织、技术、营销等各方面的管理中存在的风险。

5. 按创业与市场和技术的关系划分

按创业与市场和技术的关系划分,可分为改良型风险、杠杆型风险、跨越型风险和激进型风险。

(1) 改良型风险,是指利用现有的市场、现有的技术进行创业所存在的风险。这种创业风险最低,经济回报有限,即风险虽低,但要想生存和发展,获取较高的经济回报也比较困难,一方面会遭遇已有市场竞争者的排斥或进入壁垒的限制,另一方面即便进入,想要占有一定的市场份额也非常困难。

(2) 杠杆型风险,是指利用新的市场、现有的技术进行创业存在的风险。该风险稍高,对一个全球性公司来说,这种风险往往是地理上的,常见于挖掘未开辟的市场,如彩电行业利用原有技术进入农村市场。

(3) 跨越型风险,是指利用现有市场、新的技术进行创业存在的风险。该风险稍高,主要体现在创新技术的应用方面,往往反映了技术的替代,是一种较常见的情况,常见于企业的二次创业,领先者可获得一定的竞争优势,但模仿者很快就会跟上。

(4) 激进型风险,是指利用新的市场、新的技术进行创业存在的风险。该风险最大,如果市场很大,可能会带来巨大的机会,对于第一个行动者而言,其优势在于竞争风险较低,但是知识产权保护力度很弱,市场需求不确定,确定产品性能有很大的风险。

6. 按创业中技术因素、市场因素与管理因素的关系划分

按创业中技术因素、市场因素与管理因素的关系划分,可分为技术风险、市场风险和代理风险。

代理风险,是指高级经营管理人才、组织结构以及生产管理等能否适应创业的快速增长或战胜创业企业危机阶段的动态不确定性因素的风险。

这六类风险之间相互作用,使得创业企业运作的各个层面上的诸多因素的不确定性更加复杂,并且在创业企业不同的发展阶段,各因素的风险性质也将产生一定的变化。

创业小案例

ofo 跌落神坛

共享经济是近几年互联网投资的新"风口",共享单车应运而生并迅速发展起来。

2014年,还在北京大学读研的戴威因为山地车坏了无法参加骑友活动,在图书馆泡了7天,却电光火石般地来了灵感:"为什么不给骑友租车用呢?"四五个同学一起商量,于是ofo诞生了。

2015年9月,ofo微信公众号正式上线,ofo很快就在资本和扩张的道路上一路高歌。

鼎盛时期的ofo在全球运营超过1 000万辆共享单车,每天提供超过3 200万次骑行服务,拥有超过2亿注册用户。然而,这座摩天大楼却在顷刻崩塌,速度之快令人咋舌。

2018年年底,"ofo开始准备破产重组"的消息将ofo推上风口浪尖,上千万用户挤兑押金,资金缺口超过10亿,法院对ofo做出限制消费令,一时间ofo陷入了负面舆论的漩涡中。

ofo成立至今经历了十轮融资,其中2018年3月融资8.66亿美元,估值曾高达40亿美元。而现在,失去了资金来源的ofo只能苦苦支撑,估值严重缩水,接连退出曾经打下的城市,靠缩减成本维持运营。ofo跌落神坛,从组织和战略的角度来看,造成这只年轻的独角兽最终沦为孤独困兽的原因是什么?对于经历过三轮、四轮,甚至更多轮融资的互联网企业来说,应该如何防范与规避这类风险呢?

1. 过度扩张导致风险

2016—2017年的共享单车可以说是最火的风口,除摩拜和ofo两大巨头之外,还有小蓝单车、小鸣单车、优拜单车、悟空单车、小白单车、闪电单车等品牌。品牌虽多,同质化问题却很严重,除了颜色不同,很难说出这些铺天盖地占领了人行道的单车具体有什么不一样的地方。共享单车领域竞争的焦点不再是产品和创新,而是资本的"血拼":烧钱→竞争对手洗牌→垄断市场→合并→估值越来越高。

随着国内市场的饱和,摩拜和ofo开始大举进军国外市场。到2018年中,ofo已进军20个国家,共250座城市。然而,国外用户的习惯和市场环境与国内并不相同,如习惯汽车出行的美国就不会有如此大的需求量。不仅如此,国内生产、海外投放、当地运营的模式,更是需要付出高昂的成本,这也注定是个"赔钱买卖"。

这场共享单车领域的竞争导致这两家年轻企业的创新精神没有用在产品研发和竞争战略上,而是将绝大部分精力放在疯狂铺量、狙击对手的路上,误将激进扩张当作竞争壁垒,而自身造血力量不足,对资本依赖过高,最终导致资本冷却后难以为继。

2. 内部管理失控导致风险

经纬中国创始合伙人张颖和戴威曾经有过一段对话。

张颖:夜深人静的时候,你在工作上最大的焦虑是什么?

戴威回答了三点:一是对用户体验的焦虑;二是公司业务规模不断扩大,组织管理制度各方面都跟不上;三是一年内增加十多倍员工,如何保持公司文化不受到稀释和冲击。

戴威的焦虑不是没有道理的。我们都知道,ofo是由一群北大毕业生创立的,没有职业经理人经验的大学毕业生,突然成为企业管理者,再加上业务发展及人员膨胀过快,导致管理者的成熟度跟不上业务成熟度,组织架构与管理体系跟不上组织扩张速度。

此外,ofo员工数超过1.2万,其中正式员工超过3 000人,冗员情况十分严重,且薪资水平显著高于同行业,导致人浮于事,甚至出现内部贪腐情况,组织效率低,运营成本高。而后期滴滴高管派驻ofo,双方管理者之间出现种种矛盾和冲突,使本来就不稳固的组织更加脆弱。

3. 市场预判不足导致风险

短短三年间,共享单车经历了资本热潮的大起大落。2016年,ofo曾经一年拿了四轮融资,摩拜拿了五轮融资。但融资撑起的虚假繁荣并不能代表真实的市场需求。很快,在血雨腥风后,行业恢复了冷静,存活者寥寥无几。导致ofo败局的另一个重要原因是管理者对市场预判不足,对共享单车的盈利率及资金链断裂的风险没有把控,只顾着盲目扩张,没有看到市场风口的转移,更没有因此做相应的战略调整。

思考与讨论:

1. 你认为导致ofo公司出现如今这种局面还有哪些原因?

2. 假如你是ofo的创始人,重新再来一次,你会怎么做?如何控制风险?

(案例来源:施永川.大学生创业基础[M].2版.北京:高等教育出版社,2020:88-89.)

二、创业风险的成因

大学生创业时会面临很多大小不同的风险,归纳起来主要有以下五大原因:

1. 选择的项目缺乏充分的调研论证

大学生是充满激情的一个群体,但一些大学生创业者因为盲目和冲动,市场预测过于乐观,没有对市场进行充分的调研和细分,缺乏真正有商业前景的创业项目,许多创业点子经不起市场的考验。急于求成、市场意识及商业管理经验的缺乏,是影响大学生成功创业的重要因素。一些大学生创业者对行业、消费者需求、业务的流程和标准、项目未来发展趋势等的了解和把控不够,对运作模式、盈利点、投入产出、计划书等一些创业应该考虑的基本问题,无法给出清晰解释。对于创业而言,更需要根据实际来制定目标战略,否则难以成功。对于任何创业者来说,首先面对的是生存还是灭亡的问题,能够生存就成功了一大半,所以,生存才是硬道理。大学生选择的项目要经得起市场的考验,有特定的消费群体才能获得成功。大学生如果缺乏前期的市场调研和论证,只是凭自己的兴趣和想象来决定投资方向,甚至仅凭一时心血来潮就决定干哪一行,肯定会遭遇失败。

2. 缺乏创业前的实战演练

近年来各地不断出台扶持大学生创业的优惠政策,不少大学生也加入了青年创业的大军,但创业是一项复杂而系统的工程。受年龄及相应学识的限制,大学生很难拥有关于创业的直接与间接经验,创业知识一般也限于"纸上谈兵",在这种情况下大学生创业及在公司运营中肯定会遇到各种不可预见的问题,以致创业困难。政府和高校仅在创业环境、创业意识与技能培训等方面努力,是远远不足以帮助大学生成功创业的。外力并不能对大学生创业起到主导作用,商业实战经验才是大学生的软肋。受传统观念的影响,大多数学生在大学的主要任务是学习,参加社会实践活动的意识比较薄弱,机会也比较少,因此,缺乏实践经验和社会阅历。大学生们刚走出校园,尽管不乏优秀的创业项目却缺乏成熟的创业心态与足够的实战积累,使其在创业过程中会走一些弯路,甚至因为缺少经验,对市场趋势把握不准而错失发展机会。

3. 缺乏创业者素质

美国心理测验专家约翰·勃劳恩说:"创业的技巧虽然是学来的,但是具有某些素质的人占了先天的优势。"如果没有一定的特质,创业者要想成功创业并不是一件容易的事情。创业者自身素质应包括其心理素质、文化素质、身体素质等方面。非智力因素对创业者来说非常重要,如创业者的性格、人品、意志力和心理承受能力等等。创业的过程是对创业者自身能力、智慧、胆识气魄的一种全方位考验,它对创业者的个人素质和能力有特定的要求。创业者的自身素质条件决定了创业者的创业活动性质和经营范围,也决定了创业者最终能否获得成功。现在虽然政府为大学生自主创业提供各方面的优惠和鼓励政策,但这并不意味着每个大学生都适合创业。因此,每一位创业的大学生都应该在行动前对自己有一个全面、深入的剖析,通过分析其他创业者的经历,考虑自己是否真正具备了创业的素质和能力。

4. 缺乏人脉资源

在当今竞争激烈的社会中,商场如战场,想要获得成功,就需要营造人脉。人脉资源是潜在的无形资产。表面上看,它不是直接的财富,但缺乏人脉的创业很难成功。人脉资源丰富的创业者,在创业路上自然左右逢源。大学生创业者如果在短时间内不能建立广泛的人际网络,创业对他来说一定不易,即使初期能够依靠领先技术或者自身素质,比如吃苦耐劳或精打细算,获得某种程度上的成功,但事业很难做大。曾任美国总统的罗斯福说过:"成功的第一要素是懂得如何搞好人际关系。"作为创业者,"关系圈"对他们来说尤为重要。想要创业成功,就要营造一个适于成功的人际圈。一个没有良好人际关系的人,即使知识丰富、技能突出,也很难得到施展的空间。对于大学生创业者来说,接触社会的时间有限,阅历不够丰富,因此,积累和经营自己的人脉资源还需要时间和磨炼。

5. 创业的抗风险能力较弱

创业风险是由于创业环境的不确定性,创业机会与创业企业的复杂性,创业者、创业团队与创业投资者的能力与实力的有限性,而导致创业活动偏离预期目标的可能性及其后果,包括技术风险、市场风险、投资风险、政策风险等。大学生创业存在很多风险,他们是否具备风险意识和规避风险的能力,将直接影响创业的成败。对创业风险具有清醒的认识,并充分拥有应对风险的心理准备,是创业成功的必要条件。但是由于大学生受年龄及阅历等方面的限制,未必对创业风险具有清醒的认识,缺乏对可能遭遇到风险的必要准备。一些大学生在创业过程中一旦遇到挫折和失败,往往感到痛苦茫然,甚至沮丧消沉、一蹶不振。商场如战场,竞争风险无处不在,优胜劣汰法则是无情的。据统计,全国每年新开张公司中有至少45%不到一年时间就倒闭关门。创业激情很可贵,应该得到全社会鼓励、保护,但拥有魄力和果敢的同时,更需要理性、深思熟虑,需要脚踏实地才能一路走好。

三、创业风险的防范与控制

风险贯穿于整个创业过程,各个阶段的创业风险既有共同的特征,也有自身独有的特征。创业风险在各个阶段的表现形式也各不相同,所以应对和化解风险的方法和手段也不尽相同。有的类型的风险虽然始终存在,但是化解之道也随着时间、环境的变化而需要对症下药。

1. 选择合适项目,增强抗风险能力

大学生要想创业成功,选择适合自己的项目是关键。在不了解市场风云的情况下,因为选择了不恰当的项目而创业失败的例子比比皆是。创业不能过于理想化,应当树立务实的创业观。从虚拟小店到现实公司,不拘一格、不定一式。虽然也有专利、高科技创业,但更多的大学生应该做出更为宽泛也更为实际的选择,丰富大学生创业的内容,只有这样,创业之路才会越走越宽阔、越走越平坦。因此,选择了正确的方向,也就从一开始降低了创业的风险。大学生们可以选择一些投入较小的行业。第一,投入的资金比较小;第二,避开了生产、设计环节;第三,产品直接面对消费者。从YBC(中国青年创业国际计划)扶持创业企业的统计数据来看,在服务业领域中创业的成功率最高。大学生创业者资金实力较弱,选择启动资金不多、人手配备要求不高的项目,从小本经营做起比较现实。另外,创业是艰苦的,需要付出很多,随时要做好吃苦和遇到挫折、克服困难的准备。大学生创业者要培养良好的心态,尤其是对创业风险具有清醒的认识,并充分拥有应对风险的心理准备,这是创业成功的必要条件。

2. 积累实战经验,丰富人生阅历

缺少经验是大学生创业者急需解决的一个问题,要想提高创业成功率,大学生创业者们就应该通过不同渠道积累经验,丰富阅历。第一,积极参加大学社团活动,争取实践锻炼。学校社团的活动丰富多彩,从策划到达成目标是个复杂的过程,参与全局,可锻炼综合能力。第二,利用大学课余时间和寒暑假兼职打工。大学生可以尝试销售、人力资源管理、财务管理等不同岗位,让自己在薄弱环节得到更多的锻炼。特别是做市场类工作,可以让大学生深入了解消费者需求、掌握市场信息、洞察市场空白,寻求合适的创业项目。第三,参与学校的科研项目获取实践经验。特别对于理工科的同学,参与学校科研项目,能更多接触实际。第四,大学生毕业后在企业实习锻炼。社会是大熔炉,企业就是实际的创业团队,刚毕业的大学生先在企业学习工作几年,积累好人脉和资源再创业也为时不晚,大学生可以在企业市场空白处找到创业契机,为独立创业做好准备。

3. 优化创业环境,寻求创业导师

目前,政府为了鼓励大学生创业已相继出台了多项优惠政策,特别是在资金扶持方面,但大学生在创业的过程中,除了前期的扶持,更需要创业路上的关怀与指点迷津。因此,高校应加强毕业生创业基地、创业示范岗建设,深化、拓展毕业生的创业培训,定期举办高校毕业生创业大赛,充分发挥各行各业专家在大学生创业过程中的咨询、参谋、辅导作用,在大学生遇到困难时给予最直接的帮助和鼓励。创业导师通过带信息、带心态、带方法的模式,让学生得到快速成长,降低了大学生创业的风险;这些具有丰富经验的创业导师将会给予大学生精神和心灵上的最大支持、实践中的最大帮助;每一位创业导师都有着独特的创业经历,把他们的创业经历传播到大学的氛围中,对大学生树立创业的意识、承担起新时代下创业的历史责任有着积极作用。

4. 培养创业者素质,提高生存能力

个人具备创业者素质更容易成功,但并不是所有的创业者都具备创业的素质,培养大学生创业者素质,需要高校、家庭和社会的共同努力。首先,创业者需要创造性思维,它是创造力的源泉,是成功创业的思想基础。创业人才在思维特点上表现为不被陈规旧俗所束缚,能较快地适应外界环境条件变化,并能摆脱思维定式,充分发挥个人的创造性。这样才能不断推陈出新,抢占商业竞争的制高点。创造性思维素质是可以在不断的学习和教育环境中得到培养和锻炼的。其次,创业者要具备良好的心理素质。具体表现为:自信、敢于冒险、坚韧不拔等。这些潜质在创业途中的意义不可估量,尤其是在面对挫折的时候,更需要创业者的执着。另外,创业者应具有团队精神。创业不是一个人在战斗,学会凝聚整个团队的力量,可以为企业创造更多的价值。一个能让创业者思想、能力、认识水平不断提高和善于学习借鉴的团队,才是创业成功与否的关键所在。具备了创业者的素质,大学生在创业之初切忌好高骛远,可以选择一些投入不大、自己擅长的领域和项目,脚踏实地地积累经验,探索市场,先生存再图发展。只有这样才能稳扎稳打,开创出自己的一番天地。

5. 积累经营人脉资源

人脉是一种非常宝贵的资源。人脉资源可以获取有用的信息,进而转换成财富;在危急时刻,也往往可以发挥转危为安的作用。大学生创业者可以通过以下途径开拓自己的人脉:第一,多参加社团活动,在活动中自然地与他人建立互动的关系,从中学习服务他人、创造商机并且扩展自己的交际圈。如果能在社团中担任一定的角色自然也就增加了与他人联系、交流的时间,不断延伸自己的人脉关系。第二,学会沟通和赞美。想成为成功的创业者要善于抓住身边的任何机会培育人脉资源,主动与他人沟通,善于交流,当感觉到自己的能力有限时,应该寻求比较理想的合作伙伴和团队共同创业。志同道合,有共同价值观的团队能在创业过程中同舟共济。另外,成员间还可以优势互补。尺有所短,寸有所长,如果能够发掘每个人的优势,一定能让创业更加顺利。大学生创业者应有博大的心胸,宽厚待人,做企业就是做人,只有把人做好了才能把产品做好、服务做好,才能博得他人的信任。

> **创业小案例**

小牧优品与 Z 世代共同崛起的"正能量担当"

风生物起,国潮来袭。随着 Z 世代年轻一辈对家国情怀的簇拥和对民族文化的偏爱,中国品牌迎来了自己的"当打之年",一大批国民品牌受到 90 后和 00 后们的极力热捧。后浪涌起的 Z 世代正逐渐成为新一届的消费担当,而他们也正在成长为当下社会的责任担当。

正如小牧优品,2021 年是新征程、新起航,亦是"担当之年"。2021 年 5 月 28 日上海国际厨卫展现场,新华社民族品牌工程负责人潘恒宁、新华社民族品牌工程七部副主任张春利、奥运冠军林跃、小牧优品创始人兼九牧集团研发总裁林晓伟、九牧集团品牌总裁严桢出席小牧优品 2021"乡村振兴美丽中国"公益计划启动仪式,以践行公益扶持当地创业就业两种模式,双管齐下助推乡村振兴。

1. 小牧优品　大有能量

作为九牧集团旗下的年轻国货品牌,小牧优品传承集团的品牌理念与文化,用匠心塑造品质,用爱心传递品牌精神。2021 年小牧优品开启了新的征程,倡导"国潮新风尚、有颜价更美",用年轻无限的品牌理念,塑造品质无价。

正如 Z 世代拥有的特质,"年轻、时尚、科技感、国潮风"亦是小牧优品的亮点。强势新生代,冠军好品质! 小牧优品以冠军品质,为 13 支国家队运动员提供健康卫浴保障,让备战的运动健儿们拥有更高品质的美好生活。小牧优品所在之处虽是日常小事,却无处不流露着满满的正能量。

2. 小牧优品　大有担当

对于 Z 世代而言,年轻至美是担当! 小牧优品始终坚信这亦是年轻国货品牌本身新的时代内涵。除了携手新华社民族品牌工程公益再升级,更有奥运跳水冠军——林跃,继加盟小牧优品经销商,成为首位冠军合伙人后,又担起品牌公益大使之任,助力公益计划更好地推进发展。小牧优品将以"冠军精神"在国潮国货的道路上继续前行,以"冠军品质"为新一代年轻人创造健康美好生活,以更高效、更精准、更大力度的实践和行动助推乡村振兴、美丽中国。

3. 小牧优品　大有未来

以奥运冠军为榜样,用奥运精神共勉之,小牧优品将"突破性创新"作为品牌发展的核心动力,不断追求"质量至上、科技领先",力争成为具有代表性与影响力的年轻国货品牌。未来,小牧优品将继续以年轻、热情、向上的美好主张,提升 Z 世代年轻人的生活品质和生活格局;用更"硬"的品质、更"潮"的姿态,让"新国货"在时代的浪花中迸发出巨大活力,也让世界共同见证中国智造的实力与民族文化的自信。

一代人有一代人的征程,一代人有一代人的担当。正如 Z 世代正能量青年常说"吾辈当自强",小牧优品作为国内卫浴界的实力"后浪",深知"国货当自强"的责任,深知自己在公益之路上的使命,虽路漫漫其修远兮,但小牧优品志在必得!

(案例来源:https://www.sohu.com/a/469302837_120988576)

第五节　创业的商业模式开发

> **学习提示**

商业模式,是管理学的重要研究对象之一,MBA(工商管理硕士)、EMBA(高级管理人员工商管理硕士)等主流商业管理课程均对"商业模式"给予了不同程度的关注。随着互联网的发展,国内无论大小型企业都越来越看重企业的商业模式,也越来越认知到商业模式对企业发展的重要性。

一、商业模式的含义

商业模式是指为实现客户价值最大化,把能使企业运行的内外各要素整合起来,形成一个完整的高效率的具有独特核心竞争力的运行系统,并通过最优实现形式满足客户需求,实现客户价值,同时使系统达成持续盈利目标的整体解决方案。

在很多著作之中对于商业模式的讨论往往模糊了两种不同的含义:方法和概念。一类作者简单地用它来指公司如何从事商业的具体方法和途径,另一类作者则更强调模型方面的意义。这两者实质上是有所不同的:前者泛指一个公司从事商业的方式,而后者指的是这种方式的概念化。后一观点的侧重者们提出了一些由要素及其之间关系构成的参考模型(Reference Model),用以描述公司的商业模式。

企业经营者比较倾向于将商业模式的讨论定位于方法,而研究者比较倾向于将商业模式描述为一种模型。总体上看,商业模式是一个非常宽泛的概念,通常所说的跟商业模式有关的说法很多,包括运营模式、盈利模式、B2B模式、B2C(企业卖家—个人买家)模式、"鼠标加水泥"模式、广告收益模式等等,不一而足。

二、商业模式的本质

从本质上看,商业模式是一系列制度结构和制度安排的连续体,其核心直指企业组织的价值产生机制。价值创造是企业组织存在的根本理由和发展的必要条件,也是经营活动的核心主题。一般主要有三个来源,即组织自身价值链、技术变革和价值网络。

静态地来看,在组织自身价值链层面,商业模式从制度上决定业务流程,而业务流程又与信息系统密切相关,两者适应与否决定了组织能否实现价值预期。在技术层面,商业模式是技术开发与价值创造之间的转换机制,其成本/收益结构也决定了技术开发成本能够获取的价值收益。随着信息技术和电子商务的发展,组织边界日益模糊,增加了交易和协作创造价值网络增值的可能性。

动态地来看,上述三个方面是商业模式在特定时间和空间下的静态实现。但事实是今天的模式也许并不适用于明天,甚至成为发展的障碍。为了使企业组织获得长期的、韧性的核心优势,商业模式必须提供基于制度结构和制度安排的动态连续性,必须始终保持必要的灵活性和应变能力——只有动态匹配的商业模式才能获得成功。

创业小案例

拼多多的商业模式创新

拼多多成立于2015年,经过不到三年的时间就做到了月流水400亿的惊人规模。拼多多的商业模式并不复杂,就是一种网上团购的模式。用户可以将拼团的商品链接发给好友,以团购价来购买某件商品,如果拼团不成功,那么就会退款。许多人会在朋友圈、微信群里转发拼多多团购链接,拼多多通过社交网络的不断分享实现了裂变式传播。

1. 目标用户精准

拼多多剑走偏锋,瞄准了三、四、五线城市人群,以低价大量拉取用户。投资调研发现,拼多多上有三类典型人群:从没有过网购经验的人群;在淘宝上消费尚未形成购买习惯的人群;淘宝满足不了的人群。无论是天猫还是京东,主要关注的都是比较追求品质的用户,但从没有人关注"能用就行"的用户,拼多多做到了。众多小市场汇聚起来,可产生与主流相匹敌的市场能量。

2. 简单直接、病毒式的营销模式

拼多多商业模式简单直接:电商拼团、砍价(早期还有1元购等模式)。如果是在淘宝上买东西,一个人自己买就行了,但在拼多多上不一样,拼团能够获得更优惠的价格,所以几乎没人会选择单独购买。本来就已经比市面普通价格便宜的商品,在拼团后更加便宜了。付款后可以一键分享到微信等社交平台上,从下单到支付,再到最后离开拼团页面,每一步都在暗示、引导买家"分享"。在完成拼团之后,拼主还有机会获得拼主免单券,也算是另一种变相的鼓励分享。

3. 发起拼单的用户会成为拼主

这个看似简单的分享和拼团砍价模式,恰恰就是拼多多崛起的关键!通过降价这种最直接的方式,鼓励买家将APP推广给更多人,买家省下了钱,拼多多获得了新用户,实现了双赢!

这种拼团砍价其实就是批发和微分销的概念。借助QQ、微信流量的助攻,平台得到社交圈的传播;通过朋友、亲戚之间的分享,拼团的成功率大大提高,诱导用户产生裂变效应消费。

为了吸引商家入驻,拼多多同样用了很多办法,如免佣金、免费上首页,这些都是现阶段淘宝、京东给不了的优惠,于是大量商家涌入拼多多平台。抛开商品、监管,单从运营的角度来评价,拼多多是成功的,很明显它走的也是"先发展,再整治"的套路。但关于拼多多的各种投诉问题依然存在,要想长远地发展,仅靠低价模式肯定不是出路,必须提高产品质量来获得消费者的信任。

(案例来源:施永川.大学生创业基础[M].2版.北京:高等教育出版社,2020:99-100.)

三、商业模式设计(开发)的关键因素

1. 界定和把握利润源——顾客

利润源是指购买企业商品或服务的顾客群,它们是企业利润的唯一源泉。利润源及其需求的界定,决定了企业为谁创造价值。顾客群分为主要顾客群、辅助顾客群和潜在顾客群。好的目标顾客群,一是要有清晰的界定,没有清晰界定的顾客群往往是不稳定的;二是要有足够的规模,没有足够的顾客群规模,企业的业务规模必然受到局限;三是企业要对顾客群的需求和偏好有比较深的认识和了解。

设计商业模式的时候,首先需要分析顾客需求,目的就是要为产品寻找能够比较容易呈现价值的顾客群。一般来说,企业盈利的难度并非在技术与产品端,而主要还是在顾客端。有时纵然是把握好企业顾客的一点点需求,也可能产生巨大的顾客价值。分析和把握顾客需求,并寻求产品在市场中的最佳定位,是设计商业模式的首要工作。

2. 不断完善企业利润点——产品/服务

利润点是指企业可以获取利润的、目标顾客购买的产品或服务。利润点决定了企业为顾客创的价值是什么,以及企业的主要收入及其结构。好的利润点是顾客价值最大化与企业价值最大化的结合点,它要求:一要针对目标顾客的清晰的需求偏好,二要为目标顾客创造价值,三要为企业创造价值。有些企业的产品和服务或者缺乏顾客的针对性,或者根本不创造利润,就不是好的利润点。

3. 打造强有力的利润杠杆,构筑商业模式内部运作价值链

打造利润杠杆,规划企业内部运作价值链是商业模式设计与完善的重要内容,它决定了产品或服务是否为企业带来价值和带来价值的多少。企业利润杠杆主要包括组织与机制杠杆、技术与装备杠杆、生产运作杠杆、资本运作杠杆、供应与物流杠杆、信息杠杆、人力资源杠杆等。这些内部运作活动可以清楚界定企业内部运作的成本及其结构以及计划实现的利润目标。

将没有竞争优势的企业内部价值链外包,是打造利润杠杆的一条有效途径。很多公司意识到在一个非常长而复杂的企业内部价值链上,他们也许只能在价值链的3至4个环节具有高度竞争力,但要想在所有环节上都具有竞争力是不太可能的,而一旦认识到企业内部价值中的优势环节,就应该把公司定位在那个位置,将其他部分以签约方式外包给别的公司,从而使利润杠杆更加有力。同样的产品,由于利润杠杆不同,或者说由于企业内部运作价值链的差异,导致了产品的成本与收益迥异,一个企业可能赚钱,另一个企业可能亏损。这足以说明,利润杠杆决定了企业利润的多寡。

4. 疏通拓宽利润渠,构筑商业模式外部运作价值链

利润渠,即企业向顾客供应产品和传递产品信息的渠道,是商业模式得以正常运作必不可少的外部价值链。产品或服务的价值传递是企业把产品和服务传递给目标客户的分销和传播活动,目的是便于目标客户购买和了解公司的产品或服务。

5. 建立有效的利润屏障

利润屏障是指企业为防止竞争者掠夺本企业的目标客户,保护利润不流失而采取的战略控制手段。利润杠杆是撬动"奶酪"为我所有,利润屏障是保护"奶酪"不为他人所动。比较有效的利润屏障主要有建立行业标准、控制价值链、领导地位、独特的企业文化、良好的客户关系、品牌、版权、专利等。创业面对的是一种不确定性极高的未来环境,而市场信息也无法全盘取得,因此没有一个商业模式能确保未来利润一定会被实现。在设计与执行商业模式的时候,一定要保持未来需要调整弹性,需要随环境变动,在执行时保持高度的弹性。打造价值创造,规划企业内部运作价值链是商业模式设计与完善的重要内容。企业价值创造主要包括以下几种:组织与机制、技术与装备、生产运作、资本运作、供应与物流、信息、人力资源等。

创业小案例

分析瑞幸咖啡的商业模式,超级产品战略为企业带来新机会

1. 抛开偏见

瑞幸咖啡从问世到上市只用了17个月,创下了国内企业最快的上市纪录之一,上市后市值高达50亿美金。早期的瑞幸咖啡总是备受争议,不少媒体抱着唱衰的态度发布着一些瑞幸咖啡疯狂补贴、流血上市等具有争议性的信息,因此,许多用户和企业都认为瑞幸倒闭是迟早的事。然而,在现象背后中存在着一定的逻辑,抛开偏见,让我们从理性的角度看待瑞幸咖啡的商业模式。

1) 新用户获取成本

瑞幸咖啡获得新用户的成本从2018年的103.5元降到2019年的16.9元,新用户获取成本明显减少,幅度降至83%。获取新用户的成本来自瑞幸企业影响力的提升,通过企业APP有效地将用户进行扩大,由此来扩大瑞幸咖啡线下门店的规模。

2) 用户黏性

用户的黏性代表着瑞幸咖啡用户的忠诚度。早期的瑞幸咖啡通过免费优惠券吸引用户到平台上进行操作，由于瑞幸咖啡门店的逐步扩大，品牌产生了一定的影响力，产品的多样化满足了用户的需求，用户体验得到了提高，所以不少被免费优惠吸引到平台上的用户逐渐成了瑞幸咖啡的忠实用户。但是，因为在瑞幸咖啡的门店中发展最多的还是快取店，产品大多数是在企业办公室的环境中消费，一旦用户放假或休息时，门店生意就会有所下滑，因此，这类门店的发展有着一定的局限性。

3) 用户数据

在瑞幸咖啡的发展道路上，记录用户的月存活率是他们尤为注重的环节，用户的月存活率意味着用户的忠诚度，用户的忠诚度决定着企业的生存空间。这也是不少中小型企业忽略的一点，以至于后期不少想要模仿瑞幸发展的企业，烧钱烧到自己被市场淘汰甚至负债累累也不曾意识到原来自己是输在了不曾重视的用户数据上。

2. 商业模式

瑞幸的商业模式主要运用新零售模式，这种新零售模式建立在企业APP和线下门店的基础上。

1) 企业APP

瑞幸APP不仅让门店能够及时跟用户保持联系，就连注册会员都只需要一个手机号码就可以了，完全的傻瓜式操作。还能让用户看到门店制造咖啡的全过程，有效地提高了用户体验和门店效率。

2) 门店

瑞幸咖啡有三种门店：

快取店：门店较小，多数位于人口较多的地区，占比超过92%。

优享店：面积较大，有利于树立品牌形象，成本较高，占比4.8%。

外卖厨房店：仅作为外卖，成本较低，占比3.2%。

因此，瑞幸咖啡的战略重点在于快取店上，将快取店遍布于写字楼、商业区域和校园，这让瑞幸咖啡和核心用户能够保持紧密联系，并以较小的成本得到了最快速的扩张。

3) 瑞幸咖啡的商业模式与传统企业的对比

在传统线下门店当中，包括了营销、用户管理、空间体验、排队结账、仓储、交付等职能……而瑞幸咖啡通过APP就将线下门店的营销、用户管理、结账等方面进行了线上化，节约了空间体验和仓储等职能，保留了生产产品和交付职能。瑞幸不仅降低了对线下门店的依赖，更节省了门店成本，提升了门店效率和质量，这些都是传统企业无法比拟的。瑞幸通过模式创新，为用户带来质量好、价格低、快捷方便的新咖啡体验。

3. 互联网思维驱动瑞幸咖啡

瑞幸在一定程度上实现了互联网化和系统化，高效运作的同时还能有效地控制门店质量。

1) 大数据

通过大数据分析来吸引用户，瑞幸了解用户偏好，准确地向用户推荐他们的产品，并提供个性化菜单方便用户购买。

2) 门店管理

瑞幸运用强大的技术能力，将门店业务进行精简化，优化员工管理。

瑞幸通过智能调度系统为员工安排轮班和订单分配，不仅如此，他们的自动化库存管理系统能将门店和仓库进行连接，分析每一家门店的销售、库存、供应的情况，有效地及时为门店进行储备材料和限制整体浪费。

3) 供应链

瑞幸通过智能供应链管理系统运用智能仓储管理和订单管理，准确地管理库存、预测需求。

分析库存并直接跟供应商进行联系,降低瑞幸的采购成本,提高企业效率。

4)用户数据和门店拓展

当瑞幸进入一个地区当中,他们就会快速建立起快取店和外卖厨房,方便企业能够快速接触到用户群体并积累到有效数据。通过这些数据进行用户分析,来预测用户对产品的需求程度。

4. 总结

让我们来回顾一下,瑞幸咖啡的商业模式是通过模式创新,最后给用户带来了全新的体验,这番操作,无疑与超级产品战略如出一辙。在国内传统行业内,早已过了供不应求的发展阶段,线下门店早已受到了不少的挑战,不少企业早就意识到"躺着赚钱"的时代早已过去,不改变只有一个出路,那就是被行业所淘汰。而超级产品战略早已成为企业家的新目标,就像瑞幸一样,通过较小的成本获得高额的利润,这就是超级产品战略的本质。

通过互联网思维和产品的快速迭代,以用户为根本,不断地吸引新用户,新用户成本也就越低,这早已成了良性循环。超级产品战略拓展的不是企业的门店数量,而是以不被对手察觉到的速度占据市场,当它们反应过来时也无法复制你的商业模式,之后的盈利就不是问题了。

(案例来源:https://baijiahao.baidu.com/s? id=1657306409088735434&wfr=spider&for=pc)

四、商业模式的评价

1. 商业模式的设计评价

(1)商业模式的适用性

适用性也可以称之为个性,是商业模式的首要前提。由于企业自身情况千差万别,市场环境变幻莫测,商业模式必须突出一个企业不同于其他企业的独特性。这种独特性表现在它怎样为自己的企业赢得顾客、吸引投资者和创造利润。严格地说,一个企业的商业模式应当仅仅适用于自己的企业,而不可能为其他企业原封不动地搬过去。商业模式没有好坏之分,只有是否适用的区别。适用的就是好的,适用较长久的就是最好的。

(2)商业模式的有效性

有效性是商业模式的关键要素。在经济全球化、信息化的今天,无论哪个行业或企业,都不可能有一个万能的、单一的商业模式,用来保证自己在各种条件下均产生优异的财务结果。因此,评价商业模式的好坏,最根本的一条在于它的有效性。有效的商业模式是企业在一定时期、一定条件下,能够选择的为自己带来最佳效益的有效的盈利战略组合。

根据埃森哲咨询公司对70家企业的商业模式所做的研究分析,这种盈利战略组合应当具有以下三个共同特点:

第一,它必须是能提供独特价值的。这个独特价值可能是新的思想也可以是产品和服务独特性的组合。这种组合要么可以向客户提供额外的价值,要么使得客户能用更低的价格获得同样的利益,或者是用同样的价格获得更多的利益。

第二,它必须是难以模仿的。企业通过确立自己与众不同的商业模式,如对客户的悉心照顾、无与伦比的实力等,来提高行业的进入门槛,从而保证利润来源不受侵犯。

第三,它必须是脚踏实地的。脚踏实地就是实事求是,就是把商业模式建立在对客户行为的准确理解和把握上。

所以,有效的商业模式是丰富和细致的,并且它的各个部分要互相支持和促进,改变其中任何一个部分,它就会变成另外一种模式。搞得不好,就可能影响它的有效性。

(3) 商业模式的前瞻性

前瞻性是商业模式的灵魂所在。商业模式是与企业的经营目的相联系的,一个好的商业模式要和企业比较高的目的相结合。商业模式实际上就是企业为达到自己的经营目的而选择的运营机制。企业的运营机制反映了企业持续达到其主要目标的最本质的内在联系。企业以盈利为目的,它的运营机制必然突出确保其成功的独特能力和手段——吸引客户、雇员和投资者,在保证盈利的前提下向市场提供产品和服务。但是,仅仅如此是不够的,因为这只是商业模式的"现在式",而商业模式的灵魂和活力则在于它的"将来式",即前瞻性。也就是说,企业必须在动态的环境中保持自身商业模式的灵活反应、及时修正、快速进步和快速适应。

2. 商业模式的实施评价

商业模式设计得是否理想,实施商业模式后能否真正达到期望的效果,通常需要从以下三个角度进行评价:

(1) 客户价值实现的程度

创业者所设计的商业模式是否合理,一是要审视该模式对于创业团队所构想的"价值体现"的实现程度,即该商业模式能够在多大程度上实现创业团队原本拟为客户创造并传递的价值。而要回答这一问题,创业者一是需要评价该商业模式可能为客户创造并传递的价值是不是原本拟创造的价值。例如,创业者原本打算为客户创造"节能"的价值,但通过所设计的商业模式,是不是真的就能帮助客户节能。二是需要评价该商业模式实现拟定价值的程度。如前假设,如果所设计的商业模式能够为客户提供"节能"的价值,则还需要进一步评价该商业模式能够为客户"节能"的程度大小。

(2) 客户价值实现的可靠性

多数商业活动都存在风险,创业者借助所设计的商业模式为客户提供价值,存在着可靠性问题。创业者在设计特定商业模式之后,需要评价其能够在多大程度上为客户可靠地提供拟定的价值。显然,只有那些能够可靠地为客户创造拟定价值的商业模式,才是可取的。商业模式的可靠性评价,相当程度上是商业模式的风险评价。相应地,既需要搞清特定商业模式的系统风险和非系统风险,还需要搞清各种具体风险的程度大小。只有搞清了各种可能的风险,才能称之为对特定商业模式的可靠性进行了较为充分的评价。

(3) 客户价值实现的效率

如果估计特定商业模式能够较为可靠地为客户提供拟定的价值,还需要进一步分析该商业模式为客户创造与传递价值的效率。在商业模式的顶层设计中,价值创造方式和价值传递方式二者共同决定客户价值的实现效率。创业者评价客户价值的实现效率,一是要评价特定商业模式为客户创造价值的效率,二是需要评价特定商业模式为客户传递价值的效率。而最终效率的形成,则是价值创造和价值传递两个效率的"乘积",而不是两个效率的"相加"。只有特定商业模式的价值创造效率和价值传递效率都很高时,创业者才可能以较高的效率为客户提供价值;反之,如果其中任何一个环节的效率较低,都可能降低创业者为客户提供价值的效率。

【创业语录】

人的一生总会面临很多机遇,但机遇是有代价的。有没有勇气迈出第一步,往往是人生的分水岭。

——丁磊

巩固与训练

案例分析

大白兔奶糖跨界不断,老字号翻身只有一条路可走

中国五千年浩瀚的历史长空中,不仅留下了沉甸甸的回忆,也积累了无数的文化资源。大浪淘沙中生存下来的"中华老字号",承载着中华民族的工匠精神和优秀传统文化。可当时代开始发生翻天覆地的变化时,互联网、新零售也不声不响地敲开了他们的门。为了以更主动、更年轻化的姿态重回舞台,大白兔、旺仔、六神等品牌频频跨界,引爆了流量炸弹。可仅仅只有跨界这一记招式,难免显得黔驴技穷。短暂的流量终有耗尽之日,而到时这些老字号又该何去何从呢?

1. 一粒大白兔的求生欲

今年(2019年,编者注),已经陪伴了几代人成长的大白兔奶糖迎来了自己的60岁生日。5月底,大白兔与快乐柠檬在上海联合开设了一家大白兔奶茶店,排队火爆程度比起喜茶来也是有过之而无不及。开业当天,有人表示自己早上十点半就来排队取号了,但却等到下午六点半才拿到奶茶。同时,微博上"正版大白兔冰激凌来了"的话题讨论量达到6.5万,阅读量达到3.5亿。不过从消费者的反馈来看,大白兔奶茶与普通奶茶的味道并没有太大区别,许多消费者愿意排队购买的重要因素也就是"情怀"二字。"小时候就很爱大白兔奶糖的味道,之前美国出现大白兔冰激凌的时候我就很想尝试,所以正版大白兔奶茶非尝不可啦!"小安曾在大白兔奶茶开业第二天花了近4个小时来排队购买,甚至除了奶茶之外,她还在一旁的快闪店里购买了大白兔抱枕、帆布包等周边产品。可这样的火爆场面并没有成为长期现象,如今这家大白兔奶茶店已经几乎不需要排队就可以买到奶茶了。不过在山寨店开得遍地都是的同时,大白兔开启了加盟的路。锌刻度记者向大白兔奶茶招商加盟中心咨询得知,加盟一家大白兔奶茶店大概需要准备15万元,其中有明确价格的是设备5万元、首批物料5万元与开业广告费1.2万元。不过该工作人员透露,目前全国仅有上海一家店铺,其他城市仍未出现加盟店铺。

总的来说,与快乐柠檬联名推出的奶茶店口碑好坏参半。但除此之外,大白兔奶糖的跨界联名已经持续了4年,今年更是承包了大家的"味道"。

大白兔奶糖最早的跨界尝试应该算上2015年与时尚品牌agnes b打造的大白兔奶糖礼盒装。次年,与国家博物馆打造文创礼盒,与太平洋咖啡合作推出大白兔牛奶味拿铁。但真正成为第一个爆款的是去年与美加净联名生产的大白兔润唇膏,天猫旗舰店上的预售,半秒钟内就卖空920支,不少没有抢到的人甚至跑到闲鱼上去高价求购。尝到了甜头之后,大白兔奶糖今年与气味图书馆合作推出了大白兔奶糖味香水、沐浴乳、护手霜、身体乳等。意想不到的是,大白兔奶糖还与太平鸟、乐町推出了联名服饰。夸张地说,大白兔奶糖的联名营销几乎看不到边界。对于这样的营销手法,大白兔市场部经理沈勤峰曾在一次采访中这样解释道:"到目前为止,无论是润唇膏、咖啡,还是香氛、服饰,都沿着以奶糖为中心,向味觉、嗅觉、视觉延伸的'品牌矩阵'扩展,最终形成一张以大白兔为中心的情感联结网络。"

2. 多元跨界不代表1+1能大于2

事实上,除了大白兔奶糖之外,不少老字号也意识到了融入新时代发展的必要性。而他们想到的IP运作方式,也同样只是跨界营销这一条捷径。大致来说,老字号们跨界推出的产品集中在三个领域,分别是食品类、时尚美妆类和文创类。食品类的跨界,有马应龙推出的疏通消化饼干、苏州稻香村与东阿阿胶推出阿胶月饼等。由于食品单价较低且消耗性强,所以通常会让消费

者将好奇心转化为实际的购买力。近两年,时尚美妆行业的崛起促使老字号们在这一领域的发力。泸州老窖推出香水,周黑鸭与御泥坊推出联名口红,旺仔与自然堂推出联名面膜和气垫粉饼。这类产品与其他美妆品牌的产品相比价格较为适中,并且会将自身LOGO和特色运用到极致。不少消费者在购买之前就会在心理有一个预判,因此不会将过多的注意力集中在美妆产品本身,而是对造型、图案更感兴趣。除此之外,服装产品也是这一分类中的一大重头戏。云南白药与北山制包所推出"包"治百病系列背包,青岛啤酒与特步、光明牛奶与INXX STREET纷纷推出联名T恤等。简单的服装款式印上老字号的图案,一个个联名款不断推陈出新。更值得一提的是老字号们在文创类产品上的用心。这一领域当中,故宫的成功几乎呈现出一马当先的势头。在今年2月17日的亚布力论坛上,前任故宫博物院院长就公开表示,仅2017年,故宫文创的销售收入就已经达到了15亿元。不过,故宫的成功复制难度极高。因为对于文创产品来说,最重要的自身的底蕴和强大的IP价值,一时的热度并不意味着可以转化为长久的生存能力。

事实上,老字号们做起跨界联名想要达到的,是1+1>2的效果。但当热情褪去,一切回到原点之后,对品牌而言却并不能起到更大的作用。更有可能发生的,反而是在经历一次次短暂的流量消耗之后,品牌好不容易沉淀下来的价值被榨干或者被抹黑。

3. 老字号的下一站猜想

历经沧桑的老字号生存至今有着其不可或缺的价值,不过互联网的高速发展已是不可抗拒的时代趋势。品牌传播的扁平化更是使得消费者的信息渠道更加丰富,信息鸿沟逐渐缩小。就以往来说,老字号的主要阵地集中在超市、卖场等线下实体店,然后电商渠道的崛起使得不少互联网品牌成为当红炸子鸡,老字号们反而显得后劲不足。危机当头,尽早摆脱"老气"的标签,成了当务之急。跨界可以算得上是最快、最便捷的方式,通过多重元素的重新组合碰撞出新的火花。然而这条路能走多远呢?一时的新鲜感往往经不起时间的检验,"爆款"一个接一个,谁也不能保证自己能够永远站在C位俯瞰众生。对于老字号而言,其通常代表着一代人甚至是几代人的记忆,因此消费者基础更有优势,IP价值也相对新兴互联网品牌更有价值,每一张非遗名片代表的都是经过时间沉淀下来的品质与匠心。可摆在面前的问题也很明显,已经有不少老字号的跨界尝试最终落了个为他人作嫁衣的下场。同时,跨界这把双刃剑,用好了就是一次品牌的创新和重构,让年轻一代的消费者能够重新认识品牌,重新定义新国潮。可如果没用好,对老字号品牌的伤害和风险几乎是不可逆转的。所以,跨界这条捷径其实并不利于老字号的真正转型成功,"互联网+"的思维应该运用在更全面更深层次的品牌规划中去。打造更懂老字号品牌内涵,也更懂得互联网营销方式的团队,就是其中必不可少的一步。向年轻化消费群体靠拢,寻找新兴销售增长点的同时,也要避免成为转瞬即逝的烟火。

因此,在多元化跨界重新带来关注,给品牌焕发新生机之后,如何留住消费者才是蜕变的关键。

思考并回答以下问题:

1. 怎么看待大白兔的跨界合作?
2. 你认为跨界联名的合作主要风险有哪些?可以采取的应对措施有哪些?
3. 传统老字号的企业如何走上创新之路?应从哪些方面进行改进和完善?

【课后训练】

请你结合本章所学知识和案例分析来选择一个创业项目,并根据相关章节的知识对你所选择的创业项目进行分析,制定出一个基本的"创业项目计划书",提交同学和老师进行分析评价。

第四章

创 业 资 源

学习目标

知识目标：熟知创业资源的种类以及各类资源在创业活动中的作用。
技能目标：掌握创业资源开发整合的方法和技巧。
态度目标：始终保持乐观积极的创业态度。

第一节 创业资源概述

学习提示

资源在于整合而不在于拥有。创业者不是在拥有资源的时候才去创业，而是在没有资源的情况下去寻找资源来创业。认清不同类型创业活动的资源需求差异，并以此为基础，合理运用技巧获取各类创业资源，是做好创业活动的前提之一。

一、创业资源的内涵与分类

(一) 创业资源的内涵

创业的前提条件之一就是创业者拥有或者能够支配一定的资源。概括地讲，创业资源是企业创立以及成长过程中所需要的各种生产要素和支撑条件。对于创业者而言，只要是对其创业项目和新创业企业发展有所帮助的要素，都可归入创业资源的范畴。

创业资源之于创业活动的重要意义不仅仅局限在单纯的量的积累上，应当看到创业活动实质上是各类创业资源重新整合，支持企业获得竞争优势的过程。从这个角度看，创业活动本身是一种资源的重新整合。资源整合，就是把企业所拥有的自然资源、信息资源和知识资源在时间和空间上加以合理配置、重新组合，以实现资源效用的最大化。必须注意的是，这种资源效用的最大化，并非简单的各项资源各安其位，各司其职，而是能够通过重新整合规划，创造企业独特的核心竞争力，实现企业在市场上的竞争优势。

(二) 创业资源的特性

创业资源与一般商业资源既有相同点，也有一定的差别。

从广义上看，创业资源与一般商业资源的基本内容大致相近，都包括人力资源、社会资源、财务资源、物质资源等，是指创业活动或商业活动中所需要的各种生产要素和支撑条件。倘如一个人想要创业或者从事某种商业活动，则必须具备一定的条件，而拥有这些资源在某种程度上就是获得了许可证。在创业过程中，除自有资源外，创业者往往通过市场交易手段将一般商业资源转换为创业资源。

从狭义上看,创业资源与一般商业资源的差异表现为以下三点。

第一,创业资源与创业过程相伴而生,是一项事业、一个企业或组织从无到有、从小到大的创建过程中所依赖的各种要素和支持条件。对于创业活动而言,不确定性是初创期的主要特征,因此创业者所拥有或者可以利用的资源无论在数量上还是规模上都表现为"少""小"。一般商业资源往往泛指事业、企业或组织所具备的生产要素和支持条件,其数量、规模都比创业资源"多""广"。

第二,创业资源的范围往往小于商业资源。尽管创业资源与商业资源的基本内容相近,但并不是所有的商业资源都是创业资源,因为只有创业者能够拥有或者可以获得、利用的资源才是创业资源。在创业的过程中,创业机会只有与相应的创业资源进行匹配,才能形成现实的创业行为。否则,即使出现了大好的创业机会,创业者也难以迅速利用这个机会,只能眼睁睁地看着机会从身边溜走。

第三,有的学者认为,创业资源更多表现为无形资源,一般商业资源则更多表现为有形资源。创业资源的独特性更强,创业者的个人能力和社会网络资源是其中最为关键的资源,一般商业资源中,规范的管理和制度则是企业成功的基础资源。

(三)创业资源的分类

1. 按其来源分类

创业资源按其来源可以分为自有资源和外部资源。自有资源是指创业者或创业团队自身所拥有的可用于创业的资源,如自有资金、技术、创业机会信息等。外部资源是指创业者从外部获取的各种资源,包括从朋友、亲戚、商务伙伴或其他投资者处筹集到的投资资金、经营空间、设备或其他原材料等。自有资源的拥有状况(特别是技术和人力资源)会影响外部资源的获取和运用。

2. 按其存在形态分类

创业资源按其存在形态可以分为有形资源和无形资源。有形资源是具有物质形态的、价值可用货币度量的资源,如组织赖以存在的自然资源以及建筑物、设备、原材料、产品、资金等。无形资源是具有非物质形态的、价值难以用货币精确度量的资源,如信息资源、人力资源、政策资源以及企业的信誉、形象等。无形资源往往是撬动有形资源的重要手段。

3. 按其性质分类

根据资源的性质,可将创业资源分为六种资源,即人力资源、社会资源、财务资源、物质资源、技术资源和组织资源。

(1)人力资源。包括创业者与创业团队的知识、训练、经验,也包括组织及其成员的专业智慧、判断力、视野、愿景,甚至是创业者、创业团队的人际关系网络。创业者是新创企业中最重要的人力资源,创业者的价值观和信念,更是新创企业的基石;技术人员、销售人才和生产工人等的获取和开发,是企业可持续发展的关键因素。

(2)社会资源。主要是指由于人际和社会关系网络而形成的关系资源。社会资源对创业活动非常重要,因为社会资源能使创业者有机会接触到大量的外部资源,有助于透过网络关系降低潜在的风险,加强合作者之间的信任和声誉。开发社会资源是创业者的重要使命。

(3)财务资源。包括资金、资产、股票等。对创业者来说,财务资源主要来自个人、家庭成员和朋友。由于缺乏抵押物等多方面原因,创业者从外部获得大量财务资源比较困难。

(4) 物质资源。指创业和经营活动所需要的有形资产，如厂房、土地、设备等。有时也包括一些自然资源，如矿山、森林等。

(5) 技术资源。包括关键技术、制造流程、作业系统、专用生产设备等。通常，技术资源包含三个层次：一是根据自然科学和生产实践经验而发展成的各种工艺流程、加工方法、劳动技能和诀窍等；二是将这些流程、方法、技能和诀窍等付诸实现的相应的生产工具和其他物质设备；三是适应现代劳动分工和生产规模等要求的对生产系统中所有资源进行有效组织和管理的知识、经验和方法。技术资源大多与物质资源结合，可以通过法律手段予以保护，形成无形资产。

(6) 组织资源。包括组织结构、作业流程、工作规范、质量系统。组织资源通常指组织内部的正式管理系统，包括信息沟通、决策系统以及组织内正式和非正式的计划活动等。组织资源来自创业者或其团队对新创企业的最初设计和不断调整，同时包括对环境的适应和对成功经验的学习。由于创业过程通常被解释成组织的形成过程，所以对于创业企业来说组织资源是具有标志性意义的一类资源。

创业小案例

打造5G时代网红产品谷小酒——资源整合的力量

"网红即流量"："网红"产品实际也是随着互联网技术不断发展，大众消费升级的产物。"网红"产品不局限于一种物品，还可能是一个人、事件或商品。比如，景区、餐厅、游乐园、特色小镇等借由某一热门话题进行炒作，就可以将自己打造成"网红"产品。

我们正处在一个"流量抢夺"的时代，企业要以流量抢夺和流量池的构建为核心。当我们的商业资源足够庞大，意味着企业的发展以及升级改造，就有足够的支撑力。众所周知，从2012年江小白这个行业逆行者开始，年轻消费人群开始对话语权的争夺，也意味着一个新文化时代的崛起。白酒行业由此诞生了一批自己的网红产品。2014年，白酒进入调整寒冬，泸州老窖联手酒仙网推出"三人炫"（经典版），一时之间风头大盛。头一天卖了3万瓶，84天销量突破100万瓶，销售额突破7 000万元。一整年销量达到300万瓶，满三年时销量突破1 000万瓶。

2019年8月8日，谷小酒携手小米有品推出高端白酒"万里宋境系列"，截至上线小米众筹7小时，众筹金额突破100万。成立八个月后电商全渠道销售金额超过4 000万，创下民营白酒企业创立第一年的最佳业绩。被誉为孔府家酒"振兴之作"的子约，自2018年6月，销售额屡屡"上新"，京东上线一小时突破20万，一周突破260万，上线三个月突破1 000万，六个月突破2 000万，成为营销界关注的案例。

2019年在淘宝"年货节"期间，李佳琦、薇娅直播中合计售出5万箱长城葡萄酒，堪比一个中等规模经销商一年的销量。李佳琦种草长城葡萄酒北纬37°干红。短短30秒，2万箱6瓶装长城干红销售一空，高峰期观看人次达到3 500万。针对目前众多的案例，李振江将酒类行业的网红产品按照跨界IP打造（例如桃花醉）、踩准风口（例如锐澳）、赋能加持（例如乌苏啤酒）、品类重塑（例如开山酒）、国潮复刻（例如李渡1955）进行分类。但同时他也指出，如果只要靠模仿就可以赢得市场，那是对消费者审美的漠视，网红产品的背后实际上是资源整合的组合性发力，冰山之下的部分，才是硬核。

（案例来源：https://baijiahao.baidu.com/s? id=16690812418855595 60&wfr=spider&for=pc，2020年6月，有修改）

4. 按其在创业过程中的作用分类

创业研究学者通常将创业划分为两类：一类是运营性资源(opreation resource)，主要包括人力资源、技术资源、资金资源、物质资源、组织资源和市场订单等资源；另一类是对新创企业生存和发展具有关键作用的战略性资源(strategic resource)，主要指知识资源。知识型社会给企业带来了持续而深远的影响，知识成为企业进行生产、竞争的关键，企业组织工作的重要任务是战略性地开发和利用知识资源。由于新企业的不确定性及创业者和资源所有者之间的信息不对称性，知识资源对运营资源的获取和利用具有促进作用。

另外，还有学者将资源分为离散资源和系统资源两种类型。离散资源的价值相对独立于组织环境，合同和专业技能则属于这类资源。系统资源的价值则体现在这种资源是网络或系统的组成部分，比如分销网络或团队能力，其价值依赖于所处的系统环境。

二、创业资源的作用

创业活动的本质，是创业者围绕潜在机会来调动和整合一切可能获得的资源以创造商业价值的过程，这些资源包括社会资源、资金、技术以及专业人才等。创业者所拥有或者能够支配的资源在很大程度上决定了创业方向。

（一）社会资本在创业中的作用

对于创业活动，社会资本是基于人际和社会关系网络形成的资源，包括权力、地位、财富、信息等。这种资源可以是人力资源的一部分，或者说是特殊的人力资源。社会资本能使创业者有机会接触大量的外部资源，有助于通过网络关系降低潜在的风险，加强合作者之间的信任与信誉。根据斯坦福大学研究中心的一份调查显示：一个人赚的钱，12.5%来自知识，87.5%来自基于正常社会经历建立的人际关系。而来自中国的数据显示，社会交往面广、交往对象趋于多样化、与高社会地位个体直接关系密切的创业者，更容易发现创新性更强的创业机会。

（二）资金在创业中的作用

大学生创业的最大困难之一就是资金缺乏。资金是创业者资源整合的重要媒介。创业过程的每项活动都会发生成本，都需要进行成本补偿。即便已经建立若干年的企业，资金链的断裂也是企业致命的威胁。据媒体报道，倒闭破产的企业中有85%是盈利情况非常好的企业，而这些企业倒闭的主要原因是资金链的断裂。企业可能不会由于经营亏损而破产清算，却常常会因为资金断流而倒闭。很多创业者在创业之前，没有正确看待创业资金的重要性，认为企业一开始投入就能盈利，能够弥补创业过程中的资金短缺问题。事实上没那么简单，很多时候一个创业项目在起步后的相当一段时间内是没有收入的，或者收入不会像预期的那么容易。

（三）技术在创业中的作用

对于制造类或提供基于技术服务的新创企业而言，技术资源是企业存在和发展的基石，是生产活动和生产流程稳定的根本。其成功的关键是首先寻找成功的创业技术，因为创业技术是决定创业产品的市场竞争力和获取能力的根本因素；创业是否拥有技术核心决定了所需创业资本的大小。此外，技术资源的主要来源是人才资源，重视技术资源的整合同时也就是注重人才资源的整合。技术资源的整合，不仅要整合、积聚企业内部技术资源，还要整合外部的可资利用的技术资源，比如积极寻找、引进有商业价值的科技成果，加强和高校科研院所的产学研合作,等等。整合技术资源只是起点,技术资源整合是为了技术的不断创新、自主研发并拥有自主知识产权,保持技术的领先,提高新创企业的核心竞争力。

(四) 专业人才在创业中的作用

随着知识经济的兴起、高科技产业的发展,人们发现单靠个人力量越来越难以成功创业,创业团队的重要性更加凸显。大量的实证研究表明,团队创办的企业在存活率和成长性两方面都显著高于个人创办的企业。这是因为团队创业通常具有更多样化的技能和竞争力基础,可以形成更广阔的社会和企业网络,有利于获取额外的资源。创业投资家也经常把新企业创业团队的素质作为其投资与否的最重要的决策依据之一。当然,创业者的人力资本和社会资本对创业团队的组建也有重要作用。一方面,优秀的创业领导人更有可能吸引优秀的人才来共同创业;另一方面,创业者的社会资本对创业团队的组建和持续性发挥着不可忽视的作用。

管理团队也是创业过程中重要的人力资源。随着新创企业发展到一定阶段,管理体系逐渐健全,各项规章制度逐步完善,组织架构也日益明晰,公司就需要从外部引进一些专业管理人才,这些专业人士能够为企业带来有益的建议与革命性的管理思路。需要提及的是,正是因为专业人士具有外来性,管理风格与理念可能与原本创业团队中的核心成员不同,甚至可能有矛盾冲突。

此外,在创业过程中还有其他可供利用的人力资源,如管理咨询公司、银行、风险投资者、律师事务所、高校等机构的专业人士。对于大学生创业者,在对企业运作中某项业务不太熟悉的情况下,可以充分利用外部专业人士的帮助,积极与知名的行业专家和学者建立紧密联系,以获得专业知识和建议,整合各方面的资源,提高创业成功率。

◎ 创业小案例

技术资源整合——硅语数字人带来人机互动新体验

近日,人工智能领域的先行者和领跑者硅基智能宣布,凭借全球领先的AI语音交互技术、完整建模的3D虚拟形象、强大的场景打磨能力、丰富的"AI+"科技赋能经验,重磅推出复刻碳基生命的新物种——硅语数字人。

硅语数字人创新多模态交互方式,通过多种可视化语音智能互动产品形态,构建不受时空限制的硅基世界,强化多渠道营销能力,提供全新智能化交互体验、人性化的温度服务,提升营销和客服效率,优化用工成本,助力企业实现跨越式科技创新,大步踏入工业4.0时代。硅基智能作为雨花区人工智能的领军企业,带来文化科技融合的拳头产品硅语数字人,是运用自主研发的AI语音交互技术,利用语音克隆、语音交互、UE4、表情和动作驱动等先进技术,全新打造的硅基生命体。作为人工智能与生产力结合的新物种,不仅加速了人类的边界在硅基世界中的拓展,而且让其在硅基世界衍生更多职能和智能,提供涵盖行业咨询、数字客服、营销服务、健身顾问、情感陪伴等服务,创造专业、科技感强、耳目一新的互动体验。

1. 5G+AI新技术时代下诞生的新物种

技术浪潮引领时代变革,"新基建"风潮下,人工智能驱动的智能化变革正在引发第四次工业革命,推动产业的纵深发展和智能转型。《2020中国人工智能产业创新与投资趋势报告》认为,未来三年中国人工智能市场将稳步向前,人工智能的场景落地以及市场开拓将在各行各业中稳定展开,预计到2022年,中国人工智能市场规模将超过千亿元。

5G新时代下,人工智能与互联网技术推动着交互场景化、智能化、情感化的发展。移动互联网颠覆了传统文字和图像触摸的交互方式,虚拟可视化对话交互方式登上舞台,深刻改变了整个社会的知识传递和生活方式。

响应国家科技创新号召,凭借对人工智能行业落地的精准预判,硅基智能从成立之初,积极探索虚拟数字人的研发和商用,经过数年智能交互技术积累和成功商用落地经验沉淀,硅语数字人应运而生。

硅语数字人是人工智能发展到一定阶段与生产力结合的新物种,顺应了工业4.0时代而诞生。硅语数字人复刻碳基生命体,以虚拟形象和智能语音为载体的新型互动方式,进行知识的快速创作和传递,加速人类边界在硅基世界中的延伸和拓展。

2. 构建生命操作系统,创造高效、有温度的数字员工

硅语数字人是在硅基智能领先的AI语音交互技术基础上,通过自主研发的完整3D建模、表情和动作驱动、语音克隆等先进技术,依托对商业化落地应用的深刻理解和创新能力,全新打造的硅基生命体,提供新型可视化语音智能交互服务,助力企业实现数字化、智能化跨越转型。

构建人机交互的生命操作系统,创造丰富生动的虚拟形象,在硅基世界中衍生更多的职能和更强大的智能,提供新鲜有趣、强科技感、耳目一新的可视化智能交互体验。

硅语数字人帮助企业强化业务触达和渠道营销、加大流量破圈和引爆、提高客户留存和转化、引发社交裂变和二次引流,达到"获客—揽客—留客—带客—再获客"的流量获取、转化和二次引流的完整运营循环。

硅语数字人可以是企业的数字员工,也可以是人类的数字朋友,拥有无限想象空间的应用场景和商业价值。

(案例来源:硅基智能,https://www.sohu.com/a/395191220_100076786,2020年5月,有修改)

三、影响创业资源获取的因素

(一) 创业导向

创业导向反映了企业建立新事业、应对环境变化的一种特定的态度或意愿,这种态度和意愿会导致一系列创业行为。在常见的创业研究模型中,创业导向被划分为三个维度:创新性、风险承担性和前瞻性。创新性是指"企业热衷于能够带来新产品、新服务、新公益的新思想、新观点和新的实验手段",风险承担性是指"管理者愿意承担较大和有风险事务的程度",前瞻性是指"企业通过预测未来需求改造环境,来寻找比竞争对手更早引入新产品或服务的机会"。在明确的创业导向指引下,企业能够创造性地整合资源、利用资源,并在资源的动态获取、整合、利用的过程中,注意区分不同的资源,充分发挥知识资源的促进作用。为此,创业者要注重创业导向的培育和实施,充分关注创业团队的价值观、组织文化和组织激励等影响创业导向的重要因素。

(二) 创业者(创业团队)先前工作经验

创业者(创业团队)的先前工作经验分为创业经验和行业经验两大类。其中,创业经验是指先前创建过新的企业或组织,是创业者在此过程中所获得的感性和理性的观念、知识和技能等,它提供了诸如机会识别与评估、资源获取和公司组织化等方面的信息。行业经验是指创业者在某行业中的先前工作经历,它提供了行业规范和规则、供应商和客户网络以及雇佣惯例等信息。

从先前创业经验中转移来的知识能够提高企业家有效识别和处理创业机会的能力,有助于发现、获取创业资源。此外，先前创业经验还提供了帮助创业者克服新企业面临新的不利因素的知识，帮助社会企业家规避风险。

（三）资源配置方式

在创业过程中，资源总是表现出相对的稀缺性，创业者不可能获取到所有资源以开发创业机会，因此要求创业者对有限的、稀缺的资源进行合理配置，充分利用好已有的资源、身边的资源、别人不予重视的资源，发挥资源的杠杆作用。

资源的配置方式有市场交易与非市场交易两种。在市场经济条件下，大多数资源可以通过市场交易而得到。但是，由于资源的异质性、效用的多样性和知识的分散性，人们对于同样的资源往往具有不同的效用期望，有些期望难以依靠市场交易得到满足。因此，如果通过资源配置方式创新，能够开发出新效用，使之更好地满足资源所有者的期望，创业者就有可能从资源所有者手中获得资源使用权，以开展生产经营活动。

（四）创业者的管理能力

创业资源获取的关键往往取决于企业的软实力。创业者的管理能力是企业软实力的主要表现，管理能力越高，获取资源的可能性越大。创业者的管理能力可以从其沟通能力、激励能力、行政管理能力、学习能力和外部协调能力等多方面予以衡量。

良好的沟通能力可以使创业团队表现出坚强的凝聚力；团队激励和合作有助于企业综合能力的提升；较强的行政管理能力有利于将各种资源整合为较完美的匹配与组合，使企业的正常运作更有效率；学习能力则可以不断地使创业者提升自身管理能力，做出理性判断；外部协调能力越强，与合作者（如供应商、销售商等）达成一致的可能性就大。

（五）社会网络

社会网络是多维度的，能够提供企业正常运转所需的各种资源，也是新创企业最重要的资源之一。社会网络是隐性知识传播的重要渠道，它通过促进信息（包括技能、特定的方法和生产工艺等）的快速传递而协助组织学习，同时还可以降低企业的交易成本，帮助获取与企业需求相匹配的资源，因此对于创业资源的获取具有重要意义。

社会网络的关系强度、关系信任以及网络规模对创业资源的获取具有正向影响，因此新创企业应关注强关系网络的维护和利用以弥补其合理性的不足。强关系网络的主体通常以家庭、亲戚、朋友为主，与这些关系的频繁、密切接触，更易于获取资金、技术、人力等运营资源和友谊的创业指导和建议。

四、创业资源获取的途径

【创业语录】

创业者在企业成长的各个阶段都会努力争取用尽量少的资源来推进企业的发展，他们需要的不是拥有资源，而是要控制这些资源。

——霍华德·史蒂文森

（一）不同类型创业活动的资源获取模式

创业活动可以根据不同标准分为不同类型，不同的创业活动对于创业资源的需求类型、整合方式各不相同。新创企业有三种资源整合方式，即技术驱动型、资金驱动型和人力资本驱动型，以其中一种相对充裕并优先获取的资源为核心和驱动力，带动其他两种资源向新创企业聚集。

技术驱动型资源获取模式是创业者最先拥有技术资源,或者创业初始,技术资源较为充裕并带动其他资源向企业聚集。在该模式下,创业者以拥有的核心科技为基础,根据技术开发的需要获取、整合和利用资源。

人力资本驱动型资源获取模式是指创业者以拥有的团队为基础,通过发挥团队特长或根据技术开发的需要来获取、整合和利用资源的模式。很多职业经理人创业采用这一模式,即工作一段时间后再创业的创业活动很多也是以原工作单位的工作伙伴以及积累的工作技能为基础,先有一个相互默契的工作团队,再寻找一个合适的创业项目,促成创业的成功。

资金驱动型资源获取模式是指创业者最先拥有资金,或者创业初始资金较为充裕并带动其他资源向企业聚集的资源获取模式。在该模式下,创业者以其拥有的资金为基础,通过寻找和资金相匹配的项目,进而对其进行开发来获取、整合和利用资源。很多大型企业的内部创业多采用资金驱动型的资源获取模式,他们有着充沛的资金,有发现新商机的独到眼光,于是通过新产品的研发,或新技术的购买开始新一轮的创业活动。

(二)创业资源获取的途径

获取创业资源的途径分为市场途径和非市场途径两大类,当创业所需要的资源有活跃的市场,或者有类似的可比资源进行交易时,可以采用市场交易的途径;其他情况下则可以采用非市场交易的途径。

1. 通过市场交易途径获取资源

通过市场途径获取资源的方式包括购买、联盟和并购等。

购买是指利用财务资源通过市场购入的方式获取外部资源。主要包括购买厂房、装置、设备等物质资源,购买专利和技术,聘请有经验的员工等。需要注意的是,诸如知识尤其是隐性知识等资源虽然可能会附着在非知识资源之上,通过购买物质资源(如机器设备等)得到,但很难通过市场直接购买,因此,需要新创企业通过非市场途径去开发或积累。对创业者来说,购买资源可能是其最常用的资源获取方式,大部分资源,尤其是物质资源、技术资源、人力资源等都可以通过从市场上购买的方式得到。

联盟是指通过联合其他组织,对一些难以或无法自己开发的资源实行共同开发。这种方式不仅有可汲取显性知识资源,还可汲取隐性知识资源。但联盟的前提是联盟双方的资源和能力互补且有共同的利益,而且能够对资源的价值及其使用达成共识。通过联盟的方式共同研究开发获取技术资源也是创业者经常采用的方式,尤其是对于高科技企业来说,通过和高等院校和研究机构的联盟,可以在不增加设备投入的同时,及时得到企业发展所需要的技术资源,使企业保持可持续发展的后劲。

并购是通过股权收购和资产收购,将企业外部资源内部化的一种交易方式。并购的前提是并购双方的资源尤其是知识等新资源具有比较高的关联度,并购是一种资本经营方式,通过并购可以帮助创业者缩短进入一个新领域的时间,从而及时把握商机,实现创业目标。

2. 通过非市场途径获取资源

非市场途径获取资源的方式主要有资源吸引和资源积累等。

资源吸引指发挥无形资源的杠杆作用,利用新创企业的商业计划,通过对创业前景的描述,利用创业团队的声誉来获得或吸引物质资源(厂房、设备)、技术资源(专利、技术)、资金和人力资源(有经验的员工)。创业者在接触风险投资或者技术运用者的过程中,可以通过对创业前景的描述或团队良好声誉的展示,获得资源拥有者的信任和青睐,从而吸引其主动将拥有的资源投入创业企业之中。

资源积累指利用现有资源在企业内部通过培育形成所需的资源。主要包括自建企业的厂房、装置、设备,在企业内部开发新技术,通过培训来增加员工的技能和知识,通过企业自我积累获取资金等,创业者很多时候会采用资源积累的方式来筹集企业所需的人力资源和技术资源。通过资源积累的方式获取人力资源可以作为一种激励方式,激发创业团队和企业员工的工作积极性,提高工作效率;通过资源积累的方式获取技术资源,则可以在获得核心技术优势的同时,保护好商业机密。

获取资源贯穿创业的全过程,在创业的初始阶段,它具有更加重要的作用。对于多数新创企业来说,由于初始资源禀赋的不完整性,创业者需要取得资源供应商的信任来获取资源。但无论如何,采用多种途径同时获取不同资源总是正确的选择。有研究表明,与采用单一途径的企业相比,通过多种方式获取资源的企业更有优势:它们在未来5年内继续经营的概率比那些主要依赖联盟的企业高46%,比专注于并购的企业高26%,比坚持内部研发的企业高12%。

创业资讯站

如何评估自己的资源?

任何人在启动创业计划之前,需要对自己拥有的创业资源进行梳理,那么以下是一些方法。

创业资源是创业者所拥有的各种有形资源与无形资源的总和,包括知识资源、技术资源、管理资源、人脉资源、政府资源、货币资源、市场资源等多种资源类型。简单地说,"创业资源"就是创业者所需具备的部分创业条件。

1. 创业资源与一般商业资源

两者是不同的,创业者需要将创业资源转变为商业资源,相当于把凌乱的沙石构建成房子。①创业资源更散乱,商业资源有一定的有序性;②创业资源范围广泛,商业资源有其特定的范围;③创业资源多数需要整合,商业资源一般可直接使用。

2. 战略资源与一般资源

① 一般资源:企业的普通资源,可以是有形资源,也可以是无形资源,还可以是企业的能力,但这些资源与能力因为容易模仿、可以在市场上轻易买到等原因,不能给企业带来竞争优势,所以只能具有一般的价值,不能带来高额利润。

② 战略资源:是能够给企业带来竞争优势的资源。往往具有稀缺性、不可替代性等。例如专利之于制药企业。

3. 决定创业企业发展战略(核心)资源

①稀缺性,企业特有;②可延展性,可以使企业进入相关市场竞争;③价值性,为客户创造价值;④难以模仿性,阶段时间内。

4. 创业资源识别和整合

创业资源的识别,是指创业者根据自己所掌握的资源的特性,对企业所需资源进行有针对性的分析确认,并最终确定企业所需资源的过程。资源的识别可分为两个方面:企业内部资源的识别和企业外部资源的识别。

创业资源整合,指企业对不同来源、不同层次、不同结构、不同内容的资源进行选择、激活和有机融合,使之具有较强的柔性、条理性、系统性和价值性,并对原有的资源体系进行重构,摒弃无价值的资源,以形成新的核心资源体系的过程。

①人脉资源的整合;②信息资源的整合;③技术资源的整合;④行业资源的整合;⑤政府资源的整合。

一个优秀的创业者与众不同的创业能力之一就是拥有高超的创业资源整合(管理)能力,通过对资源的管理创造出企业的竞争优势,使之稳健、快速地占领市场。创业的过程是一个资源整合的过程,资源整合能力的强弱,极大地影响了创业企业的走向!

(资讯来源:https://zhuanlan.zhihu.com/p/55440789)

第二节 创业融资

学习提示

绝大多数的创业者在创业之初都会遇到这样的问题:我的创业资金哪里来?我怎样才能获得足够的创业资金?我要为融资付出什么代价?如何成为借钱高手……所以,对于多数创业者来说,资金仍然是稀缺的资源,获取资金的技能和有关知识是创业者需要学习的重要内容之一。

一、创业融资分析

(一)创业融资的概念

创业融资是指创业者为了将某种创意转化为商业现实,通过不同渠道、采用不同方式,以一定的经济利益付出为代价筹集资金以建立企业的过程。创业者应该根据新创企业在不同发展阶段的资本需求特征,结合创业计划以及企业发展战略,合理确定资本结构以及资本需求数量。

(二)创业融资难的原因

1. 新创企业的不确定性大

相对于成熟的企业,新创企业在资产、销售和雇员等方面处于弱势,存在高度的不确定性。不确定性客观上反映了企业技术、产品或商业模式成功的可能性,进而影响风险投资提供资本的意愿和方式(无论是一次性全部提供还是分阶段注入);而且不确定性还将使创业企业与外部投资者签订依赖特定条件或状态的合同变得困难,进而增加了外部融资的成本。

2. 企业和资金提供者之间的信息不对称

融资过程中企业和资金提供者之间的信息不对称主要表现在以下三方面。第一,创业者处于信息优势,投资者处于信息劣势。第二,创业者倾向于对创业信息进行保密。第三,新创企业的经营和财务信息具有非公开性。

3. 资本市场欠发达

与发达国家相比,我国的资本市场仍然不够完善,缺少擅长从事中小企业融资的金融机构和针对创业企业特点的融资产品,对企业上市的要求较高,产权交易市场不够发达,高素质的投资群体尚未形成,致使创业企业的融资受到一定限制。

4. 创业融资难的其他原因

与既有企业相比,创业企业在融资方面还具有明显劣势,包括缺少相应的抵押和担保,单位融资成本较高,资金的安全性难以评估,创业者的人力资本定价困难等等。

二、创业所需资金的测算

(一)创业资金的分类

创业资金按照不同的标准可以进行不同的分类,对于创业资金不同种类的认识有利于创业者在估算创业资金时充分考虑可能的资金需求。

1. 按照资金的占用形态和流动性分类

按照资金的占用形态和流动性,可以分为流动资金和非流动资金。占用在原材料、在制品、库存商品等流动资产,以及用于支付工资和各种日常支出的资金,被称为流动资金;用于购买机器设备、建造房屋建筑物、购置无形资产等的资金,被称为非流动资金。

流动资金的流动性较好,极易使用和变现,一般可在一个营业周期内收回或耗用,属于短期资金的范畴,创业者在估算创业资金需求时需考虑其持续投入的特性,选择短期筹资的方式筹集相应资金;非流动资金占用的期限较长,不能在短期内回收,具有长期资金的性质,能够在1年以上的经营过程中给企业带来经济利益的流入,创业者在进行创业资金估算时,往往将其作为一次性的资金需求对待,采用长期筹资的方式筹集相应资金。

2. 按照资金投入企业的时间分类

按照资金投入企业的时间可分为投资资金和营运资金。投资资金发生在企业开业之前,是企业在筹办期间发生各种支出所需要的资金。投资资金包括企业在筹建期间为取得原材料、库存商品等流动资产投入的流动资金;构建房屋建筑物、机器设备等固定资产,购买或研发专利权、商标权、版权等无形资产投入的非流动资金;以及在筹建期间发生的人员工资、办公费、培训费、差旅费、印刷费、注册登记费、营业执照费、市场调查费、咨询费和技术资料费等开办费用所需资金。营运资金是从企业开始经营之日起到企业能够做到资金收支平衡为止的期间内,企业发生各种支出所需要的资金,是投资者在开业后需要继续向企业追加投入的资金。企业从开始经营到能够做到资金收支平衡为止的期间叫作营运前期,营运前期的资金投入一般主要是流动资金,既包括投资在流动资产上的资金,也包括用于日常开支的费用性支出所需的资金。

营运前期的时间跨度往往依企业的性质而不同,一般来说,贸易类企业可能会短于一个月;制造企业则包括从开始生产之日到销售收入到账这段时间,可能要持续几个月甚至几年;不同的服务类企业其营运前期的时间会有所不同,可能会短于1年,也可能会比1年要长。

在很多行业,营运资金的资金需求要远远大于投资资金的资金需求,对营运资金重要性的认识,有利于创业者充分估计创业所需资金的数量,从而及时、足额筹集资金。

◎ 创业小案例

国际中文智能学习平台Super Chinese宣布完成千万级Pre-A轮融资

国际中文智能学习平台Super Chinese宣布完成千万级Pre-A轮融资,投资方为青松基金。

据Super Chinese创始人兼CEO唐希介绍,本轮融资将主要用于下一阶段辅导课程的研发以及全球汉语学习市场的拓展。

唐希表示,国际中文教育市场有着巨大的战略纵深——来华留学、国际人才职业发展,以及针对大学与机构合作的ToB(要约收购)业务等等,都有着非常广阔的市场前景。

青松基金创始合伙人董占斌表示,投资 Super Chinese 是青松基金系统性梳理过对外汉语这一赛道后的选择。"Super Chinese 是目前国内唯一一家由汉语学习切入,并打通试后服务市场的汉语在线教育公司,它围绕汉语学习人群'学习—考试—留学中—留学后'全生命周期构建产品矩阵。"

董占斌表示,Super Chinese 凭借优质内容和在线服务结合的模式,有望打破汉语培训机构分散化、难以做大的局面。

资料显示,Super Chinese 创立于 2018 年,曾于 2019 年初获连尚文学数百万元天使轮融资。据介绍,其汉语教师团队拥有超过 15 年实战教学经验,课程研发方面保证用户所接触到的教学内容与 HSK(汉语水平等级考试)词汇和语法大纲对接。Super Chinese 将人工智能与对外汉语教学进行了结合,使用算法与内容为用户测试汉语能力,定制专属的学习计划。迄今,Super Chinese 已成功登上了多个国家手机应用商店相关类目的排行榜。

(案例来源:https://zhuanlan.zhihu.com/p/165061736,2020 年 7 月)

(二) 投资资金的测算

如上所述,投资资金包括创业企业开业之前的流动资金投入、非流动资金投入,以及开办费用所需要的资金投入。采用表格的形式,将投资资金的项目予以固定化,是合理估算创业资金的有效方法,如表 4-1 所示为投资资金估算表。

表 4-1 投资资金估算表

序号	项目	金额(元)
1	房屋、建筑物	
2	设备	
3	办公家具	
4	办公用品	
5	员工工资	
6	创业者工资	
7	业务开拓费	
8	房屋租金	
9	存货购置	
10	广告费	
11	水电费	
12	电话费	
13	保险费	
14	设备维护费	
15	软件费	
16	开办费	
17	……	
n	合计	

(说明:1.1~3 项属于非流动性资金支出,作为一次性资金考虑;2.第 8 项房屋租金需结合本地实际了解租金的支付形式,如交一(月)押(金)一(月);3.第 16 项开办费用,是指企业自筹建之日起,到开始生产经营(包括试营业)之日止的筹建期内发生的费用支出,一般包括筹建期间人员工资、办公费、培训费、差旅费、印刷费、注册登记费以及不计入固定资产和无形资产等构建成本的汇兑损益和利息支出)

(三) 营运资金的测算

营运资金主要是流动资金,是新创企业开始经营后到企业取得收支平衡前创业者需要继续投入企业的资金。营运资金的估算需要根据企业未来的销售收入、成本和利润情况来确定,通过财务预测的方式实现。

1. 测算新创企业的营业收入

营业收入是指企业在从事销售商品、提供劳务和让渡资产使用权等日常经营业务过程中所形成的经济利益的总流入。对新创企业营业收入的测算是估算营运资金的第一步。在进行营业收入测算时,创业者应立足于对市场的研究和对行业营业状况的分析,根据其试销经验和市场调查资料,利用推销人员意见综合、专家咨询、时间序列分析等方法,以预测的业务量和市场售价为基础估计每个会计期间的营业收入。如表4-2所示为营业收入预测表。

表4-2 营业收入预测表

项目		1月	2月	3月	4月	5月	6月	7月	……	合计
产品1	销售数量(个)									
	平均单价(元)									
	销售收入(元)									
……	……									
合计	销售收入(元)									

2. 编制预计利润表

利润表是用来反映企业在某一会计期间经营成果的财务报表。创业者在编制预计利润表时,应根据测算营业收入是预计的业务量对营业成本进行测算,根据拟采用的营销组合对销售费用进行测算,根据市场调查阶段确定的业务模式和企业战略,对新创企业经营过程中可能发生的管理费用进行测算,根据预计采用的融资渠道和相应的融资成本对财务费用进行测算,根据行业的税费标准对可能发生的营业税费进行测算,以此计算新创企业每个会计期间的预计利润。如表4-3所示为营业成本预测表。

表4-3 营业成本预测表

项目		1月	2月	3月	4月	5月	6月	7月	……	合计
产品1	销售数量(个)									
	单位成本(元)									
	销售成本(元)									
……	……									
合计	销售成本(元)									

由于新创企业在起步阶段业务量不稳定,在市场上默默无闻,营业收入和推动营业收入增长所付出的成本之间一般不成比例变化,所以,对于新创企业初期营业收入、营业成本和各项费用的估算按月进行,并按期预估企业的利润状况。一般来说在企业实现收支平衡之前,企业的利润表应按月编制;达到收支平衡之后,可以按季、按半年或者按年度来编制。

如表 4-4 所示为预计利润表。

表 4-4 预计利润表 单位：元

项目	1月	2月	3月	……	12月
一、营业收入					
减：营业成本					
营业税金及附加					
销售费用					
管理费用					
财务费用					
二、营业利润（损失记"－"）					
加：营业外收入					
减：营业外支出					
三、利润总额（损失记"－"）					
减：所得税费用					
四、净利润（损失记"－"）					

3. 编制预计资产负债表

资产负债表是总括反映企业在某一特定日期全部资产、负债和所有者权益状况的报表。创业者在编制预计资产负债表时，应根据测算的营业收入金额和企业的信用政策确定在营业收入中回收的货币资金及形成的应收款项，根据材料或产品的进、销、存情况确定存货状况，根据投资资本估算时确定的非流动资金数额和选择采用的折旧政策计算固定资产的期末价值，根据行业状况和企业拟采用的信用政策计算确定应付款项，根据估算的收入和行业税费比例测算应交税费，根据预计利润表中的利润金额确定每期的所有者权益，并可据此确定需要的外部筹资数额。

与预计利润表相同的道理，一般来说，预计资产负债表在企业实现收支平衡之前也应该按月编制，在实现收支平衡之后可以按季、按半年或按年编制。表 4-5 所示为预计资产负债表。

表 4-5 预计资产负债表 单位：元

项目	1月	2月	3月	……	12月
一、流动资产					
货币资金					
应收款项					
存货					
其他流动资产					
流动资产合计					

(续表)

项目	1月	2月	3月	……	12月
二、非流动资产					
固定资产					
无形资产					
非流动资产合计					
资产合计					
三、流动负债					
短期借款					
应付款项					
应交税费					
其他应付款					
流动负债合计					
四、非流动负债					
长期借款					
其他非流动负债					
非流动负债合计					
负债合计					
五、所有者权益					
实收资本					
资本公积					
留存收益					
负债和所有者权益合计					
六、外部融资额					

企业在经营过程中增加的留存收益是资金的一种来源方式，属于内部融资的范畴。留存收益取决于企业当期实现的利润和利润留存的比率。一般来说，初创期的企业为筹集企业发展需要的资金，利润分配率会很低，甚至为零，于是，企业实现利润的大部分都能够留存下来，构成企业资金来源的一个部分。当留存收益增加的资金无法满足企业经营发展所需时，需要从外部融集资金。外部融资额＝资产合计－负债和所有者权益合计。

【创业语录】

一个人要干成一番事业，其中放开眼界、抓紧时机、百折不挠、艰苦创业占95%的因素。

——冯仑

三、创业融资渠道

融资渠道是指企业筹集资金来源的方向和通道，体现资本的源泉和流量。融资渠道主要由社会资本的提供者及数量分布决定。了解融资渠道的种类、特点和适用性,有利于创业者充分利用和开拓融资渠道,实现各种融资渠道的合理组合,有效筹集所需资金。具体分析,目前我国创业融资渠道主要包括私人资本融资、机构融资、风险融资、政府扶持基金、知识产权融资。

(一) 私人资本融资

私人资本包括创业者个人积蓄、亲友资金、天使投资等。

据世界银行所属的国际金融公司(IFC)对北京、成都、顺德和温州四个地区的私营企业的调查,我国私营中小企业在初始创业阶段几乎完全依靠自筹资金。其中,90%以上的初始资金是由主要的业主、创业团队成员及家庭提供的,银行和其他金融机构贷款所占的比例很小,私人资本在创业融资中具有不可替代的作用。《大学生就业蓝皮书》主要撰写方麦可思公司2021年6月发布的调查报告显示:数据显示,在"信息传输、软件和信息技术服务业"就业的大学生月收入最高,2018届高职高专毕业生自主创业的资金主要依靠父母、亲友投资或借贷和个人积蓄(72%),而来自政府资助(4%)、商业性风险投资(2%)等的比例均较小。

1. 个人积蓄

个人积蓄是创业融资最根本的渠道,几乎所有的创业者都向他们新创办的企业投入了个人积蓄。个人积蓄的投入对于创业企业来说具有非常重要的意义。首先,只有当创业者对未来的项目充满信心时,他才会毫无保留地向企业中投入自己的积蓄;其次,将个人积蓄投入企业,是创业者日后继续向企业投入时间和精力的保证;再次,个人积蓄的投入是对债权人债权的保障,由于在企业破产清算时,债权人的权益优于投资者的权益,所以企业能够融到的债务资金一般以投资者的投入为限,创业者投入企业的初始资金是对债权人债权的基本保障;最后,个人积蓄的投入有利于创业者分享投资成功的喜悦。因此,准备创业的人,应从自我做起,较早地将自己收入的一部分储蓄起来,作为创业储备资金。将个人合伙人或个人股东纳入自己的创业团队,利用团队成员的个人积蓄是创业者最常用的筹资方式之一。

对于多数创业者来说,个人积蓄的投入虽然是新企业融资的一种途径,但总是十分有限的,并不是根本性的解决方案。

2. 亲友资金

对于新创企业来说,除了个人积蓄之外,身边亲朋好友的资金是最常见的资金来源。在向亲友融资时,创业者必须用现代市场经济的游戏规则、契约原则和法律形式来规范融资行为,保障各方利益,减少不必要的纠纷。第一,若融集的资金属于亲友对企业的投资,则属于股权融资的范畴;若融集的资金属于亲友借给创业者和创业企业的,则属于债权融资。创业者对亲友投入的资金可以不用承诺日后的分红比例和具体的分红时间,但对于从亲友处借入的款项,一定要明确约定借款的利率和具体的还款时间。第二,无论是借款还是投资款项,创业者最好能够通过书面的方式将事情确定下来,以避免将来可能的矛盾。

除此之外,创业者向亲友融资之前,还要仔细考虑这一行为对亲友关系的影响,尤其是创业失败后的艰难困苦。要将日后可能产生的有利和不利方面告诉亲友,尤其是创业风险,以便将出现问题时对亲友的不利影响降到最低。

3. 天使投资

天使投资(angel investor)指个人出资协助具有专门技术和独特概念而缺少自有资金的创业家进行创业,并承担创业中的高风险和享受创业成功后的高收益;或者说是自由投资者或非正式风险投资机构对原创项目构思或小型初创企业进行的前期投资，是一种非组织化的创业投资形式。天使资本有三个来源：曾经的创业者、传统意义上的富翁、大型高科技公司或跨国公司的高级管理者。在部分经济发展良好的国家中，政府也扮演了天使投资人的角色。在我国，随着经济的发展，一部分富人在自己越来越富有的同时也在寻求挑战，开始充当天使投资者。

◎ 创业资讯站

创业融资的三大方式

对创业者来说，能否快速、高效地筹集资金，是创业企业站稳脚跟的关键，更是实现二次创业的动力。据了解，目前国内创业者的融资渠道较为单一，主要依靠银行等金融机构。而实际上，风险投资、民间资本、创业融资、融资租赁等都是不错的创业融资渠道。

一、风险投资：创业者的"维生素C"

在英语中，风险投资的简称是VC，与维生素C的简称VC如出一辙，而从作用上来看，两者也有相同之处，都能提供必需的"营养"。广义的风险投资泛指一切具有高风险、高潜在收益的投资；狭义的风险投资是指以高新技术为基础，生产与经营技术密集型产品的投资。根据美国风险投资协会的定义，风险投资是由职业金融家投入新兴的、迅速发展的、具有巨大竞争潜力的企业中的一种权益资本。

二、天使投资：创业者的"婴儿奶粉"

天使投资是自由投资者或非正式风险投资机构，对处于构思状态的原创项目或小型初创企业进行的一次性的前期投资。天使投资虽是风险投资的一种，但两者有着较大差别：天使投资是一种非组织化的创业投资形式，其资金来源大多是民间资本，而非专业的风险投资商；天使投资的门槛较低，有时即便是一个创业构思，只要有发展潜力，就能获得资金，而风险投资一般对这些尚未诞生或嗷嗷待哺的"婴儿"兴趣不大。

在风险投资领域，"天使"这个词指的是企业家的第一批投资人，这些投资人在公司产品和业务成型之前就把资金投入进来。天使投资人通常是创业企业家的朋友、亲戚或商业伙伴，由于他们对该企业家的能力和创意深信不疑，因而愿意在业务远未开展之前就向该企业家投入大笔资金，一笔典型的天使投资往往只是区区几十万美元，是风险资本家随后可能投入资金的零头。

对刚刚起步的创业者来说，既吃不了银行贷款的"大米饭"，又沾不了风险投资"维生素"的光，在这种情况下，只能靠天使投资的"婴儿奶粉"来吸收营养并茁壮成长。

三、典当融资：创业者的"速泡面"

风险投资虽是天上掉馅饼的美事，但只是一小部分精英型创业者的"特权"；而银行的大门虽然敞开着，但有一定的门槛。"急事告贷，典当最快"，典当的主要作用就是救急。与作为主流融资渠道的银行贷款相比，典当融资虽只起着拾遗补阙、调余济需的作用，但由于能在短时间内为融资者争取到更多的资金，因而被形象地比喻为"速泡面"，正获得越来越多创业者的青睐。

（资讯来源：个人图书馆，http://www.360doc.cn/mip/443897050.html，2020年3月，有修改）

（二）机构融资

和私人资金相比，机构拥有的资金数量较大，挑选被投资对象的程序比较正规，获得机构融资一般会提升企业的社会地位，给人以企业很正规的印象。机构融资的途径有银行贷款、非银行金融机构贷款、交易信贷和租赁、从其他企业融资等。

1. 银行贷款

目前,我国与许多银行推出了支持个人创业的贷款产品。比较适合创业者的银行贷款形式主要有抵押贷款和担保贷款两种。缺乏经营历史从而也缺乏信用积累的创业者,比较难以获得银行的信用贷款。

(1) 抵押贷款

抵押贷款指借款人以其所拥有的财产作抵押,作为获得银行贷款的担保。在抵押期间,借款人可以继续使用其用于抵押的财产。抵押贷款有以下几种:①不动产抵押贷款。不动产抵押贷款是指创业者可以用土地、房屋等不动产作抵押,从银行获取贷款;②动产抵押贷款。动产抵押贷款是指创业者可以用机器设备、股票、债券、定期存单等银行承认的有价证券,以及金银珠宝首饰等动产作抵押,从银行获取贷款;③无形资产抵押贷款。无形资产抵押贷款是一种创新的抵押贷款形式,适用于拥有专利技术、专利产品的创业者,创业者可以用专利权、著作权等无形资产向银行作抵押或质押获取贷款。

(2) 担保贷款

担保贷款指借款方向银行提供符合法定条件的第三方保证人作为还款保证的借款方式。当借款方不能履行还款时,银行有权按照约定要求保证人履行或承担清偿贷款连带责任。其中较适合创业者的担保贷款形式有:①自然人担保贷款。自然人担保贷款是指经由自然人担保提供的贷款,可采取抵押、权利质押、抵押加保证三种方式。②专业担保公司担保贷款。目前各地有许多由政府或民间组织的专业担保公司,可以为包括初创企业在内的中小企业提供融资担保,像北京中关村担保公司、首创担保公司等,其他省市也有很多此类性质的担保机构为中小企业提供融资担保服务。这些担保机构大多属于公共服务非营利性组织,创业者可以通过申请,由这些机构担保向银行借款。

(3) 信用卡透支贷款

创业者可以采用两种方式取得信用卡透支贷款。一种方式是信用卡取现;另一种方式是透支消费。信用卡取现是银行为持卡人提供的小额现金贷款,在创业者急需资金时可以帮助其解决临时的融资困难。创业者可以持信用卡通过银行柜台或是ATM(自动取款机)提取现金灵活使用。透支取现的额度根据信用卡情况设定,不同银行的取现标准不同,最低的不超过信用额度的30%,最高的可以将信用额度的100%都取出来;另外,除取现手续费外(各银行取现手续费不一),境内外透支取现还需支付利息,不享受免费待遇。

创业者还可以利用信用卡进行透支消费,购置企业急需的财产物资。

(4) 政府无偿贷款担保

根据国家及地方政府的有关规定,很多地方政府都为当地的创业人员提供无偿贷款担保。如上海、青岛、南昌、合肥等地的应届大学毕业生创业可享受无偿贷款担保的优惠政策,自主创业的大学生向银行申请开业贷款的担保额度最高可为100万元,并享受贷款贴息。

(5) 中小企业间互助机构贷款

中小企业间的互助机构是指中小企业在向银行融通资金的过程中,根据合同约定,由依法设立的担保机构以保证的方式为债务人提供担保,在债务人不能依约履行债务时,由担保机构承担合同约定的偿还责任,从而保障银行债权实现的一种金融支持制度。信用担保可以为中小企业的创业和融资提供便利,分散金融机构的信贷风险,推进银企合作。我国从

1999年开始,已经形成了以中小企业信用担保为主体的担保业和多层次中小企业信用担保体系,各类担保机构资金稳步增长。

(6) 其他贷款

创业者可以灵活地将个人消费贷款用于创业,如因创业需要购置沿街商业房,可以用拟购置房子做抵押,向银行申请商用房贷款;若创业需要购置轿车、卡车、客车、微型车等,还可以办理汽车消费贷款。除此之外,可供创业者选择的银行贷款方式还有托管担保贷款、买方贷款、项目开发贷款、出口创汇贷款、票据贴现贷款等。

尽管银行贷款需要创业者提供相关的抵押、担保或保证,对于白手起家的创业者来说条件有些苛刻,但如果创业者能够提供银行规定的资料,能够提供合适的抵押,得到贷款并不困难。

2. 非银行金融机构贷款

非银行金融机构指以发行股票和债券、接受信用委托、提供保险等形式筹集资金,并将所筹集资金运用于长期性投资的金融机构。根据法律规定,非银行金融机构包括经中国银行监督管理委员会批准设立的信托公司、企业集团财务公司、金融租赁公司、汽车金融公司、货币经纪公司、境外非银行金融机构驻华代表处、农村和城镇信用合作社、典当行、保险公司、小额贷款公司等机构。创业者还可以从这些非银行金融机构取得借款,筹集生产经营所需资金。

(1) 保单质押贷款

保险公司为了提高竞争力,也为投保人提供保单质押贷款。保单质押贷款最高限额不超过保单保费积累的70%,贷款利率按同档次银行贷款利率计息。

(2) 实物质押典当贷款

当前,有许多典当行推出了个人典当贷款业务。借款人只要将有较高价值的物品质压在典当行就能取得一定数额的贷款。典当费率尽管高于银行同期贷款利率,但对于急于筹集资金的创业者来说,不失为一个比较方便的筹资渠道。典当行的质押放款额一般是质押品价值的50%~80%。

(3) 小额贷款公司

小额贷款公司是由自然人、企业法人与其他社会组织投资设立,不吸收公众存款,经营小额贷款业务的有限责任公司或股份有限公司,发放贷款坚持"小额、分散"的原则。小额贷款公司发放贷款时手续简单,办理便捷,当天申请基本当天就可放款,可以快速地解决新创企业的资金需求。目前,小额贷款公司已经成为缓解小微企业融资难的新渠道。

3. 交易信贷和租赁

交易信贷指企业在正常的经营活动和商品交易中由于延期付款和预收贷款所形成的企业间常见的贷款关系。企业在筹办期以及生产经营过程中,均可以通过商业信用的方式筹集部分资金。如企业在购置设备或原材料、商品过程中,可以通过延期付款的方式在一定期间内免费使用供应商提供的部分资金;在销售商业或服务时采用预收账款的方式,免费使用客户的资金等。

创业者也可以通过融资租赁的方式筹集购置设备等长期性资产所急需的资金。融资租赁在办理融资时,对企业资信和担保的要求不高,所以非常适合中小企业融资;此外,融资租赁属于外表融资,不体现在企业财务报表的负债项目中,不影响企业的资信状况,对需要多渠道融资的中小企业非常有利。

4. 从其他企业融资

尽管在大多数情况下,企业是资金的需求者而不是提供者,但是对于不同行业的企业,或者在企业发展的不同时期,部分企业还是会有暂时的闲置资金可以对外提供,尤其是一些从事公用事业业务的企业,或者已经发展到成熟期的企业,现金流一般会比较充足,甚至会有大量资金需要通过对外投资的方式实现较高收益。对于有闲置资金的企业,创业者既可以吸收其资金作为股权资本,也可以向这些企业借款,形成债权资本。

(三) 风险投资

在我国,风险投资是由专业机构提供的投资于极具增长潜力的创业企业并参有与其管理的权益资本,这与美国风险投资对象为新兴高科技企业不同。因为我国是发展中国家,所以像零售、农产品之类的传统行业,虽然没有技术含量,但拥有一个广阔的、快速发展的市场,使得这些传统行业的市场增长速度和回报率并不低于高科技行业,所以,中国的风险投资不仅投资高科技项目,也对传统领域,如教育、医疗保健这样的项目感兴趣。

1. 风险投资的特点

(1) 以股权方式投资

风险投资的投资对象是处于创业期的未上市新兴中小型企业,尤其是新兴高科技企业,而且常常采取渐进投资的方式,选择灵活的投资工具进行投资,在投资企业建立适应创业内在需要的"共担风险、共享收益"的机制。

(2) 积极参与所投资企业的创业过程

许多风险投资家本身也是经营老手,一般对其所投资的领域有丰富的经验,经常会积极参与投资企业的生产经营过程,弥补所投资企业在创业管理经验上的不足,同时控制创业投资的高风险。

(3) 以整个创业企业作为经营对象

风险投资不经营具体的产品,而是通过支持创建企业并在适当时机转让所持股权,获得未来资本增值的收益。与企业投资家相比,风险投资虽然对企业有部分介入,但其最终的目的是监控而非独占,他们看重的是转让后的股权升值而非整体持有的百分比。

(4) 看重"人"的因素

正如美国最早的风险投资公司——美国研究开发公司创始人之一乔治·多利奥特所言:"宁要一流的人才和二流的创意,也不要一流的创意和二流的人才。"

(5) 高风险、高收益

据统计,美国由风险投资所支持的企业,只有 5%～10% 的创业可获得成功,风险投资的高风险可见一斑,与此相对应的就是风险投资对被投资方高收益的预期。一位风险投资家一般会希望在五年内将其资金翻 6 倍,相当于每年的投资回报率(ROI)大约是 44.8%。

(6) 是一种组合投资

风险投资的对象是处于创业时期的高新技术领域的中小企业,几乎没有盈利的历史可做参考,失败率也很高,因此,风险投资要取得高回报,必须实行组合投资的策略,投资一系列的项目群,坚持长期运作,通过将成功的项目出售或上市回收的价值来弥补其他失败项目的损失,并获得较高收益。

2. 风险投资选项的原则

风险投资对目标企业的考察较为严格，一般来说，其所接触的企业中，大约只有2%～4%能够最终获得融资。因此，创业者要提高获得风险投资的概率，需要了解风险投资项目选择的标准。

有人将风险投资选项的原则总结为创业投资的三大定律。第一定律：绝不选取含有超过两个以上风险因素的项目。对于创业投资项目的研究开发风险、产品风险、市场风险、管理风险、创业成长风险等，如果申请的项目具有两个或以上的风险因素，则风险投资一般不会予以考虑。第二定律：$V=P\times S\times E$。其中 V 代表总的考核值，P 代表产品或服务的市场大小，S 代表产品或服务的独特性，E 代表管理团队的素质。第三定律：投资 V 值最大的项目。在收益和风险相同的情况下，风险投资将首先选择那些总考核值最大的项目。

根据风险投资的潜规则，一般真正职业的风险资金是不希望控股的，只占30%左右的股权，风险投资者更多的希望创业管理层对企业拥有绝对的经营权。因此创业者在创业初期选择风险投资时要拿适量的钱，以便未来在企业需要进一步融资时，不至于稀释更多的股份而丧失对企业的控制权。

前面提到的天使投资也是广义的风险投资的一种，但狭义的风险投资主要指机构投资者。

3. 创业者寻找风险投资的步骤

一般来说创业者寻求风险投资需要经过以下十个步骤：创业者了解自身资金需求→了解、分析创业投资市场和相应机构→确定寻求创业投资的可能性，初步确定寻求融资的目标创业投资机构→准备创业计划→联系接洽创业投资机构，提交创业计划执行总结→最终确定关键的创业投资机构→接受创业投资机构的尽职调查→就企业价值和投资的股权架构进行谈判→确定最终投资协议→获得创业投资、投资方参与企业发展。

4. 创业者获得风险投资的渠道

创业者获得风险投资的渠道主要有以下几种：给投资人发邮件，参加相关行业的会议或者创业训练营，请朋友帮忙介绍以及聘用投行帮助做融资。

（1）给投资人发邮件。想获得风险投资最简单的方法就是给投资人发邮件，一般的风险投资都有自己的网站，上面公布有他们的邮箱，创业者可以将自己的创业想法或者商业计划书发到公开的邮箱中，期待能够得到投资者的关注，并最终获得投资。采用这种方法的成本最低，但效率也最低；虽然风险投资者会关注投到邮箱的邮件，但是那些递交给投资机构的商业计划书，成功融资的只有1%。

（2）参加相关行业的会议或者创业训练营。这些会上或训练营上会有很多投资人，创业者可以利用茶歇或者休息的时间尽可能接触较多的风险投资者，或者接触自己感兴趣的投资者。这种方式的优点是在短时间内能够见到很多投资者，但由于时间短，不一定有机会认识或结识他们，另外，这种场合对创业者的说服能力要求较高。

（3）请朋友帮忙介绍。如果有朋友做过融资，或者已经得到风险投资，可以请他们帮忙介绍，这种方法较前两者成功的概率稍大，毕竟接受过风险投资并且取得经营成功的人的介绍本身就是一种名片，投资者可以借由介绍人的介绍对创业者或创业项目有一定了解，通过对介绍人的了解对创业者给以初步的肯定。但是这种方法接触的面可能较窄，朋友认识的投资者可能并不是我们需要的类型，而真正适合的人未必是朋友认识的人。

（4）聘用投行帮助做融资。通过投行或融资中介的帮助寻找风险投资的成功率较高，一是它们对中国活跃的投资人很了解，能够帮助创业者和投资者进行沟通；二是信誉高的投行本身就为创业者的项目成功性增加了砝码；三是投行利用自己的经验帮助创业者挑选更合适的投资人。但是采用这种方式的成本也较高。

（四）政府扶持基金

创业者还可以利用政府扶持政策，从政府方面获得融资支持。

政府资金支持是中小企业资金来源的一个重要组成部分。综合世界各国的情况，政府的资金支持一般能占到中小企业外来资金的10%左右，资金支持方式主要包括：再就业小额担保贷款、科技型中小企业技术创新基金、中小企业国际市场开拓资金、天使基金和其他基金等。

1. 再就业小额担保贷款

再就业小额担保贷款是指为帮助下岗失业人员自谋职业、自主创业和组织起来就业，对于诚实守信、有劳动能力和就业愿望的下岗失业人员，针对他们在创业过程中缺乏启动资金和信用担保，难以获得银行贷款的实际困难，由政府设立再就业担保基金，通过再就业担保机构承诺担保，向银行申请的专项再就业小额贷款。目前再就业小额担保贷款的适用范围包括：年龄在指定范围内（一般为60岁以内，各地方政府可能有所不同），有创业愿望和劳动力，诚实守信，有《下岗证》或者《再就业优惠证》的国企、城镇企业下岗职工；退役军人；农民工；外出务工返乡创业人员；吸纳下岗失业人员达到地方规定的小企业、合伙经营实体或劳动密集型企业；大中（技）专毕业生；残疾人员；失地农民等符合条件的人员。

2. 科技型中小企业技术创新基金

科技型中小企业技术创新基金是于1999年国务院批准设立的，为扶持、促进科技型中小企业技术创新，用于支持科技型中小企业技术创新项目的政府专项基金，由科技部科技型中小企业技术创新基金管理中心实施。创新基金重点支持产业化初期（种子期和初创期）、技术含量高、市场前景好、风险较大、商业性资金进入尚不具备条件、最需要由政府支持的科技型中小企业项目，并将为其进入产业化扩张和商业性资本的介入起到铺垫和引导作用。创新基金以创新和产业化为宗旨，以市场为导向，上联"863""攻关"等国家指令性研究发展计划和科技人员的创新成果，下接"火炬"等高技术产业化指导性计划和商业性创业投资者。根据中小企业和项目的不同特点，创新基金通过无偿拨款、贷款贴息和资金投入等方式扶持和引导科技型中小企业的技术创新活动，促进科技成果的转化。

3. 中小企业国际市场开拓资金

中小企业国际市场开拓资金是由中央财政和地方财政共同安排的专门用于支持中小企业开拓国际市场的专项资金。市场开拓资金用于支持中小企业和为中小企业服务的企业、社会团体和事业单位组织中小企业开拓国际市场的活动。该资金的主要支持内容包括：举办或参加境外展览会；质量管理体系、环境管理体系、软件出口及企业和各类产品的认证；国际市场宣传推介；开拓新兴市场；组织培训与研讨会；境外投（议）标等方面。市场开拓资金支持比例原则上不超过支持项目所需金额的50%，对西部地区的中小企业以及符合条件的市场开拓活动，支持比例可提高到70%。

4. 天使基金

政府有关部门和社会各界有识之士纷纷出资,设立了鼓励和帮助大学生自主创业、灵活就业的一些天使基金。如北京青年科技创业投资基金是由北京科技风险投资股份有限公司出资设立,与共青团北京市委、北京市青年联合会和北京市工商局共同管理的一项基金。其特点之一是以个人为投资主体,孵化科技项目的快速成长,凡在电子信息产业、新材料、生物医药工程及生命科学领域拥有新技术成果,45岁以下的自然人均可申请创投基金,资金投资区域为北京地区。

5. 其他基金

科技部的"863"计划、火炬计划等,连同科技型中小企业技术创新基金一起,每年都有数10亿元资金用于科技型中小企业的研发、技术创新和成果转化;财政部设有利用高新技术更新改造项目贴息基金、国家重点新产品补助基金;国家发展和改革委员会设有产业技术进步资金资助计划、节能产品贴息项目计划;工业和信息化部设有电子信息产业发展基金等。

各省市区为支持当地创业型经济的发展,也纷纷出台政策支持创业。主要有人力资源和社会保障部设立的开业贷款担保政策、小企业担保基金专项贷款、中小企业贷款信用担保、开业贷款担保、大学生科技创业基金等。

创业者应结合自身情况,利用好相关政策,获得更多的政府基金支持,降低融资成本。

> **创业小案例**
>
> ### 谷歌融资,为投资人带来翻倍回报
>
> 谷歌是一个非常出名的搜索引擎,是由拉里·佩奇以及谢尔盖·布林在美国加利福尼亚州山景城创办的,谷歌在中国的发展历史是非常崎岖的,在2010年3月23日宣布关闭中国大陆市场搜索服务,但是在2017年12月13日的时候,谷歌又在北京成立了谷歌AI中国中心。
>
> 每一个企业的发展当中,都有可能遇到资金问题,在遇到资金问题时,这些企业会选择不同的融资方式来进行融资,2017年年度股权投资事件数量较前年有所增长。谷歌现在已经成为世界上最成功的互联网公司,谷歌也是通过不断融资来获得成功的。在谷歌创业初期拿到的第一笔股权投资的融资金额是10万美金,当时10万美金获得了谷歌的10%的股权。在谷歌进行A轮股权融资的时候,谷歌的产品已经有了一定的成果,投资机构对于谷歌的估值达到了1 250万美金。当时进行股权投资的机构有红杉资本,红杉资本投了125万美金,获得了10%的股权。谷歌在进行B轮股权融资的时候,市值已经达到了1亿美金,在B轮融资结束之后,融资金额高达2 500万美金。谷歌在首次IPO的时候发行价是85美金一股,之后又以295美金一股的价格进行交易。在谷歌的多次融资当中,我们不难发现谷歌的市值都在不断地生长,而投资者换取同样比例的股份所花费的资金要比天使轮资金多。所以大众投资者在进行股权投资的时候,应该选择有潜力的正处于创业阶段的企业来进行投资。
>
> (案例来源: https://www.sohu.com/a/408785315_120232815,2020年7月)

(五) 知识产权融资

知识产权融资也是值得创业者关注的融资方式,在国内外已有诸多成功案例。知识产权融资可以采用知识产权作价入股、知识产权抵押贷款、知识产权信托、知识产权资产证券化等方式。

创业资讯站

企业生命周期与融资渠道

融资渠道	种子开发期	启动期	早期成长期	成长后期
个人积蓄	■	■		
亲友款项	■	■		
天使投资	■	■	■	
合作伙伴	■	■	■	■
创业投资		■	■	■
抵押贷款		■	■	■
融资租赁		■	■	■
商业信用			■	■

注：表中深色的区域为对应于该阶段采用的较多的融资渠道，浅灰色的区域为该阶段也可能会采用的融资渠道。
（资讯来源：东方财富网，http://finance.eastmoney.com/news/1668,20150311485095354.html，有修改）

四、创业融资的选择策略

（一）创业融资的原则

筹集创业资金时，创业者应在自己能够接受的风险基础上，遵循既定的原则，尽可能以较低的成本及时足额获得创业资金。一般来说创业融资应遵循以下原则：

1. 合法性原则

创业融资作为一种经济活动，影响着社会资本及资源的流向和流量，涉及相关经济主体的经济权益，创业者必须遵守国家的有关法律法规，依法依约履行责任，维护相关融资主体的权益，避免非法融资行为的发生。

2. 合理性原则

在创业的不同时期，企业资金的需求量不同，能够采用的融资方式可能也不同，创业者应根据创业计划，结合创业企业不同发展阶段的经营策略，运用相应的财务手段，合理预测资金需要量，详细分析资金的筹集渠道，确定合理的资本结构，包括股权资金和债权资金的结构，以及债权资金内部的长短期资金的结构等，为企业持续发展植入一个"健康的基因"。

3. 及时性原则

市场经济条件下机会稍纵即逝的特性，要求创业者必须能够及时筹集所需资金，将可行的项目付诸实施，并根据新创企业投放时间的安排，使融资和投资在时间上协调一致，避免因资金不足影响生产经营的正常进行，同时也防止资金过多造成的闲置和浪费，将资金成本控制在合理的范围之内。

4. 效益性原则

创业者应在进行成本效益分析的基础上决定资金筹集的方式和来源。只有投资的报酬率高于融资成本，才能够使创业者现实创业目标。因此，创业者应在充分考虑投资效益的基础上，确定最优的融资组合。

5. 杠杆性原则

创业者在筹集创业资金时,应选择有资源背景的资金,以便充分利用资金的杠杆效应,在关键的时候为企业发展助力。大多数优秀的风险投资往往在企业特殊时期会与企业家一起,将有效的资源进行整合,如选择投行、券商,进行 IPO 路演等,甚至还参与到企业决策中来。这种资源是无价的。因此,创业者不能盲目"拜金",找到一个有资源背景的基金更有利于企业的持续快速发展。

(二)股权融资决策

创业企业在创建的启动阶段及较早发展阶段,采用内部积累方式融资符合融资优序理论的要求,也是很多创业者的必然选择。内部积蓄的资金来源主要是企业在经营过程中赚取的利润。鉴于创业企业在资金实力、经营规模、信誉保证、还款能力等方面的限制,创业企业往往会通过不分红或少分红的方式,将企业的经营利润尽可能通过未分配利润的形式留存下来,投入再生产过程,为持续经营或扩大经营提供必要的资金支持。创业者在进行股权融资决策前应了解增加获得股权融资概率的方法,融资决策时应考虑投资者的特点和专长。

1. 股权融资需要考虑的问题

(1)创业者是否要通过合伙或组建公司的形式筹集资金。如果创业者拟吸收合伙人的资金,则一定要认真考虑合伙人的专长和经验,以更好地发挥团队优势,各尽其才。在吸收风险投资商投资时,创业者要分析其声誉的大小、专注投资的领域及其对投资企业的态度,选择最适合企业发展的投资商。

(2)对企业控制权的把握也是创业者必须考虑的因素,转让多少控制权能够既吸引投资又有利于对企业日后经营的控制,是创业者必须慎重选择且关乎企业健康发展的最重要的问题之一。

2. 增加获得股权融资的机会

无论是吸收合伙人的出资、采用组建公司的方式还是吸收其他企业或风险资本的投资,要增加获得股权资本的概率,需要创业者具有以下基本条件:

(1)有一个好的项目。一个好的项目是吸收股权资金的基本条件,创业者首先应能够找到一个吸引人的、有着广阔发展前景和足够利润空间的项目,且能够证明自己有足够的实施该项目的能力。

(2)有自己在该项目的投入。创业者对项目的投入,可以是资金方面的(包括房屋、设备等固定资产的投入),也可以是其他方面的,如技术和劳务的投入。创业者对项目的投入说明了其对项目的信心。

(3)有较高的逆商。游说他人在自己看好的项目上投资,需要创业者具备足够的应对拒绝和应付挫折的勇气。创业者应该多进行尝试,包括多次申请或向多个潜在投资者申请,尤其是在吸引风险投资上。创业者一方面应多联系一些投资公司,并且有针对性地向其提供自己的商业计划;另一方面应对自己联系的投资公司进行跟进,以增加获取资金的机会。

(三)债权融资决策

创业者可以根据企业需要,结合筹集资金的目的,选择筹集长期或短期的资金,一方面,使资金的来源和运用在时间上相匹配,提高偿还债务的能力;另一方面,尽可能降低资本的筹集成本,提高创业企业的经济效益。

1. 债权融资需考虑的问题

创业者如果想通过借款的方式筹集资金,需要从以下几个方面进行分析:

(1) 考虑经营过程中的获利是否能够超过借款的利息支出及其他费用支出。如果企业在日后的经营过程中赚取的利润能够支付借款的利息和其他费用支出,且还有剩余,则借款经营对企业较为有利,可以给创业者带来财务杠杆收益。

(2) 慎重考虑借款期限,借入资金的归还期限应与其投资的资产回收期限相匹配,保证企业在日后归还投资时,不会影响正常的生产经营。

(3) 确定合理的借款金额。借款经营成本较低且具有财务杠杆效应,但每期会有固定的资金支出。创业者在决定借款前一定要对其风险和收益进行充分权衡,并根据企业实际的资金需求量确定一个合适的借款金额。

(4) 充分考虑借款可能的支出。对于创业者来说,想获得借款,一般都需要提供抵押或担保,如果创业者缺乏债权人认可的抵押资产,则可以申请担保公司为借款进行担保。但担保公司作为营利性的企业会收取部分担保费用,如果创业者拟通过担保公司担保的方式取得借款,则还需要将担保公司的担保费用计入未来的经营成本,以有效地避免经营风险。

(5) 选择合适的银行。创业者应事先通过各种渠道对银行的风险承受力、银行对借款企业的态度等信息进行了解,以选择最适合新创企业借款的银行。

2. 增加获得债权融资的机会

增加获得债权融资的机会,需要创业者首先了解债权人在发放贷款时主要考虑的因素,以便有针对性地进行应对;还要从团队、项目、商业计划等方面做好充分的准备。

(1) 了解债权人在评估贷款申请时考虑的问题

一般来说贷款人在收到借款人的借款申请后,会从许多方面对借款人的资质进行评估,以决定是否放款,这些因素包括以下几方面:

① 借款人的信用。银行在评审企业贷款申请时,要考虑借款人的信用 6C,即借款人品质(character)——考察申请人对待信用的态度,包括过去的信用记录;偿还能力(capacity)——检查申请人的收入情况以及以确定其是否有能力偿还借款;资本结构(capital)——审查申请人的个人财产,包括存款、不动产及其他个人财产;经营条件(conditions)——地区、国家的经济状况对贷款的难易程度有很大影响;担保物(collateral)——是否有担保和抵押财产以及这些财产的质量也是银行要考虑的重要方面;事业的连续性(continuity)——借款企业持续经营的前景。银行要考虑借款人能否在日益竞争的环境中生存与发展。在信用 6C 中借款人的品质最重要。

② 贷款类型和还款期限。贷款机构会考虑贷款人的贷款类型,是短期借款(期限在一年内的借款)还是长期借款(还款期超过一年以上的借款),同时还要对借款人提出的还款方案进行分析,以确认借款人的还款能力。

③ 贷款目的和用途。贷款人为保证自己的资金安全,一般会对资金的用途进行规定,并要求借款人不能将资金用于法律法规限制或禁止的项目上,力求资金的使用符合规定用途。

④ 资金的安全性。除了对借款人的以上情况进行考察外,贷款机构还会对创业企业未来的销售情况和现金流状况进行预测,以分析企业未来是否有足够的现金流用于偿还贷款本息。

(2) 从团队项目等方面进行充分准备

不论从何处筹集债权融资,创业者要增加获取款项的可能性,都需要具备一些基本的条件，并从以下几个方面入手：

① 优秀的创业团队。创业者是创办企业的核心和关键因素，优秀的创业团队是项目成功实施的保障，创业团队需要证明其具备经营企业的能力，需要向贷款机构（人）展示其具备拟开展业务领域里的经验或知识，以吸引债权人的目光和资金。因为债权人的资金可能会投给具有一流团队和二流项目的企业，但一般不会投给具有一流项目和二流团队的企业。所以，优秀的创业团队是吸引债权人资金的首要条件。

② 可行的企业想法。吸收债权人资金的第二个条件是创业团队要拥有一个可行的企业想法。一个好的企业想法是实现创业者愿望和创造商业机会的第一步，但只有经过评估可行的企业想法才能够成为商业机会，给创业者带来经济和社会效益。

③ 完善的商业计划。创业者应该首先能够证明自己有详细的企业战略，并且有通往成功之路的切实可行的行动计划。创业者和创业团队除了具备可行的企业想法外，还必须能够将具体的企业想法细化到每一个步骤、每一个预算，将其落实到具体的商业计划之中。完善的商业计划是创业者吸引资金的重要文件。创业者应该请专业人士帮其准备一份让金融机构感到值得研究的商业计划，增加获得贷款的可能性。

④ 高质量的抵押资产。按照《贷款通则》第十条的规定，"除委托贷款以外，贷款人发放贷款，借款人应当提供担保"。处于筹备期和初创期的企业，一般不符合贷款要求的资信条件，难以取得信用贷款，而需要一定的资产作抵押。如果创业者和其团队成员拥有高质量的抵押资产，则其取得贷款的概率会大大提高。

（四）融资方式的比较

无论是股权融资还是债权融资均具有一定的优点，也存在不足，创业者要熟悉不同融资方式的利弊，考虑不同情况下的融资成本，以便做出科学的融资决策。

1. 不同融资方式的利弊

通过股权融资方式获得的资金既可以充实企业的营运资金，也可以用于企业的投资活动。通过债权融资所获得的资金，企业首先要承担资金的利息，另外在借款到期后要向债权人偿还资金的本金。

债权融资的资金成本比较低，合理使用还能带来杠杆收益，但债权资金使用不当会带来企业清算和终止经营的风险；股权资金的资金成本由于要在所得税之后支付，成本较高，但由于在企业正常生产经营过程中，不用归还投资者，是一项企业可永久使用的资金，没有财务风险。创业者在筹集资金时应对债权资金、股权资金的优缺点进行比较，并考虑企业的资金需要量、资金的可得性、宏观理财环境、筹资的成本、风险和收益以及控制权分散的问题来进行综合分析。

2. 创业融资决策

在进行创业融资决策时，除了考虑不同融资方式的优缺点、融资成本的高低外，还要考虑创业企业所处的生命周期阶段、创业企业自身的特征，了解采用不同融资方式时应该特别予以关注的问题。

（1）创业所处阶段

创业融资需求具有阶段性的特征，不同生命周期阶段具有不同的风险特征和资金需求，同时，不同融资渠道能够提供的资金数量和风险程度也不同，因此，创业者在融资时需要将不同阶段的融资需求和融资渠道进行匹配，提高融资工作的效率，以获得创业所需资金，化解企业融资难题。

在种子期,企业处于高度的不确定性当中,很难从外部筹集债权资金,创业者个人积蓄、亲友款项、天使投资、创业投资以及合作伙伴的投资可能采用较多的融资渠道;进入启动期之后,创业者还可以使用抵押贷款的方式筹集负债资金。

企业进入成长期以后,已经有了前期的经验基础,发展潜力逐渐显现,资金需求量较以前有所增加,融资渠道上也有了更多的选择。在早期成长阶段,企业获得常规的现金流用来满足生产经营之前,创业者更多采用股权融资的方式筹集资金,战略伙伴投资、创业投资等是常用的融资方式,此时也可以采用抵押贷款、租赁以及商业信用的方式筹集部分生产经营所需资金;成长期后期,企业的成长性得到充分展现,资产规模不断扩大,产生现金流的能力进一步提高,有能力偿还负债的本息,此时,创业者更多采用各种负债的方式筹集资金,获得经营杠杆收益。

(2) 新创企业特征

创业活动千差万别,所涉及的行业、初始资源禀赋、面临的风险、预期收益等有较大不同,其所要面对的竞争环境、行业集中度、经营战略等也会有不同,因此,不同创业企业选择的资本结构有所不同。对于高科技产业或有独特商业价值的企业,经营风险较大,预期收益也较高,创业者有良好的相关背景,较多采用股权融资的方式;传统类的产业经营风险较小,预期收益较容易预测,比较容易获得债权资金。实践中,创业企业在创始阶段较难满足银行等金融机构的贷款条件,债权资金更多采用民间融资的方式。

第三节 创业资源管理

> **学习提示**
>
> 创业者对创业资源的管理可以归结为两句话:要看见别人看不见的东西,要做到别人做不到的事情。也就是说,创业资源的管理包括如何对创业资源进行获取和开发,以及如何对已获取的资源加以有效利用。

一、不同类型资源的开发

创业资源开发是指创业者开拓、发展、利用新的资源或其新用途的活动。在创业过程中,创业者需要在实现资源价值的基础上丰富资源库,进一步拓展资源的来源和用途,使新创企业获得持续的竞争优势。

(一) 资源开发的原则

1. 优先序原则

对现有的创业资源进行优化配置,这就需要创业者对创业资源进行分类排序,即企业处于某一特定的阶段,在这一阶段起主导作用的资源是什么,起辅助作用的资源是什么,从而确保在资源配置时做到重点突出。

2. 补"短板"原则

要考虑"木桶效应",进行查缺补漏,不能一味地考虑起主导作用的资源,加大对起主导作用的资源的投入,而忽视其他资源。创业者还要考虑哪种资源缺乏可能导致其他资源的浪费，要对潜在的资源枯竭问题进行预判，充分做好资源储备、预算管理方案，这样才能使各种创业资源在不同的阶段实现最佳的配置。

3. "能用、够用"原则

创业者在开发资源时应该坚持能用的原则，只有满足自己需求的、自己可以支配并使其充分发挥作用的资源，才是需要筹集的资源。另外，资源的使用是有代价的，开发资源时应该本着够用的原则而不是多多益善。一方面，资源的有限性加大了创业者开发资源的成本；另一方面，当使用资源不能弥补其成本时，资源的使用并不能给企业带来效益。

【创业语录】

成功的主要条件是：一个可辨认和有容纳力的市场、充分的资本，一个能力组合均衡的领导团队、不屈不挠的精神以及深思熟虑的时机。

——史蒂文·布兰德

（二）人脉资源的开发

开发人脉资源是创业成功的基本条件，需要注意以下人脉资源的特性：

(1) 长期投资性。平时要注意人脉资源的积累，不要事到临头才去找人帮忙。在公司做业务也一样，现在不是你的客户，明天就可能成为你的客户，因而你必须从现在开始建立联系。人脉资源的形成需要很多时间和精力，这也是一种投资。

(2) 可维护性和可拓展性。人脉资源可以通过合作、交流、关系、帮助、友情、亲情等进行维护，并且会不断巩固，当然如果不去维护就会变得疏远，所以人脉资源需要经常性的维护，同时在维护中可以不断发展新的人脉关系。

(3) 有限性和随机性。每个人一生中能认识多少人？包括老师、同学、亲戚、同事、朋友、客户等。每个人的人脉资源都是有限的，你的发展同样也会受到你的人脉资源的限制。同时，你所认识的人可能没有能力帮助你，有能力帮助你的人你可能不认识，所以在客观上就需要你不断认识更多的人，但是每个人的能力又是有限的，又不可能认识所有潜在的帮助者。

(4) 辐射性。你的朋友帮不了你，但是你朋友的朋友可以帮你。因此，熟人介绍是一种事半功倍的人脉资源开发的方法，可以加快人与人之间信任的速度，降低交往成本，提高合作成功的概率。

人脉资源的开发一定要注意培养健康的人脉资源，要以自身的人格魅力来积聚，为此创业者自身的素质、人格、品质需要不断提升。

（三）人力资源的开发

概括地讲，求才、爱才、育才、重才，是新创企业人力资源开发的重要内容。

新创企业的人力资源，由创业发起者、核心团队成员、管理团队及其他人力资源构成。一般而言，优秀的创业发起者应该具备的素质包括创业激情、工作经验、社会关系、专业知识等，随着事业的发展，这些素质也成为吸引其他人加入创业过程的重要因素。

核心团队成员是指在创业初期加入团队，以创业发起者为中心，团结在其周围的团队成员。他们从各自的视角为创业发起者策划，并且能够很好地完成自身职责范围内的工作，是创业发起者同甘共苦的朋友。创业初期，创业者需要能够清晰发掘出自己的核心伙伴，如果选择不善，将会给公司今后的发展带来障碍。可以从两个渠道来寻找核心伙伴：一是依靠自己的人脉网络；二是求助于熟人推荐。

随着新创公司发展到一定阶段,部分创业初期的核心成员的能力与精力可能会出现不能胜任的情况,这时就有必要从外部引进管理团队,推动公司管理的规范。与此同时,新创企业应根据企业发展战略,相应地建立起一套人才资源规划体系:

(1) 建立起完善的激励体系,包括精神上的、物质上的,用奖罚制度去激发员工的潜能,让员工的潜能发挥到极致。

(2) 建立起培训机制,培养人才,同时也让人才发挥其最大潜能为企业做出贡献。

(3) 善待员工,让员工有一种家的感觉。善待员工,是留住人才的唯一法宝。这种善待,不仅是指从精神上给予人才满足,也要配以适当的物质利益。

(4) 要量才而用,用人的长处,控制人的短处,不要为了节省开支而凑合着。

(5) 分工尽可能明确,但可根据职务的重要与否适当地兼职。

(6) 引入外部力量,如通过培训班等来协助你快速找到自己所需要的人才。

(四) 信息资源的开发

信息资源与人力、物力、财力以及自然资源一样,都是创业企业的重要资源,因此,应该像开发整合其他资源那样开发整合信息资源。

信息资源的开发效率主要取决于两个因素:信息存量和创业者理性程度。信息存量是指创业者掌握的相关市场信息、产品或技术信息、创新信息以及政府政策与相关法律信息等。创业者理性程度受警觉性、先前经验、认知能力、创造性和社会网络的影响。开发信息资源的过程,就是处理信息存量与创业者理性程度的匹配过程,在这一过程中,要做好以下三个方面的工作:

第一,抓住有用的信息。随着信息量陡然增大,信息流转加快,各种信息充斥在我们周围,创业者如何在最有效的时间内获得内外部信息、抓住成功创业的机遇却往往成了一个难题。很多时候不是它们不出现,而是当它们出现时能否发现并把握,对于创业者来说,这点更显得至关重要。

第二,开发信息资源应该得到创业者的高度重视。对创业者而言,信息是不对称的,了解分析包括竞争对手、政府、行业、合作伙伴、客户等在内的周边环境的变化信息,才能做到"知己知彼,百战不殆",才能做到"有的放矢",集中精力、财力、人力抓住转瞬即逝的成功机遇。

第三,新创企业在开发信息资源时,既要整合管理好企业外部的资源,抓住企业好的发展机遇,又要整合管理好企业内部的信息资源,进行信息资源的规划。

(五) 技术资源的开发

新创企业成功的关键是首先要开发出或者寻找到成功的创业技术。开发技术资源时,首先要重视技术资源的整合。不仅要整合、积聚企业内部的技术资源,还要整合外部的可资利用的技术资源。成功企业要有好的产品,必须做到专业化,在同一领域内做到最专,技术上则要一直领先。自主研发并拥有自主知识产权,才能保持技术的领先、保持市场优势地位。当新创企业没有实力一直保持这样的技术优势,就要尽可能多与科研院所、高等院校合作,因为那里有技术上的前沿人才,而且科研院所、高等院校的人才也很愿意把自己的技术资源转化为产品,实现技术成果。

此外,开发技术资源时,一定要注意以市场需求为导向,不能过于留恋自己开发的技术而忽视市场反应。因为进入21世纪,信息社会使获取技术的成本大大降低,单个企业取得技术领先地位的难度已增加,靠一张王牌"赢者通吃"的可能性明显减小。以用户体验为中心,整合资源创造新的产品和服务,取代了那些闭门进行产品研究研发和对既有产品不断改进的直线思维,成了胜出者新的成功之道。在赛道变换的情况下,如果漠视用户体验、闭门造车、用工程师的意愿代替消费者的需求,这样的"技术偏执"往往会浪费创业资源、贻误创业机会。

(六)资金资源的开发

新创企业面临的最重要的问题之一就是资金资源的短缺。开发资金资源,不仅仅是解决钱的问题,最为关键的是,在资金资源开发过程中,要进一步确定公司的商业模式和创业战略,并且所选择的战略投资者要与企业当前阶段的发展目标相吻合。

1. 了解资金提供者的相关信息

开发资金资源时,首先要对准备引入的资金资源有整体性了解。在初步确定投资意向之后,创业企业就可以根据实际情况,在众多的意向投资者中选择钟情目标。在接触之前,一定要认真了解一下这些投资者的基本情况,如资质情况、业绩情况、提供的增值服务,要看战略投资者还能为企业带来什么其他的资源,比如政府背景、行业背景、市场影响力、营销支撑等,以及开发、整合资金资源时要充分考虑该项资源能否带来更多的其他资源。既可以通过公开信息渠道了解情况,也可以通过社会网络、人脉资源打听信息。

2. 设计独特的商业模式

以某公司及其"中子刀"产品为例,如果把它的商业模式抽象出来,可以描述为:在医疗器械行业,研发有科技含量、高附加值的产品,然后生产、销售,最后赚取产品的利润。这种商业模式的理想景象是:公司具备产品研发和创新核心能力,能够可持续地推出新产品,产品的目标市场定位和性价比有竞争力,由此确保公司的盈利水平和可持续发展。

现实的情况是,鉴于该公司的实际运营情况,这种以厂商定位的商业模式对投资者根本没有吸引力。于是咨询公司重新设计了该公司的商业模式,从而使形势发生了起死回生的逆转。新商业模式的要点如下:

(1)将公司医疗器械制造厂商的角色转换到医疗服务提供商,放弃销售中子刀的做法,转而建立公司肿瘤治疗中心,使其形成"区域合理布局经营连锁"效应。

(2)在条件成熟时,引入租赁等金融手段,强化各地公司肿瘤治疗中心的技术设备,最终使得"中心"成为肿瘤治疗方面的知名品牌。

(3)在上述实体的肿瘤治疗连锁体系的基础上,建立一个肿瘤治疗的专业门户网站,将其打造成一个具备权威性和影响力的专业门户网站。

新商业模式的明确和描述,使得公司的投资价值陡然变得闪亮、显眼,并且设计了充分考虑投资方安全和风险规避的股权融资方案,由经营者和管理层来承担更大的责任和风险。在公司路演洽谈的五家投资方中,最终形成了争抢投资的局面,公司经过权衡后选择了其中一家,成功签约股权融资5 000万元人民币。

在公司融资案例中,中子刀技术只是公司的战略生长要素。在公司商业模式的起点,出资人所投资的,实际上并不是中子刀技术或产品,而是由中子刀技术衍生出来的公司产业战略和商业模式。从这个意义上说,产业战略选择和商业模式设计是企业开发资金资源的决定因素。

3. 克服"技术钟爱"或"产品偏执"的情绪

对技术类型的新创企业,开发资金资源时需要克服"技术钟爱"或"产品偏执"的情结,要有产业眼光和商业意识,要跳出技术和产品,学会识别战略生产要素,设计合适的商业模式。只有这样,才能建立起撬动资本市场的"阿基米德支点"。

资本市场通行的是商业法则,它不会为技术本身而买单,也未必要求企业当前就能实现多少利润,它青睐的是技术能够带来的产业空间和成长预期。一个能够占领未来产业空间的企业战略,和一个能够实现的启动成长过程的商业模式,比先进的技术本身更能唤起资本的兴趣。

从新创企业长远的发展角度看,一项技术融资再成功,筹来再多的钱,如果配之以一个失察的企业战略和错误的商业模式,那么这项技术连同这个企业也必将行之不远。因此,技术很重要,融资很重要,而新创企业的发展战略和商业模式、开发资金资源更重要。对于技术类型的新创公司而言,资金开发的重心应该放在商业模式和发展战略上,而非一味地钟情于技术或产品,孤芳自赏。

◎ 创业资讯站

创业资源的获取途径有哪些?

创业资源获取的三种方式,即资源购买、资源吸引和资源积累。第一阶段为企业明确获取创业资源类型并确定创业资源的来源。

第二阶段为企业确定获取创业资源的途径。值得注意的是,创业过程是一个不断循环、迭代的过程,受信息和资源变化的影响,创业者和新创企业需要不断地调整机会方向和创业资源获取的方式,以提高创业资源获取效率和质量。

创业资源获取的根本困难源于创业活动所具有的不确定性。因此,对创业者关系网络属性与创业资源获取关系进行研究,有助于对前述问题进行更为明确的回答。

创业资源获取有助于新创企业克服"小"和"新"的先天缺陷,减轻制度压力及合法性缺失的弱点,是新企业得以生存、成长并获得持续竞争优势的重要战略选择。资源本位论也认为,企业在创立过程中,率先占有的各种资源会对企业发展形成优势壁垒。

现实中一些创业者和新企业,如百度、京东、饿了么等通过创业成功取得了骄人业绩,无不是首先通过各种方式获得所需的创业资源。创业资源可以分为不同类别,如资产型资源与知识型资源、运营性资源和战略性资源以及人力资源、物质资源、技术资源、财务资源、市场资源和组织资源等。

(资讯来源:https://zhidao.baidu.com/question/330491220319586805.html,2020年5月)

二、有限创业资源的创造性利用

大量事实表明,绝大多数创业者早期所能获得和利用的资源都相当匮乏,但是少数创业者在创业过程中所体现出来的卓越创业技能之一,就是创造性地整合、转换和利用资源,尤其那种能够创造持续竞争优势的战略资源,并由此成功地开发创业机会、推进创业过程向前发展。

(一) 控制资源利用

大部分创业者因为受到有限资源的约束,被迫寻求创业,以创造性的方式开发机会去建立企业,并推动企业的发展。即在缺乏资源的情况下,创业者会分多个阶段投入资源,并且在每个阶段或决策点投入最小的资源,步步为营。

这种"步步为营"不仅是一种做事最经济的方法,还是在有限资源的约束下获取满意收益的方法;不仅适合小企业,同样适用于高成长企业、高潜力企业。其活动包括:创业者在资源受限的情况下寻找实现企业理想目标的途径;最大限度地降低对外部融资的需要;最大限度地发挥企业者投在企业内部资金的作用;实现现金流的最佳使用。

步步为营法的主要策略是成本最小化,但是过分强调低成本,会影响到企业形象与产品质量,最终会限制企业的快速成长。例如,有的食品加工企业为了降低成本,使用地沟油作为食用油的生产原料,不但导致企业被依法处理,而且对全社会造成了严重危害,这种短视的降低成本行为对创业活动的影响是致命的,因此步步为营法中的成本最小化是有前提的,就是设计企业使命,在能够实现企业使命的可行路径下,运用成本最小化的步步为营法。

兼顾企业使用情况下,新创企业运用步步为营法时仍有很大可供选择的余地。比如,创业者可以通过申请政府创立的创业园和创业孵化器,享受那里的免费办公室,与其他创业者一起共享办公设备等,也可以利用兼职人员、招聘实习生。总之,在实现创业目标的过程中,创业者能够独辟蹊径地找到许多降低成本的方法。

(二)创造性地拼凑资源

在创业情况下,资源约束是创业者面临的首要限制性因素,大多数创业者都缺乏资源来开发创业机会。那么,创业者就要学会利用手头现有、零散、在他人看来没有什么价值的资源,富有创造力地构建资源的新用途,并且用他们来开发机会和支持创业成长。

1. 创业资源拼凑的核心要素

创业资源拼凑有三个核心要素,即"凑合利用""突破资源约束"和"即兴创作"。这三个概念都与资源紧密相关,从不同角度反映了创业过程的资源拼凑特点。具体而言,"凑合利用"是指利用手头资源来实现新的目的和开发新的机会,重在对资源的创新性利用;"突破资源约束"是指创业者拒不向资源、环境或者制度约束屈服,积极主动地突破资源传统利用方式的束缚,利用手头资源来实现创业目标,因而凸显了创业者在资源拼凑过程中表现出来的创新意识以及创造创业价值所必需的可持续创业能力;而"即兴创作"与前面两个概念紧密相关,是指创业者在凑合利用手头资源、突破资源约束的过程中必须即兴发挥,创造性地使决策和行动同时进行。

2. "手段导向型创业资源拼凑"和"基于社会关系网络的创业资源拼凑"

在手段导向型资源拼凑过程中,创业者要像荷马史诗《奥德赛》中的主人公奥德修斯那样,不向资源约束低头,而是想方设法利用现有资源来实现既定目标。这种资源拼凑方式的特点在于整合利用可动员的分散资源来有效突破资源约束的制约。通过资源拼凑,创业者在发现新机会以后就不会因为资源紧缺而观望等待,而是积极主动地调动一切可利用的资源来及时开发机会。

基于社会关系网络的资源拼凑又称"网络拼凑",是指创业者通过社会关系网络来获取和利用资源的一种战略行为,它超越了传统的关系网络利用方式,不拘泥于固定的网络资源,也没有详尽计划或者工作性的网络关系维护目标,而是通过利用现有的社会、商业或者个人关系来拓展资源获取渠道,以解决在创业过程中必然会遇到的融资、供应商、客户、办公场所和咨询建议等不同问题。

> **创业小案例**
>
> **诸葛亮借的为什么都不用还？**
>
> "诸葛亮被大家誉为智慧的化身，他一生中的很多传奇故事都跟'借'字有关，借天时、借地利、借人和、借荆州、借东风、草船借箭、借火、借雨等。"
>
> 诸葛亮在古时条件有限的环境下，充分利用了自然环境与人文环境的便利，成就了大业。这也是资源整合的智慧。"他借的都不用还，所以他是借又不是借，事实上他是在整合，因为整合是不用还的。"
>
> 反观现代企业的管理，最缺乏的恰恰就是这种"借"的智慧。
>
> 假如用一个字来替代资源整合，那就是"借"。
>
> （案例来源：https://mp.qunxuehui.com/anli/2591.html，2020年3月）

（三）发挥资源的杠杆效应

资源的杠杆效应是指以最小的付出获取最多的收获的现象，通常有如下表现方式：第一，利用一种资源换取其他资源；第二，创造性地利用别人认为无用的资源；第三，能够比别人有更长的时间占用资源；第四，借用他人或其他公司的资源来达到创业者自身的目的；第五，用一种富裕资源弥补一种稀缺资源，产生更高的附加值。杠杆效应对于推动创业活动具有重要意义，因此创业者要在创业过程中训练自己形成杠杆效应的能力。

对于创业者来说，由于初期资金缺乏、时间紧迫，最容易产生杠杆效应的资源就是创业者自身的素质和能力以及社会资源等非物质资源。就创业者的素质与能力看，如果创业者拥有能够识别一种没有被完全利用的资源的能力，看到某种资源怎样被运用于特殊方面的能力，说明资源拥有者让渡使用权的能力，就能使资源发挥出杠杆效应。

就社会资源的杠杆效应来说，社会资源存在于社会结构之中，为社会网络之间的行为者进行交易、协作提供了便利的资源。在外部联系人之间，社会交往频繁的创业者所获取的相关商业信息更加丰富，从而有助于提升创业者对特定商业活动的深入认识和理解，使创业者更容易识别出常规商业活动中难以被其他人发现的顾客需求，进而更容易获得财务和物质资源——这正是其杠杆作用所在。

三、创业资源开发的推进方法

资源开发是整个创业活动的主线，随着创业过程的开展，不同发展阶段资源利用特点不同、资源控制重点不同，创业者需要采用不同的资源推进方式、整合内外部资源以获得良好的创业绩效。

（一）寻找式资源整合

对于初次创业者来说，其创业存在许多共性问题，比如管理经验不足、市场狭窄、创业资源匮乏。创业之初，创业所需资源主要依靠自身的努力来获取，但是仅仅依靠从自己的身边获取的创业资源很难维持企业的发展，要想使企业继续发展，那就不得不从外界寻找创业资源。

寻找式资源整合主要是结合自身创业团队的资源情况，分析资源储备存在的不足，提出整合外界资源的方案，积极地寻找和整合所能利用的创业资源。这就要求创业者具备较强的预见力和洞察力。较强的预见能力可以让创业者准确地把握自己所在行业的发展热点和竞争焦点。洞察力是一种从不同类型的信息中获得知识的能力。创业者拥有较强的预见能力和洞察能力，才能在诸多的资源中获得对自己创业有所帮助的资源。

（二）积累式整合资源

进入创业过程的中期，新创企业得到了一定的发展，也积累了一些企业赖以生存发展的创业资源。这段时间，企业正处于发展关键期，创业资源需要不断积累和增加。这需要创业者掌握积累式的资源整合方式。

为了使已获得的创业资源发挥其最大的效能，创业者必须在初创企业的发展过程中，进一步了解创业资源的特征，以便于更好地整合利用。也就是说为了有效利用已获得的创业资源，要对其进行分析、归类。只有对已有的资源进行准确的分析定位，才能在此基础上进行进一步的整合利用，才能发挥资源的最大效能，不断提高企业的核心竞争力。

（三）开拓式资源整合

企业取得初步发展之后，创业者要想使企业继续快速发展，就必须采用开拓式创业资源整合。

开拓式创业资源整合强调创新能力，当今社会的竞争，与其说是人才的竞争，不如说是人的创造力的竞争。创新是一个企业发展的动力和灵魂，没有创新的企业是很难成长和发展的。开拓式创业资源整合要求创业者不断地把创新式思维注入其中，从创新的视角去寻找具有创新点的创业资源。特别是继续寻找企业的新的增长点，在新的增长点上充分开拓和整合利用资源，这一点对创业基础较为薄弱的大学生创业者来说尤为重要。

> **创业小案例**
>
> #### 微信生态资源联动，如何为爆火的旅游盲盒再添一把火？
>
> 在"万物皆可盲盒"的风潮下，旅游行业也流行起了盲盒玩法。许多航司、OTA（在线旅行）平台纷纷推出机票盲盒产品，价格多在百元以内，受到年轻用户的热烈追捧。
>
> 同程旅行的前两期机票盲盒活动主要在微信小程序和APP两端开展。自2017年上线小程序以来，同程旅行多年深耕微信流量，已成为微信生态内经验丰富的高手玩家，玩转微信生态内各种场景资源的联动。
>
> 第一期机票盲盒，同程借助微信社交生态传播力，通过社交裂变机制激活微信生态巨量潜客，提升活动曝光和参与度。
>
> 活动期间，同程旅行发现在微博、抖音、小红书等平台上有一些用户自发分享的开盲盒教程，很多都是通过在微信里搜索同程旅行小程序的方式找到活动入口。得益于同程旅行一直以来坚持搜一搜官方区的建设和运营，活动期间官方区有相应的入口引导，因而承接住了这些"自来水"流量。这一发现也让同程意识到，微信搜一搜官方区是一个不可忽视的流量入口。
>
> 此外，在盲盒活动预热和上线阶段，同程旅行还联动了视频号直播、朋友圈广告等资源进行整合推广，提升活动曝光和用户参与。例如，借助朋友圈广告倒计时组件，加强紧迫感，吸引用户参与；朋友圈预约面板组件引导用户预约活动，系统自动提醒召回，提升活动参与率；以及朋友圈视频号直播推广，吸引用户预约和观看直播。
>
> 通过微信生态内小程序、搜一搜、视频号、朋友圈广告等多种资源的充分联动，在微信中形成用户路径闭环，有效提升同程旅行机票盲盒活动的曝光量，吸引更多用户参与。

同程旅行"微信生态＋盲盒"的玩法值得其他旅游行业品牌借鉴。现在航司、OTA平台大都拥有微信小程序,小程序作为微信生态内的品牌私域流量池,承载盲盒活动有利于实现生态内闭环,提升转化率。

同时,借助搜一搜承接非即时流量、聚拢流量等特点,品牌可联动微信站内外各种推广资源,例如线下多场景曝光,线上微博、抖音、社群等自有资源,以及腾讯广告多种推广资源投放,导流至搜一搜品牌官方区的小程序入口,提升盲盒活动参与率和转化率。

暑期临近,旅游行业即将迎来出行旺季。随着疫情防控稳定,消费者被压抑的旅游出行需求亟待释放,各OTA平台、航司、酒店也在推出更多优惠和创新玩法盘活流量。近日,同程旅行已推出"日常盲盒",将这一玩法常规化,日常款盲盒特意每日释放少量库存,让用户随时都可以有参与感。而专场盲盒针对不同人群、不同时间,都不断有新的产品推出,如近期即将开展的高考生专场,预计在2021年6月10日—12日开展。

(案例来源:https://new.qq.com/rain/a/20210609A06ZKR00,2021年6月,有修改)

(四)资源整合原则

1. 识别利益相关者及其利益

该原则提示创业者,整合资源一定要关注有利益关系的组织和个人,首先就是把这些利益相关者一一识别出来,把他们之间的利益关系辨析出来,甚至有时候还要把利益创造出来。一般来说,寻找利益相关者就是要寻找那些具有共同点的人,同时也需要寻找可以互补的人。

2. 管理好能够促进企业持续成长的人力资源

企业持续成长需要大量的人力资源作为支撑,保持企业持续成长对人力资源管理提出更高的要求。高素质的人力资源是企业持续成长的根本,管理好人力资源是企业持续成长的重要保证。

3. 构建共赢机制

共赢机制是指创业者在进行资源整合时,一定要兼顾资源提供者的利益,使资源提供与使用的双方均能获益。在与外部的资源所有者合作时,创业者还要构建一套各方利益真正实现共赢的机制,给资源提供者以一定的回报,同时尽可能替对方考虑到规避风险。

4. 维持信任长期合作

资源整合以利益为基础,需要以沟通和信任来维持。沟通是产生信任的前提,信任是社会资本的重要因素。同时,创业者要尽快从人际信任过渡到制度信任,从而建立更广泛的信任关系,以获取更大的社会资本。

巩 固 与 训 练

创业资讯站

资源整合4个阶段的具体内容是什么?

1. 初级阶段:1＋1＝2

在这一阶段,创业者要做的是寻找一个合作伙伴,两个人合作,利用双方的资源来发展企业,实现盈利。

如果资源整合后无法发挥"1+1=2"的效果,那么综合效益就会很低。由此,我们可以总结出"1+1"是一种整合,如果它能发挥"1+1=2"的效果,那么就进入了资源整合的初级阶段。

2. 中级阶段:1+1>2

在这一阶段,创业者利用双方的资源实现企业盈利,双方需要相互交换方法和策略。

一家主营物业管理的民营企业曾与另一家物业服务企业合作过一些小项目,双方有一定的合作基础。由于双方都属于没有开发商或其他背景做依托的市场化物业服务企业,而且,2018年两家企业的发展情况都不好,为了在竞争激烈的市场中获得更好的生存和发展空间,两家企业经过多方讨论,最终决定由主营物业管理的民营企业并购这家物业服务企业,双方坚持融合发展的策略,彼此借鉴对方的优点,整合彼此的资源,相互协作,共同进步。

在2018年中国物业管理协会开展的行业综合实力百强企业评选中,这家主营物业管理的民营企业在行业内名列前茅。这就是真正实现"1+1>2"之后的整合效果。

3. 高级阶段:1+1=11

有一家礼品公司新签约运营了一个知名品牌,而后该礼品公司大胆地进行了组织变革,拿出全部产品,与区域内优质礼品商一起成立新的营销公司,重新组建团队。这一举措使十几家主流的礼品商一次性地加入这个新公司,实现了"1+1=11"的整合效果。这些礼品商既是公司股东,也是产品代理商,他们互相监督,相互比拼,仅用了两年的时间,该礼品公司就在省内市场占据了绝对的优势。

经过这一阶段的整合,创业者不仅要赚钱,还要整合更深层次的资源。要实现这一阶段的整合,创业者首先要明白整合不是榨取原有的资源价值,而是让资源再生。

4. 顶级阶段:1+1=王

为什么这一阶段是"1+1=王"?正如格力电器的两任董事长朱江洪与董明珠。朱江洪在当时是格力的掌舵人,董明珠加入格力后,从一个销售员做起,而后由于公司下调业务人员的业绩提成,致使公司的业务骨干集体请辞,但董明珠并没有离开。朱江洪将经营部部长一职交给董明珠,随后朱江洪又推荐董明珠担任销售部副总经理的职位。在朱江洪成为格力电器的董事长后,他又力荐董明珠接任总经理一职。

创业者要想整合资源,一切行动必须从制定清晰明确的目标开始,以结果为导向。没有清晰明确的目标,资源整合也就无从谈起,当然只有目标是远远不够的,创业者必须分析要实现这个结果需要具备什么资源,从而分析自己已经具备了什么资源,还缺少什么资源,进一步分析自己所缺少的资源在哪里,这样才能采取相应的办法,把自己需要的资源整合过来。

(案例来源:https://www.sohu.com/a/344982658_339227,2020年3月)

【课后训练】

1. 请你结合自己的创业项目(或拟定一个创业项目),结合本章所学,列出你所需要的创业资源以及创业过程中需要继续获取的资源,并提出资源开发整合的具体途径和方法。

2. 请你查阅相关资料,并开展相关调研活动,结合本章所学,以3个月为筹建期,以12个月为运营周期,制订一份创业初期的财务预算计划,大致说明你打算通过哪种渠道进行融资,并解释你这样做的理由。

第五章 创 业 计 划

学习目标

知识目标：通过本章的学习，使学生认识创业计划书的作用，了解创业计划书的结构。

技能目标：通过本章的学习，使学生认识创业计划书的编写过程和所需信息，掌握创业计划书的撰写方法。

态度目标：打造完美计划书。

【学习创业计划前的思考】

创业计划，是创业的整体过程中进入实施阶段的重要节点，也是创业前期准备的总结归纳和后期工作开展的方向和规划。在准备创业计划之前，要对之前创业想法的诸多方面进行详细的整理和归纳，并形成关于创业计划的具体思路。在开始创业计划的制订和创业计划书的撰写之前，要重新审视和思考创业计划中必须注意的几个问题。

首先，确定自己的创业项目所选择的产品和服务是具有创新性的，要思考项目是否是全新的内容，并清楚创业想法与同类其他产品服务之间的差异和自身创新性的表现。

其次，要将创业计划作为一个延续性发展的项目，而不是一个短暂的点子，要将自己选择的创业想法，落实为具体的服务和产品，并将这种产品的延续发展作为创业之初就考虑并设想的主要内容。

此外，要想好自己产品和服务的具体竞争优势，其中包括创业项目在市场中与同类竞争品之间的价格是否具备优势、服务是否具备优势、销售渠道是否具备优势、消费者是否有更好更能满足需求的消费体验等。

最后，要将自己的创业计划与当前社会经济发展的趋势相结合，充分思考自己的创业项目是否适应于网络社会的营销方式和信息传播方式，能否借助互联网拓展自己创业项目的消费需求，以及通过互联网传播自身品牌文化。

在充分思考了以上问题并做好充足的创业前期准备后，就可以开始整理和归纳自己的创业计划，并形成书面的创业计划书了。

第一节 创业计划与创业计划书

学习提示

创业计划是创业者叩响投资者大门的"敲门砖"，是创业者计划创立的业务的书面摘要，一份优秀的创业计划书往往会使创业者达到事半功倍的效果。通过本节的内容，了解创业计划的基本内容及其重要性,认识创业者在创业过程中准备创业计划的原因,了解做好创业计划所需要开展的准备工作。

一、创业计划书的内容与作用

(一) 认识创业计划书

创业计划是创业者在创业实施之前和初期为自己的创业行为做出的整体规划和路线。创业计划是创业前期准备的总结性节点,也是创业进入实质阶段的重要保障,同时还是创业者吸引投资的重要保障。良好的创业计划可以给创业者的创业活动带来积极有效的指引与保障,同时良好的创业计划展示也可以给投资者提供更准确判断创业项目价值的依据,为好的创业项目带来更好的发展机遇与基础。

对于一个学习创业和准备创业的人来说,对创业计划的认识和了解能够更好地帮助其在创业过程中有序、稳定地进行相关活动。

创业计划书是将有关创业的想法,借由白纸黑字最后落实的载体,是创业者计划创立业务的书面摘要。通过创业计划书可以描述创业项目中涉及的内外环境要素,并为业务的发展提供方向指导,同时也能为业务的评估提供标准和参考。可以说,创业计划书是创业者对整个创业设想的总结和概括。

在创业初期,许多创业者面临的局面都是千头万绪、一头雾水的,面对复杂的市场环境和艰苦的创业环境,创业者需要经常与其他创业者共同探讨,并不断增强自己关于创业业务的相关知识。创业计划书的起草与创业本身一样是一个复杂的系统工程,不但要对行业、市场进行充分的研究,而且还要有很好的文字功底。对于一个发展中的企业,专业的创业计划书既是寻找投资的必备材料,也是企业对自身的现状及未来发展战略全面思索和重新定位的过程。在创业之前,要学会将自己的创业想法形成完整全面的创业计划,并将自己的想法通过创业计划书的形式推广出去。这种自我推销的前提,是创业者在确定创业计划后,能够对自身的创业项目有清晰的路线认识,创业计划书就充当了创业者行动指南的角色。

【创业语录】

一旦他们将创业计划写到纸上,那些希望改变世界的天真想法就会变得实在且冲突不断。因此,文件本身的重要性远不如形成这个文件的过程。即使你并不试图去集资,你也应当准备一份创业计划书。

——盖伊·卡维萨基(硅谷著名创业家和风险投资者)

(二) 创业计划与创业计划书的关系

创业计划是一个相对宽泛的概念,创业计划的内涵也是相对丰富的。创业计划可以是一个相对具体的想法,也可以是一个讨论后的流程,还可以是一个详细的路线图。在创业中,创业计划既可以是长期的远景蓝图,也可以是短期的经营策略。

如果说广义创业计划是对创业者创业想法的总结和概括,是对创业中思维思路的统称,那么创业计划书则是创业计划在经过缜密思考、详细论证和高度概括后,形成的全面、系统的书面总结。在学习创业知识的过程中,狭义的创业计划,通常指的就是创业计划书,也就是创业计划的书面表达。

从创业计划到创业计划书,除了将创业设想和具体方针进行书面化的过程,更重要的是内容的系统性过程。在将创业计划撰写成创业计划书之前,要明白创业计划书的特点。

创业计划书要做到以下几点:

(1) 创业计划要表述清晰准确,使读者能够准确地明白创业者的创业诉求,并清楚表达创业者的创业动机。

(2) 创业计划要详细论述创业计划的具体环节,将创业想法的实施细节充分展现,让读者清楚了解创业者打算怎么做。明白创业计划实施的具体环节、方法、时间、地点等信息。

(3) 创业计划书要充分论证创业想法的可行性,使读者清晰了解创业计划中销售对象选择、销售方式设计的可行性。

(4) 创业计划书要充分运用图表、调查数据、模型、视频动画等多元展示形式,使创业计划书中传播的信息更生动、更令人信服。

【创业语录】

创业企业应该牢记,自己与小企业有本质的不同——有明确的最终目标去为之奋斗。这个山头打不上去,马上撤;一条路走不通,迅速换一条,调整是最普遍的现象。其实,名片网创业前期也有许多大企业作风的后遗症:凡事一定要计划战略,甚至要站在VC(风险投资)的角度考虑。现在我们不会了,一年多的实践,我们已经明白公司现今能顺利发展,是靠调整出来的,不是靠战略规划出来的,是靠灵活应变灵敏的嗅觉和顽强的生命力才能得以实现的。

——王青(原名片网CEO)

(三) 创业计划书的功能

创业计划书就是创业计划的一种文字表现形式,同时创业计划书也是创业计划进行展示和传播的载体。创业计划书通常是对整个创业计划的详细概括,其主要用途是递交给投资商,以便于他们能对企业或项目做出评判,从而使企业获得融资。创业计划书包含了创业计划中项目选择依据、决策依据、项目实现依据、存在问题与解决途径、市场分析、推广策略等,其主要功能可以概括为以下几个方面:

(1) 作为创业行动的指导纲领。创业计划书的首要作用是指导创业行为,将创业设想进行系统化和书面化后,创业计划中的思路就具备了转化为制度的可能。有了创业计划书的指导,可以让创业者在面对纷繁复杂的创业环境时,能够更准确地按照计划进行创业。

(2) 为未来的企业发展奠定基础。好的创业项目在经过创业初期的发展期后,都面临扩张的问题,市场的拓展和业务的新增都需要创业者能够做出重要的决策。创业计划书能够很好地为创业取得初期成果的企业提供更理性的发展路线依据,是企业能够清晰认识到自己初期市场的特点和创业项目发展的依据,保障创业者不偏离创业计划的方向。

(3) 创业计划是创业者对风险把控的重要手段。创业者在创业过程中往往难以把控选择带来的风险,创业计划作为对创业项目内部外部信息环境和发展方向的高度概括,可以作为创业项目具体行为的参考标准,同时也作为项目发展的衡量标准,为企业提供重要的参考,进而使创业者能够依据创业计划书的路线设计,有效把控风险和规避风险。

(四) 创业计划书的作用

创业计划书的作用主要表现在以下几点:

(1) 为创业提供"敲门砖"。创业计划书的首要作用是提交给投资者,使投资者看到创业计划的可行性和价值,并为创业者提供创业所需的资金动力。因此,创业计划书要便于投资者对创业项目进行判断,好的创业计划书能够使创业者达到事半功倍的效果。

（2）指导创业行动。创业计划书中清楚地表述了创业活动的关键方向和要素,向创业者提出了创业中需要重点注意的地方,以及在什么时间需要解决什么问题,可以有效指导创业者的创业行动。

（3）提供创业信息。创业计划书可以向创业的投资方、创业合作者和创业初期的重要客户提供创业计划的重要信息,塑造创业企业早期的良好形象。此外,创业计划还可以像企业发展中的加盟客户提供企业信息。一方面,增强加盟商对企业文化的认知；另一方面,也可以在创业计划的基础上,延伸出帮助加盟商创业的具体计划。

◎ 创业资讯站

大学生创业计划书大赛的起源

创业计划竞赛是近几年风靡全球高校的重要赛事。起源于美国,又称商业计划竞赛,自1983年得州大学奥斯汀分校举办首届商业计划竞赛以来,美国已有包括麻省理工学院、斯坦福大学等世界一流大学在内的十多所大学每年举办这一竞赛。最著名的MIT（麻省理工学院）"5万美金商业计划竞赛"已有十多年历史,每年都有五六家新的企业从竞赛中诞生,影响深远。Netscape、Excite、Yahoo!等公司就是在美国大学的创业氛围中诞生的。每年有相当数量的创业计划和创业团队被附近的高新技术企业以上百万美元的价格买走。这些由创业计划竞赛直接孵化出来的企业中,有的在短短几年内就成长为年营业额数十亿美元的大公司。

在中国,创业计划竞赛最早于1998年在清华大学举行。1999年,由共青团中央、中国科协、全国学联主办,清华大学承办的首届"挑战杯"中国大学生创业计划竞赛成功举行。竞赛汇集了全国120余所高校的近400件作品,在全国高校掀起了一轮创新、创业的热潮,产生了良好的社会影响。在社会各界的关心和支持下,一批创业计划进入了实际运行操作阶段,技术、资本与市场的结合向更深的层次推进。

经过多年的洗礼,创业计划竞赛使大学校园创新意识、创业能力的教育与培训工作得到了进一步发展,成为广大学生参与素质教育的新载体和科技活动的新形式,同时也成为高校之间尽显办学水平、教育质量和学生综合素质的一个重要窗口,活动引起了各高校的关注和重视。

（资讯来源：http://www.tiaozhanbei.net/,挑战杯全国大学生课外学术科技作品竞赛和创业计划大赛官方网站）

二、创业计划的基本结构

（一）创业计划是创业的基础

在开始制订创业计划之前和制订创业计划的过程中,创业团队中的每一成员都必须清晰地认识到创业计划在整个创业活动中起到的基础作用,可以说创业计划就是创业从想法变为实质的转折点,也是为今后创业的各个环节提供基础的范本。

因此在制订创业计划的过程中,创业者或创业团队的成员要能够充分地分析创业中所面临的和可能面临的各种问题,充分而全面地勾勒出完整的创业设想。要与市场的实际环境和消费者的实际需求相联系,避免空泛的、仅仅停留在思想层面的创业计划。

在创业计划的制订过程中,创业者可以开展多次的头脑风暴,集思广益将创业项目的细节进行梳理,反复对自己的创业想法提出质疑并解释质疑。可以通过向成功的创业者进行咨询和学习的方式补充自身经验的不足。在明白创业计划起到的基础作用的前提下，将创业计划中必须涉及的各个领域的问题进行详细的思考和梳理。

（二）创业计划的基本构成

在对创业计划的作用有充分认知，并反复思考讨论自身创业项目的基础上，可以进行创业计划具体内容的思考和准备，进而将创业计划形成系统的创业计划书。

创业计划书是对创业想法的全面总结，是对创业企业内部外部环境的重要分析，还是创业发展过程中诸多环节的具体指南。完整的创业计划要具备十大核心要素：

第一，对创业活动的基本描述。主要说明创业者要做什么，如何做，预期的效果是什么。

第二，机会分析和商业前景。主要说明创业者遇到了什么样的商业机会，特定的商机对自己的有利性，抓住和利用特定的商机，创业者将处于怎样的一个市场前景。

第三，你提供的产品或者服务。主要说明新创企业将提供怎样的产品或服务，这一类产品和服务的市场供求特点，新创企业将提供的产品和服务的具体特点。

第四，市场战略。主要说明新创企业的产品和服务选择进入市场的时机。将面对的竞争对手以及自己的竞争优势和劣势、心脏企业的目标市场定位、市场竞争战略及其具体的背景策略等等。

第五，生产具体产品或服务的技术方案。主要说明新创企业将提供的产品或服务的技术设计、技术路线、工艺技术方案以及生产方案等等，比如品种结构与规模等等。

第六，项目组织管理方案。主要说明怎样获取创业所需要的资源及投资，怎样进行创业团队的组织与人力资源的配置等等。

第七，营利性分析。主要说明具体创业项目的财务方案、营利性分析的模型、分析基础数据的来源以及相应的营利性分析结构等等。

第八，合法性的评估。主要说明具体的创业活动涉及哪些法律以及是否合乎相应的法律规定。

第九，风险分析。主要说明具体的创业活动中会遇到的风险因素。区分系统性和非系统性的风险因素，各类风险因素发生的概率大小，如何防范、规避以及化解有关的风险因素等等。

第十，项目结论与企业发展计划。主要说明具体的创业活动及项目的可行性的结论，相应的项目发展计划以及新创企业整体的发展计划。

以上是一般创业项目在制订创业计划时所需要涉及的重点内容，对于具体的创业项目，选择商品和服务种类的不同，其创业所面临的市场环境竞争压力也多有不同，创业计划中涉及的内容也并非一成不变的，创业者需要针对自身，选择创业项目的需求和实际条件，进行有目的性的补充或侧重。如一些无实体店的创业计划，就可以弱化地点的分析而加强对产品服务配送、目标消费群体等内容的分析。

【创业语录】

任何时候做任何事，定最好的计划，尽最大的努力，做最坏的准备。

——李想（汽车之家和泡泡网创始人）

（三）创业计划的信息整合

创业计划是一个多元化的信息集合体，在创业计划的制订过程中，信息的调查与分析往往是分散进行的，而在创业计划形成的过程中，必须要将原本分散的各种信息进行整合，这个整合的过程是将创业信息各个部分的要素进行一体化的过程,也是最终形成创业计划书的前提条件。

创业计划的信息整合实际上就是要将创业信息中原本独立的各个类别的信息进行逻辑关联。创业计划中包含了事业描述、产品服务描述、市场分析、营销策略、地点选择、财务预算、人事分析、团队分析、风险分析、前景分析等内容。好的创业计划,要注意这些类别的信息内部形成有机的联系,只有逻辑清晰的创业计划,才能消除内部信息可能存在的矛盾与盲区,才能更好地表述创业构想,更好地为创业行动提供指导作用。

在创业计划的制订过程中,很多创业者往往简单罗列创业计划中所需要分析的内容,而忽视这些内容中存在的客观联系。事实上,项目的选择决定了创业者要如何去调查市场,市场的环境又决定了创业者如何选择适合自己的地点范围和进入策略,对自身团队的管理和制度建设又必须满足创业所需的市场条件,企业长期的成长方向和风险评估则建立在对市场、产品、服务、制度和策略的综合考量基础上。真正决定一个创业计划好坏的,往往是创业项目中各个信息要素之间,能否有机结合在一起。

🎯 创业小案例

蒙牛的快速发展

牛根生在刚创立蒙牛时,和很多创业者一样,自身资金不足,资源不足,但是蒙牛的发展速度飞快。蒙牛是1999年成立的,到2005年时已成为占中国奶制品营业额第二大的公司,其中液态奶和冰激凌的产量都居全中国第一。

蒙牛的发展速度为什么这么快呢?这得益于牛根生的资源整合思维。在蒙牛创立之初,牛根生没有工厂,他就整合工厂、整合政府农村扶贫工程;没有资金,他就整合农村信用社资金;没有运输车,他就整合个体户投资买车;没有宿舍,他就整合政府出地,银行出钱,员工分期贷款。

就这样通过一系列整合,农民用信用社的贷款买牛,蒙牛用品牌担保农民生产出的牛奶包销。在这一系列的整合过程中,蒙牛没有投入一分钱,却使整个北方地区的300万农民都在为蒙牛养牛。

从蒙牛快速发展的案例中可以看出,蒙牛是通过资源整合完成的快速发展,这就是资源整合的魅力。对任何一个企业家来说,手中拥有的资源都是有限的,而企业发展的目标是远大的。如何用手中的现有资源来完成企业的发展目标呢?唯一的办法就是通过资源整合,就是用自己手中的资源与其他人交换自己所需要的资源,同时也要让对方得到他想要的资源。

(案例来源:蔡余杰《命运共同体》)

三、创业计划中的信息分析与市场调查

(一)创业计划中信息要素的收集和分析

准备创业计划的过程实际上就是信息的收集过程,创业计划是一个复杂的信息集合体,在创业计划的制订过程中,信息的收集工作是创业计划最重要的前期工作,同时信息收集的结果也是创业设想进行修正的最直接依据。

在专业创业计划书的准备中,要将所有关于这个创业计划的信息进行整合,更加严谨地对项目的可行性进行反复的思考,将整合的信息尽可能具体化地展现在创业计划中。

在创业计划完成之后,对创业前景的信息收集和分析是保障创业者坚定实施创业计划并不断努力实现创业前景的保障。

创业计划汇总,信息收集工作主要可以分为以下四个步骤:

(1) 明确信息收集方向

创业计划汇总所需的信息收集不是漫无目的的大海捞针,而是要针对自己创业计划的重点和面临的主要竞争,收集有针对性的信息。如主要竞争对手在产品和营销方面的信息,创业期间外部市场环境发展可能呈现的趋势等。

(2) 制订信息收集计划

信息收集需要一个周密完善的计划,面对复杂的信息收集对象,收集计划中应该明确不同层面的计划所需要的收集渠道,针对不同信息,要运用互联网、问卷、数据购买、电话访问、实地考察等不同方式进行信息收集。

(3) 确定信息收集实施方案

有了明确的方向和周密的计划,信息收集的执行过程,就是能否真正获取创业计划所需信息的实施环节。信息收集工作的组织实施,要做到在广泛性的基础上有选择地深入,重点是将不同渠道获取的杂乱信息进行整合。

(4) 归纳信息收集结果

信息收集在经过初步的整理后,需要进行科学的分析和归纳,使其成为能够直接提供给创业计划阅读者的有效信息。这就需要信息的收集在初步收集工作完成后,进行可视化的分析和整理。可以通过图表、资料汇编、调查报告等方式将收集到的信息资料转化为针对性的信息。

(二) 创业计划中市场调查的内容

在创业计划中,信息的收集和整理工作是支撑整个创业计划可行性的关键,也是创业计划能否正确引导创业活动以及创业计划能否成功获得资金支持的关键。在创业计划的相关信息收集工作中,最主要的工作就是与创业计划相关的市场调查。

市场调查是一种信息调查分析活动。就是指运用科学的方法,系统地收集、记录、整理有关市场营销的信息和资料,分析市场情况,了解市场现状及其发展趋势,为市场预测和营销决策提供客观的、正确的资料。

在创业计划中,市场调查针对的是与创业项目所设计的产品和服务有关的市场环境信息,包括消费者调查、市场环境分析、产品或服务调查、广告策略研究等。

创业计划中的消费者调查针对的是创业计划所设计的目标消费者,或者创业项目的潜在消费者群体,对消费者群体的消费预期、消费习惯、收入水平、现有同类产品消费体验等进行综合分析,为创业计划提供切入市场的独特卖点。

市场环境分析是针对创业计划中涉及的产品服务初步销售市场,通常是本地市场进行市场环境的调查。包括针对特定的产业区域做对照性的分析,从经济、科技等有组织的角度来做研究等内容。

产品或服务调查是针对创业想法中的产品或服务,在特定市场区域进行相关或同类产品服务的分析,以及此类产品过去的发展历史,并结合消费者调查和市场分析探索其未来可能的发展趋势。

(三) 创业计划中市场调查的作用

市场调查作为企业经营中需要不断重视的信息收集和分析工作,在企业发展的各个阶段都是必不可少的。在创业筹备期,市场调查对创业计划而言,主要表现为以下几点:

第一,帮助企业在确定创业计划时提供完善全面的行业先进经验和最新技术信息,使创业计划能够目的清晰、方向清楚,为创业计划的可行性提供保障。通过市场调查,有助于创业者充分了解市场经济动态和科技信息的资料信息,为创业计划提供最新的市场情报和技术生产情报,以便更好地学习和吸取同行业的先进经验和最新技术,增强产品和企业的竞争力,保障创业计划的方向正确。

第二,为创业计划做出科学的市场定位提供基础,使企业在创业期具有生存能力和竞争力。如今,多元化的市场情况在不断地发生变化,而促使市场发生变化的原因,不外乎产品、价格、分销、广告、推销等市场因素和有关政治、经济、文化、地理条件等市场环境因素。这两种因素往往又是相互联系和相互影响的,而且不断地发生变化。因此,好的创业计划需要企业适应这种变化,就只有通过广泛的市场调查,及时地了解各种市场因素和市场环境因素的变化,从而有针对性地采取措施,通过对市场因素,如价格、产品结构、广告等的调整,去应付市场竞争。对于创业者来说,能否及时了解市场变化情况,并适时适当地采取应变措施,是能否创业成功的关键。

第三,为创业计划能够制定良好的管理策略和营销策略提供基础。在创业计划进行制订时有许多具体的策略需要创业者考虑,如进行产品策略、价格策略、分销策略、广告和促销策略的制定,通常要了解的情况和考虑的问题是多方面的,主要有:产品在什么市场上销售较好,有发展潜力;在哪个具体的市场上预期可销售数量是多少;如何才能扩大企业产品的销售量;如何掌握产品的销售价格;如何制定产品价格;怎样组织产品推销等等。这些问题都只有通过具体的市场调查,才可以得到具体的答复,而且只有通过市场调查得来的具体答案才能作为决策的依据。否则,就会形成盲目的和脱离实际的决策。

(四) 创业计划中市场调查的方法

进过上文的论述,市场调查在创业计划制订过程中为具体创业方案提供数据支撑和决策依据,可以说,市场调查是创业计划中信息收集、整理和分析的最有效环节,也是创业计划的读者用以判断创业计划可行性和创业者专业性与态度的重要参考。

通常情况下市场调查的方法主要有观察法、实验法、访问法和问卷法。

(1) 观察法

观察法是社会调查和市场调查研究的最基本的方法。它是由调查人员根据调查研究的对象,利用眼睛、耳朵等感官以直接观察的方式对其进行考察并收集资料。例如,市场调查人员到被访问者的销售场所去观察商品的品牌及包装情况。

(2) 实验法

实验法由调查人员跟进调查的要求,用实验的方式,把调查的对象控制在特定的环境条件下,对其进行观察以获得相应的信息。控制对象可以是产品的价格、品质、包装等,在可控制的条件下观察市场现象,揭示在自然条件下不易发生的市场规律,这种方法主要用于市场销售实验和消费者使用实验。

(3) 访问法

访问法可以分为结构式访问、无结构式访问和集体访问。

结构式访问是使用设计好的、有一定结构的访问问卷的访问。调查人员要按照事先设计好的调查表或访问提纲进行访问,要以相同的提问方式和记录方式进行访问。提问的语气和态度也要尽可能地保持一致。

无结构式访问没有统一问卷,由调查人员与被访问者自由交谈。它可以根据调查的内容,进行广泛的交流。如对商品的价格进行交谈,了解被调查者对价格的看法。

集体访问是通过集体座谈的方式听取被访问者的想法,收集信息资料。可以分为专家集体访问和消费者集体访问。

通常,创业者要随机挑选 20 个以上的调查对象,样本尽可能多样化或者针对产品的潜在人群。

(4) 问卷法

问卷法是通过设计调查问卷,让被调查者填写调查表以获得所调查对象的信息。在调查中将调查的资料设计成问卷后,让调查对象将自己的意见或答案,填入问卷中。在一般进行的实地调查中,以问卷法采用最广;同时问卷调查法在网络市场调查中运用得较为普遍。问卷调查因其针对性强,操作简单,是创业者在创业初期和创业计划制订阶段最常使用的调查方法。

通常,创业者要根据自身状况设计好调查问卷的问题,着重思考几个关键的问题,根据这些选项来验证你的创业想法是否可行,这样的产品假设用户是否可以接受,一般采取随机抽样调查法,在 200 份到 300 份之间挑出一半以上的有效答卷。

【创业语录】

只有先声夺人,出奇制胜,不断创造新的体制、新的产品、新的市场和压倒竞争对手的新形势,企业才能立于不败之地。

——黄汉清(深圳金田实业股份有限公司董事长)

只有在充分了解消费者需要的基础上,发现消费者真正需要的产品,才有可能发现更多的机会,不断改进产品和营销组合,真正满足消费者的需要。

——蔡滟《浅谈消费者的需求管理》

第二节 创业计划书的撰写与展示

学习提示

了解撰写创业计划书的方法,创业计划展示过程中需要注意的问题,以及创业计划书各构成部分的相对重要性。

一、创业构想的内容

在将创业计划转化为创业计划书的过程中,首先要充分研讨创业构想,将已经形成的创业计划、已经收集的调研数据和已经形成的基本思路进行再次的梳理,并在创业构想中重点考虑创业计划书撰写过程中,需要重点论证的内容。

创业构想是创业者在创业想法形成于事实过程中,对创业计划的思考论证和分析,在创业开始前,面对这样一个复杂的系统工作,创业者需要形成一个完整的创业构想。创业构想涵盖了创业计划的方方面面,创业计划书的专业就开始于完整的创业构想。一个完整的创业构想，应当包含行业定位、竞争优势、竞争者分析、目标客户以及经营策略。

（一）行业定位

行业定位是指某一区域根据投资者自身具有的综合优势和独特优势、所处的经济发展阶段以及各产业的运行特点，合理地进行行业发展规划和布局。创业计划中的行业定位是创业者确定创业方向和目标的重要环节。创业项目选择的行业是市场竞争激烈还是市场空白是行业定位需要分析的核心问题。在成熟的行业中，市场发展已经相对趋于饱和，创业计划中要明确表述创业者所选择的项目如何在成熟行业的饱和市场中开辟新的市场空间；在空白市场的行业中，创业计划则需要详细说明选择这一新兴产品或服务的理由，以及如何开辟新的空白领域市场。

（二）竞争优势

在大多数创业者的创业计划中，选择的项目所处的并不是完全没有开辟的全新市场，反而是已经发展成熟的稳定市场。成功的创业者通常通过一个对传统市场中产品和服务的技术创新获得其他同行业者并不具备的竞争力，进而取得成功；或者，通过对传统市场中营销模式的改革使消费者获得不同以往的更好的消费体验，使企业取得同行业者无法达到的效率进而创业成功。无论是对产品的创新还是对模式的改革，在创业计划中，创业者需要重点论述创业项目面对传统市场已经站稳脚跟的诸多竞争对手时，需要通过什么方式塑造自己的核心竞争力，并说明这种核心竞争力无法在短时间内被传统行业中的对手快速模仿或超越。创新是创业计划书中需要重点说明的环节，要通过对自身项目创新的表述，突出自己的竞争优势在哪里。对竞争优势的分析需要创业者对自己的创业项目和创业项目所处的市场，有足够的了解。

（三）竞争者分析

在创业计划中，创业者所选择的创业项目有没有市场竞争者？市场竞争者具有什么样的特点？竞争者是否与创业者所设计的创业计划有相同或相似的目标客户？都是需要在创业构想中进行分析的。对竞争对手和潜在竞争对手的分析，是创业构想中相对具体的环节，同时也是创业后能够准确判断竞争态势，做到在商业竞争中知己知彼的必要条件。竞争者分析的主要目的在于评估竞争对手对本公司的竞争性行动可能采取的战略和反应，从而有效地制定自己的战略方向及战略措施。对竞争对手进行分析是确定企业在行业中战略地位的重要方法。

对大量收集到的竞争对手资料应建立完善的竞争对手分析数据库，以便充分、及时地使用。应当收集的数据包括以下内容：

- 竞争对手或潜在竞争对手的名字。
- 作业场所的数量和位置。
- 每个单位的人员数量和特征。
- 竞争对手组织和业务单位结构的详细情况。
- 产品和服务范围情况，包括相对质量和价格。
- 按顾客和地区细分的市场详情。
- 沟通策略、开支水平、时间安排、媒体选择、促销活动和广告支持等销售和服务组织的详情，包括数量、组织、责任、重要客户需求的特殊程序、小组销售能力和销售人员划分方法、市场（包括重要客户需求的确认与服务）的详情、顾客忠诚度估计和市场形象。

- 顾客忠诚度的估计和相对市场形象有关研发费用、设备、开发主题、特殊技能和特征的详情，及地理覆盖区域有关作业和系统设备的详情，包括能力、规模、范围、新旧程度、利用情况、产出效率评价、资本密集度和重置政策。
- 重要顾客和供应商的详情。
- 职员数量、生产力、工资水平、奖惩政策、竞争对手组织内部关键人员的详情。
- 控制、信息和计划系统的详情。

利用这个数据库，可以分析和评价竞争对手未来的战略行动，并提出指导客户获得和保持竞争优势的建议。

(四) 目标客户

目标客户是指企业的产品或者服务的针对对象，是企业产品的直接购买者或使用者。对目标客户的定位需要结合创业项目的具体情况，分析消费者的文化程度、分布范围、群体数量、心理需求、时尚认知等多种内容，不同行业的目标消费者，分析侧重点也不同。目标客户要解决的根本问题是企业准备向哪些市场区间传递价值。

如服装行业的目标消费者分析就需要创业者首先进行顾客的基本类型划分，对选定的顾客群体进行分析，了解他们的生活方式、消费习惯、身份地位、生活空间等生活需求，根据分析推断顾客群体的审美观念、消费动机、品牌意识、流行敏感度等时尚需求，最后根据顾客的品牌观念、生活方式、文化品位、个性风格、价值取向、消费动机等共性特征，最终确定目标顾客群体着装需求。

企业与市场营销渠道中的各种力量保持密切关系的目的就是为了有效地向其目标客户提供产品和服务。客户的需求正是企业营销努力的起点和核心。因此，认真分析目标客户需求的特点和变化趋势是企业极其重要的基础工作。

(五) 经营策略

经营策略是企业在竞争的环境中，考量本身的优劣，据以形成优势和创造生存与发展空间所采取的反应。创业创想中的经营策略是创业计划中将创业的想法与前期信息收集分析的结果真正落到实处的环节，是创业活动具体实施的具体策略。针对一个创业方案，经营策略的作用是在创业目标确定后，帮助创业计划找到实现目标的方法和途径。在创业期，精英策略包含规划合理的创业步骤、制定清晰的创业原则、确定明确的创业条件、建立良好的投资关系以及组织高效的创业团队。

经营策略不能一成不变，必须随内部条件、外部环境的变动而调整。管理也必须根据企业体制、不同的阶段，有不同的管理模式。其主要特点可概括为如下五点：

(1) 整体性特点。它以企业整体发展为目标，规定了经营方向和整体行为，它对企业各个部门和各个层次的经营活动和管理行为都具有制约作用和指导作用。

(2) 长期性特点。它以企业未来发展为指向，规定了企业在一个较长时期内的发展方针和目标。在调研预测和科学策划基础上，高瞻远瞩、深谋远虑地谋求长远发展和长远利益。它既兼顾企业现实，又制约着只顾"当年红""当届红"等靠拼设备和滥用资源的短期行为。

(3) 权威性特点。它以发挥战略整体功能为指向，规定了企业的战略目标、战略重点和战略对策，是一种经营全局的战略决策，对企业一切经营活动和管理行为都具有权威性的纲领性作用。

（4）竞争性特点。它以不断扩大企业市场面，以市场占有率为指向，规定了寻求市场机会、排除风险威胁和与竞争对手争高低的战略及策略，从而谋求提高企业竞争的整体能力，争得企业竞争的主动地位，使企业在激烈的竞争中持续发展和不断振兴。

（5）适应性特点。它以企业外部环境变化为指向，创造条件采取相应对策实现战略任务而努力，在保持相对稳定的基础上，不断追踪市场环境变化，与时俱进地做出必要的调整，从而确保企业经营战略目标与市场环境变化不断适应，保持适应—稳定—应变—再适应的良性循环。

二、创业面临的内部环境与外部环境困难

在创业计划撰写之前，要充分认识到创业面临的内部环境和外部环境，以及来自内部和外部的困难。充分认识创业的内外部环境，全面考虑创业面临的困难并制定针对性的解决方案，是保障创业计划可行和创业能够平稳进行的关键。

（一）内部环境带来的困难

在企业管理中，企业内部环境是指企业内部的物质、文化环境的总和，包括企业资源、企业能力、企业文化等因素，也称企业内部条件。即组织内部的一种共享价值体系，包括企业的指导思想、经营理念和工作作风。对于创业者而言，将来企业的内部环境很大程度上还仅仅是停留在创业者思想中的未来规划，除创业团队外，企业的内部环境无法与形成规模的大企业相比。但相对简单的团队内部环境，却由于其时间的特殊性，对将来创业计划实施后企业内部建设的发展起到决定性的作用。对于创业计划的制订来说，充分考虑和积极应对来自企业内部环境的困难是创业者在创业计划中必须考虑的问题。

对于创业期间来自内部的困难，可以归纳为创业者自身的问题和团队组建的问题两个方面。

创业者自身的问题首先表现在创业者心理位置的调整，从一个学生或一个企业工作人员甚至一个政府工作人员，转型为一个创业者的过程，除了从事工作的差异外，更重要的是创业者内心角色的切换和作为创业团队负责人的心理建设。在创业初期，创业者要在创业工作中投入大量的时间和精力，这会将创业者在创业之前的生活节奏打乱，同时也是对创业者身体素质的考验。心理的转型和身体的准备是创业者面临的一个容易忽视却普遍存在的问题。

创业者自身的问题还表现在自身对于创业所需的知识、能力和资源准备不足。随着互联网经济的快速发展，今天的创业环境比之前的任何时期都更为开放，但同时也更为激烈。创业者在大学中所学习的知识，本身就由于时效问题和行业的实际发展存在一定差距，作为创业者，更需要对自己创业所选择的行业有充分的认识。今天，大多数创业者，特别是大学生创业者面临的问题就是自身知识、能力的不足。由于缺乏社会实践的经验和企业管理的经验，导致不少创业者在社会关系维护、创业所需资源的调配上存在较大困难。对于创业者来说，构建一支在知识和能力上能够实现互补、在资源占有中能够协调共享的团队，并培养创业者和创业团队的学习意识，实现创业团队的互补化和终身学习的精神，是克服创业过程中创业者自身对创业所需知识、能力和资源准备不足的有效方法。

在团队建设方面，初创期的企业往往面临缺乏资金的问题，这就导致企业难以招聘到高水平的人才，人才短缺和企业管理者管理经验的欠缺共同导致了创业团队结构不合理和成

员流失难以控制的问题,这是创业期的企业常见的管理难题。在创业计划的制订过程中,要针对这个普遍问题,充分考虑解决办法。如何积极寻求初创期企业需要的稳定人才,如何组建高效的工作团队,如何建立适应企业发展和员工需要的奖励、评价、惩罚、学习、协调机制,是企业能否度过创业不稳定期的关键。

(二) 外部环境带来的困难

企业外部环境是对企业外部的政治环境、社会环境、技术环境、经济环境等的总称。对于创业期的企业而言,来自外部环境的困难通常是显而易见的。选择成熟市场的创业项目,往往面临来自经济环境的压力,资金、市场、消费者的问题可能在创业期集中出现,给企业带来持续不断的压力。当创业者选择一个确定的项目后,可能发现项目运行过程中的收益远远低于预期,顾客数量少、产品知名度低,这都是创业者必须经历的一个阶段。如何度过创业初期外部环境中来自市场和经济环境的压力,快速使自己的产品和服务融入一个成熟的市场中,需要企业在创业期制定能够承受短时间内发展速度缓慢带来的经济压力的方案,同时制定适合自己创业项目的品牌宣传策略。

除创业期的市场和经济环境带来的困难外,创业期企业面临的社会政治环境也会成为威胁创业项目发展的潜在因素。一些极具创新性的项目,在获得大额融资之后,可以克服市场资源不足、品牌知名度低的困难,但却要面对来自政策的不确定性。尤其是一些对传统行业带来变革的创业项目,如互联网金融融资的创业项目、专车软件等,在快速占有市场后,面临的是由其发展导致的社会和行业问题,这些问题会促使政府出台相关政策,对企业的快速发展带来不可预期的困难。面对来自政治和社会环境的潜在困境,创业者要充分把握自己选择的创业项目在未来一段时间内,在社会政治发展趋势中可能受到的负面影响,并提前做出准备。

三、创业计划书的撰写

创业计划书的撰写是将创业计划中涉及的诸多内容文字化的过程,在目前现有的创业计划书格式中,不同投资者要求的创业格式多种多样。如天使基金、中国青年创业国际计划(YBC)、银行的创业贷款等,都会要求创业者提供不同格式的创业计划以供投资方审查。虽然各种类型的创业计划书在格式和内容形式上有所不同,但创业计划书所需要的核心内容都是基本相同的。撰写创业计划书的步骤、技巧和环节也都有着相对统一的标准。

(一) 创业计划书的撰写步骤

【创业语录】

一份好的创业计划书可以节省创业者相当多的时间和金钱,减轻他们在商业概念形成之前,而不是在企业创建之后的心中之痛。

——布鲁斯·R.巴林杰

创业计划书在撰写时应当遵循目标明确、优势突出、内容翔实、要素齐全、通俗易懂、结构严谨、风格统一、详略得当、篇幅适当等原则。要保证创业计划书在撰写后能够符合上述要求,就需要在撰写过程中,严格按照规范的步骤进行。

第一个步骤是经验学习。在准备撰写创业计划书之前,需要针对自己的创业计划,寻求类似的成功企业经验,通过对其他企业相关资料和创业成功团队创业计划书的学习,积累撰写创业计划书所需要的经验。

第二个步骤是创业构思。在开始创业计划书的撰写工作之前,创业者通常会产生一个相对具体的创业想法,这个想法在经过创业者的经验学习之后,会变得更为具体可行,通过对创业计划中所涉及的一些问题进行初步的构思,能够在思想层面形成创业计划的雏形,并为后续步骤打下基础。

第三个步骤是市场调研。在前面的课程中,市场调研在创业计划制订和创业项目的实施过程中起到的重要作用已经多次被提及。在创业计划撰写之前,市场调查是对创业构想的具体化过程,同时也是对创业计划的真正系统化审视的过程。在创业计划的撰写中,要想将创业计划完成得符合前文中要求的标准,市场调研是必不可少的环节。

第四个步骤是方案的起草流程。在前三个步骤进行完毕之后,创业团队需要将积累的经验、创业构想的内容、市场调查收集分析后获得的数据结论,进行综合的分析,并拟定创业计划的大纲,由一人或多人分工完成创业计划转化为创业计划书的工作,最终形成创业计划书的草案。这个过程是创业计划撰写的核心过程,其中的撰写技巧将在后面的课程中学习。

第五个步骤是修饰阶段。修饰阶段包括对草稿内容的修饰和对创业计划书装订形式的修饰两个方面。在内容方面,创业计划的初稿完成后,通常会出现语句不顺、内容重复或缺失等问题,如果是分工完成的,还容易出现同一份创业计划书不同部分的表达风格差异过大的现象。对创业计划书内容的修饰,就是要将内容的重复缺失部分进行删减补充,对内容中表述不清的语句进行修正,对不同部分的表达风格进行修改统一。在形式修饰方面,完成后的创业计划书,需要将其中核心的内容进行压缩,形成一个一页到两页的摘要,提供给投资方快速审阅。摘要往往是读者对整个创业计划进行评判的重要依据,也是最初的依据,失败的摘要往往会导致创业计划书还没有被阅读就失败的命运。除摘要外,创业计划书要细致,有一个好看得体的封面,注重内部的细节,如目录、页码、图表、图片的编排等。

第六个步骤是检查。在创业计划书撰写修改装订完毕后,要对创业计划书进行详细的检查,可以从以下几个方面加以检查:

- 创业计划书是否显示出创业者具有管理公司的经验。
- 创业计划书是否显示了创业者有能力偿还贷款或为投资方带来收益。
- 创业计划书是否显示出创业者已进行过完整的市场分析。
- 创业计划书是否容易被投资者所领会。创业计划书应该备有索引和目录,以便投资者可以较容易地查阅各个章节。还应保证目录中的信息真实并且符合逻辑顺序。
- 创业计划书中是否有计划摘要并放在了最前面,计划摘要相当于公司创业计划书的封面,投资者首先会看它。
- 创业计划书是否还存在文字、语法、格式等低级错误。
- 创业计划书能否消除投资方对创业项目所提供产品或服务存在的疑虑。

创业计划书的撰写从前期到后期遵循上述六个步骤进行,无论创业者需要撰写什么格式的创业计划,都能够做到创业计划书的基础扎实、内容详尽、整体美观。

(二)创业计划书的撰写技巧

在撰写创业计划书时,要避免盲目而没有重点的撰写,避免什么都想说却什么都说不清。起草计划书的过程中,要对以下问题进行重点描述,使读者对其有清晰的认识。

1. 项目介绍

如果是已经创立并开始运营的公司,就主要介绍企业的基本情况,你可以介绍你们公司的名称、你们的主营业务,包括产品与服务是什么,以后这个产品想要取得一个什么样的成就,公司一路发展过来的经历。

如果是初创团队还没有建立公司的,就可以介绍一下自身项目及项目参与团队成员,通过几句话简明扼要地概述项目是什么,让人能够一眼就知道你们是做什么的。

2. 市场分析

目前整体项目的市场状况,市场是否饱和,你们的产品进入市场后还有什么盈利的机会,能获取多少市场份额等等。

可以从三个方面来入手:

首先是市场整体分析,需要证明市场需求的存在以及这个市场需求容量。

其次是市场验证,证明你所从事的领域确实存在市场需求,其他公司或竞争对手的数据。

最后是市场规模,严谨地测算你未来从事领域的总的市场容量有多大。

3. 竞争力分析

对目前的竞争对手以及潜在的竞争对手进行详细介绍和对比分析,客观地去评价竞争对手。

找到自身的核心竞争力,主要说明企业对核心能力的构建计划,除此之外,还可以分析下开发团队人员的实力等等。最重要的一点,创业者要向投资者介绍如何构建企业价值链。

4. 风险分析

论述你们这家互联网创业公司所面临的各种风险,并制定风险方法措施。使投资人和团队了解这些困难,并协助创业者规避风险因素。

风险分析可以从以下几个方面来写:

技术风险。产品的生产和售后服务存在不确定性,产品开发出来后,如果不能成功地生产出产品或进行大批量生产,仍不能完成风险投资的全过程。

管理风险。在企业的决策过程中本来存在不可避免的风险,比如现实与预期的不一致性,这是我们决策过程中不可避免的风险。

人力资源风险。人才是一个公司发展的动力和源泉,企业存在内部奖励机制和约束机制不尽健全的地方,就可能存在导致人才流失而影响公司经营的风险。

5. 营销策略

首先要确定好你的目标客户和目标市场。可以通过思考这些问题来进行确定:你们公司的产品或服务主要是为了满足哪些用户的需求?你对这个群体的顾客的了解有多少?你的目标用户主要是男性用户还是女性用户?你的目标用户主要是哪个年龄段的?这个目标人群大概有多大规模?目标用户主要住在哪里?他们大概处于什么样的收入水平?在购买产品或服务时,他们是否有什么特别的偏好或顾虑?

在确定目标客户和市场之后就采取差异化的营销方式来将你自身的产品和服务渗透到这一细分市场中去;针对细分市场去设计可以获取用户的推广营销方式,结合各种平台来进行品牌推广等。

6. 创业团队

要着重介绍创业团队的整体人员状况和职能分工。

7. 财务预测

这部分内容需要包括以下三点最重要的信息：现金流量表、损益表和你的资产负债表。虽然这三点是相互关联的，但它们衡量的是一家公司财务状况的不同方面的信息。

同时对相关财务风险进行一下分析，具体分析公司经营发展过程中可能面临的关键性风险因素，对公司的影响程度以及可行的应对措施。

8. 融资方案

关于融资方案可以简单从三点来介绍。

首先是融资的金额，一般以一年作为资金需求规划的时间，概述在未来6～12个月内，推进项目需要多少资金。

其次是融资的使用，即融资之后把这些资金使用到哪个方面。

最后是融资推进的目标，即融资后可以将项目推进到的目标是什么。

此外，在投资者看来，创业计划的长期计划中需要有一个明确的退出机制设定。投资者不会长期持有创业者企业的所有权，而是希望在一定时间内获得预期收益并退出。退出机制一般可以设定为上市后，由投资方出售自己所持公司原始股权；或发展到一定规模后，创业团队通过回购股份的方式使投资方撤出资金。无论选择哪种方式，都需要将时间、步骤和可行性分析完整地展现在创业计划书中。

9. 发展规划

发展规划也就是你这个项目的未来计划，包括产品发展、企业运营、市场开拓等；这不是让你去假设很多不切实际的事，而是去模拟未来可能发生的事，让未来事情发生时，有更好的解决对策。

计划是对未来的分析、思考和对现在的总结。

一份好的商业计划书应该写得让人明白，避免使用过多的专业词汇，聚焦于特定的策略、目标、计划和行动。从总体来看，写商业计划的原则是：简明扼要、条理清晰、内容完整、语言通畅易懂、意思表述精确。

> **创业小案例**
>
> ## 美图公司的发展
>
> 美图，中国的照片编辑应用程序，是十多年来香港最大规模的IPO。公司估值49亿美元，并募集6.3亿美元资金。这标志着中国科技市场的一个里程碑——对于早期投资者创新工场来说，它的投资回报高达40倍。
>
> 2013年，创新工场领投了美图的A轮融资。2014年，启明创投参与了美图1 000万美元B轮融资。
>
> 美图之所以成为一个强大的投资标的企业，不仅仅是因为它是一个"模仿者"。还在于投资者担心错过机会(FOMO)，往往会导致其他市场对"我也是"的想法过度投资。在错过了美国Groupon等成功案例后，投资者会前往海外寻找完美的复制品。这些海外投资者往往忽略了一个产品想要获得黏性和成功，所需本地化的细微差别。
>
> 美图不只是一个照片编辑或"脸部优化"应用程序，美图还处在中国独一无二的两股巨大力量的滑流中。
>
> 首先，移动设备的爆发。在美图移动应用程序推出后，中国的智能手机使用量开始呈指数增

长,这给了应用程序一个有机的增长引擎。

其次,人们对美的渴望越来越强烈。在美图推出的时候,与其邻国相比,中国的整形手术的人均手术率非常低。到2014年,有700万中国人到国外去整容。

投资者的资金,帮助美图在照片编辑应用程序背后拓展业务。

美图的六大旗舰应用程序是美图、BeautyCam、美拍、Beauty Plus、SelfieCity和MakeupPlus,频繁出现在中国应用商店排行榜前列。

截至2020年12月,美图公司的影像及社区应用矩阵已在全球22.2亿台独立设备上激活,月活跃用户超过2.61亿。除此之外,美图公司目前在海外已拥有了超过8.85亿的用户,在印度尼西亚、泰国、巴基斯坦、越南、美国、巴西、日本、孟加拉国、菲律宾、韩国、马来西亚、尼日利亚、墨西哥、加拿大、土耳其这15个国家各拥有超过1 000万总用户。

美图的经验是,在考察当地市场时,要了解什么会使某个产品具有用户黏性。模仿公司只了解公司的想法——针对特定环境的公司实际上可以确定执行。

(案例来源:美图官方网站 https://www.meitu.com/)

(三)创业计划书的框架和格式

创业计划书的撰写需要有一个相对系统的框架,完整的框架是创业者在起草创业计划书时首先进行的环节。创业者应当根据自己的创业项目和创业计划书投递方的格式要求进行有侧重的框架构建。一般情况下,创业计划书框架包含下面所列模板的部分。

创业计划结构模板

摘要
1. 执行总结
   1.1 项目背景
   1.2 目标规划
   1.3 市场前景
2. 市场分析
   2.1 客户分析
   2.2 需求分析
   2.3 竞争分析
3. 公司概述
   3.1 公司概况
   3.2 总体战略
   3.3 发展战略
      3.3.1 初期战略
      3.3.2 中期战略
      3.3.3 长期战略
   3.4 人力资源组织
   3.5 财务管理制度
   3.6 企业文化
   3.7 服务概述

4. 组织管理体系
   4.1 组织机构
   4.2 部门职责
   4.3 管理模式
5. 投资策略
   5.1 股份募资
   5.2 项目融资
6. 营销战略
   6.1 营销目标
   6.2 营销模式
   6.3 产品流动模式
7. 财务分析
   7.1 营业费用预算
   7.2 销售预算
   7.3 现金流量表
   7.4 盈亏分析
8. 风险分析
   8.1 机遇
   8.2 风险及策略
退出策略

(案例来源:百度百科《创业计划书模板》)

上文中所列出的创业计划书的模板，是一般创业项目在撰写规划书时需要涉及的部分。但创业者在实际撰写自己企业的创业规划书时，可参考上述模板结合自己企业的实际情况、创业者在创业构想阶段与信息收集阶段的实际成果，有选择有重点地撰写自己的创业计划书。

四、创业计划书的展示技巧

创业计划书是将创业计划、创业构想和创业前期进行的信息收集分析后的成果按照创业者和投资方的实际需求，系统转化为书面文字的成果。创业计划在完成了前期构想和信息收集以及创业计划书的撰写后，还需要按照合理、有效的方式将创业计划展示给投资者和合作方。好的创业计划和创业计划书，需要与之相匹配的创业计划展示方案，才能真正发挥效果。一些创业者拥有良好的创业想法，也做了大量的前期工作，但因为创业计划的展示环节没有达到预期效果，便无法获得创业初期的资金支持。关于创业计划书展示技巧的学习，我们首先要明白，适合被展示的创业计划书需要有哪些特点，然后再掌握展示创业计划书的技巧。

（一）什么是适合展示的创业计划书

创业计划书的展示过程，无论采取什么样的形式或者方法进行展示，其展示的都是创业者在撰写创业计划书时的内容。从创业计划书的内容来看，满足以下条件的创业计划书是适合展示的。

第一，内容详略得当、重点突出的创业计划书。创业计划书内容涵盖了创业构思和市场调研的方方面面，不少创业者为了使自己的创业计划书看起来更充实，往往将能够想到的和收集到的资料全部加入创业计划书中，这就造成了创业计划书冗长而没有重点的问题。在展示的过程中，创业计划书不可能百分之百地被人接受，也不可能全篇一字不差地进行展示，尤其是通过PPT、视频、讲解等方式进行的展示，就需要创业计划书能够有明确的结构逻辑、突出的重点，使创业计划的展示能够显得环节紧凑、重点明晰。

第二，善于使用多种表达方式的创业计划书。一篇好的创业计划书，要做到简单直观，并给人留下深刻印象。创业计划书中，涉及产品服务的设计、企业管理的模式、市场环境的分析、消费者的调查等重要环节内容时，单纯地使用文字和数字进行阐述，往往显得枯燥乏味。同时文字表达的问题在于不能将内容间的对比关系直观地展示出来，往往仅使用文字表述调查分析结果的计划书，在阅读体验上无法凸显调查分析结果的重要性和价值。在展示创业计划书的环节中，创业者想用有限的时间展示内容翔实的创业计划，就需要在撰写创业计划书时学会运用诸如图表、视频动画、效果图等多元化的表达方式，将原本抽象的语言文字符号转化为可视化的具象表达方式。

第三，优秀的创业计划书摘要。创业计划书的摘要是在创业计划书完成后，能够用简洁的语言高度概括创业计划书的内容，并集中体现创业者创业构想核心要素的部分。在创业展示的过程中，由于时间和空间限制，投资方往往不能全篇高度集中地了解创业者的想法和计划，创业计划书的摘要就成了创业展示过程中最为重要的部分。通过将摘要转化为各种形式的展示内容，如视频短片、演讲、PPT文稿，可以快速地使投资者认识到创业者的具体想法和创业项目的投资价值。可以说，好的摘要是能够被更好展示的创业计划书的必备条件。

第四，长度适中的创业计划书。创业计划书过长或过短，都不利于创业计划书的展示。过长的创业计划书，在展示过程中，如果追求全面的展示，则会使展示时间过长，一方面不符合展示组织方的要求；另一方面，即便全部展示，也往往给人带来观看疲劳不得重点的感受。

过短的创业计划书,在展示的过程中,无法全面地阐述自己创业项目所需的计划内容,还会给人以创业者准备不充分、思路不清晰、工作不扎实的不良印象。

【企业家提示】

一份计划书是否吸引人不在于篇幅长短,但是太短的计划书也不可能把你的盈利模式阐述清楚。建议20~50页为好。

(二) 创业计划展示的基本技巧

除了满足上述基本条件外,一个适合展示给大家看的创业计划,还需要引用合理的技巧才能真正成为吸引人眼球的。创业计划在展示的过程中,需要创业者和创业计划结合,将原本客观的创业计划,加入一定的人的情感因素去表达。

【创业语录】

如果你打算让你的公司利润最大化,创业计划将告诉你答案并尽可能帮助你避免成为企业失败支付高昂的学费。避免创建一家注定失败的企业的成本要远远低于从经验中学习的成本。而让你了解这一切的只不过是全神贯注地花几个小时完成一份创业计划。

——约瑟夫·曼库索(美国首席执行官俱乐部主席)

首先,创业者展示创业计划时要能够融入自己的激情。对于创业者来说,创业的动力一方面来自技术产品的创新,另一方面则来自创业者对自己人生价值实现的渴望。在展示创业计划时,将自己对创业的激情融入创业计划的展示环节,尤其在演讲、回答提问的环节中,能够让投资者和合作方感受到来自创业者的自信与激情,往往能够起到事半功倍的效果。

其次,创业者要尽可能地将自己的创业产品或服务,以实物或模型的方式展示出来。眼见为实是创业者向投资方推销自己的创业计划时最有效的方式。如果创业者做的是食品,则提供样品给投资方的代表品尝;如果是工具,则现场展示工具的作用。诸如此类的方式,看似是最简单的实物推销行为,但却最能集中体现创业者创业项目中产品或服务的创新性和价值。如果一些产品或服务无法拿出样品或模型来展示,创业者就需要在展示创业计划时,尽可能地把生产过程、服务模式用视频动画的方式进行演示。

最后,创业者要学会运用简短的时间阐述自己的创业计划。在创业者进行路演或寻求投资的时候,往往面临需要在极短的时间内给投资者留下深刻印象的情况。如在创业者回答投资方提问的环节中,往往只有一分钟的时间,这就需要创业者在展示创业计划时,能够用三两句话完整概括创业计划中所需回答的重点。创业者可以在创业计划展示前做好相应的准备,用三句话概括计划内容,如第一句话说明自己要做的是什么项目,第二句话说明自己需要什么样的资金支持和具体用途,第三句话要强调自己选择的创业项目未来在市场中的发展趋势和潜力,也就是创业项目的价值。

巩 固 与 训 练

案例分析

案例1 大学生奶茶产品创业计划的摘要分析

1. 创业计划摘要

公司名称:××奶茶店

主要产品：奶茶

经营范围：销售奶茶、果汁等饮料。

营业地点：

2. 战略目标

（1）公司的战略目标

建立自己的校园奶茶品牌，收回初始投资，积累无形资产。校园虽然有很多奶茶店，但是我们会增加奶茶店的知名度，最大化校园市场份额。

（2）核心竞争力分析

我们的奶茶饮料结合了香气、有珍珠的各种优势，不仅关注产品质量、味道、包装，更注重身体的调理，是真正健康、好喝的奶茶。这是我们的优势，也是我们击败其他品牌、击败周围其他商店成为"奶茶之王"重要的法宝。我们的包装是我们自己设计的，独特的包装也是我们的特点之一。

3. 消费者分析

（1）消费者特征。学生是主要力量，调查显示，最常喝奶茶的女性比例高于男性。这与女性消费者对奶茶饮料的健康和时尚特性的重视程度无关。由于奶茶对皮肤具有保湿和美白作用，椰子是一种粗纤维食品，它可以填饱肚子而且绝对无脂，因此，美容和减肥是女性选择奶茶比男性更多的主要原因之一。

（2）由于消费者的需求是奶茶店，有必要确保商店干净舒适，这还不够，我们还需要使商店布局与众不同、非传统，让消费者渴望进屋逛逛。当然这只是表面包装，奶茶的质量和包装是客户最感兴趣的。因此，奶茶的每个生产过程都将有严格的安全检查，不会有掺假、分量不足的现象。此外，能够进行一些独特的促销活动，例如买两杯赠送汤匙，购买三杯或以上可获得可爱的配件；小商店必须有自己的特色，例如有卡通人物。

4. 经营理念

用创新和灵活的商业模式吸引消费者。

用优质的服务满足大多数消费者的需求。

在安全舒适的环境中为大多数消费者群体提供便利。

以创新和独特的企业文化回报广大的消费者群体。

奶茶店的企业文化：全心全意为广大学生消费群体服务，让他们在安全舒适的环境中体验简单和美味。让凉爽的奶茶带走夏天的高温！让温暖的奶茶驱散冬天的严寒！

5. 经营策略

1）市场策略

（1）促销计划和广告策略

① 同时促销和销售，在终端商店中促销是指使用特惠销售和礼物，在确保销售的同时，带动品牌成长。

② 对于不适合购物的冬季和夏季，购买超过五杯后，我们便可以送货上门，非常适合宿舍的学生。

③ 为了提高奶茶的知名度，使用广告、邀请消费者免费尝试等其他策略。

（2）价格策略

根据口味和成分的不同，我们的奶茶定价为一杯5元、3元。一次性订购五杯以上，价格还可以优惠，这样对学生也很有吸引力。

2）营销团队与管理

提高前台和后台之间有效合作的响应潜力，制定科学规范的管理流程，改善店员的素质和专业习惯。

3）公司的战略目标

建立自己的校园奶茶品牌，收回初始投资，积累无形资产。校园周边虽然有很多奶茶店，但是我们会增加奶茶店的知名度，最大化校园市场份额。

4）奶茶店的创意

在调查了广大的消费者群体之后，对奶茶市场进行独立分析，与广大消费者群体采取协作方式，使奶茶店有浪漫的气氛、温暖的环境，客户的选择可以是多种多样的。

5）产品分析

产品投资多，利润丰厚，可以添加新品种的奶茶，还可以出售咖啡和其他果汁饮料；生产过程很简单，有利于投资和创业，我们以精湛的奶茶工艺为基础，根据生产类型的不同，为客户带来最美味的奶茶产品和最满意的服务。

6. 行业竞争分析

（1）七杯茶、麦克风是附近的主要竞争品牌。

（2）新开的奶茶店将为学生提供一些新鲜感。

（3）经过调查，虽然学校也有几家奶茶店，但它们只是具有传统优势的泡泡茶，因此扩大城市领域，我们还将改变和创新，要成为市场的领导者。学习高级管理经验，可以将其整合到新品种奶茶的开发中，增强竞争力。

7. 营销渠道

通过租用学校餐厅经营奶茶店。

8. 人员和组织结构

一位老板、一位收银员、一位调度员。

（1）在奶茶店的建立和运营过程中，该商店可能具有以下市场风险：

① 消费者对产品的认识不足，无法达到商店营销目标所需的可见性。

② 学校附近的步行街上有更多的奶茶店。激烈的市场竞争会降低市场增长率。

③ 根据调查，大多数学生喜欢在步行街上购买星空饮品和七杯茶。因此，新的奶茶店无法吸引预期的顾客数量，低于营销目标要求。

（2）对策

① 鉴于未达到营销目标的风险，该商店将专注于广告和其他促销活动，在学校大力推广，达到理想的宣传效果，缩短消费者对商店及其产品的认知周期。

② 发展特色服务，它构成了奶茶店的核心竞争力。采用各种营销方式，树立良好的品牌形象，迅速占领市场，使其在学生市场中具有良好的声誉效应。

③ 在奶茶的设计和存储管理中，专注于突出创新的作用，以设计创新为公司的生命之源、力量之源。

④ 建立健全市场信息反馈系统，定期在学校进行市场调查，及时掌握市场变化趋势，掌握消费者的喜好。

（案例来源：https://mp.weixin.qq.com/s/n2OEkDpH7UvmFyvaeez05g）

【课后训练】

分析：假如你是投资者，请分析指出这一创业计划摘要的结构特点、内容中存在的问题，以及是否适合展示。

案例2　大学生创业动漫周边店铺项目财务分析

（一）财务预算

第一年由于本店铺处于启动阶段,我们的市场以××××大学的学生为主,预计平均每月营业额在9 000元左右,从中抽取30%为利润。初期装修需要（为了尽可能节约资金,以DIY为主）、新增柜台等基础设施的投入资金,在5 000元左右；因为属于合营,所以无须招募员工,雇员资金基本不用支出（繁忙时会招临时工,工资按时间计算）；初期样品等费用估计在7 000元左右（样品包括漫画书籍、玩偶、布偶、饰品、黏土玩偶、手绘服装等动漫周边衍生产品）；购买相关办公用品、店铺网站制作推广、办营业执照、制作会员卡等2 000元；购买电脑一台3 000元；店面房租20 000元一年；水电费1 000元一年；另外为了应对风险我们还预留了一部分周转资金3 000元；总投入41 000元。综合上述各项,第一年的收入为108 000元,则利润为32 400元。

店铺第一年收支情况

第一年收支表	
第一年的收入	32 400元
第一年的支出	41 000元
盈利	−8 600元

第二年我们的市场面向整个××,预计每月营业额在15 000元左右,从中抽取40%作为利润,由于现代网络的发展,加大网络推广,淘宝作为亚洲最大网络零售商区,所以我们准备在淘宝推广上买断"漫画"两个字,使顾客一进淘宝网打关键词"漫画"二字就可以直接浏览我们的网店,这推广价格在20 000元左右。水电费1 000元,另外第二年需求量增大,店铺房租与第一年的价格一样,在20 000元左右。综合上述各项,这一年的营业额在180 000元左右,利润为72 000元,前一年负债8 600元,这一年盈利63 400元。

店铺第二年收支情况

第二年收支表	
第二年的收入	63 400元
第二年的支出	41 000元
盈利	22 400元

（二）成本及盈利分析

初次经营需借助于其他生产厂商,大部分以向外部购进为主,所以成本较高而且盈利较低,不过这也只是前期；经营数月之后转为以自主创新的产品为主,因此成本将会减少许多,从而正式开始盈利,如以易拉罐为原料做的原创手办,以最低的成本做出最高的效益又不缺乏个人创意及发展潜力的产品。

预计经营3个月后进入自己创作的作品销售,一年后成本回收开始盈利。

盈利分配：以按劳分配为主,多劳多得。

关于订单,若有大量需求的顾客我们将会联系厂家,并会在规定的时间完成规定的数量等等。

(三) 财务统计准则

为了保持店面账目的清晰明了,资金运转的健康正常,有关资金的出纳都有专人负责,每日结业小计,每周总结并财务公开,月底制作出财务月报,开会总结该月运营情况,对于不足之处商讨出对策,在下个月的运营中就能有效避免上个月出现的类似问题。

(四) 财务报表

动漫周边店铺第一年财务报表

项目	合计
固定资产总计	37 000 元
流动资金总计	3 000 元
存货余额总计	7 000 元
未分配利润总计	—
股东权益总计	41 000 元
应收账款余额总计	—
资产总计	41 000 元

(案例来源:《"挑战杯"大学生创业计划竞赛参赛作品模板》http://www.doc88.com/p-9713799728534.html)

【课后训练】

分析:分析其经营预算和收益预期使用表格方式在创业计划的撰写和展示过程中起到的作用。

第六章 新企业的开办

【学习目标】

知识目标：了解企业选址的影响因素，认识新企业获得社会认同的必要性；掌握新企业开办流程；熟悉大学生创业优惠政策；了解新企业成立相关的法律问题。

技能目标：通过本章的学习，使学生能够组建结构合理的创业团队；帮助创业者在创办企业前选择合适的地址；使创业者能够独立地完成新企业开办。

态度目标：严谨、敬业、协作精神；客观、正确、认真、科学的素养。

第一节 成立新企业前的思考

【学习提示】

本节介绍了成立新企业应该考虑的选址影响因素，新企业获得社会认同并承担社会责任的必要性和基本方式，使创业者了解成立新企业前应该思考的一些问题。

一、新企业的选址

（一）新企业选址的重要性

企业选址是指如何运用科学方法决定设施的地理位置，使之与企业的整体经营运作系统有机结合，以便有效、经济地达到企业的经营目的。

1. 地址是制定经营战略及目标的重要依据

经营战略及目标的确定，首先要考虑所在区域的社会环境、地理环境、人口、交通状况及市政规划等因素。依据这些因素明确目标市场，按目标顾客的构成及需求特点，确定经营战略及目标，制定包括广告宣传、服务措施在内的各项促销策略。

例如，经营方向、产品构成和服务水平基本相同的餐厅，会因为选址的不同，而使经济效益出现明显的差异。不理会餐厅周围的市场环境及竞争状况，任意或仅凭直观经验来选择餐厅地址，是难以经受考验并获得成功的。

2. 地址选择是对市场定位的选择

地址在某种程度上决定了客流量的多少、顾客购买力的大小、顾客的消费结构、餐厅对潜在顾客的吸引程度以及竞争力的强弱等。选址适当，便占有了"地利"的优势，能吸引大量顾客，生意自然就会兴旺。

3. 地址选择是一项长期性投资

不论是租赁的，还是购买的，一旦被确定下来，就需要大量的资金投入。当外部环境发生变化时,餐厅的地址不能像人、财、物等其他经营要素一样可以做相应的调整,它具有长期性、固定性特点。因此,对餐厅地址的选择要做深入的调查和周密的考虑,妥善规划。

4. 地址选择反映了服务理念

地址选择要以便利顾客为首要原则。从节省顾客的购买时间、节省其交通费用的角度出发,最大限度地满足顾客的需要。否则就会失去顾客的信赖和支持,也就失去了存在的基础。

从深层次上看,选址对于创业成功的重要性还在于区域的竞争优势的独特性和集聚等效应。迈克尔·波特认为,各个地域中能存在的"知识"(knowledge)、"关系"(relationship)以及"动机"(motivation)通常具有难以被其他地域竞争对手所模仿和取代的特性。在一个发达的经济区域中,比地理位置优劣对商务环境更具影响力的因素是,该地区的企业是否集聚在一起并形成了具有竞争力的"团簇"(或称集群),这种团簇"构成了企业竞争中最为重要的微观经济基础"。

(二)新企业选址的影响因素

企业的地点选择战略主要会受成本、市场、政府等因素的影响。企业的运营成本主要由生产成本、运输成本、交易成本构成,这些成本的综合作用牵动着企业的成本利润率,影响着企业的投资意向;市场需求是确定市场供应量的先决因素,因而产品的销路会指引企业资金投向;而政府的服务效率、透明程度以及产业政策的导向和限制,又会作用于产业的区域发展环境,进而影响企业的选址决策。

具体而言,由于土地、人力、技术、信息、资本等生产要素成本在总成本中的占比不同,重要性也不同,因而企业的选址决策,还要依企业所处产业和价值链的环节,考虑不同的影响因素和各因素的权重差异。

1. 依据产业特性进行选址

在选址决策中,一些产业侧重考虑成本因素,如:钢铁业的部分原料成本占整个钢铁生产成本的比例高达75%,光伏产业硅料的提纯生产过程需要巨大的能耗,因而钢铁厂和硅料提纯厂选址偏好就近原料、燃料动力的供应地。而一些劳动密集型的制造业也不断地向人工供应充沛、质量高、工资低、综合运价成本更低的地区转移。

在选址决策中,一些产业侧重考虑市场因素,如一些对售后服务要求较高、时效性要求较强、运输成本占比较大的产业。就仓储物流业来说,其选址就须以仓储物流中心的服务需求量作为约束条件,建立选址模型,评估交通便捷程度等因素,完成投资选址。

在选址决策中,一些产业还需关注政府因素的影响。以光伏产业为例,在光伏组件价格的构成中,硅料价格大约占比过半。因而对于光伏产业而言,硅料的质量和取得成本,直接影响光伏组件和应用产品的售价,影响着企业的销路市场和企业获利情况。

另外,跨国企业在全球的投资布局有时也会受政府的影响,基于排除贸易障碍的需要设厂,如:时下日本汽车、汽车零件和消费电子产品等众多企业多在美国和欧洲设厂,就是为了应对欧美国家对进出口产品设限的问题。但这些政府因素的作用,又必然基于市场需求、投资需求及成本的综合考量。

2. 按照价值链环节进行选址

同一产业的企业如所处价值链环节不同,企业选址考核的侧重点也随之而异。总部基地、研发中心的选址,更关注政府因素的影响,包括政府服务水平、政策导向、营造的投资环境,如人才及教育资源是否富足。

风险投资的供给情况,布局上偏好聚集在大城市或新兴城市;制造型企业的选址,更关注成本因素,如:土地、能源、劳动力等资源是否能够容易以较低的成本获取,加之城市规划的影响。因而其在区位分布上有逐渐迁出市中心、在城市周边布局的趋势;营销及售后服务企业,则更多考虑市场的因素,如:区域内消费者的消费水平、市场潜力、同业竞争状况,在区位的选择上也会更加贴近市场,以提升服务效率,更快响应市场需求的变化。

3. 其他重要因素

(1) 政治因素。政府对市场的规制也是值得创业者重视的一个方面,创业者要评价现在已经存在的及将来有可能出现的影响到产品或服务、分销渠道、价格以及促销策略等的法律和法规问题,将企业建在政府支持该产业的地区。当投资者到国外去设厂时,更应该考虑不同国家的政治环境,如国家政策是否稳定、有无歧视政策等。

(2) 社会、文化因素。由于人们生活态度的不同,人们对安全、健康、营养及对环境关心程度的不同,也都会影响创业者所生产产品的市场需求,特别当创业者准备生产的产品与健康或环境质量等有密切关系时更是如此,此时应优先考虑将企业建在其企业文化与所生产产品得到较大认同的地区。

(3) 自然因素。选址也需要考虑地质状况、水资源的可利用性、气候的变化等自然因素。有不良地质结构的地区,会对企业安全生产产生影响。水资源缺乏的地区对于用水量大的企业来说,会对正常生产产生不利影响。

总而言之,企业的选址需要权衡成本、市场、政府因素,随着物流产业的发展和电子商务的兴盛,运输成本和交易成本在一定程度上得以降低,而生产成本则因为区域不同有较大差异。市场的前景、市场的需求始终引导着企业的走向。政府因素又会与成本、市场因素共同作用于企业的选址。

最后,需要提及的是,因上述因素的综合作用,一些产业集聚群的出现和发展,将使企业聚集考察对象,降低企业选址决策的时间和成本。因为企业聚集发展,不仅能为企业带来运输费用、交易成本的降低,还将促使企业间的专业化分工协作,为企业带来规模经济、范围经济。而隐性知识和行业资讯的快速传播,又利于集群的升级发展,集群品牌、区域品牌的打造和专业市场的营运,进而,这个内生发展的产业集群又可以从市场、成本上再次吸引更多企业慕名前来。

创业小案例

古 茗 奶 茶

说到奶茶,相信很多人都首先会先想到一些知名的奶茶品牌,比如说奈雪的茶、喜茶、书亦烧仙草、古茗等,这些奶茶品牌促进了奶茶行业的发展,也给不少有创业想法的人提供了商机。要知道,古茗奶茶在行业中也是很出色的,被业内人士称为奶茶业的隐形冠军,数十年来围绕三四线城市开出 4 300 家门店,仅浙江省就有 1 300 家,生意火爆,基本上是开一家火一家。古茗,"古"就是老,"茗"就是茶,该品牌创始人认为中国茶文化源远流长,想把它发扬光大。

古茗创始人简介:

古茗创始人名叫王云安,浙江台州大溪镇人,毕业于浙江理工大学。在大学时代,王云安和同学一起在校园里卖收音机、棉被等,一年赚了 30 万元,成功挣到人生第一桶金。在毕业后,王云安便回到了家乡大溪镇创业。回家后的王云安一想到大学附近的奶茶店很难喝,生意却那么好,再加上起步门槛低,当下就决定自己开一家比较好喝的奶茶店,这样肯定赚钱。于是,王云安跟合伙人一起出资14万元,在家乡温岭大溪镇开起了第一家"古茗"奶茶店,店不大,只有三十多平方米。

像大多数餐饮创业者一样,王云安的一路也是在摸索中前行。开业当天营业额只有102元,生意惨淡。最初的那段时间,各种焦头烂额,生意不好,甚至赔本,"当时,我和合伙人都在讨论要不要续交房租"。幸运的是,好心的老板允许先交半年房租。

有了创业开店的这段经历,老王悟到,运营可以慢慢学,但产品必须过硬。古茗也像大多数餐饮初创品牌一样经历过混沌时刻,拿产品来说,高峰时有130款SKU,能在一杯里混合的食材,王云安基本都拿来实验,什么咖啡加盐加柠檬奶茶、薰衣草奶茶都尝试过,差不多一年多的时间古茗营业额只能维持在每天300元左右。

很长一段时间,王云安和他的合伙人一头扎到产品的研发上。产品的定位逐渐清晰,要做就做高性价比的饮品。这意味着不仅产品要好,价格还要合适,"在三四线城市,10元左右的价格比较合理,接受度比较高"。和大多数饮品品牌有招牌爆款产品不同,王云安有意不想古茗和某款产品绑定在一起,在他看来逻辑很简单:"因为三四线城市人口数量有限,很多商圈的人流量都不及一线城市写字楼里的多,大城市可以换人不换菜,可是对于三四线城市的人来说在有限的人口里做的都是熟客生意,过分突出爆款是很有风险的,一旦甜蜜期过了,顾客厌弃的将是整个品牌。"

不设爆品,并不意味着不做产品创新和迭代。因为大部分门店都在浙闽赣,王云安觉得产品可以和江浙美食相结合,作为一个尝试点。经过反复迭代,古茗将浙江关注度很高的黄酒和乌龙茶结合推出酒香沁乌龙。此外,他也非常注重团队的培养,会亲自逛展寻找好的原材料和供应商,就为给顾客良好的饮品体验。

三四线城市因为人口有限,所以也意味着天花板较低,和一二线城市少而精不同,做熟客生意要考虑的是喝不腻,因此SKU要比一二线城市更丰富,同时要满足原材料聚焦,效率高等条件,过去古茗也有很多卖得好的产品被下架掉,原因就是原材料太过复杂,效率低。

现在,古茗的开店策略也发生变化,进入了很多一二线城市,所以产品也进行了精简和聚焦,现在古茗有30多款SKU,大系列分为奶茶系列、水果茶系列、纯茶系列。"珍珠"对于一杯奶茶来说至关重要,而现在绝大多数饮品店的真实点餐情景要不是顾客忘记点珍珠,要不就是有些茶饮店加珍珠会另外收取加料费用。

对于这一现象,在王云安看来,一杯奶茶的口感体验是重中之重。现在,古茗的门店内有两款饮品提供买奶茶免费加珍珠服务,就为给顾客一个完整的口味闭环体验。

很多人认为在三四线城市竞争,就是野蛮拼低价,但王云安并不这么认为,他认为价格虽然会影响复购,但价格只是其中的一个竞争优势,关键还要看他们的产品能不能打动顾客,他们的品牌消费者认同不认同。

古茗的定价也是依据市场消费能力而设,不同市场消费能力有所浮动。比如,在江苏的很多县城,当地人的购买能力是很强的,因此17元、18元的定价顾客也能接受。现在古茗定的是15元左右价格。

一系列动作后,自家店的生意慢慢好起来,水到渠成,接着就有了第一个要求加盟。老王记得第一个找他们加盟的是个小女孩,交了5000元,但没有开店,后来联系时,电话也变成了空号。至今他还在考虑归还小女孩5000元。真正意义上成功的加盟商也是一个小姑娘,这个小姑娘的店面是王云安亲自帮忙找的,各项工作亲力亲为。

王云安的真诚感动了这个加盟商,后来,她到处帮古茗做宣传,一口气拉了6个加盟商。6

个加盟商又继续介绍。好的产品才有好的口碑。这几年的付出,总算有回报。古茗的单店日营业额从1千多到2万多,甚至更高。在旺季,现在有100多家单店日营业额达到1万多元。

对于选址王云安也不盲从,早期看人流量,基本上在统治优势强的区域,每2万人口开出一家古茗。现在则更看中区域密集度,选址人员也采取"传帮带"模式,商业密集区有商业密集区选址策略,居民区选址有居民区选址策略。

这几年,在业内,古茗绝对算是现象级的品牌。古茗不招商,很多加盟商都是看到他们家生意好主动找到他们。目前,古茗的单店营业额很大比例年均利润能达到三四十万。

王云安表示,很多加盟商要开第二家店,必须经过两关:首次,通过店内的摄像头,要对第一家店进行一周的实时视频监控,在细节和实操上把关;这关通过后,还要对新店进行严格考核。同时,在选人环节也是层层把关。古茗的面试分ABC三个等级,每次都由公司的9个人把关。先面试,年纪太轻,太浮躁的,首先会淘汰掉。其次看价值观。王云安认为开奶茶店是一个项目,直接交给他人管理当甩手掌柜的,也会被淘汰。注意这里使用的词语是"面试",别人想办法来招募加盟客户,他们则是对前来加盟的客户进行筛选考核。

古茗挑选的加盟商一定要吃苦耐劳,价值观相同。这些年,古茗重点侧重于产品研发和供应链。接下来,王云安会把重点放在营销团队的建设上。品牌这一块王云安自己也会亲自抓,毕竟茶饮市场相对其他行业来说比较粗放,很多品牌放开加盟后,供应链就跟不上。广告营销模式的制作、推广、媒体资源整合这一块也不健全。如今古茗的供应链比较完善,自建仓库,自建冷链配送物流。古茗现有30辆车用于供应链,80%能送货上门,新鲜度、可控度比较强。

古茗奶茶能从一个小乡镇走向全国各地,是离不开其创始人及其团队的坚持和努力的。古茗的成长史就是一部三四线餐饮企业如何突围的教科书。现在茶饮市场的同质化会越来越严重,王云安及其合伙人也一直在潜心研究茶饮发展的新趋势,致力于为消费者们提供更多好喝、有特色的奶茶饮品。

创业资讯站

星巴克的选址

仅用5年星巴克从一个无名小卒成长为一位耀眼的明星,并迅速演变为一种标榜流行时尚的符号。在都市的地铁沿线、闹市区、写字楼大堂、大商场或饭店的一隅,在人潮汹涌的地方,那墨绿色商标上的神秘女子总是静静地对你展开笑颜。

星巴克选址的策略其实很简单,星巴克的定位就是"第三生活空间",这是什么意思?就是家和办公室中间还应该有一个地方可以提供大家休息、畅谈,包括来洽谈一些商务的环境,星巴克进入市场的切入点就是这一点。第三生活空间对我们来讲是什么呢?在1999年星巴克开店以前,如果大家想谈一些事情会去哪里?是麦当劳、肯德基,或是去一些中餐馆,如果在用餐的时间去没有问题,但是非用餐时间去哪里?这些确实是很困惑的事情,而星巴克当时的切入点也就是针对能够给客人提供一个畅谈的场所,这也决定了星巴克选址的一些理念,包括一些方法。

近5年来,星巴克几乎平均每年开10家店,每天卖掉的咖啡超过1万杯。如此迅捷的步伐,秘诀是什么?

"星巴克给我的方便大于给我的味觉享受。"一位正在品尝咖啡的方小姐这样说道,"它总是出现在最繁华的街道最显眼的位置,于是当逛街逛到疲惫时,当双眼在电脑屏幕前感觉酸涩时,当朋友来了没地方说话时,我会自然而然地想到星巴克。"

这正是星巴克想要的——任何时候都能够为热爱星巴克的人群提供服务。而支撑这份雄心的是一张明晰的选址图。

星巴克选址首先考虑的是诸如商场、办公楼、高档住宅区此类汇集人气聚集人流的地方。此外,对星巴克的市场布局有帮助,或者有巨大发展潜力的地点,星巴克也会把它纳入自己的版图,即使在开店初期的经营状况很不理想。

星巴克对开店的选址一直采取发展的眼光及整体规划的考量,因为现在不成功并不等于将来不成功。星巴克全球最大的咖啡店是位于北京的星巴克丰联广场店,当初该店开业时,客源远远不能满足该店如此大面积的需要,经营前期一直承受着极大的经营压力,但随着周边几幢高档写字楼的入住率不断提高,及区政府对朝外大街的改造力度不断加大,丰联店一定会成为该地区的亮点。于是最终咬着牙关坚持了下来。现在该店的销售额一直排名北京市场前列。

星巴克在中国的拓展之路就这样一步步地迈开了。步调的快速则得益于开店时遵循以租为主的发展策略。星巴克对店面的基本要求很简单,从十几平方米到四百平方米都可以开设,以租为主,可以在最短的时间内利用最少的资金开设最多店面。

(资料来源:https://mp.weixin.qq.com/s/oNOgkuAJWnD2nZ8ropgWVw)

二、新企业的社会认同

新企业在发展的最初阶段往往面临如何建立包括消费者、供应商和投资者在内的利益相关者对其产品、服务或商业模式乃至组织自身的理解和认识。在漫长的经营、成长过程中,企业要想做大、做强、做久,最终成为百年名店,仅仅做到提供顾客所需要的产品和服务、遵纪守法是不够的,还要进一步符合道德标准,主动承担社会责任,通过良好的行为表现获得社会各界的广泛认同。

(一) 社会责任与社会道德

一个企业应该承担多少社会责任,以及应该承担什么样的社会责任,近年来一直是一个热门的讨论话题。新企业能否取得成功不仅取决于创业者是否能够把握和实现新的创业机会,而且取决于由这种创业活动所引发的新的经济活动在多大程度上符合现有制度规范的要求或是建立新的制度规范,从而能够为利益相关者(如供应商、消费者和员工等)、一般公众和社会整体制度所认可和接受。因此,创业活动不仅受到市场环境的影响,而且受到社会规范和价值体系的约束,道德就是其中之一。

在我们的生活中,肯定遇到过许多道德上的两难问题。例如,为一位没有钱的朋友复制一份价格不菲的计算机软件是道德的吗?或者,假设你是一位健身器材销售代表,只是为了得到奖金,你勉强本不需要或者无力支付的顾客购买产品是道德的吗?道德是判定决策和行为是对还是错的惯例和原则。考虑一下对正确和错误的各种不同的解释,就能明白道德是多么复杂的一个问题。但是,创业者在对其创业企业做出决策和采取行动时,道德因素确实在起作用。创业者需要了解这些决策和行动的道德后果。研究显示,与经理人相比,企业家通常具有更严格的道德标准,而且也能更好地按自己的理念生活。

(二) 道德与道德管理

从广义上讲,道德就是以一种可接受的方式进行任何活动时,所需遵守的原则或参考标准。具体来说,道德就是判断好与坏、对与错的一套行为准则;另外,道德还包含道义责任。道德与法律不同,但二者之间既有区别也有联系:第一,法律要求有时会与道德标准重叠,但是并不是社会道德标准的复制。一些法律不具备道德内容(如靠右行驶),有的法律从道德上讲是不公正的(如美国20世纪60年代的种族隔离制度),同时,一些道德准则也不具备法律基础(如说谎)。第二,法律要求常常是消极的(禁止行为),而道德往往是积极的(鼓励行为)。第三,法律要求通常滞后于社会道德准则。创业者面临着特殊的道德困境,包括利益冲突、个性特点、利益相关者的社会责任、开放程度等。利益冲突主要与前面关于道德和经济平衡的问题有关。它包括企图将个人从经营决策中分离出来的紧张状态。个性特点主要与人际关系和个人问题有关。在许多情况下,个人问题或个性人格往往会引发困境。利益相关者的社会责任涵盖了管理合理化的压力,强调了行为准则的重要性。开放程度表明创业者对于价值与期望的要求更加公开。在这些困境中,创业者面临着每天都要做出经营决策的挑战。许多决策是复杂的,并且需要道德上的考虑。

在新企业发展过程中,充满着无数的冲突,创业者需要对企业战略负道德责任。在强调道德问题的时候,创业者应该分析不同的组织特点。有关研究调查了道德标准、动机、目标、法律和战略定位,并运用这些特点来定义不同类型的管理方法:不道德的管理、非道德管理和道德管理。在创业者提出任何战略之前,需要分析对于这些特点的反映以及他们自身的类型。

为了使新企业健康发展,创业者应该制定专门的原则,以便帮助他们在企业成长过程中采取正确的步骤。下面是四条管理者的道德法则:

法则一:雇用最合适的人员。具有道德意识的员工是最好的保障。

法则二:建立标准,而不是规定。

法则三:不要孤立自己。管理者如果置身象牙塔,就可能失去市场竞争力。

法则四:要做出榜样,在任何时候都不犯道德错误。

尽管道德给创业者带来了复杂的挑战,但创业者的价值观对于建立一个道德化的组织非常关键。创业者在做出关键决策的时候都有机会展示诚实、正直和道德。创业者的行为对于所有其他员工来说都是一个榜样。

三、企业的社会责任

企业的社会责任又称企业的伦理责任,即企业在追求利润最大化的同时,还应当承担更广泛的社会责任;企业的生存和发展有赖于一定的社会环境,回应社会的要求是企业理性的表现。

(一) 企业承担的社会责任分为两个方面

从企业内部看,就是要保障员工的尊严和福利;从企业外部看,企业的社会责任可分为经济责任、文化责任、教育责任、环境责任等几方面。就经济责任来说,企业主要是为社会创造财富,提供物质产品,改善人民的生活水平;就文化责任和教育责任等方面来说,企业主要是为员工提供符合人权的劳动环境,教育职工在行为上符合社会公德,在生产方式上亦即生产的产品性能上要符合环境保护的要求。企业的社会责任要求企业的决策能够保证雇员、客户、环境、社区和雇主的关系健康发展并保持和谐。这与我国儒家提倡的"己所不欲,勿施于人"的信条、"设身处地想一想"的理念和推崇"双赢"的原则是一致的。倡导企业承担社会责任当前之所以具有迫切性和必要性,是出于以下的原因:

1. 在市场经济下的企业与社会有着千丝万缕的联系

企业的生存与发展依赖于社会的健康发展,正是作为社会代表的国家为企业提供了诸如物资资源、人力资源、文化资源、优惠的投资条件和安全的保障等良好的社会环境,一个公正的、法制的和稳定的社会是企业生存及发展的必要条件。企业发展壮大不仅需要社会提供良好的条件,而且企业在竞争中被淘汰出局、遭到破产也要由社会来承担它失败的后果。社会既然赋予了企业存在的权力和发展的条件,企业也就必须承担为人类生活水平不断提高而提供所需要的物质产品和精神产品的义务,承担促进社会的全面进步和人的全面发展的义务,否则,企业也就失去了存在的价值与理由。总之,企业应社会的需要而存在,社会又为其发展提供了生存空间;企业来自社会,也必将还原于社会,企业与社会是一种共存共荣的关系,正是在这个意义上,我们说,企业本质上是社会性的组织。在追求自身利益的同时,必须重视社会利益,承担对社会负有的责任。

2. 企业承担社会责任,这是企业保持和发展与各种利益相关者之间的契约关系之需要

企业不仅是一个独立的法人,而且需要各种利益相关者的参与。各利益相关者为以下四类:一是劳动的提供者;二是各种资源的提供者(包括资本、土地和半制成品的提供者);三是顾客或消费者;四是社会和社会的代表——政府。这四种关系是企业存在所不可缺少的。企业的多种社会利益关系方包括企业雇员、消费者、投资者、供货商、企业所在的社会和社会的代表——政府等,在市场经济体制中,这些利益相关者彼此之间的关系是一种平等交易的契约关系,正是这种相互依存关系才促进了企业的经济发展和财富的增加。因此,企业必须维系这种相互依存关系,才能使企业获得生存和发展,而企业对社会履行自己的责任,正是对契约关系各方利益的最大的维护,自然会起到巩固和发展契约关系的作用。

3. 企业承担社会责任,这是企业自身伦理道德的要求

一个企业是否强大、是否具有发展的潜力,除了企业现有的经济实力、管理水平、技术力量、员工素质等多方面的要求以外,还有企业伦理道德的要求。以伦理道德为主要内容的企业文化的形成和发展,是一个企业成熟的标志。所以企业在为股东赚取更多的利润的时候,必须遵守一定的是非准则,必须承担自己的社会责任,使企业、市场和社会获得共同繁荣和发展,使企业成为社会良心的维护者。任何组织的存在和发展,只有在它拥有为社会,至少是为大多数人所接受的道德上的正当性时,才能被大众视为是正义的,才能为社会大众所认可和接受并成长壮大。罗宾斯认为,企业社会责任是一种工商企业追求有利于社会的长远目标,而不是法律和经济所要求的义务。在此,罗宾斯有一个限定,就是假设企业遵守法律并追求经济利益。

4. 企业承担社会责任,这是与国际经济接轨之需要

企业承担社会责任是一种国际性的发展趋势。强调企业的社会责任目前已成为世界性的趋势,近些年来,《财富》和《福布斯》杂志在企业排名评比上都加上了"社会责任"标准。

(二) 企业承担社会责任不仅是必要的,而且对企业自身的发展具有重大的意义

1. 企业主动积极地承担社会责任,可以为企业赢得良好的社会信誉

承担社会责任的企业一定是诚信的企业。他们为顾客着想,提供优质服务、优质产品,让消费者满意,从而赢得顾客对企业的信赖,在顾客中树立起良好的企业形象。企业形象是社会对企业的评价,它由企业的经营思想、经营作风、行为方式等多种因素组成。良好的社会形象是企业生存和发展的重要条件。企业善待社会、服务社会,在从事公益活动的同时也提高了自身在社会中的声望,创造了一种企业的品牌效应,对于产品的推销和优秀员工的招聘会产生积极促进的作用。良好的声望有助于企业吸引顾客、投资者、潜在员工和商业伙伴。今天,许多消费者和投资者都希望从所打交道的企业中找出高水准的公司;越来越多的消费者不仅对他们所购买的产品和服务感兴趣,而且对提供这些产品和服务的企业的行为感兴趣。毫无疑问,公益活动事业的参与对民营企业自身的发展有着积极的影响。

2. 企业主动积极地承担社会责任,可以增强企业的竞争力

经济全球化使企业之间的竞争激烈程度空前高涨,竞争的范围也逐步扩大。现代企业的竞争已不仅仅是市场份额的竞争、产品的竞争或品牌的竞争,更重要的是服务的竞争以及企业形象的竞争。企业承担社会责任使企业在公众心目中建立起良好的口碑。企业竞争归根到底是人才的竞争,高质量的人力资源是获得竞争优势的可靠保证。而承担社会责任的企业主张尊重人权,保障工业健康和安全标准,施行以人为本的企业管理哲学,促使劳动提供者自我价值的实现,是和谐的商业伦理关系的具体表现。在管理实践中,企业行为遵循"人高于一切"的价值观,员工是企业最为重要的资产,他们被信赖并受到尊重,从而有利于发挥人的积极性和创造性,在公平的环境中发挥其最大的工作效率,提高企业的劳动生产率和企业的整体竞争力。

3. 企业主动积极地承担社会责任,将促进企业的可持续发展

企业承担社会责任有利于企业创造更广阔的生存环境,如提高企业员工的责任感、主动积极性和创造性,有助于企业生产活动的有序进行,使决策者和经营者具有更大的灵活性和自主性,有利于获得相关企业的信任、合作与帮助,有助于得到政府的信任从而更多地得到政府的资助和优惠政策。同时企业承担社会责任也是一种长期的促销手段,一种长期吸引顾客的广告形式,从而能够长期、稳定地获得大量的客户。所有这一切,都为企业的可持续发展创造了条件。

 创业资讯站

中铁工业助力抗疫　共克时艰

疫情爆发之初,中铁工业发挥制造＋建造优势,驰援武汉重点医院建设,助产防疫物资,为新冠肺炎疫情的防控与救治工作挥洒汗水与力量。

中铁工业在汉相关单位及时响应地方政府安排,积极支援火神山医院、雷神山医院、"方舱医院"这三大抗疫主战场的建设,共参与了14所新冠肺炎定点救治医院的援建。中铁重工作为中国中铁第一支医院援建队伍,自1月30日起,前后施工共计27天,累计派出了14支突击队,共投入2 864人次,完成了460吨钢结构的制作安装,以及配套的电力施工、医疗设备安装等任务,被媒体称为"火神山上的'铁军'"。

中铁科工担负起火神山医院全部维保工作,并统筹调度从各大国企抽调的150人的作业团队,从2月3日到2月9日,历经七天七夜,完成全部维保作业,为医院早日实现满负荷运行提供了坚实保障,获得了各方肯定,被誉为"火神山医院的蓝衣逆行者"。

中铁钢构作为专业生产钢结构模块化装配式房屋企业,充分发挥制造优势,从2月3日到2月10日,紧急为西安"小汤山"医院——西安市公共卫生中心供应500套装配式集成房屋。

为保障防疫物资生产,在河南省工信厅协调下,中铁装备2小时集结了14名技术骨干,紧急驰援河南省疫情防控期间新建的最大产能的口罩生产线。经过200个小时鏖战,中铁装备支援队提前3天完成40条口罩生产线组装任务。

此外,中铁工业所属单位医疗机构直接从事疫情防控服务。中铁山桥医院医务人员24小时坚守在京沈高速公路山海关服务区,积极配合地方政府对外来人员进行体温监测;中铁宝桥宝工医院作为新冠肺炎疑似病人隔离医学观察和治疗定点,累计接待疑似留观病患11例。中铁工业党委发动党员捐款,全公司4 800名党员同志自愿捐款75.9万元支持国家疫情防控工作。

疫情期间,中铁工业利用高校和地方政府的线上招聘平台发布招聘公告,启动毕业招聘工作,并通过各种渠道有序推进成熟人才招聘。2020年,中铁工业共招录大学生、社会人才等各类人员1 166人,每月稳定有2万余名农民工、外包队伍员工在公司生产和施工一线服务,员工薪资得到足额给付和平稳增长。

2020年上半年,中铁工业主动向武汉及周边地区4家民企提供劳务订单14 000吨钢结构合同,合同额约2 000万元。为保证火神山医院后期顺利运行,公司与武汉科贝科技股份有限公司就火神山医院项目劳务用工、材料采购、后勤保障、后期维护签订合同,并积极提供防疫用品支持建设与维保,有力帮助民企开拓业务。中铁山桥、中铁科工主动为中小民营企业减免房租。

(资料来源:中铁高新工业股份有限公司官方公众号)

第二节　申办企业及大学生创业优惠政策

> **学习提示**
>
> 本节主要介绍了各种企业的组织形式及特点,新企业注册的程序和步骤,大学生创业优惠政策,使创业者可根据自身情况来选择合适的企业组织形式。

一、企业法律形式选择

企业的法律形式有很多种,一般与企业的类型、规模和企业财产组织形式有关,具体来说有个体工商户、个人独资企业、合伙人企业、中外合资企业、外国独资企业、国有独资企业、有限责任公司、无限责任公司和股份制公司等。创业者应当根据自己的经济实力及其他有关情况,决定自己创办企业的形式。

不同的企业法律形态其特点也各不相同,创业者只有详细了解其特点,才能为选择企业的法律形态做好充分的准备。下面介绍几种常见企业法律形式的特点:

(一)个体工商户

个体工商户是指在法律允许的范围内,依法经核准登记,生产资料为个人或者家庭所有、以个人或者家庭劳动为主要形式、经营所得由个人或者家庭支配的经营者。

1. 个体工商户的设立

(1) 个体工商户是从事工商业经营的自然人或家庭。

(2) 自然人从事个体工商业经营必须依法核准登记。

(3) 个体工商户只能经营法律、政策允许个体经营的行业。

2. 个体工商户的优势

个体工商户可以在银行开设账户,向银行申请贷款,有权申请商标专用权,有权签订劳动合同及请帮工、带学徒,还享有起字号、刻印章的权利。

个体工商户业主只需要一个人或一个家庭,人数上没有过多限制;注册资本也无数量限制,开办手续比较简单;经营决策一般不受他人影响。

3. 个体工商户的劣势

根据《民法典》的规定,个人经营的,应以个人财产承担责任;家庭经营的,应以家庭财产承担责任。也就是说,个体工商户对外要承担无限责任,因此,相应的风险也比较大。

(二) 个人独资企业

个人独资企业是指依照《中华人民共和国个人独资企业法》的规定,在中国境内设立,由一个自然人投资,财产为投资人个人所有,投资人以其个人财产对企业债务承担无限责任的经营实体。

1. 个人独资企业设立应具备的条件

(1) 投资人为一个自然人。

(2) 有合法的企业名称。

(3) 有投资人申报的出资。

(4) 有固定的生产经营场所和必要的生产经营条件。

(5) 有必要的从业人员。

2. 个人独资企业的优势

企业设立、转让和解散等行为手续非常简便。

企业主独资经营,制约因素较少,经营方式灵活性强,能迅速对市场变化做出反应。

收益归企业主所有,不需要进行其他分配。

在技术和经营方面保密性强,易于在激烈的市场竞争中处于有利地位。

有利于个人成就感的满足。

3. 个人独资企业的劣势

当企业财产不足以清偿债务时,将依法承担无限责任,因此经营风险较大。

由于个人独资企业的资本有限,且从外部获取资本的限制较多,导致企业的经营规模难以扩大。

一旦企业主发生意外事故,则个人独资企业也将随之不复存在。

(三) 合伙企业

合伙企业是指自然人、法人和其他组织依照《中华人民共和国合伙企业法》在中国境内设立的普通合伙企业和有限合伙企业。

1. 合伙企业设立应具备的条件

(1) 有两个以上合伙人。合伙人为自然人的,应当具有完全民事行为能力。

(2) 有书面合伙协议。

(3) 有合伙人认缴或者实际缴付的出资。

(4) 有合伙企业的名称和生产经营场所。

(5) 法律、行政法规规定的其他条件。

2. 合伙企业的优势

由于出资人较多,扩大了资本来源,增强了企业信用能力。

由于出资人具有不同的专长和经验,能够发挥团队作用,有利于企业进行科学管理从而增强企业的竞争能力。

由于资本实力和管理能力的提高,增强了扩大企业经营规模的可能性。

3. 合伙企业的劣势

在合伙企业存续期,如果其一合伙人有意向合伙人以外的人转让其在合伙企业中的全部或部分财产份额时,必须经过其他合伙人的一致同意。

当合伙企业以其财产清偿合伙企业债务时,其不足的部分,由各个合伙人用其在合伙企业出资以外的个人财产承担无限连带清偿责任。

尽管合伙企业的资本来源以及信用能力与个人独资企业相比有所增强,但融资能力仍然有限,不能充分满足企业扩大生产经营规模的资本需求。

(四) 公司企业

依照《中华人民共和国公司法》的规定,公司是指依法在中国境内设立的有限责任公司和股份有限公司。

有限责任公司是指股东以其认缴的出资额为限对公司承担责任,公司以其全部财产对公司的债务承担责任的企业法人。

股份有限公司是指股东以其认购的股份为限对公司承担责任,公司以其全部财产对公司的债务承担责任的企业法人。

1. 公司企业设立应具备的条件

(1) 有限责任公司应当具备下列条件

①股东符合法定人数。②股东出资达到法定资本最低限额。③股东共同制定公司章程。④有公司名称,建立符合有限责任公司要求的组织机构。⑤有公司住所。⑥法律规定有限责任公司应由五十个以下股东出资设立。

(2) 股份有限公司的设立条件

根据法律规定,设立股份有限公司,应当有二人以上二百人以下为发起人,其中须有半数以上的发起人在中国境内有住所。设立股份有限公司应当具备以下条件:

①发起人符合法定人数。②发起人认购和募集的股本达到法定资本最低限额。③股份发行、筹办事项符合法律规定。④发起人制定公司章程,采用募集方式设立的经创立大会通过。⑤有公司名称,建立符合股份有限公司要求的组织机构。⑥有公司住所。

2. 公司企业的优势

公司的股东只对公司承担有限责任,与个人的其他财产无关,因而股东的风险不大,并且股份有限公司的股东还可以通过自由转让股票而转移风险。

通过公开发行股票,提高了公司的社会声望,因而公司的融资能力很强。

公司具有独立存续时间,除非因经营不善导致破产或停业,公司不会因个别股东或高层管理人员的意外或离职而消失。

公司的所有权与经营权相分离,有利于进行科学管理,能够适应竞争激烈的市场环境。

3. 公司企业的劣势

公司设立的程序比较复杂,创办费用高。

按照相关法律要求,股份有限公司需要定期披露经营信息,公开财务数据,容易造成商业秘密的外泄。

由于公司是从社会吸纳资金,为了保护利益相关者,政府对公司的限制较多,相关的法律法规要求也较为严格。

二、企业注册流程

1. 工商核准名称

提供所有股东、法人和财务的身份证原件的正反面分别拍照,公司名称多个,公司注册资本,股东出资比例及出资期限,公司经营范围,公司实际办公地址,股东、法人和财务的实名制手机号。

2. 做工商注册材料

《公司章程》《股东会决议》《公司设立登记申请书》《企业告知承诺书》、注册地址房屋租赁协议和房产证复印件等。

3. 签署工商注册材料

公司名称核准后,需由股东、法定代表人、监事签署《公司章程》《企业告知承诺书》《股东会决议》等工商注册材料。(已实行无纸化操作的区域,可下载APP直接实名认证和电子签名,无须再次身份确认;还未实行无纸化操作的区域,需要先下载APP做实名认证和签署纸质的工商注册材料。)

4. 办理营业执照

经签署过的工商注册材料、房屋租赁协议等,并报市场监督管理局审批,办理公司营业执照(三证合一)。

5. 刻章

营业执照出来后,刻制公司的公章、财务章、法人章、发票专用章。

6. 开立公司银行基本户

法人去银行办理,费用由银行收取。

7. 核税、买税控盘和发票

财务去办理,税控盘费用由服务商收取。

三、大学生创业优惠政策

2021年全国应届高校毕业生总数将达到909万人,同比增加35万人,再创新高。中国人民大学中国调查与数据中心近日对1.6万名应届毕业生进行了问卷调查,结果显示,今年高校毕业生的就业意向呈现出"三多"趋势:考公务员的增多、国内外升学的增多、自主创业的增多,27.5%的毕业生有自主创业或从事自由职业的打算。近年来,为支持和促进毕业生高质量就业,国家出台了一系列税费优惠政策,用足用好这些优惠政策,将让应届大学生的创业之路更加顺畅。

(一)个体经营的税收优惠政策

高校毕业生自主创业的形式之一是从事个体经营,这种形式自由灵活,投资管理成本较低,非常适合"白手起家",比如开设个体餐饮店、文化创意店等。为支持高校毕业生自主创业从事个体经营,国家出台了涵盖增值税、个人所得税等多个税种的税收优惠政策。

1. 政策要点

根据《财政部 税务总局 人力资源社会保障部 国务院扶贫办关于进一步支持和促进重点群体创业就业有关税收政策的通知》(财税〔2019〕22号,以下简称"22号文件")规定,包括毕业年度内高校毕业生在内的重点群体,持《就业创业证》(注明"自主创业税收政策"或

"毕业年度内自主创业税收政策")或《就业失业登记证》(注明"自主创业税收政策")的人员,从事个体经营的,自办理个体工商户登记当月起,在3年(36个月)内按每户每年12 000元为限额,依次扣减其当年实际应缴纳的增值税、城市维护建设税、教育费附加、地方教育附加和个人所得税。各省、自治区、直辖市人民政府还可根据本地区实际情况,在上述限额标准的基础上,最高可在上浮20%幅度内确定具体限额标准。比如,江苏省执行上浮20%的顶格标准,每户每年可扣减限额为14 400元。

根据《财政部 税务总局关于明确增值税小规模纳税人免征增值税政策的公告》(财政部 税务总局公告2021年第11号)规定,自2021年4月1日至2022年12月31日,月销售额15万元以下(含本数)的个体工商户等增值税小规模纳税人,可以免征增值税。

此外,根据《财政部 税务总局关于实施小微企业和个体工商户所得税优惠政策的公告》(财政部 税务总局公告2021年第12号)和《国家税务总局关于落实支持小型微利企业和个体工商户发展所得税优惠政策有关事项的公告》(国家税务总局公告2021年第8号)规定,高校毕业生自主创业创办个体工商户的,自2021年1月1日至2022年12月31日,年应纳税所得额不超过100万元的部分,在现行优惠政策基础上,减半征收个人所得税。也就是说,在上述扣减优惠等基础上,高校毕业生创办个体工商户,还可以叠加享受减半征收个税优惠。

2. 参考案例

假设小王是2021年高校毕业生,于当年7月在江苏省某市申请开办了个体奶茶店,每月营业收入未超过15万元,当年应纳税所得额为18万元(适用税率20%,速算扣除数10 500)。经查,小王符合同时享受高校毕业生自主创业优惠和个体工商户免征增值税、减半征收个税优惠的条件。

在自主创业优惠方面,根据相关规定,纳税人的实际经营期不足1年的,应当以实际月数计算其减免税限额。那么,小王当年的减免税限额为14 400÷12×6=7 200(元)。由于小王每月经营收入未超过15万元,可享受免征增值税、城市维护建设税、教育费附加和地方教育附加优惠。按照扣减顺序,这7 200元可全部用于扣减其当年应缴纳的个人所得税。同时,小王可享受个体工商户减半征收个税优惠。具体优惠数额为:[(180 000×20%−10 500)−7 200]×(1−50%)=9 150(元)。这样,小王可叠加享受个人所得税减免为7 200+9 150=16 350(元)。

3. 实操提醒

在适用22号文件过程中,一方面要把握好毕业年度内高校毕业生的范围。高校毕业生具体指的是实施高等学历教育的普通高等学校、成人高等学校应届毕业的学生;毕业年度是指毕业所在自然年,即1月1日至12月31日。也就是说,往年毕业的高校毕业生如果今年才开办个体工商户,则不符合时间规定要求,不能适用扣减优惠。另一方面,相关高校毕业生在实操上要注意准确把握扣减顺序。此外,符合条件的相关高校毕业生自行申报即可享受创业优惠,不过应当注意妥善保存《就业创业证》备查。

(二) 小微企业的税收优惠政策

高校毕业生创业的另一种形式,是创办小微企业。小微企业是依法设立的独立核算的经济组织,相较个体工商户,其在经营管理上更加组织化和系统化。近年来,我国出台了一系列很有力的支持小微企业发展的税收优惠政策,倘若高校毕业生创办小微企业,可以通过享受相关优惠减轻负担。

1. 政策要点

在增值税方面,与个体工商户一样,自2021年4月1日至2022年12月31日,月销售额15万元以下(含本数)的符合条件的小微企业,免征增值税。

在企业所得税方面,根据《财政部 税务总局关于实施小微企业和个体工商户所得税优惠政策的公告》(财政部 税务总局公告2021年第12号,以下简称"12号公告")等政策规定,自2021年1月1日至2022年12月31日,对小型微利企业年应纳税所得额不超过100万元的部分,在减按12.5%计入应纳税所得额,按20%的税率缴纳企业所得税的基础上,再减半征收企业所得税。

此外,根据《财政部 税务总局关于实施小微企业普惠性税收减免政策的通知》(财税〔2019〕13号)规定,各地可对增值税小规模纳税人在50%的税额幅度内减征资源税、城市维护建设税、房产税、城镇土地使用税、印花税(不含证券交易印花税)、耕地占用税和教育费附加、地方教育附加。

2. 参考案例

假设小李于2021年7月大学毕业后,在江苏省某市注册创办了D广告代理有限责任公司,招用员工4人。D公司当年7月至12月每月营业收入均超过15万元,合计为180万元,应纳税所得额为36万元。D公司既是小规模纳税人,又符合小微企业条件。

在增值税方面,根据《财政部 税务总局关于延续实施应对疫情部分税费优惠政策的公告》(财政部 税务总局公告2021年第7号)规定,适用3%征收率的小规模纳税人减按1%征收率征收增值税优惠延长至2021年12月31日,则D公司2021年7—12月应纳增值税为$1\,800\,000 \times 1\% = 18\,000$(元)。

在企业所得税方面,根据12号公告等政策规定,D公司实际应纳所得税额为$36 \times 12.5\% \times 20\% \times 0.5 = 0.45$(万元)。企业实际税负只有0.25%,与12号公告出台前相比,所得税优惠力度进一步加大。

3. 实操提醒

高校毕业生需要注意的是,目前小微企业的认定标准包括年度应纳税所得额不超过300万元、从业人数不超过300人、资产总额不超过5 000万元三个条件,小微企业的企业所得税统一实行按季度预缴。符合条件的小微企业在季度预缴和年度汇算清缴时,均可自行申报享受12号公告规定的减半优惠,无须备案。倘若创办的企业发展速度非常快,在预缴企业所得税时已经享受相关减免优惠,而在进行汇算清缴时不再符合小微企业条件的,应当按照规定补缴税款。

(三)其他创业扶持政策

近年来,全国各地均出台了针对大学生的创业扶持政策。以河南省为例,大学生创业可以参加大学生创业扶持项目的评选和申请创业(开业)补贴。

1. 政策要点

大学生创业扶持项目重点筛选市场前景好、有发展潜力又需要扶持的创业项目,通过综合考评,对项目无偿提供2万元至15万元的资金扶持。扶持标准分为4个档次:2万元、5万元、10万元、15万元。对拥有独立自主知识产权和发明专利、节能降耗、劳动密集型的创业项目给予优先扶持;对从事个体经营的创业实体项目扶持金额不超过5万元。

同时,对符合条件的初次创业的大学生给予每人5 000元的创业(开业)补贴。每人和每个营业执照只能享受一次创业(开业)补贴。

2. 大学生创业资金扶持申请

取得国家承认学历的毕业5年以内高校毕业生或在校大学生(含留学来豫创业人员),作为创业实体的法人代表或实际控制人,可以申请大学生创业资金扶持。同一扶持对象和扶持项目只能享受一次大学生创业扶持资金资助。

扶持项目需满足以下条件:

①进驻经认定的各类创业孵化园区,依法取得营业执照,稳定经营6个月以上,且无不良信用和违法记录;②吸纳3人(含3人)以上就业;③有较好的创业发展计划和市场前景;④管理团队能力较强,管理制度健全。

大学生创业资金扶持申领程序:

大学生创业扶持项目一年申报两次,分别在5月和10月份,由所在的创业孵化园区集中申报。孵化园区统一报送给所在省辖市、直管县(市)人力资源社会保障部门,并提交大学生创业扶持项目汇总表、园区概况等相关资料;省辖市、直管县(市)人力资源社会保障部门进行初审后报河南省人力资源和社会保障厅。省属创业孵化园区可直接向省人力资源和社会保障厅申报。

河南省人力资源社会保障厅会同财政、教育等部门,组织相关专家,组建评审团,进行项目评定,确定扶持金额。对申请扶持资金在10万元以上(含10万元)的,由项目法定代表人和经营者进行现场答辩。

3. 大学生创业(开业)补贴的申请

毕业2年以内高校毕业生或毕业学年高校毕业生初次创业的,可以申请大学生创业(开业)补贴。申报人需为创业企业的实际控制人或法定代表人,取得工商登记3个月以上,有固定的经营场所,吸纳就业3人(含3人)以上。

大学生创业(开业)补贴申领程序:

(1) 个人申请

符合条件的大学生可向创业所在地人力资源社会保障部门申请创业(开业)补贴。毕业学年大学生由所在高校汇总后向高校所在地人力资源和社会保障部门申请(省属高校毕业学年大学生创业补贴由省属高校汇总申请,省教育厅初审,省人力资源社会保障厅审核)。

(2) 审核与公示

人力资源和社会保障部门对收到的申请资料进行审核,重点核查申请人身份、创业项目等情况。根据审核结果编制创业(开业)补贴汇总表,具体包括申请人姓名、身份证号、创业企业名称、营业执照号、开业时间、补贴金额等,并通过网站、新闻媒体等渠道向社会公示,接受监督,公示期不少于7个工作日。

(3) 拨付

对公示没有异议的项目,人力资源社会保障部门拟定资金申请报告,同级财政部门审核后按规定从就业资金中拨付创业(开业)补贴资金至申请人银行账户,并将结果反馈同级人力资源社会保障部门。

第三节 创业资金筹措

> **学习提示**
>
> 本节介绍了创业资金筹措的原则,目的是使学生掌握创业团队组建和创业资金筹措的基本原则,为创业做好铺垫。

每个创业者在实施创业时,常常会面临到哪里筹集创业资金的问题,而且也不太清楚适合自己的资金来源和融资方式组合。因此,熟悉各种资金来源和理解不同资金的要求和期望,显得异常重要。倘若不了解这些,创业者在寻找启动资金时会很茫然。

值得注意的是,大学生创业者要根据风险水平和企业产品生命周期的不同阶段(婴儿期、创业期、成长期、成熟期)来选择合适的融资渠道。

多数大学生在自主创业时遇到了"缺经验,少资金"的困难。很多大学生创业者表示,创业的首个瓶颈往往是资金的缺乏,而解决资金问题的渠道非常有限,特别是金融危机的情况下,无论是银行还是风险投资机构对项目投资都会非常谨慎,尤其对大学生的创业融资更为谨慎。

资本是企业的血脉,是企业经济活动的第一推动力和持续推动力。任何企业都是需要成本的,即使拥有再多的创业激情,没有资金的推动也没用。对初创业者来说,快速稳妥地筹集资金,是创业成功的至关重要因素。但创业资金的筹措有几项原则需要遵守:

一、资金筹措要适度

资金要与创业项目相适应,并不是说资金越多越好。任何资金都是有成本的,因此,资金要适度,不能一味追求资金多。创业不是追逐金钱的游戏,创业的本质是无中生有,以有限资源做出最大效果,运用创新与创意来创造企业的价值。创业者对金钱的态度,往往决定企业的格局与成长潜力。创业阶段的艰苦奋斗精神,正是今天许多知名企业家能够白手起家、成就大型企业的原因。

(1)最低的有效规模,这是指创业企业实现最低单位生产成本的产量水平。创业者通常需要准备好可以实现最低有效规模的资金,否则将处于竞争劣势。

(2)盈利能力。其他条件相同时,盈利能力越强,创业企业越有能力从内部满足资金需求,同时对外部融资需求也就越低。

(3)现金流。现金流水平低的创业企业需要更多的资金;反之,现金流水平高的企业只需要少量资金。创业者在筹措创业资金时,必须是以能支付公司创业第一年内所有营运开销为目标。

(4)销售增长率。销售增长率越高,要求创业企业增加的投资越多,需要的资金也就越多。

此外还有一些其他因素也会影响创业资金需求。比如,创业者对于营运资本和现金流的管理能力,良好地管理营运资本和现金流可以显著地增强创业企业的盈利能力,从而减少对资金的需求。

> 创业小案例

社区 001 的融资扩张

社区 001 成立于 2012 年 2 月,由邵元元、薛蛮子、杜国强三位投资人联合创建,是一个本地社区提供在线购物及配送的服务网站,运营模式为用户通过平台下单,平台从超市拿货,为用户送货上门,致力解决社区内"最后一公里"配送问题。

此后,社区 001 接连拿下多轮融资,2013 年 10 月获得海银资本、上海致景投资等数百万元天使轮融资;2014 年 4 月获得上亿元 A 轮融资(其中五岳天下为其投资了 4 千万元)。2014 年 10 月,其天使投资人之一的薛蛮子曾在微博公布,社区 001 获得了 1 亿美元的 B 轮融资,估值达到 20 亿元。创立的第一年,团队只在北京的部分区域低调经营。随着 2013 年底开始的一波 O2O 大潮,这个由互联网老兵邵元元执掌的社区电商,开始受到空前关注,同时开始了一轮快速的市场扩张。

然而,这个曾经高调的明星企业现在却在面临一场破产和讨薪风波,大量人员离职,并停止接单。在百度贴吧中,充斥着来自社区 001 员工的讨薪贴。社区 001 并未直接回复这些负面传闻,而该公司创始人邵元元的微信朋友圈自 9 月中旬起便未有更新。

二、资金筹措基本原则

不少创业者在苦于没有资金的时候,往往视投资者为救命稻草,出让自己的公司股份,甚至出让控股权。百度 CEO 李彦宏曾说:"不要轻易将主动权交给投资人,在创业过程中没有人会乐善好施,一定在尚不缺钱的时候借到下一步的钱。"多数创业者都是在企业面临资金困难时才想到融资,他们并不了解资本的本性。资本的本性是逐利,不是救急,更不是慈善。不论创业者的志气有多高,魄力有多大,都应该在不缺钱的时候就考虑融资策略,与资金方建立广泛联系。作为创业的创始人,你不知道什么时候就会需要他们的支持。

对想创业的大学生而言,最简单的一个方式就是学会"借力"。大学生可以借助以下四点原则和方式:

(1) 创业没有本钱,怎么借钱? 有的人说:"我这个人借了别人的钱,就吃不香、睡不着,整天压在心里很难过。"一个人要创业、发展,就要敢借钱。最简单的方式就是和父母或者亲朋好友借少量的本钱作为创业启动资金,当然前提是做好详细的创业计划,切不可盲目行事。

(2) 要有信誉。俗话说:有借有还,再借不难。作为大学生来讲,信誉度是无价的资本。无论进军何种行业,都一定要在自己的"信誉银行"里多"存"一些,切不可让"信誉银行"变成负值。良好的信誉度,不仅可以为创业者在用户面前赢得美誉和口碑,也会降低商业运行资本,在和经销商、供应商等商业链条的关系处理中发挥巨大的效益作用。

(3) 双方有利。亲朋好友可能不一定要你的"利",但作为创业者,要有一颗感恩心,要懂得知恩图报,不能过河拆桥。困难的时候,别人帮了你,你一定要感谢别人,要给别人一定的回报。成功的人一般都是懂得感恩的人。

(4) 要循序渐进。资金的需求随着企业的规模会逐渐增加,新办企业的利润一般均赶不上企业的资金需求。但任何资金都有成本,对新创业的大学生来说,不仅要筹集新办企业需要的资金,还要对企业的发展做出预期判断,提前准备发展所需要的资金。资金的准备要根据企业的发展循序渐进,合理规划,保证资金的最大利用度和最大回报率。

> **创业小案例**
>
> ### 1号店
>
> 2010年5月,于刚在金融危机之后的资金困境中从平安融资8 000万元,让出了1号店80%股权,控制权就此旁落。平安整合1号店并不顺利,于是逐步将1号店控股权转让给了沃尔玛。经过多次于刚离职的传闻后,1号店在7月14日晚间正式确认创始人于刚和刘峻岭离职。随后,于刚和刘峻岭发布内部邮件,向1号店员工宣布,决定离开1号店去追求新的梦想。
>
> ### 真功夫与海底捞
>
> 真功夫的蔡达标和潘宇海各占50%股权,引入PE(利润收益率)以后,是47%对47%;这种股权分布被认作一枚定时炸弹,为真功夫内部股权纠纷埋下了隐患。
>
> 海底捞早期时张勇夫妇和施永宏夫妇各持50%股权,海底捞经过十余年飞速发展后,张勇从先后离开公司管理岗位的施永宏夫妇手中购买了18%的股权,张勇夫妇成了海底捞68%(超过三分之二)的绝对控股股东。

第四节 注册企业必须考虑的法律与法规

> **学习提示**
>
> 本节提醒学生创业时要首先学习相关的法律法规知识,特别要使学生了解尊重知识产权相关法律的重要性。

一个社会的法律规定为其公民能做什么或不能做什么建立了一个框架。这个法律框架同样在一定程度上允许或禁止创业者所做的某些决策和采取的部分行动。显然,创建新企业会受当地法律的影响,创业者必须了解并处理好一些重要的法律和伦理问题。创业涉及的法律和伦理问题相当复杂。创业者需要认识到这些问题,以免由于早期的法律和伦理失误而给新企业带来沉重代价,甚至使其夭折。

创业者一般不会有意触犯法律,但往往高估他们所掌握的与创建和经营新企业相关的法律知识,或者缺乏伦理意识。在企业的创建阶段,创业者面临的法律问题包括:确定企业的形式,设立适当的税收记录,协调租赁和融资问题,起草合同,以及申请专利、商标或版权的保护。在每一个创建活动中,都有特定的法律和规定决定创业者能做什么和不能做什么。一名创业者必须熟悉相关法律法规,但是法律环境对创业的影响并没有到此为止。

当新企业创建起来并开始运营后,仍然有与经营相关的法律问题。例如,人力资源或劳动法规可能会影响员工的雇用、报酬以及工作评定的确定;安全法规可能会影响产品的设计和包装、工作场所和机器设备的设计和使用、环境污染的控制,以及物种的保护。尽管许多法规可能在某一企业达到一定规模时才适用,但事实是,新企业都追求发展,这意味着创业者很快就会面临这些法律问题。与创业者相关的法律主要有《民法典》《产品质量法》《劳动法》等。

此外,传统观念将物质资产如土地、房屋和设备等看作企业最重要的资产,而现在知识资产已逐渐成为企业中最具价值的资产。对于创业者来说,为了有效保护自己的知识产权,也为了避免无意中违法侵犯他人的知识产权,了解相关法律非常重要。

知识产权是人们对自己通过智力活动创造的成果所依法享有的权利。知识产权包括专利、商标、版权等,是企业的重要资产。知识产权可通过许可证经营或出售,带来许可经营收入。实际上,几乎所有的企业(包括新企业)都拥有一些对其成功起关键作用的知识、信息和创意。

一、专利与专利法

专利是由专利机构依据发明申请所颁发的一种文件,由这种文件叙述发明的内容,并且产生一种法律状态,即该获得专利的发明在一般情况下只有得到专利所有人的许可才能利用(包括制造、使用、销售和进口等)。

此外,专利也是专利权的简称,指专利权人对发明创造享有的专有权,即国家依法在一定时期内授予发明创造者或者其权利继受者独占使用其发明创造的权利。专利权是一种专有权,这种权利具有独占的排他性。非专利权人要想使用他人的专利技术,必须依法征得专利权人的授权或许可。

专利分为发明专利、实用新型专利和外观设计专利。

(1) 发明专利指前所未有、独创、新颖和实用的专利技术或方法;其在三种专利类型中技术含量及价值是最高的,因此发明专利保护期为 20 年,保护期最长。发明专利包括产品专利和方法专利两大类。

(2) 实用新型专利,指对产品的形状、构造或者其结合所提出的适于实用的新的技术方案。保护期 10 年。

(3) 外观设计专利,是指对产品的形状、图案、色彩或者其结合所做出的富有美感并适于工业上应用的新设计。保护期 10 年。

专利制度主要是为了解决发明创造的权利归属与发明创造的利用问题。专利法可以有效地保护专利拥有者的合法权益。创业者对其个人或企业的发明创造应及时申请专利,以寻求法律保护,使自己的利益不受侵犯,或者在受到侵犯时,有法律依据提出诉讼,要求侵权方予以赔偿。

我国于 1984 年 3 月 12 日颁布了《中华人民共和国专利法》,2020 年 10 月 17 日进行了再次修订,新修订的《专利法》于 2021 年 6 月 1 日起实施。

> **创业小案例**
>
> ### "小 i 机器人"发明专利
>
> 上海智臻智能网络科技股份有限公司(以下简称智臻公司)是名称为"一种聊天机器人系统"的发明专利(以下简称本专利)的权利人。本专利是实现用户通过即时通信平台或短信平台与聊天机器人对话,使用格式化的命令语句与机器人做互动游戏的专利。苹果电脑贸易(上海)有限公司请求宣告本专利无效。国家知识产权局及一审法院均认为本领域技术人员根据其普通技术知识能够实现本专利利用聊天机器人系统的游戏服务器进行互动的游戏功能,符合专利法对充分公开的要求,故维持本专利有效。

二审法院认为，根据本专利授权历史档案，智臻公司认可游戏服务器功能是本专利具备创造性的重要原因，本专利说明书对于游戏服务器与聊天机器人的其他部件如何连接完全没有记载，未充分公开如何实现本专利限定的游戏功能，据此判决撤销一审判决和被诉行政决定。智臻公司不服，向最高人民法院申请再审。

最高人民法院认为，本专利中的游戏服务器特征不是本专利与现有技术的区别技术特征，对于涉及游戏服务器的技术方案可以不做详细描述。本领域普通技术人员根据本专利说明书的记载就可以实现相关技术内容，因此，本专利涉及游戏服务器的技术方案符合专利法关于充分公开的要求。最高人民法院遂提审后撤销二审判决，维持一审判决。

分析：

本案涉及我国计算机人工智能领域的基础专利。"以公开换保护"是专利制度的基本原则，判断作为专利申请的技术方案是否已经充分公开，不仅是人工智能领域专利审查和诉讼中的疑难问题，也直接决定了专利申请人能否对有关技术方案享有独占权。本案再审判决明确了涉及计算机程序的专利说明书充分公开的判断标准，充分保护了企业的自主创新成果，在确保公共利益和激励创新兼得的同时，助力加强关键领域自主知识产权的创造和储备。

[资料来源：最高人民法院(2017)最高法行再34号行政判决书]

二、商标与商标法

商标是商品的生产者、经营者在其生产、制造、加工、拣选或者经销的商品上或者服务的提供者在其提供的服务上采用的，用于区别商品或服务来源的，包括文字、图形、字母、数字、三维标志、颜色组合和声音等，以及上述要素的组合，具有显著特征的标志，是现代经济的产物。商标是企业的一种无形资产，具有很高的价值，这种价值体现在独特性和所产生的经济利益上。保护和提高商标的价值，可以为企业带来巨大的收益。商标包括注册商标和未注册商标，目前我国只对人用药品和烟草制品实行强制注册，通常所讲商标均指注册商标。注册商标包括商品商标、服务商标、集体商标、证明商标。注册商标的有效期为十年，可以申请续展，每次续展注册的有效期也为十年。商标注册申请人必须是依法成立的企业、事业单位、社会团体、个体工商户、个人合伙以及符合《中华人民共和国商标法》第九条规定的外国人或者外国企业。

我国于1982年8月23日颁布了《中华人民共和国商标法》，并于1993年2月22日进行了第一次修正，2001年10月27日进行了第二次修正。

创业小案例

"红牛"商标权权属纠纷

天丝医药保健有限公司（以下简称泰国天丝公司）与案外人签订合资合同，约定成立合资公司，即红牛维他命饮料有限公司（以下简称红牛公司），泰国天丝公司为红牛公司提供产品配方、工艺技术、商标和后续改进技术。双方曾约定，红牛公司产品使用的商标是该公司的资产。经查，17枚"红牛"系列商标的商标权人均为泰国天丝公司。其后，泰国天丝公司与红牛公司先后就红牛系列商标签订多份商标许可使用合同，红牛公司支付了许可使用费。此后，红牛公司针对"红牛"系列商标的产品，进行了大量市场推广和广告投入。红牛公司和泰国天丝公司均对"红牛"系列商标进行过维权及诉讼事宜。后红牛公司向北京市高级人民法院提起诉讼，请求确认其享有"红牛"商标权,并判令泰国天丝公司支付广告宣传费用37.53亿元。一审法院判决驳回红牛公司的全部诉讼请求。红牛公司不服,上诉至最高人民法院。

最高人民法院二审认为,原始取得与继受取得是获得注册商标专用权的两种方式。判断是否构成继受取得,应当审查当事人之间是否就权属变更、使用期限、使用性质等做出了明确约定,并根据当事人的真实意思表示及实际履行情况综合判断。在许可使用关系中,被许可人使用并宣传商标,或维护被许可使用商标声誉的行为,均不能当然地成为获得商标权的事实基础。最高人民法院遂终审判决驳回上诉、维持原判。

分析:

本案是当事人系列纠纷中的核心争议。本案判决厘清了商标转让与商标许可使用的法律界限,裁判规则对同类案件具有示范意义,释放出平等保护国内外经营者合法权益的积极信号,是司法服务高质量发展,助力改善优化营商环境的生动实践。

[资料来源:最高人民法院(2020)最高法民终394号民事判决书]

三、著作权与著作权法

著作权亦称版权,是指作者对其创作的文学、艺术和科学技术作品所享有的专有权利。著作权是公民、法人依法享有的一种民事权利,属于无形财产权。著作权包括发表权、署名权、修改权、保护作品完整权、复制权、发行权、出租权、展览权、表演权、放映权、广播权、信息网络传播权、摄制权、改编权、翻译权、汇编权以及应当由著作人享有的其他权利等17项权利。对著作权的保护是对作者原始工作的保护。著作权的保护期限为作者有生之年加上去世后50年。我国实行作品自动保护原则和自愿登记原则,即作品一旦产生,作者便享有版权,登记与否都受法律保护;自愿登记后可以起证据作用。国家版权局认定中国版权保护中心为软件登记机构,其他作品的登记机构为所在省级版权局。著作权的作者享有以下权利:

(1) 可以决定是否对他的作品进行著作权意义上的使用。

(2) 可以决定是否就他的作品实施某些涉及他的人格利益的行为。

(3) 可以在必要时请求有关的国家机关以强制性的协助来保护或实现他的权利。

我国于1990年9月7日颁布了《中华人民共和国著作权法》,2020年11月11日,第十三届全国人大常委会第二十三次会议审议并表决通过了《关于修改〈中华人民共和国著作权法〉的决定》,这标志着历经十年的著作权法第三次修改工作完成。

创业小案例

"斗罗大陆"手游著作权

《斗罗大陆》系唐家三少(张威)创作的奇幻小说。张威将该小说的游戏改编权独家授予上海玄霆娱乐信息科技有限公司(以下简称玄霆公司)。同时,张威还创作了《斗罗大陆外传:神界传说》。成都吉乾科技有限公司(以下简称吉乾公司)通过多次转授权获得《斗罗大陆:神界传说》的游戏改编权。后吉乾公司开发了新斗罗大陆(神界篇)游戏软件,并与四三九九网络股份有限公司(以下简称四三九九公司)签订了分成合作协议,协议载明游戏的著作权人是吉乾公司。玄霆公司认为,吉乾公司、四三九九公司未经许可,侵害了其对涉案《斗罗大陆》作品的改编权,遂诉至法院。一审、二审法院均认为,涉案游戏属于大型游戏,如对所有章节进行公证,玄霆公司需要支出巨大成本,无疑增加了权利人的举证难度和维权成本,有违公平、效率原则。电子游戏与小说是不同的作品表达方式,判断二者是否构成实质性相似时,不能仅以游戏使用小说文字数量的比重进行判断,应综合判断其是否使用了小说中独创性表达的人物、人物关系、技能、故事情节等元素,并考虑小说中独创性的内容在游戏中所占比重。在判断游戏所使用文字的比重时,可以对游戏资源库文件反编译,以辅助确定游戏是否使用了文字作品中具有独创性的内容。吉乾公司开发的游戏大量使用了《斗罗大陆》小说中人物和魂兽名称、人物关系、技能和故事情节等元素,与涉案《斗罗大陆》小说构成实质性相似。吉乾公司未经玄霆公司许可开发涉案游戏,侵害了玄霆公司享有的改编权,故判决吉乾公司赔偿损失及合理费用共计500万元。

分析:

本案涉及手机游戏侵犯文字作品改编权的认定问题。首次通过对游戏软件资源库反编译,提取其中的内容与文字作品的内容进行比对的方式,确定侵权游戏利用他人作品独创性内容的比重,提高了审判效率、拓宽了审理思路,是维护文化创意产业健康发展、妥善处理涉互联网著作权保护新问题的鲜活司法实践。

[资料来源:江苏省高级人民法院(2018)苏民终1164号民事判决书]

除了与知识产权相关的法律法规外,还有反不正当竞争法、民法典、产品质量法、劳动法等法律法规也是创业者及其新创企业所应当了解和关注的。

巩固与训练

1. 讨论如何筹集创业资金。
2. 什么是企业的社会责任?谈谈你对企业承担社会责任的看法。
3. 有限责任公司的注册流程是什么?
4. A先生与B有限责任公司协商后,决定设立一家合伙企业。合伙企业协议中规定:B公司向合伙企业投资30万元,A负责经营管理,但不投资,B公司每年从合伙企业取得60%的收益,亏损时,责任及其他一切风险均由A负担。随后,双方共同向登记机关申请合伙登记,登记机关工作人员C在收取了A的贿赂后,做出登记决定,并颁发了合伙企业"营业执照"。后A为了经营方便一直以B有限责任公司的名义对外进行经营活动。

(1) 合伙企业设立必须具备的必要条件是什么?
(2) 本案中有哪些违法行为?应怎样处理?

第七章

创业初期的营销管理

学习目标

知识目标：熟知与创业相关的基础营销理论和现代电子商务发展趋势。
技能目标：能够运用营销思维分析创业项目并制定发展策略。
态度目标：树立严谨、有逻辑性和计划性的创业意识。

第一节 产品和企业的生命周期

学习提示

对于创业者来说，产品和企业的生命周期理论是必须掌握的理论。通过运用生命周期理论的知识来分析创业者的产品和所创企业所在的行业属于哪一生命周期，有利于创业者对于其产品和企业做出相应的营销策略和发展策略。

一、产品的生命周期

（一）产品生命周期理论

产品生命周期理论是美国哈佛大学教授雷蒙德·弗农（Raymond Vernon）1966年在其《产品周期中的国际投资与国际贸易》一文中首次提出的（图7-1）。费农认为：产品生命是指市场上的营销生命，产品和人的生命一样，要经历形成、成长、成熟、衰退这样的周期。就产品而言，也就是要经历一个开发、引进、成长、成熟、衰退的阶段。而这个周期在不同的技术水平的国家里，发生的时间和过程是不一样的，其间存在一个较大的差距和时差，正是这一时差，表现为不同国家在技术上的差距，它反映了同一产品在不同国家市场上的竞争地位的差异，从而决定了国际贸易和国际投资的变化。

图7-1　雷蒙德·弗农教授

（二）产品生命周期概念

产品生命周期（Product-Life Cycle），简称PLC，是产品的市场寿命，即一种新产品从开始进入市场到被市场淘汰的整个过程。典型的产品生命周期一般可以分成四个阶段，即介绍期（或引入期）、成长期、成熟期和衰退期（图7-2）。产品在生命周期时段的特点：

（1）开发阶段：本阶段产品还处于开发研究阶段，并没有形成新的产品，因此，该产品的需要为零,同时,企业要投入大量的研发成本。

(2) 引入期:本阶段指新产品已经问世,并投入市场的阶段。此时产品的知名度较低,消费者对产品不太了解,消费者实际购买数量比较少。企业为了增加产品知名度,扩大销量,需要投入大量的宣传推广费用。在这个阶段,企业产品的销量低、生产成本高、营销费用高,企业的利润往往会达到最低点。

(3) 成长期:当新产品通过宣传推广被市场所接受之后,便进入了成长期。产品进入了成长期证明了该产品经受了市场的考验,获得了在市场上生产的资格。在成长期,消费者对于该产品的需求和产品的销量均迅速上涨,企业利润也显著增加。同时,竞争者看到有利可图,也纷纷进入市场参与竞争。

(4) 成熟期:进入成长期之后,随着购买产品的人数增多,市场需求趋于饱和。此时,产品普及并日趋标准化,成本低而产量大。销售增长速度缓慢直至转而下降。由于市场竞争的加剧,导致同类产品生产企业之间不得不在产品质量、花色、规格、包装服务等方面加大投入,这在一定程度上增加了成本。因此,企业在成熟期内利润达到最高点后开始下滑。

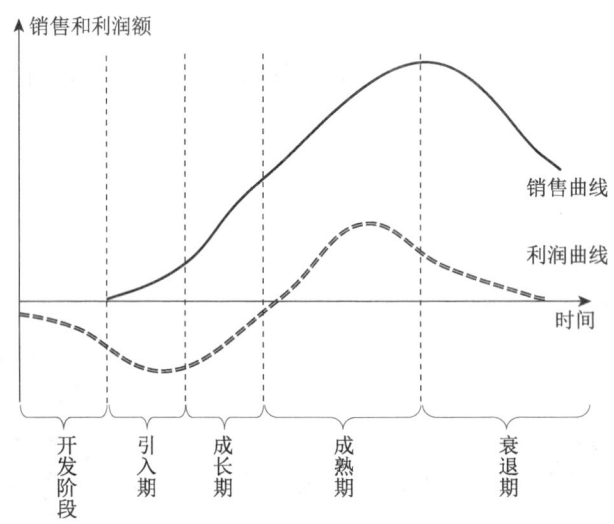

图 7-2　产品生命周期销售和利润曲线

(5) 衰退期:指产品进入了淘汰阶段。随着科技的发展以及消费习惯的改变等原因,产品的销售量和利润持续下降,产品在市场上已经老化,不能适应市场需求,市场上已经有样式更新、性能更好、价格更低的替代产品,足以满足消费者的需求。此时成本较高的企业就会由于无利可图而陆续停止生产,该类产品的生命周期也就陆续结束,以致最后完全撤出市场。

二、企业的生命周期

伊查克·爱迪斯(Ichak Adizes),是美国最有影响力的管理学家之一,加州大学洛杉矶分校终身教授,斯坦福大学、特拉维夫大学和位于耶路撒冷的希伯来大学的客座教授(图 7-3)。伊

图 7-3　伊查克·爱迪斯教授

查克·爱迪斯用 20 多年的时间研究企业如何发展、老化和衰亡。他著有《企业生命周期》一书,把企业生命周期分为十个阶段,即:孕育期、婴儿期、学步期、青春期、壮年期(盛年期)、稳定期、贵族期、官僚化早期、官僚期、死亡期。爱迪斯准确生动地概括了企业生命不同阶段的特征,并提出了相应的对策,指出了企业生命周期的基本规律,揭示了企业生存过程中基本发展与制约的关系。

(一) 企业生命周期理论的启示

爱迪斯构建了一条类似山峰轮廓的企业生命周期曲线,描述了一个企业完整的发展周期(图 7-4)。这条企业的生命曲线可以延续几十年甚至上百年,但实际上很多企业没有走完这条完美的曲线就消失了。有的仅仅几年还在成长期就夭折了,原因是企业成长中会遇到许多的障碍和陷阱,企业没有跳过去便消声匿迹。很多企业面临的最大问题是"第二次或第三次创业"的陷阱,尤其是民营企业,这时企业基本上已经初具规模,处在学步期或青春期,将要从创业型转为管理型,进行较大的跳跃,这时遇到的问题和困难也是最多的。

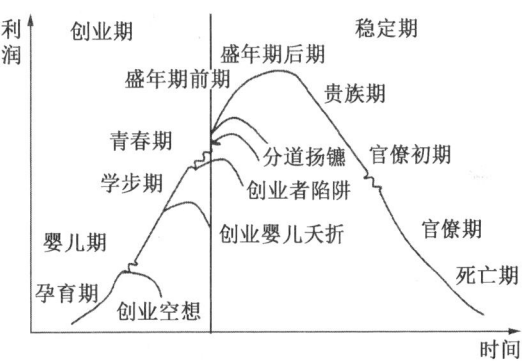

图 7-4 企业生命周期图示

还有一些规模已经发展得比较大,进入青春期的企业也遇到了成长的困惑。企业发展到一定程度,再也难有增长,似乎有一种力量制约和摆布着自己的命运,左冲右突,难以脱离这个怪圈。其实原因是企业长期停滞在粗放经营和管理上,缺乏留住人才和培育人才的机制,落后的管理和组织机构制约了企业的发展。

根据爱迪斯的理论,壮年期是企业生命周期曲线中最为理想的点,在这一点上企业的自控力和灵活性达到了平衡。壮年期的企业知道自己在做什么,该做什么,以及如何才能达到目的。壮年期并非生命周期的顶点,企业应该通过自己正确的决策和不断的创新变革,使企业业绩持续增长。但如果企业失去创新创业的劲头,就会丧失活力,停止增长,走向官僚化和衰退。

企业生命周期的理论和方法把企业看成一个机体,而不仅仅是一个组织,为思考企业的战略管理提供了一个新的视角。

第二节 产品在不同生命周期的营销策略

> 学习提示

创业者在产品不同生命周期阶段选择合适的营销策略对创业初期的企业尤为重要。作为创业者一定要认识到营销的重要性,产品、价格、促销和渠道作为非常重要的营销组合因素,共同决定了产品在市场上的生存和发展。

产品在不同生命周期呈现出不同的市场特征,创业者要依据产品在不同阶段的市场特点制定和实施相应的营销策略。

一、引入期的营销策略

在引入期产品销量少,宣传推广费用高,制造成本高。根据这一阶段的特点,创业者投入市场的产品要有针对性,找准产品的目标客户,设法把销售力量直接投向最有可能的购买者,使市场尽快接受该产品,更快地进入成长期。

创业者在引入期的定价策略可以为:

(1) 快速撇脂策略。以高价格、高营销费用推出新产品。实行高价策略可在销售中获取最大利润,尽快收回投资。高营销费用能够快速建立知名度,占领市场。实施这一策略须具备以下条件:产品有较大的需求潜力;目标顾客求新心理强,急于购买新产品。

(2) 缓慢撇脂策略。以高价格、低营销费用推出新产品。目的是以尽可能低的费用开支获得更多利润。实施这一策略的条件是:市场规模较小,产品已有一定的知名度,目标顾客愿意支付高价,潜在竞争的威胁不大。

(3) 快速渗透策略。以低价格、高营销费用推出新产品。目的在于先发制人,以最快的速度打入市场,取得尽可能大的市场占有率。然后再随着销量和产量的扩大,使单位成本降低,取得规模效益。实施这一策略的条件是:该产品市场容量大,潜在消费者对价格十分敏感,潜在竞争较为激烈,产品的单位制造成本可随生产规模和销售量的扩大迅速降低。

创业小案例

小熊电器定价策略:性价比优势显著,毛利率高于行业平均水平

小熊电器始创于 2006 年,定位创意小家电,产品品类按照应用方向分为厨房小家电、生活小家电和其他小家电。2008 年公司提出"网络授权销售模式",成为淘宝上最早实行网络授权销售模式的小家电厂商之一,此后线上需求迅速扩大,销售份额大幅提升。2013 年,公司开始实施线上经销代发货模式,减少产品物流成本,并有效解决传统经销商模式下长尾产品推广不足的问题。2019 年公司于深交所上市,成为创意小家电行业的佼佼者。经过十三年的深耕经营,小熊电器在小家电行业已成为一匹黑马,具有深远的品牌影响力。

公司秉承"创意让生活更美好"的核心价值观,塑造的萌家电品牌形象深入人心。在消费升级驱动下,公司实施多品类发展战略,不断研发新产品,满足消费者品质生活追求,同时不断开拓并完善销售渠道,为公司的业绩增长提供了动力。公司 2019 年实现营业收入 26.88 亿元,同比增长 31.70%,实现归属于母公司所有者净利润 2.68 亿元,同比增长 44.57%。公司不久前发布业绩预报,预计公司今年(2020 年)上半年归母公司净利润 2.3 亿元~2.68 亿元,同比增长 80.0%~110.0%。

公司产品定价低。从大品类看,公司厨房小家电、生活小家电和其他小家电产品均价都在 100 元以内;从十大细分品类看,除了和面机产品均价稍高于 200 元外,其余产品均价均低于 200 元。小熊产品以高位性价比在市场上获得消费者的喜爱。

公司毛利率维持高位。尽管小熊产品价格定位低,但与可比公司相比,小熊毛利率水平高于行业平均,与九阳、苏泊尔毛利率相近。2019 年公司毛利率达 34.26%,同比上升 2.0%,主要是因为产品结构调整、市场价格变动、销售渠道变化、原材料价格波动等因素影响。不同品类毛利率不同,但所有品类的毛利率稳中有升,尤其是电热类和锅煲类品类。公司不断优化产品方案,保证公司的盈利能力持续提高。

（案例来源：https://pdf.dfcfw.com/pdf/H3_AP202007231393593393_1.pdf?1601215122000.pdf）

（4）缓慢渗透策略。以低价格、低营销费用推出新产品。低价可扩大销售，低营销费用可降低营销成本，增加利润。这种策略的适用条件是：市场容量很大，市场上该产品的知名度较高，市场对价格十分敏感，存在某些潜在的竞争者，但威胁不大。

> **创业小案例**
>
> ### 小米手机的渗透定价策略
>
> 小米科技有限责任公司成立于2010年3月，是一家专注于智能硬件和电子产品研发的移动互联网公司，而中低端市场是产品的主要定位，另外小米公司首创了用互联网模式开发手机操作系统、发烧友参与开发改进的模式，继苹果、三星、华为之后，小米公司成为第四家拥有手机芯片自研能力的科技公司，这为小米的成功奠定了坚实的基础。
>
> 小米的定位是为广大发烧友提供高性价比的产品，也就是走低价高配的路线，而这种战略在早期必须有强大的资金支持。高配意味着可以以绝对的技术优势赢得消费者的青睐，但另一方面也对企业的研发队伍提出了更高的要求；低价意味着可以以价格上的绝对优惠吸引消费者的眼球，但另一方面也说明了产品获得的单位利润较低。所以对小米而言，薄利多销的定价策略是较好的选择，不断提高产品的知名度，增强产品的竞争力，同时为企业实现较高利润。
>
> 渗透定价策略，也是我们熟知的薄利多销策略，是指企业在产品上市初期，牢牢抓住消费者求廉的消费心理，在定价策略上采取低价，以物美价廉的产品形象吸引顾客，打造"高性价比"的品牌形象，从而占领市场，以此谋求长期稳定的利润源。而小米最初进入市场采取的就是渗透定价策略，通过低价使产品快速为市场所接受，并借助较高的销售量实现规模经济效益，从而有效地降低了产品单位成本，为企业赢得长期稳定的市场地位；另一方面低价也在市场上形成了一定的行业壁垒，微利阻止了竞争者的进入，增强了自身的产品竞争力。
>
> 小米在后来的行业发展中，沿用了渗透定价策略，从小米最初的简单机型到后面的各款手机，其价格在当时的智能手机市场都属于中低水平。而消费者大多青睐于低价高配的智能手机，高性价比的品牌特性也使消费者对小米的品牌产生了品牌忠诚，提高了小米手机的占有率。
>
> [案例来源：张玉荣.浅析小米手机的渗透定价策略[J].商场现代化，2018(15)：42-43.]

二、成长期的营销策略

新产品经过市场引入期以后，消费者对该产品已经比较熟悉，消费习惯已形成，产品销量迅速增长，这时产品就进入了成长期。产品成本逐步降低，新的竞争者会加入竞争。随着竞争的加剧，新的产品特性开始出现，产品市场开始细分，分销渠道开始增加。企业为维持销量的持续成长需要保持或稍微增加营销费用。但由于销量增加，平均营销费用并没有显著增加，甚至有所下降。针对成长期的特点，企业为维持其市场增长率，延长获取最大利润的时间，可以采取下面几种策略：

（1）改善产品品质。如增加新的功能，改变产品款式，研发新的型号，开发新的用途等。对产品进行改进可以提高产品的竞争力，满足消费者更广泛以及不断变化的需求。

（2）寻找并占领新的细分市场。通过市场细分和市场定位，找到新的尚未满足的细分市场或小众市场,根据消费者需求提供相应产品或服务,迅速进入新的市场,建立客户忠诚度。

(3) 改变宣传的重点。把宣传的重心从介绍产品转到建立产品和企业形象上来,运用符合企业形象的公关手段逐步建立品牌知名度,让企业从"初创企业"向"知名企业"转变。

(4) 适时促销。在适当的时机,可以采取形式多样的促销策略,以激发那些对价格敏感的消费者产生购买动机和采取购买行为。

创业小案例

小米疫情下"逆行":线上发布小米10冲击高端市场

2020年2月13日,疫情之中,小米采用了"纯线上"的形式,召开了鼠年的首场新品发布会,发布小米今年(2020年)最重要的数字旗舰系列小米10及小米10Pro。

2019年年初,小米集团将Redmi品牌独立,开启了小米手机的双品牌战略。其背后的目的也非常明确,即Redmi将继承过去的"小米"和"红米"品牌,追求的是极致性价比,而新的小米品牌将摆脱价格束缚,冲击高端市场追求极致体验。

在2月13日的线上发布会上,雷军表示,高端手机一直是小米的梦想,而小米10就是小米首款真正意义上的高端机型。在雷军看来,高端机型就是要把每一个角度都做到专业的水平,而小米首先追求的是技术和产品方面,要让消费者心服口服,然后再把品牌、性能做到让大家认可。

从价格上来看,小米10的起售价为3 999元,也创下了小米数字系列的新高。据介绍,为打造小米10系列,小米集团投入了超10亿元研发费用,并从平台性能、网络配置、影像功能、显示效果、音质体验等维度进行了全平台的技术换代升级。雷军表示小米10系列是"小米再次创业的起点,开启新十年重新创业的进程"。

从公布的具体产品配置来看,小米10搭载了高通骁龙865 5G芯片,支持SA/NSA双模5G网络;采用了最新的LPDDR5内存,相比LPDDR4X速率提升29%～50%。此外,小米10还配置了最新的WiFi6技术,其最大吞吐量高达9.6Gbps,相对WiFi5提升了2.7倍,同时支持8x8 MU-MIMO技术,多设备联网环境的下载速率可提升100%。

在影音方面,小米10搭载了1亿像素的主摄像机,还包括1 300万像素超广角、200万像素微距以及200万像素景深镜头等三枚副摄像头。值得注意的是,当天同时发布的小米10Pro,在拍照方面较小米10又有进一步提升,可实现10倍混合光学变焦、最高50倍数码变焦,并加入激光对焦。

在权威机构DXOMARK的测评中,小米10Pro刷新了DXOMARK榜单纪录,相机总分、视频等测试均位居全球第一。雷军向记者表示,早在2016年,小米就确定了以友商作为对标,并决定根据小米的财力逐年扩大研发投入,目标就是要在一个一个重要的领域赶超对手。

随后,小米便成立了核心器件部,对各个核心器件的研发都加大投入。"四年前的决定,在最近一两年开始显现出效果,"雷军称,"比如DXOMARK的测评,这是友商最早提出的第三方评测,那小米就在友商指定的领域去努力,现在终于超过了友商。"

(案例来源:https://tech.sina.com.cn/roll/2020-02-14/doc-iimxyqvz2712267.shtml)

三、成熟期的营销策略

进入成熟期以后,产品的销售量增长缓慢,逐步达到最高峰,产品的销售利润也从最高点开始下降；此时，市场竞争已经非常激烈，各种品牌、各种款式的同类产品不断出现。在成熟期阶段，企业要进行产品调整来满足消费者的不同喜好和需要，来吸引有不同需求的顾客。另外，企业还需要增加营销费用和促销力度，在竞争激烈的情况下稳固产品的市场份额。

四、衰退期的营销策略

在衰退期阶段，市场对产品的需求急剧下降，消费者对于该产品的需求已被其他产品替代，企业从产品中获得的利润很低甚至为零，大量的竞争者退出市场。面对处于衰退期的产品，企业需要认真地研究分析消费者的需求变化，及时转型，尽早止损。

第三节　创业初期的营销理念

学习提示

创业者需要理性分析自己的创业方案和计划，通过准确地把握目标客户的需求，用高品质的产品和服务满足客户的需求，并且在技术和信息不断更新变化的大环境下，整合营销资源，运用营销手段，达到超越客户期望、创造客户忠诚的目的。

一、理性分析你的创业想法和营销方案

在很多失败的创业案例中，我们看到很多创业项目和营销方案是跟风的，或者是创业者一时兴起做出的决定，由此而制定的营销方案，是不可能达到所期望的市场效果的。

真正的营销方案应该源自对于市场分析、产品分析、竞争对手分析和目标人群的综合认知基础上而制定的营销策略。对于市场全面的了解和洞察力是基于客观而准确的各项数据分析，客观的数据分析才能告诉企业当前的市场位置和将要达到的市场目标。

二、寻找你的企业和产品的最大优势

通过市场调研和分析，有了对市场和竞争对手的全面掌握，有了对行业及政策的宏观理解，对于创业团队来说，下一个问题则是找到企业或者产品的核心优势，并将这一核心优势通过营销手段放大，达到被广泛认知的程度。

在当前大量企业同质化的营销竞争环境里，企业是既耗费了大量的资源进行营销，又没有收到期望中的市场效果。营销应该是从消费者需求出发的，企业和产品最大的优势应该来自对于消费者需求的发现和满足。对于同质化竞争而言，一定要避免一味地站在企业的角度来分析市场和消费者，那样是难以找到企业和产品优势的。如果企业真正地站在消费者角度来看，会更准确地找到企业或产品真正的优势。

三、把握你的目标客户的需求

作为创业初期的创业者必须搞清楚我们的顾客真正的需求在哪里。消费者的购买行为产生，必定是产品在某些方面满足了消费者的需求，使之产生值得的心理感受。不同行业或

不同产品,消费者的需求是不一致的,购买的敏感点也是不同的。

> **创业小案例**

哈弗SUV成功的秘诀

2021年1月8日,长城汽车发布2020年12月产销数据,销售新车150 109辆,同比增长41.6%,环比增长3.4%。其中,哈弗品牌第11次夺得中国SUV市场年度销量桂冠。

2020年,长城汽车充分洞察市场与消费者需求,以新品类力量实现突破,推出哈弗大狗、欧拉好猫、坦克300等一系列网红车型,新品上市后起步即为领导者,带动四大品牌销量全面爆发。

哈弗品牌2020年销售750 228辆,12月销售105 485辆,同比增长34.6%。至此,哈弗品牌全球累计销量已超650万辆。其中,"国民神车"哈弗H6年销量达376 864辆,连续8年夺得SUV年度销量冠军,12月销售55 632辆,同比增长33.4%,累计91个月稳居SUV月度销量冠军。智能硬派全地形SUV哈弗H9以22 035辆的年销量,夺得2020年中国品牌越野SUV销量第一。超值家用SUV哈弗M6 12月销售突破2万辆,2020年累计销售154 470辆,同比增长30%,并在今年(2021年)1月迎来哈弗M6 PLUS的正式上市,用超值价格和越级品质塑造品质用车体验。

"3/4刻度座驾"哈弗大狗从设计之初,就以用户需求为导向,融入年轻人的生活方式,上市三个月即月销破万,12月销售10 184辆,爆款潜质显现,开启SUV市场全新想象力。"中国首款全球车"哈弗F7凭借卓越成熟的产品深得用户青睐,12月销售13 405辆,环比上升10.9%,全年累计销售116 453辆,延续了上市至今平均月销过万的稳健势能。"年轻人的第一台车"哈弗初恋于(2021年)1月11日上市,为国内SUV市场注入新活力。

被记者问到哈弗取得如此伟大的成绩的成功秘诀是什么,长城汽车股份有限公司副总裁傅小康对此做出如是回答。

所有的成功都不是偶然,提起哈弗的冠军之路,我觉得原因有以下几点:

坚持聚焦的企业发展战略:长城汽车长期坚持"聚焦"战略,专注深耕SUV领域,以"专注、专业、专家"为品牌理念打造高品质精品,领衔国内SUV领域。

研发的过度"投入":哈弗始终秉承着研发"过度投入"的发展理念,极大增强自主创新能力,使哈弗的技术始终引领行业,始终保持着与时代共同成长、不断超越自我。

对用户需求的把握与洞察:不断推新以超越消费者的期待、持续引领市场潮流,是哈弗能够勇立市场潮头的关键因素。

不可撼动的品牌力:一直以来哈弗品牌作为中国唯一的专业SUV品牌,经过多年发展,在SUV领域建立了不可撼动的领军地位,哈弗品牌已成为SUV市场的金字招牌,成为众多消费者的第一选择。

极富竞争力的产品:高品质基因一直是哈弗H6及全系产品打开市场大门的钥匙。在多年发展历程中,哈弗产品在整车设计、安全防护、动力性能、智能化等方面,均处于行业领先水平。

全球化战略思维:作为中国SUV开创者和领导者,哈弗拥有全球化思维和视野,形成了研、产、供、销的全球化布局,引领中国品牌走出国门走向世界。

(案例来源:https://baijiahao.baidu.com/s?id=1688325135511527900&wfr=spider&for=pc)

(案例来源:https://news.yiche.com/zonghexinwen/20200328/1411238783.html)

四、使你的产品或服务超越顾客的期望

虽然可以通过系统的调查和分析发现消费者的需求,但事实上,大部分消费者并无法准确描述自己的需要。正如福特汽车创始人亨利·福特曾经说过的那样:"如果你问人们想要什么,他们会告诉你想要一辆更快的马车。"这便要求企业不仅要真正地洞察消费者的需求,还要找到需求的关键因素,从而超出消费者的期望。对于企业而言,找准消费者真正的需求之后,寻求企业产品的变革,去改造企业的服务体系,让目标客户获取更多价值,则是提升企业竞争力并突破同质化市场的根本。

> **创业小案例**
>
> ### 迪士尼乐园——用心制造快乐
>
> 作为世界最大的传媒和娱乐巨头之一,迪士尼是一个魅力无穷的商业品牌。迪士尼在全球十大国际品牌中排名第5,品牌价值超过600亿美元,它的形象涉及影视、旅游、网络、服装、玩具等众多领域。迪士尼大家庭已拥有六个世界顶级的家庭度假目的地:加州迪士尼乐园度假区,奥兰多华特迪士尼世界度假区,东京迪士尼度假区,巴黎迪士尼乐园度假区,香港迪士尼乐园度假区,上海迪士尼度假区。
>
> 迪士尼乐园创造出独特、丰富的体验项目,用心去描绘、激发每个人心里潜藏的梦想。在迪士尼乐园,每一位员工都被称为"演员",米老鼠、唐老鸭就是表演的道具,员工的任务就是利用这些道具"制造欢乐",而管理阶层的任务就是"分配角色"。新员工到迪士尼乐园上班的第一天,并不会被告知"你的工作是保持这条大道的清洁",而是"你的工作就是创造欢乐"。迪士尼乐园利用服务创造出了独特价值:"制造梦想,激发快乐"。

五、完善销售服务体系,让顾客有更好的消费体验

完善销售服务体系,提供更为人性化和个性化的购买体验,同样是营销成败的关键。现在消费者面前的产品选择更多,消费者也变得更为理性和挑剔,消费者在购买期间的体验和感受不再独立于产品,而是产品竞争力的一部分。人性化和个性化的营销体验不仅对企业的创新提出了更高的要求,更重要的是企业对消费者需求的深层发掘和深刻理解。

第四节 企业发展需要的经营理念

> **学习提示**
>
> 创立企业简单,企业的生存和发展是最难的。创业者需要充分地了解能使企业长久经营发展的重要理念。

一、经营核心理念与核心价值

企业经营理念是指在特定的社会经济条件下,通过社会实践所形成的企业全体成员所恪守的企业使命、企业愿景、经营思想、行动准则等,是为了推动企业正常运营及可持续发展

而构建的价值体系,是判读经营状况所要依据的准则,是企业员工融为一体的共识意念。对外,经营理念是一面旗帜,是企业特质的核心;对内,经营理念是一种纽带,是企业员工的信仰。

任何企业试图谋求成功,必须遵循市场竞争的规律、经营环境和市场环境的变化趋势。竞争是经营理念不断变革的基础,因此,经营理念的不断创新是以经营环境和市场环境为导向的,是企业实现经营目标的思想灵魂。如果不及时转变经营观念,有效调整经营策略,就不可能在更大范围内和更大程度上参与经济全球化变革,就无法实现企业的高速发展。因此企业经营理念是企业的立业之本,是企业形象塑造的核心部分。企业经营理念的创新,对于提高企业核心竞争力具有极为重要的作用。

在日益开放和更加激烈的市场竞争中,有的企业如昙花一现,悄然逝去;有的却硬如磐石,坚不可摧。出现这种现象的原因固然很多,但最关键的还是归结为企业有没有核心竞争力。核心竞争力是蕴涵于企业内质中的、支撑企业的竞争优势,是企业在竞争环境中能长时间保持主动的核心能力。

核心竞争力(Core Competencies)是指企业获取、配置人力资源、核心技术、声誉,形成并能保护竞争优势的能力。它反映了企业以知识、技术为基础的综合能力,还应包括研究与开发能力,特别是自身不断创新的能力。企业的核心竞争力应该满足"他无我有,他有我强"的特点。企业只有有了核心的竞争力,才能让企业更好地发展。所以,核心竞争力在企业中的地位是非常重要的。

创业小案例

华为的核心竞争力

高质量的产品、共赢的生态圈、强烈的忧患意识不仅成就了今日的华为,也成为华为砥砺奋进的基础。

1. 质量是企业生存的基础

华为基本法明确规定:"我们的目标是以优异的产品、可靠的质量、优越的终生效能费用比和有效的服务,满足顾客日益增长的需要。质量是我们的自尊心。""优越的性能和可靠的质量是产品竞争力的关键。我们认为质量形成于产品寿命周期的全过程,包括研究设计、中试、制造、分销、服务和使用的全过程。因此,必须使产品寿命周期全过程中影响产品质量的各种因素始终处于受控状态。必须实行全流程的、全员参加的全面质量管理,使公司有能力持续提供符合质量标准和顾客满意的产品。"为此,任正非也指出:"我们决不能为了降低成本,忽略质量,否则那是自杀或杀人。搞死自己是自杀,把大家都搞死了,是杀人。"

2. 高额投入是质量的保障

研发投入是高质量的保障,华为的研发投入一直超过年收入的10%,而基础科学研究占研发投入的30%。正因为华为如此高额的投入,才使产品不断得到创新,产品质量也有了可靠的保证。

3. 专注为质量管理指明方向

产品的高质量和企业战略的专注有密切关系。华为二十多年来只做和通信有关的事情,一切只为产品质量和科技含量的提升。

4. 多赢是质量的供应链保障

在互联互通的时代,产品的质量保障需要企业上下游各方的共同合作,任何一个环节的失误,都会导致产品质量的问题不断。为此,必须有多赢思维和理念,让上下游的合作企业专注于各自的产品保障。而华为也以身作则,上不碰应用,下不碰数据,只专注于平台建设,给合作者留下足够大的发展空间。

5. 忧患意识是质量的初心

任正非具有超强的忧患意识,华为的最高目标是活下去。作为一家技术导向型的公司,华为从公司成立开始,就坚持技术创新不动摇。最能体现任正非前瞻意识的是,他提醒华为管理层:"未来5~8年,会爆发一场专利世界大战,华为必须对此有清醒认识。"

高质量的产品、多赢的生态圈、强烈的忧患意识让华为不断投入研发,而这也成就了华为的核心竞争力,使华为在激烈的市场竞争中脱颖而出。

(案例来源: https://www.sohu.com/a/291676741_99947307)

二、完善改进与持续创新

持续改进(Continuous Improvement,CI)在日本被称为 Kaizen,Kai 的意思是变化,Zen 的意思是好,因此,Kaizen 就是连续地向更好的方向改进、永远没有停止。持续改进可以被理解为一系列引起不断的创新潮流的操作和过程,从而促使整个组织持续走向卓越。它也可以被理解为一系列竞争能力,使组织自我学习、改革和更新。

管理学家彼得·德鲁克曾经说过:"不创新,就死亡。"微软创始人比尔·盖茨也曾说:"微软永远离破产只有18个月。"在市场竞争异常激烈的今天,可持续在市场中立足的唯一优势源自超过竞争对手的创新能力。创新,说易行难,持续创新更是难上加难。长江后浪推前浪,正确的创新未必使前浪死在沙滩上;但是如果创新的方向、方式和方法不对,那么后浪还没到沙滩就已经消声匿迹。

从绝对意义上说,没有一种创新优于或劣于另一种创新,一切都取决于如何理解自身所处的市场环境,哪一类型的创新最有可能给你机会去获得持续差异化的竞争力。具体的创新思路有四种:一是颠覆性创新,或基于颠覆性技术,或基于颠覆性商业模式,对应产品生命周期中的初级市场阶段;二是应用性创新,主要通过用新颖的方式对产品进行重新组合,以更好地满足客户的喜好和需要,对应产品生命周期中逐步为市场接受阶段;三是产品创新,创造真正的"明星级"的突破的产品,对应产品生命周期中市场普遍认可阶段;四是平台创新,以一个简化的平台来代替原有系统的复杂性与综合性,以产品普及换取平台盈利,对应产品生命周期市场较为成熟阶段。

在企业的发展阶段,企业需要注意的核心是"亲近客户和卓越运营"。在亲近客户方面,企业可以:一是进行产品线延伸创新,通过改变产品线结构,从已有产品中创造出有特色的子品类;二是优化式创新,不断优化产品的组成部分,为客户提供更优质的产品或服务;三是营销创新,注重顾客购买过程,通过营销手段创造声誉差距;四是体验式创新,在客户亲近的过程中提升产品和服务的体验,突显企业产品和服务的差异化程度。同样,在卓越运营方面企业需要做到:价值工程创新,不改变产品的功能和属性,通过价值工程创新降低材料和制造成本;流程创新,取消没有价值或高成本的流程,关注边际利润的提高;还有价值转移创新,重新定位商业模式,从原有的市场价值链单一商品化元素转向更具利润的相关配套领域。

创业资讯站

华为的创新七原则

如果一个企业能够十几年如一日地持续发展,其中必有一种根本性的因素在发挥作用。在华为,这种根本性的因素就是自主创新,华为的巨大成功,就是自主创新的巨大成功。正如管理大师彼得·德鲁克指出:"创新的成功不取决于它的新颖度、科学内涵和灵巧性,而取决于它在市场上的成功。"华为以其在市场上的巨大成功,证明了其自主创新战略的成功。

原则一:鼓励创新,反对盲目创新

在20世纪末21世纪初的摩托罗拉走向技术崇拜,无视客户需求,盲目投资50亿美金搞所谓"高大上"的"铱星计划",灾难从此降临。由于重大的技术投资失败,资本市场用脚投票,加速了摩托罗拉的崩溃。摩托罗拉已经成了一个"被忘却的伟大的符号"。

华为投入了世界上最大的力量进行创新,但华为反对盲目的创新,反对为创新而创新,华为推动的是有价值的创新。20年前,任正非就讲,你们要做工程师商人。IBM(国际商业机器公司)在流程方面所建立的一套流程,验证和固化了这一导向。几年前,徐直军很自信地说,过去管3千人的研发队伍,都觉得要失控了,现在7万多人我们管得好好的,再给7万人,照样可以管得很好。什么原因?基于端到端这样一个研发流程,使得整个研发建立在理性决策的基础上,建立在市场需求——显性的客户需求与隐性的客户需求之上。失误率降低了很多,成本浪费大大减少,组织对个人的依赖也降低了。

原则二:客户需求和技术创新双轮驱动

以客户需求为中心做产品,以技术创新为中心做未来架构性的平台。

现在我们是两个轮子在创新,一个是科学家的创新,他们关注技术,愿意怎么想就怎么想,但是他们不能左右应用。技术是否要投入使用,什么时候投入使用,我们要靠另一个轮子Marketing(市场营销)。Marketing不断地在听客户的声音,包括今天的需求,明天的需求,未来战略的需求,才能确定我们掌握的技术该怎么用,以及投入市场的准确时间。(来源:任正非在变革战略预备队第三期誓师典礼上的讲话,2015)

公司要从工程师创新走向科学家与工程师一同创新,我们不仅要以客户为中心,研究合适的产品与服务,而且要面对未来的技术方向加大投入,对平台核心加强投入,一定要占领战略的制高地。要不惜在芯片、平台软件等方面冒较大的风险。在最核心的方面,更要不惜代价,不怕牺牲。我们要从电子技术人才的引进,走向引进一部分基础理论的人才,要有耐心培育他们成熟。也要理解、珍惜一些我们常人难以理解的奇才。总之我们要从技术进步,逐步走向理论突破。(来源:《成功不是未来前进的可靠向导》,2011)

原则三:领先半步是先进,领先三步成先烈

超前太多的技术,当然也是人类的瑰宝,但必须以牺牲自己来完成。IT泡沫破灭的浪潮使世界损失了20万亿美元的财富。从统计分析可以得出,几乎100%的公司并不是技术不先进而死掉的,而是技术先进到别人还没有对它完全认识与认可,以致没有人来买,产品卖不出去却消耗了大量的人力、物力、财力,丧失了竞争力。许多领导世界潮流的技术,虽然是万米赛跑的领跑者,却不一定是赢家,反而为"清洗盐碱地"和推广新技术而付出大量的成本。但是企业没有先进技术也不行。

华为的观点是,在产品技术创新上,华为要保持技术领先,但只能是领先竞争对手半步,领先三步就会成为"先烈",明确将技术导向战略转为客户需求导向战略。……通过对客户需求的分析,提出解决方案,以这些解决方案引导开发出低成本、高增值的产品。盲目地在技术上引导创新世界新潮流,是要成为"先烈"的。

原则四:开放合作,一杯咖啡吸收宇宙能量

蜂群有一种从量变引起质变的本能。要想从单只蜜蜂的机体过渡到集群机体,只要增加蜜蜂的数量,使大量蜜蜂聚集在一起,使它们能够相互交流,继而互相之间构成了一个网络,网络的节点与网络本身构成了新个体,这个个体拥有了强大的力量。蜂巢是一种知易行难的组织形式,难点往往就在于如何构建网络的节点。

任正非曾用"一杯咖啡吸收宇宙能量"从侧面解释了华为式的"蜂巢思维"。在他看来,蜂群网络的节点可以简化为一个"咖啡杯",即鼓励华为员工跟全球最优秀的人才喝咖啡,交流最前沿的创新想法,并尽可能快速开展合作。

"在这个'咖啡杯'里,以你们为核心,团结世界所有同方向的科学家,淡化工卡文化。如果那些科学家做出了跟你们同样的贡献,那么就要给他们同样的待遇。"任正非对员工们说,他甚至提出可以试试"人才众筹",就是对特优秀人才可以"快进、快出",不扣住人家一生。

"不求他们归我们所有,不限制他们的人身自由和学术自由,不占有他们的论文、专利……只求跟他们合作。"任正非将兼容并蓄更进一步,他说,"咖啡杯里"不仅要有有学问的科学家,还要有一些"歪瓜裂枣"瞎捣乱;也期望"黑天鹅"飞到这"咖啡杯"中来。

原则五:在继承的基础上创新

任正非说:"新开发量高于30%不叫创新,叫浪费!"即研发人员研发一个产品时要尽量减少自己的发明创造,应该着眼于以往产品的技术成果,以及对外部资源进行合作、交换或购买。

华为一直坚持的是"每年拿出销售收入的10%作为研发收入"这一原则。更高的原则是:不能拿"看似富裕"的研发资金去做离市场需求太远的事情,华为并不醉心于对最好、最新技术的追求,而是立足为客户提供最有性价比的产品。

这方面华为吃过亏,华为最初对"创新的根本内涵"的理解也是模糊的,以至于华为早期在追求"纯粹技术创新"文化引导下,开发的交换机和传输设备遭到了运营商的大量退货和维修要求,因为这些产品过度强调了自主创新,而忽视了通信行业客户的一个基本需求趋势:对已成熟技术的继承,是提高产品稳定性和降低成本的关键。

从那时起,华为就在倡导一种"继承式创新",其内涵就是:反对盲目的创新,而经过理性的借鉴、仿造、拼装,都可以视为创新。

原则六:创新要宽容失败,给创新以空间

要使创新勇于冒险,就要提倡功过相抵,给创新以空间。允许有风险、允许创新。科研不可能都是成功的,应有一定的冒险。科研追求的应是投资有效性,但如果有一天研发上报的科研项目100%都成功了,100%的投资都发生作用了,那就是错误的。为什么?因为不冒险就是最大的资源浪费:浪费了人力、物力与时间。100%做成功就意味着一点险都没有冒,而没有冒险就意味着没有创新,所以创新就一定要勇于冒险,允许风险就是允许创新。(来源:《分层授权,大胆创新,快速响应客户需求》,2001)

创新是一件很有风险的事情,绝大部分的创新都会失败。对每一个创新者来说,最大考验是有没有承受失败的勇气。在创新驱动发展的新阶段,我们必须宽容失败,为创新尝试者提供最大的支持和保障。

原则七:只有拥有核心技术知识产权,才能进入世界竞争

在企业发展战略中,知识产权战略是其重要的组成部分。然而,知识产权战略往往被企业尤其是中小企业所忽视。

具体来看，华为的知识产权战略可归为三点：1.知识产权是企业的核心能力，每年将不低于销售收入的10%用于产品研发和技术创新，以保持参与市场竞争所必需的知识产权能力。2.实施标准专利战略，积极参与国际标准的制定，推动自有技术方案纳入标准，积累基本专利。3.遵守和运用国际知识产权规则，依照国际惯例处理知识产权事务，以交叉许可、商业合作等多种途径解决知识产权问题。

正如任正非所说："诞生伟大公司的基础是保护知识产权。我们要依靠一个社会大环境来保护知识产权。依靠法律保护创新才会是低成本。随着我们越来越前沿，公司对外开放、对内开源的政策已经进入了一个新的环境体系。过去二三十年，人类社会走向了网络化；未来二三十年是信息化，这个时间段会诞生很多伟大的公司，诞生伟大公司的基础就是保护知识产权，否则就没有机会，机会就是别人的了。"

（作者：孙建恒，华夏基石业务副总裁兼企业战略与并购中心总经理，腾股创投创始合伙人，原华为电信战略负责人）

（案例来源：https://www.sohu.com/a/226637328_343325）

第五节　电子商务对企业经营的影响

▶ 学习提示

电子商务的兴起对企业经营和企业营销都产生了巨大的影响。创业者需要正确认识电子商务对于创业项目的助推作用，了解电子商务改变了传统经营和营销方式，能够借助电商平台和手段增强创业项目的竞争力。

一、迅速兴起的电子商务

传统的市场营销都是从自身产品的角度去考虑如何建立一支最好的营销队伍，零售业也是由百货商店、大型超市、品牌连锁店和不计其数的实体店所组成的。企业的营销观念都集中在如何实现营销上。每一个企业在进行市场营销管理时，都必须根据商品的特征和质量建立起必要的配套服务措施，制定产品价格，决定分销渠道，选择广告和推广模式，建立分级销售团队。

但是，随着互联网的渗透，繁忙的消费者们也在改变着他们的生活方式，为了节省时间，很多消费者通过邮购、电话购物、网络购物来实现他们的购买行为。今天的消费者，已经可以在互联网上自由地寻找到他们需要的商品，由于厂方的信息量集中，他们还可以进行竞价比较来选择最适合他们的产品。消费者可以用电话和网络来进行股票和银行的业务交易，甚至可以通过网络订购，让厂商送货上门。

全球经济一体化深入发展的今天，电子商务凭借其不受地域和时间限制、运行成本低、效率高、交易快捷方便等特点，越来越受到企业和消费者的青睐。电子商务企业在日渐激烈的市场竞争中占据优势，通过分析顾客的价值需求，及时响应顾客需求，影响顾客购买行为，维系与顾客的关系，进而培养顾客忠诚。

二、电子商务的优势

对企业而言，电子商务能给企业带来巨大的商机，节约成本，增加收入，提升知名度，平

等参与市场竞争:

1. 电子商务减少了产品销售的中间环节,改变了市场的结构

传统的产品销售环节通常要经过厂商—批发商—零售商—顾客,电子商务的出现则省略了产品销售的中间环节,加强厂商与顾客的沟通交流,厂商能够根据顾客需求提供个性化定制服务,同时节省经营管理成本。

2. 电子商务扩展了企业的销售,提供巨大的潜在顾客群

电子商务克服了时空的限制,通过网站和应用最大限度地向外介绍自己的产品和服务,营销的群体来自世界各地,为打开客源市场,吸引潜在客户,保障产品销售搭建了重要的平台。

3. 电子商务节省了企业的营销费用,提高了企业的营销效率

与传统的电视广告、广播、报纸、杂志、宣传单等营销方式相比,电子商务是通过网站宣传、网络交易、提供自助预订服务等方式营销,无须店铺租金成本,受众面广,价格低廉,营销效率高,商业机会大。

◎ 创业小案例

"综艺＋电商直播"——全新营销模式

2020年8月17日,京东发布了2020年第二季度及上半年财报。数据显示,京东集团2020年第二季度年度活跃用户数破4亿,单季净收入达2 011亿元。京东零售CEO徐雷在后续的财报电话会议中,也提到了直播作为新兴的营销方式,在第二季度取得了不错的成绩。

其实近来京东在直播领域一直动作频频,不断挖掘、发挥直播的营销能力,而非只看中直播一时的带货价值。8月14日晚,京东与北京卫视再次联手,推出的"京东热8购物季,唱响热爱之声"专场直播给出了一份答案。这场以拉开"京东热8购物季"高潮期大幕为出发点的直播,在线观看人数突破1 086万,再次呈现出"综艺＋电商直播"的巨大潜力。

早在今年京东618期间,京东就和北京卫视《我在颐和园等你》《跨界歌王》两档热门综艺IP合作,打造了专场直播进行综艺节目官宣。这一场不以带货为目的的综艺官宣"颐和园直播秀"开辟了"综艺＋电商直播"新模式。

而这次京东与北京卫视的第二次合作,和第一次则大有不同。如果说第一次直播以"综艺官宣"为主,第二次则围绕"电商直播带货"有了更多尝试,进一步放大了"综艺＋电商直播"的更多合作可能。

本次直播,京东再度施展"品质化直播"的绝招,为消费者奉献了一场精彩的综艺直播秀。崔健、小沈阳、尤长靖、乃万等明星大咖空降直播现场,为用户带来一场震撼的现场音乐视听盛宴。除了好音乐外,好物也是本场直播中当仁不让的主角。和传统直播不同的是,本场直播并不是单纯地在直播间推销商品,而是通过"一个综艺主题互动＋N款爆款商品＋一场明星歌舞秀"的直播形式,巧妙地将综艺和电商直播相互融合,让消费者在娱乐购物一站式的优质体验中,购买到真正心仪的产品,达到品效合一的效果。

从两次直播中可以看出,京东在"综艺内容"和"用户消费"的平衡中更为熟稔,它已找到了一个敲门砖:以综艺等泛娱乐内容为直播沟通支点,给消费者提供更加愉悦的购物体验,提高品牌商从"营"到"销"的转化效率。

其实,当下电商直播与综艺的界限越加模糊,追根溯源,双方的结合是共赢。一方面,直播电商行业能为综艺节目带来流量和商业化赋能。在新营销方式冲击下,传统综艺以广告、冠名为主的收益来源已在不断式微。而京东和北京卫视联手打造的专场直播合作不仅在流量上达到破圈曝光,也打开了营销和变现的渠道,为综艺节目的商业化探索提供更大的想象空间。另一方面,综艺则可丰富电商直播的内容场景。在电商直播经过野蛮的增长期后,单调的叫卖式直播带货,已经逐渐让消费者产生了审美疲劳。如何通过好内容吸引消费者的注意力,成为行业必须思考的问题。而综艺自带的内容形式以及话题优势,增加了直播的趣味性和文化性,能够平衡直播的商业属性和内容属性,带货效果反而更加可圈可点。

可以预见,跨界交互,有料有趣会成为电商直播的进化方向。未来的电商直播将不局限于各种洗脑式的买买买之音,而是通过丰富、优质的内容,打通从内容到带货的链路。京东也在不断以品质内容开路,为直播电商行业挖掘出全新的蓝海。

(案例来源:http://news.iresearch.cn/yx/2020/08/334887.shtml? tdsourcetag = s_pcqq_aioms)

4. 电子商务有利于塑造企业形象,提升企业的知名度

企业通过利用网络手段和平台更有利于提升企业的知名度,电子商务为中小企业跻身国际市场创造了一个自由平等的竞争环境和更为广泛的合作空间。企业通过网络营销,将企业的优质产品和服务介绍给消费者,形成良好的口碑,积累知名度。同时打破了国际市场的准入瓶颈,使得各种规模的企业都能够共享国际国内两个市场,并根据企业情况实现战略联合,共同推进网络营销,增强竞争力。

创业小案例

小红书品牌营销分析

品牌未来的营销战略就是以客户需求为主导、以大数据营销技术赋能来提高用户全生命周期黏性,媒体投放全渠道、跨界融合体验、多元创新和管理赋能,将成为电商品牌营销的关键。

小红书推广不是简单的电商营销模式,小红书所特有的热点聚集强传播,基于兴趣强关注的差异化能力,将帮助品牌提升用户聚合能力和影响整个市场带动品牌的声量、美誉度、关注积累转化的能力,这将促进品牌在品牌建设、产品设计、市场推广与销售等各环节围绕社会化媒体实现全面战略升级。

以下是小红书爆款打造的三大营销思路:

1. 定向消费人群,打造"内容+电商"的新模式和口碑社区

小红书社区内容来源主要有3种,UGC(用户生产内容)、PGC(专业生产内容)和以明星、达人为基础的PUGC(专业用户生产内容),普通UGC占比最大,是主要的内容来源。相比较传统电商平台的社区氛围,枯燥单调的产品描述总是比不过直戳内心的真实体验来得更"用心",而小红书这种基于用户真实感受的原创内容,更像是闺蜜式推荐购物,一字一句接地气且巧妙的用词,毫不做作的使用心得笔记,敞开心扉的分享生动表达了产品的真实效果。

正是抓住用户在电商购物平台选购产品前会普遍关注评论的心理,小红书紧紧贴合用户的这一核心诉求,将各路达人的原创内容作为关键突破口,打造了一个真实的用户口碑分享社区。

2. 专业PUGC深度种草,品牌口碑销量双赢

小红书的忠实用户主要是以90后及95后的年轻人、女性、高消费、都市白领为主要特征的人群,关注的内容包括时尚、美妆、美食、旅行等话题。他们不再喜爱经过专业编辑的长篇内容,更倾向于碎片化的"开瓶笔记"或者视频试用,亲自种草,像身边闺蜜好友的推荐,更贴近有品质的生活内容。

城外圈在策划某店铺推广日淘饮品时,通过精选小红书"美食、时尚、旅游"类带货红人,撰写相对应的品牌文章,以"多角度切入+产品软性露出"的种草方式智能推荐到精准的用户群体面前,让用户更加了解品牌的宣传卖点,并引导到淘宝,为淘宝C店带货。

这种营销策略的背后逻辑是通过甄选海量中腰部、多节点PUGC、多品类真实体验推荐数据,以图文视频的形式打造持续性多频曝光,达到受众对产品"看见—了解—喜爱—搜索"的动作转化,从而推动品牌整体关注度攀升、打造品牌口碑、推动销量转化。据统计,城外圈此次小红书推广活动,为该店带来了10.8%的营业额提升。

3. 明星+KOL(关键意见领袖)点燃,PUGC集中响应实现高频曝光

从15年的"小鲜肉"送快递为周年庆创下5 000万元的日销售额,到16年的"胡歌和小红书的三天三夜",小红书让明星成功落地疯狂吸粉,还有后来的张雨绮、林允、欧阳娜娜等一线明星入驻小红书开启明星带货风潮,分享的威力在明星效应之下被无限放大。张雨绮、林允们在小红书上一反明星"高冷"形象,如邻家女孩一样介绍她们日常生活中用到的护肤品时,很快有千千万万的"小红薯"们争着要"剁手"。

在某牙膏品牌推广过程中,城外圈通过小红书明星KOL影响力,投放了多位明星,以此作为品牌背书,获取消费者的信任感。再从小红书KOL属性、节点出发构思多个传播话题,大量投放小红书护肤彩妆时尚类KOL制造热度,形成刷屏效应,让某牙膏品牌在小红书发酵成为网红产品。

该牙膏品牌被无数消费者成功种草,在各社交媒体上掀起一股网红牙膏热潮,实现了品牌产品上亿级曝光,引发千万次热搜互动。

小红书的爆款打造,归根结底还是在内容的营销和KOL的匹配,城外圈深谙小红书推广的关键,为了解决广告主在小红书打造爆款,提升产品销量的需求,通过精准的KOL选择、高质量的笔记内容、海量小红书达人资源等方式为广告主提供投放策略,以自有的智能营销平台,依托智能算法优化成本,实现智能投放。

(案例来源:https://www.admin5.com/article/20200201/942637.shtml)

对消费者而言,电子商务的应用使人们对商品的选择范围扩大,能够根据自身的需求定制产品,交易便捷,足不出户就可以买到物美价廉的产品:

1. 电子商务为消费者提供大量产品信息

电子商务突破时空限制为消费者提供大量的产品信息,方便顾客收集、比较、购买。淘宝网、当当网、携程网等电子商务网站为消费者提供各类产品信息,通过品种、价格等因素的筛选,消费者可以从中购买自己满意的产品,并通过网上银行实现交易。

2. 电子商务为消费者提供按需定制产品

消费者可以根据自身的需求定制产品,最大限度地满足自身的需要。现在一些企业的网站能够根据消费者的需要为消费者量身打造产品。如戴尔电脑公司的网站,客户可自主选择电脑配置,公司根据客户的网络订单定制产品。

3. 电子商务为消费者提供从购买到配送的全程服务

电子商务可以实现购买、付款、配送的全程服务,消费者足不出户就可以买到物美价廉的产品。消费者在电脑前挑选自己需要的产品,点击购买,通过网上银行支付,商家就会送货上门,节约了消费者的精力和购物时间。同时,由于网络营销成本大大降低,商家会给出优惠的价钱和折扣,消费者能够从中得到实惠。

创业资讯站

电商创业谨防四大误区

在电子商务领域从业和创业这些年来,我不断在实践和摸索中学习,从自己犯错和纠错以及观察研究其他电商的成功和失败的过程中,有了一些感悟和体会。与电商界新创业或正准备创业的朋友交流时,我发现大家在创业时仍存在多个误区。我将在本文中分享我的见解,希望能让大家少走一些弯路。

误区一:只要有流量,就会有销售

不少人误认为流量就能带来销售。不错,电商有句名言:流量为王。虽然流量是电商的基础,但我们也千万不要忽视流量的质量。从公式"销售额=流量×转换率×客单价"中,我们可以看出,流量只是影响销售额的一个因素。其中,转换率的定义为进入网站的顾客最后下单的百分比,客单价是顾客从该网站一次购物的平均消费。低质量的流量转换率低,并且即使顾客下单也只是领取赠品或只购买深度折扣的商品,对利润和价值的贡献几乎为零甚至是负的,这种流量应该果断地过滤掉,不要让其占用服务器、物流和客服资源。我们曾和一些游戏网站和视频网站合作,但效果都不理想,因为这些网站的用户目的性很强,就是玩游戏和观看视频,对其他事情没有兴趣。

误区二:好的线下零售商也一定能做好线上销售

不少人认为,线上线下都是零售,只是渠道不同,只要商品好,在哪里都好卖。这种观点忽视了这两者的巨大差别:线下和线上的零售各有各的优劣势,若不能扬长避短,则可能一事无成。线下零售具有实体商品体验性、商品立即可得性,可通过场景刺激实现临时冲动性购买,店员可近距离服务等特征。线上零售具有无店面虚拟购物,拥有大量顾客信息能实现精准营销、口碑营销,传播的速度和广度不受地域、时间和货架空间的限制等特征。

以营销为例。线下零售多数依赖海报和平面广告进行推广,利用店铺场所的环境及声、光、味等效果刺激购买,也可以通过销售人员与顾客的面对面交流来推介商品。而电商则通过搜索、电子邮件、网盟、门户网站广告、社交网络服务等手段来获取流量,同时也可利用大量的顾客搜索、收藏、购买、关联商品的数据和信息进行精准营销,还可以利用链接、用户评论、打分系统等方式为顾客提供知识性、经验性、权威性的推荐。我们曾经尝试过借助线下零售发放目录和海报的方式来推广,结果发现效果奇差。

误区三:只要抓好了某一个关键点,顾客体验就能好

不少电商创业者问我:怎样才能提升顾客体验?很多人认为,把和顾客直接相关的配送和售后客服做好就能提升顾客体验,这是一个很大的误区。顾客体验是一个综合考量指标,涉及商品的丰富度、销售价格、送货的及时性、售后服务的优劣、系统和用户界面的使用是否简单方便等。顾客体验的改善,是一个从一点一滴做起的长期过程,没有神奇的、一蹴而就的方法。

比如,1号店从上线的第一周开始,就每天由客服经理发出一个日报,内容是顾客通过各个渠道(电话、邮件、论坛、网上调研等)给我们的反馈。在这份日报中,客服经理把这些反馈意见进行系统化的归纳分类,并指定责任人和解决时间。每周,我们都要把这个问题清单上所列出的问题全部解决。这种烦琐的事情做几天几周不难,可要一年365天每天坚持却是不容易的。

误区四:只要规模做大了,成本自然就会降下来

电商是一个规模游戏。由于电商早期在人才、IT技术及硬件和物流设施上的投入较大,需要一定的规模才能摊薄这些成本,从而容易形成一个误区:有了规模,成本自然就会降下来。不错，有了规模就有了谈判的筹码，增加的规模可以帮助企业降低采购、物流以及营销成本。但这种观点忽略了重要的一点，即商务模式的可扩性。当一个商务模式不可扩时，其规模越大成本越高，或者其成本的降低远远达不到预期。比如，有网友提议在小区里通过物业和保安建立提货点，管理提货点的兼职人员也可以进行小区推广和区内送货。这种模式完全不可扩，因为它增加了一个中间层相应的时间和其他成本，如何招聘和管理这么多小区的兼职人员将是一场噩梦。

[案例来源：于刚.电商创业谨防四大误区[J].支点，2018(10)：86-87.]

三、电子商务对未来市场营销模式的影响

（一）电子商务对市场及交易方式的影响

电子商务将会大大淡化市场作为商品交换场所的原始概念和功能。市场在商品交换过程中所起到的场所作用仍然是最为重要的，建店选址和商圈研究仍是影响商业企业生存和发展的重要因素之一。然而，电子商务的出现和发展将改变人们千百年来对市场的理解和认识，网络营销方式无疑会淡化有形市场在商品交换中的作用和地位，取而代之的是更加广泛、频繁、多样化和及时性的商品网络交换关系。

（二）电子商务对消费者购买行为方式的影响

一是借助于网络，有助于消费者在最短的时间内查询、检索到其需要的各种相关信息。这既能使消费者的购买决策更加迅速、果断和趋于理性，同时也可减轻因收集这些信息而产生的不便和辛劳。

二是消费者在购买选择上有更大的灵活性。网络购物方式的出现和普及，将使消费者可以一年365日、一天24小时无限制地即时浏览全世界任何一个想去的"商店"或"购物中心"，并在成百上千家商店内、在成千上万个商品中直截了当地选择、购买所需要的商品。

三是在付款方式上，由于电子支付是实施电子商务的重要条件，它使生产企业、商品流通企业和消费者个人之间能够随时随地使用电子方式支付货款，完成电子交易。

（三）电子商务对企业营销方式的影响

市场营销观念与方式的变革和改进是随着生产力发展而同步进行的，信息技术的发展也必将导致市场营销观念和营销方式上的革命。

首先，以现代计算机信息技术为主的电子商务将使企业面对的市场发生巨大变化。从狭小、传统、有形的小市场逐步走向广阔、现代和无形的大市场是一种客观必然，电子商务的开放性和全球性特点将为企业创造更多的商业机会。

其次，电子商务具有方便、低成本进入市场的特性。为此，大小企业均可能以相近的成本、相同的渠道和相近的推广方式进入目标市场，中小企业与大企业抗衡将成为可能。市场中同业竞争者数量激增、竞争势态愈发激烈将是不可避免的趋势。

最后，电子商务给企业市场营销策略组合（Marketing Mix，4P）带来新的内涵和方法。科技的进步、市场环境的变化、交易方式的改变以及新的信息传播媒体的出现和发展势必对企业市场营销策略组合产生重大的影响。

从产品策略方面看，市场全球化和信息社会化以及激烈的市场竞争态势，将导致各类产品市场寿命周期的普遍缩短，产品更新换代速度加快，企业在产品开发速度和开发水平方面将面临更大的压力和考验。在价格方面，电子商务为企业低成本进入市场和营运、为低价格营销奠定了基础和提供了保证。同时，随着电子商品目录、网络广告、网上交易谈判等商品

电子展示方式和沟通方式的采用,将大大增加企业产品价格的透明度,并有利于实现价格策略的一致性和变更的及时性。在销售渠道方面,由于网络销售方式的引入和广泛运用,加之网络销售所具有的特殊性,网络销售这种全新的产品分销渠道会被许多企业所采用。同时,比起传统渠道网络销售渠道结构具有明显的宽口径、少环节的优点,它将成为未来企业销售渠道的一种重要补充,甚至于可能成为一些企业的主流渠道。电子商务对企业营销策略的影响更主要地表现在对企业促销策略的影响。由于现代计算机信息网络的介入,在网络媒体面前,传统的广告、推广活动将逐步失去原有的风采,取而代之的将是成本更低廉、影响更广泛和目标更准确的网络广告。网络广告是继报纸广告、广播广告和电视广告之后的第四大广告媒体,并将有着巨大的发展潜力。

创业资讯站

大数据营销案例:网易云年度歌单

近年来,流行的年度账单和年度歌曲列表可以在年底为用户生成专属的个人报表,显示一年内该用户在应用程序上的各种使用行为。而这种精细化的个人报表实际上也使用了大数据技术。利用大数据技术收集用户的个人行为数据,并通过分类和计算获得。

近年来,网易云歌单一直吸引着用户的眼球,让用户积极参与其中。网易云的年度歌曲清单是使用大量数据来收集用户的收听信息和数据。每个用户听到最多的歌曲,发送的评论,收听时间,收听习惯等都将显示在这个专属的歌曲清单中。它非常清楚地列出每个用户的收听喜好并分析用户的心情、个性等,制定一个大概的标签,增加更多的个人情感内容,并让用户体验定制化。播放列表细致周到,对其印象深刻,并被进一步转发和共享以实现散布和刷新屏幕的最终效果。

其中,大数据起着非常基础但是也很重要的技术作用。正是由于大数据,网易云与用户才能形成深度的创意互动,并实时生成独家歌曲列表。然后借助情感视角,走心的内容所引起的情感和共鸣,我们可以与每个用户建立情感联系,从而增强用户对网易云音乐的信任和依赖性。从网易云年度歌曲列表刷屏的案例中不难发现,最受欢迎和最受公众关注的是年度歌曲列表的独特性和特殊性,在使用年度歌曲的同时给用户带来独特的优越感。歌曲列表回顾过去一年的心情也触动了许多用户的情感点。简而言之,在大数据的影响下,可以实现诸如年度个人播放列表之类的交互形式,并且可以为每个用户定制专属内容来实现精细化营销的目的。

(案例来源:https://www.sohu.com/a/402441165_120190698)

巩固与训练

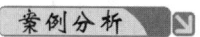

海尔全球化——创新成就品牌蝶变

1. 从世界第一到全球唯一

不同于其他中国企业走出国门时追求短期创汇、做国际代工厂的发展模式,海尔海外市场发展始终坚持"创牌"战略,以自有品牌出口,意味着企业对海外用户在产品质量、技术标准、售后服务等多个角度都提出了最高标准的承诺。

走出国门之际,有国外企业找到海尔,希望以给他们代工的方式出海,虽然代工可以有3%~5%的利润,但海尔品牌创始人、董事局主席张瑞敏先生认为:走宽门,路会越走越窄,而且永远创不出中国品牌。最终海尔还是毅然决定坚持自主创牌,而非代工出口。

海尔从1991年开始批量出口到2016年,用了26年的时间实现了海外市场的营收平衡。如今,中国白色家电产量占全球的56%,但中国家电品牌在海外的份额却只有8.9%,而这8.9%中,71%是海尔贡献的,也就是说,中国白色家电在海外每销售10台,就有7台是海尔的。数据显示:海尔连续12年蝉联全球大型家用电器品牌零售量第一,成为全球大型家电第一品牌。

成绩背后,离不开海尔从一开始就坚持以用户需求为中心,进行本土化"研发、制造、销售"三位一体的海外布局策略。例如在俄罗斯,针对当地用户食材分储的特点,海尔研发出当地特有的四抽屉设计。在日本,针对日本老人平均身高低于1.55米、独居使用洗衣机不便等现状,海尔推出了"关爱机"——机身高度为行业最低的800毫米,可以方便老人轻松弯腰取放衣物。

全球化的上半场,海尔为中国贡献了一个世界品牌,并成为中国企业"走出去"的参考样本,那么全球化的下半场,海尔将作何应对?

这一次海尔的回答是创全球唯一物联网生态品牌,引领全球品牌范式变革。

在国际权威品牌研究机构凯度集团发布的2020年"BrandZ最具价值全球品牌100强"榜单中,海尔作为全球唯一物联网生态品牌连续两年上榜,以一种全新的品牌范式释放发展动能。

目前,海尔已经在全球构建了七大高端品牌矩阵,深入160多个国家和地区,服务超过10亿家庭。从第一家电品牌到唯一生态品牌,海尔实现了带动中国品牌走出去的梦想,更让中国品牌站起来,成为全球企业品牌发展的风向标。

2. 从科技标准到品牌标准

"走出去"不仅需要中国品牌,也需要更多"中国标准"。

海尔自创立之初便坚持自主创新,在发明专利和科技标准上引领全球。截至目前,海尔全球累计专利申请6万余项,其中发明专利3.8万余项,占比超63%,位居中国家电行业第一;海外发明专利1.3万余项,是在海外布局专利最多的中国家电企业。2020年全球智慧家庭发明专利排行榜发布,海尔智家凭借2 034件专利数量4次蝉联第一。

在科技标准方面,海尔拥有中国家电领域80%的国际标准制修订提案和80%的国际标准专家,在中国出海企业中形成了绝对领先。截至目前,海尔是行业唯一覆盖五大国际标准组织的企业,持续为中国企业赢得国际话语权。

而在当前炙手可热的工业互联网领域,海尔卡奥斯也已经先后主导和参与了36项国家标准、5项国际标准的制定,是唯一被IEEE、ISO、IEC三大国际组织批准牵头制定大规模定制模式标准的单位。

除了在国际领域参与制定科技标准外,海尔还把视野拓展到品牌层面,以品牌标准推动中国乃至全球企业抢占物联网发展风口。

2020年9月份,全球首个《物联网生态品牌白皮书》发布,为物联网时代的企业向生态品牌进化提供标准参考。

具体来看,该白皮书以海尔生态品牌探索实践为蓝本,系统阐述了物联网生态品牌的标准与定义,并从品牌理想、用户、合作伙伴三大视角进行了明确的界定。

随着白皮书的发布,全球企业都可以以白皮书为标准,向着生态品牌的方向迭代,全球将会涌现出更多的生态品牌、更新的商业生态体系,一个全球品牌史、商业史的新时代即将到来。

从这一方面讲,海尔在品牌标准领域的探索为中国企业出海注入新的发展动力,无疑更具有颠覆性。

3. 从"模式探索"到"模式引领"

海尔自主创牌和创生态品牌在全球如此成功的背后，是海尔对于人的价值的激发——对用户最佳体验的满足和对创客自主创新的实现。在2005年时，海尔创新了人单合一管理模式，实现员工与用户价值的合一。

面对全世界企业界都不敢触碰的雷区，海尔颠覆了已存百年的科层制，转型成全节点开放并联的生态系统，协同全球各方资源，共创用户最佳体验，所有人在创造用户价值的同时实现自身的价值。整个生态系统不断地自组织、自驱动、自增值、自进化，达到生生不息之势。

因为海尔人单合一对人的价值的激发，海尔在走向全球的过程中跳跃了"七七定律"的困境。七七定律是指在跨国并购中，70%的并购没有实现预期的商业价值，而其中又有70%失败于并购后的文化整合。然而，海尔在全球并购过程中实现了多元文化的融合。

以美国GEA为例，2016年海尔完成对美国GEA的收购。后续通过人单合一模式的融合与复制，GEA在2017年便创下了十年来的最佳业绩，2018年成为美国增长最快的家电公司。即使是面对疫情的影响，2020年上半年，在美国家电行业整体下滑5.4%的情况下，海尔在北美市场同比逆势增长6.5%。与此同时，海尔在日本AQUA、新西兰斐雪派克、意大利Candy等，应用人单合一模式推动着他们的稳定发展，充分彰显了人单合一模式的强大普适性和生命力。

人单合一模式也逐渐成为物联网时代管理创新的范式，引发商界和学界的模仿和研究。据统计，全球74个国家和地区的6万多家企业主动学习人单合一模式，全球Top10的商学院中有9家把海尔管理创新收录为研究案例，全球6个地区自发建立了当地化的人单合一研究中心。这一改往日全球都学习欧美、日本管理模式的格局，中国企业逐渐从追赶者向引领者转变，海尔则成为一张名副其实的"国家名片"。

（案例来源：https://baijiahao.baidu.com/s?id=17010956641597942ll&wfr=spider&for=pc）

思考并回答：

（1）海尔通过哪些做法加强海外形象建设？

（2）海尔全球化的成功源于哪些创新？

【课后训练】

1. 全面分析你的创业想法或创业项目，写出你的创业目的、创业行业环境、创业项目的目标客户、创业项目的优势和不足。

2. 找到你的创业项目的最大亮点或优势，根据该亮点和优势确定主题，写一份营销活动策划书。

第八章

创业初期的财务管理

知识目标：了解创业初期和成熟期；掌握创业初期的几个财务知识；掌握创业初期的财务风险；掌握中小企业上市的相关规定。

技能目标：通过本章的学习，使学生了解财务管理对创业的影响；运用财务知识管理企业；掌握创业初期的财务风险及应对措施；运用中小企业上市的相关知识发展企业。

态度目标：严谨、敬业、协作精神；客观、正确、认真、科学的素养。

第一节　财务管理对创业的影响

【学习提示】

创业初期的财务管理是创业活动的前提和基础，贯穿于创业的全过程，是创业活动的重要保障，所以要掌握财务管理知识。

一、财务管理是创业活动的前提和基础

财务管理工作包括融资、财务预测、财务决策、与外部（税务、银行、政府）等的业务往来。在财务管理工作中，融资活动是重要一环，也是企业创业的前提和基础。大学生在创业开始时往往缺乏资金，并且受到融资金额、时间长短、还款方式的限制，只有做好财务管理工作，才能为企业的创建筹集资金，才能发展企业。

二、财务管理贯穿于创业的全过程

从启动资金到会计账目的设立，从成本核算到流动资金的风险控制，从财务报表分析到企业的经营决策，都离不开财务管理。没有财务管理工作，大学生创业过程中资金融资就会受到限制；没有财务管理工作，产品生产的预测和决策就会偏离方向；没有财务管理工作，企业日常经营活动就会受到影响。财务管理工作涉及企业的各个方面和各个部门，贯穿于创业的全过程。

三、财务管理是创业活动的重要保障

创业活动的好坏，最终都要反映到各项财务报表上来，通过分析财务报表，运用财务分

析可以看出企业经营活动的执行情况、成本控制的程度、创业决策正确与否、产品销售情况，并根据相应指标找到解决的方法。只有做好财务管理工作，才能保障创业活动的顺利进行。

创业小案例

兵马未动粮草先行，创业公司财务管理工作的十条经验

俗话说：兵马未动，粮草先行。对于创业公司而言，什么类似粮草呢？大多数情况下，财务工作是创业公司的核心，就像粮草一样发挥着重要作用。如果没"粮草"吃不饱，"战士"就没办法上战场去战斗，创业自然阻力重重。所以，创业途中一定要加强财务管理工作，认识到财务的重要性。

1. 时间就是金钱

对于一名创业者来说，可能需要考虑各个方面的事情，包括参加各种会议和活动。但是，这各种各样的会议真的有用吗？有没有浪费自己的时间？甚至说，有没有增加公司的财务压力？如果将很多时间浪费在无意义的会议中，你会发现，公司的财务状况会糟糕很多。因此，要重视到每一分钟的价值，优化工作效率，保障财务工作的顺利开展。

2. 抱最大的希望，但要做好最坏的打算

在创业初期，任何毁灭性的灾难都有可能降临在头上。千万不要抱着一丝侥幸心理去创业，而是要针对最坏的情况做出打算和应对。如果创业前资金不足，那么一定要先积累足够的资金，并且预留3个月的生活花费，这样即使你一分钱不赚，也有足够的钱用来生活。在创业开始后，要有6~9个月的资金能够支撑自己生存。因为，最坏的事情随时可能发生，客户的到款也会有一定延迟，在艰难的时刻，一定要有自己的应急资金。

3. 管理现金流

创业公司倒闭能够分析出很多方面的原因，但是排在第一位的，肯定是资金周转不开。现金流是创业公司的咽喉，只要现金流出现一丝一毫的问题，公司立刻呼吸困难。现金流问题稍大一点，公司立刻断气倒闭。所以在创业公司中，一定要管理好现金流。如果你不知道钱从哪里来，到哪里去，那么公司就已经非常危险了，做好资金预算，按照预算开展工作是非常重要的。

4. 制定阶段性任务

在早期创业过程中，不能将过多的时间放在设想上，而是要找潜在的客户进行测试论证。为了避免空想浪费时间，一开始就要制订可行的目标计划表，并且在每个阶段都要一步步踏实走下去，直到实现目标。

5. 记录所有出项

在创业公司刚起步时，一大堆的事情需要忙碌。很多创业者对于出项的记录不如商业计划和客户沟通重要。但是，每个月进行出项记录非常重要，如果需要报税或者向银行提交报告时，没有记录和资料，又会出现更多的问题。因此，在创业第一天就要做好出项的记录准备，可以利用简单的记账软件对公司的账务进行记录。如果没时间做，可以招个记账员，资料逐渐增多时，需要报税的时候，要招个会计负责。

6. 自己曾经的福利

创业者一般是放弃了自己曾经的工资待遇开始创业，而一旦自己开创公司，原来的一些保险、公积金、补助基本上全部没有。要想自己创业时，这些自己曾经的福利接下来怎么办，这也是一项不小的成本支出。

7. 多花时间在目标客户上

没有客户就没有生意，浪费时间去空想目标客户，不如去实际找一些潜在客户，直接开门见

山询问对公司的产品或服务接受与否,如果不接受,要问清楚原因。公司越早走出这一步,就越容易成功。需要注意的是,不能选择亲戚朋友去问,碍于面子你可能会得到错误的答案,选那些真正的潜在客户和陌生人,看看他们的反应。

8. 对投资方坦诚

诚信的沟通是获得投资方信任的前提,如果表现得很可疑,不愿意透露公司运营数据,那么难以得到投资方信赖。即使是双方的沟通不愉快,也要做好数据讨论工作,为公司带来更多的可能。

9. 给自己发薪水

很多创业公司没有实力发高薪水,但是也要给自己领一份薪水。不要觉得不领薪水是一件伟大的事情。独立于公司财务系统之外,会给人一种不靠谱的感觉,而且毕竟自己也需要吃饭和生活,领一份薪水是对自己的保障。

10. 降低固定支出

在创业早期,要尽可能降低固定成本的支出。比如说普通办公室放在市中心繁华区的举动,可能就显得比较冒失。虽然你可能会认为公司不断发展,营收增长可以满足这样的支出。但是你不知道公司的成长会遭遇到哪些挫折,所以看看是否有价格低廉的办公室使用会更加符合现实情况。总而言之,在创业初期的固定支出,一定要在满足使用的情况下尽可能降低。

(案例来源:https://www.sohu.com/a/306121643_100197009)

创业资讯站

雷勇:一个与时俱进、精益求精的资产公司"先锋财务管家"

2011年的一个夏天,雷勇抱着一腔热血投身电科国际军贸事业,他在推进出口项目贸易融资、助力重大项目信用投保、强化外汇资金管理等方面不断历练成长,始终坚持精益求精、精打细算的财务人作风。

2014年,他成为集团公司财务部的一员,面对更系统更全面的财务体系,他坚持将理论与实践相结合。严格按照集团党组要求,大力推进集团公司全级次单位资金集中统一管理,组织搭建三级架构、两级经营的资金计划和大额资金风险管控机制,完成资金计划管控信息系统建设,有力推动了集团公司资金集中统一管理。

资产公司在2016年正式成立,作为一个初创型公司,各类体系机制从无到有是第一步也是最关键的一步。雷勇同志与时俱进、积极探索、对标一流,迅速组织构建起资产公司财务管理体系。该体系以资金运作为中心,财务基础为根本,价值创造为目标,在运行过程中持续优化提升管理水平,为资产公司资产经营与资本运作奠定了基础。同时,作为部门负责人,他结合公司行业特点,聚焦主责主业,系统诊断全级次单位内控风险并推进问题整改,系统推出资产证券化和园区资本运作方案,稳步推进公司滚动预算与经济运行联动,为公司经营决策提供有力支撑。

财务管理是现代企业管理的生命线。面对新形势、新挑战、新机遇,高质量发展,财务先行。"既要做好'管家',也要勇当'先锋队',更加坚定前行,为公司高质量发展贡献力量。"雷勇坚定地说。

(案例来源:https://www.163.com/dy/article/GCVQK7BN053731ZK.html)

【创业语录】

"深入学习党史让我更加坚定热血报国的初心、激情创业的信心、精益求精的匠心和勇于担当的决心,不负韶华、砥砺前行。"

——雷勇

第二节 创业初期应掌握的财务知识

> **学习提示**
>
> 在创业初期,要掌握初期和成熟期的区别,掌握货币的时间价值、机会成本、沉没成本、存款准备金率等财务概念,掌握现金账、销售账、费用账、库存账等账目,制定并遵循创业初期的规章制度。

一、创业初期和成熟期的区别

对于初创公司来说,企业员工比较少,几乎都是企业的股东,一人分担几个角色,资金较少,主要是通过个人储蓄、亲朋之间的融资来筹集,管理制度初建不完善。

对于成熟期的企业来说,生产慢慢步入正轨,人员分工逐步细化,在融资方面可以通过担保公司、银行等进行融资,还可以利用资本市场即股票和债券融资,管理制度建立并完善。

二、创业初期应了解的几个财务概念

1. 货币的时间价值

货币的时间价值是指货币随着时间的推移而发生的增值,是资金周转使用后的增值额。从经济学的角度来看,现在的一单位货币与未来的一单位货币的购买力是不同的,比如说,今天的一元钱跟明天的一元钱的价值是不等的。货币的时间价值可用绝对数来表示,也可以用相对数来表示。在绝对数的形式下,可能表现为存货的利息、债券的利息或股票的股利。在相对数的形式下,货币的时间价值表示为不同时间段货币的增值幅度,它可能表现为存款利率、证券的投资报酬率、企业的某个项目投资汇报等等。

对于初创者来说,因为考虑货币的时间价值,所以在诚实守信、遵纪守法的基础上,要尽量缩短资金的回收期,提高资金的使用效率,充分利用时间价值,收入的时候可以先进来,支出的时候要慎重考虑。

2. 机会成本

机会成本是指当把一定的经济资源用于生产某种产品时放弃的另一些产品生产上最大的收益。在进行选择时,力求机会成本小一些,是经济活动行为方式的最重要的准则之一。比如,当企业决定利用所拥有的经济资源生产一台电视机时,就意味着该企业不可能再利用相同的资源来生产一台电冰箱,且假定电冰箱的价值为3 000元,那么,一台电视机的机会成本是价值为3 000元的任何一件商品。决策时,机会成本越低,风险系数越小。在初创时,创业者可以选择机会成本较小的方案。

3. 沉没成本

沉没成本是指由于过去的决策已经发生了的,而不能由现在或将来的任何决策改变的成本。比如,企业花1 000元买了一个机器设备,但是生产的产品不合格,为了生产,企业还

是利用这台设备生产,这样,你不但损失了1 000元,而且还生产出了废品,这1 000元就是沉没成本,就是你无论怎么做都收不回来的成本。对于初创者来说,因为可利用的资金有限,容易犯的错误是对"沉没成本"过分眷恋,继续原来的错误,从而造成更大的亏损。

4. 存款准备金率

存款准备金率是指金融机构为保证用户提取存款和资金清算需要而准备的,是缴存在中央银行的存款,中央银行要求的存款准备金占其存款总额的比例就是存款准备金率。央行利用存款准备金来控制风险,同时控制整个流动性规模。比如,如果准备金率上涨,收紧了资金的流动性,会导致部分企业资金短缺或断流,出现通货紧缩,创业者要时刻关注准备金率的变化,知晓国家经济动态,掌控企业的资金。

◎ 创业小案例

全国首个科技成果转化暂不缴纳个税案例落地

近年来政府一直大力推进科技成果转化工作,2015年出台的《促进科技成果转化法》中第四十五条规定,将对完成、转化职务科技成果做出重要贡献人员的奖励比例从原来的20%提高到了50%。各地政府也纷纷出台相关政策,其中浙江省政府更是将成果转化奖的比例提升至70%。

科技成果转化在一片利好的大环境下,却遇到了个税难题。科技成果还没拿到收益,就要缴纳高额的税费,这让科研人员很苦恼,也大大打击了他们的热情。但其实早在1999年税务总局就发文明确,科研机构、高等学校转化职务科技成果以股份或出资比例等股权形式给予科技人员个人奖励,经主管税务机关审核后,暂不征收个人所得税。2016年,税务总局又进一步简化审批科技成果转化暂不征收个人所得税备案手续,技术成果价值评估报告、股权奖励文件及其他证明材料由奖励单位留存备查,不再需要报送主管税务机关。

全国首例!科技成果转化暂不缴纳个人所得税。"太赫兹科研团队一度以为转化成果时要交1 000万元个人所得税,由于团队成员没有这么多现金,有人打趣说只能靠卖房子来交税。其实这笔税可以暂时不用交,可以推迟到股权转让时再交。"这个项目正是上海理工大学的太赫兹科研项目。

太赫兹波是频率在0.1 THz(太赫)~10 THz范围内的电磁波,是电磁波谱中唯一待全面开发的频谱资源,主要应用于通信、太空探测等领域,已成为发达国家争先抢占的核心频谱资源和科学制高点。美国麻省理工学院将太赫兹科技评为"改变未来世界的十大技术"之一,日本政府也将其列为"国家支柱十大重点战略技术"之首。我国也很重视太赫兹这一前沿颠覆性技术,在国家重点基础研究发展计划(973计划)太赫兹项目中,上海理工大学是唯一承担设备系统的单位。上海理工大学太赫兹科研团队在中国工程院院士庄松林带领下,在太赫兹技术研发和应用上取得重大突破,有望推出3款新产品,冲击目前美英等国把持的市场。

然而这样一个国际领先的科研项目在成果转化时遭遇了不少波折。

上海理工大学科技处处长张大伟在上述论坛上介绍,2015年上海"科创22条"的出台鼓励科技成果转化,规定高校和科研院所科技成果转化收益归属研发团队所得比例不低于70%,据此上海理工大学做了"破冰之举",将三项评估价值近2 900万元的太赫兹技术按79.42%奖励研发团队个人,金额为2 303.2万元。

问题来了。由于获取股权需要缴纳高额个人所得税,太赫兹团队成员需要为此支付将近1 000万元的个税。而太赫兹技术的相关产品还没有投入生产,在没有产出利润的情况下要拿出千万现金交税,成了研发团队意想不到的燃眉之急。有成员打趣说只能靠卖上海房子来交税。在了解这一情况后,上海市税务局迅速帮助团队解决问题。目前,上海理工大学已在杨浦区税务局成功办理了《科技成果转化暂不征收个人所得税》备案,以太赫兹科技研发成果作为无形资产获得股权奖励的上海理工大学科研团队暂不缴纳个人所得税1 035.09万元,成为全国首单科技成果转化暂不缴纳个人所得税优惠案例。

我国已基本形成了全方位支持科技创新的税收优惠政策体系。对于初创企业经常遇到缺少资金问题,税收优惠政策对专门投资中小高新技术企业的创业投资企业,给予投资额的70%抵扣应纳税所得额的优惠,对金融机构向中小企业的贷款给予更大力度的准备金扣除政策,对中小企业担保机构给予增值税优惠。

对于通过股权激励方式吸纳科技骨干人才的非上市公司,实行递延纳税政策;对于获得国家级、省部级以上奖励的科研人员所获得的科技奖金,免征个人所得税。税收优惠政策还帮企业营造创业环境。对于专门从事孵化创业创新企业的大学科技园、科技孵化器,免征出租房产、孵化服务收入的增值税,提供给孵化企业的房产、土地免征房产税、城镇土地使用税。对于已形成的科技成果,税收优惠政策还促进其早日转化为"现实的生产力"。对科技成果转让,免征增值税,减免企业所得税;对科研机构、高等学校转化科技成果实施的股权奖励实行递延纳税等。

(案例来源:https://www.sohu.com/a/134628976_466951)

三、创业初期应记好的四本最基本的账目

1. 现金账

(1)建立银行存款日记账和库存现金日记账,及时收集原始凭证,及时登账。

(2)库存现金日记账要做到日清月结。严格现金管理,避免资金闲置、浪费,资金使用合理规划。

(3)银行存款日记账至少每月和银行核对一次,有未达账项及时编制银行存款余额调节表。

2. 销售账

(1)建立销售账,及时逐笔登记,做好明细。

(2)做好新老客户的分类,对客户的信用等级充分了解。

(3)缩短应收款周期,及时收账,充分利用应付款和现金折扣等政策。

3. 费用账

(1)建立费用账,逐笔登记每笔费用。

(2)金额较大的费用单独列项,需要特别关注。

(3)掌握保本点,确保每个月售出产品不亏本。

4. 库存账

(1)及时建立库存账,要求有专人负责,防止发生库存短缺或溢余。

(2)建立库存管理的规章制度,定期或不定期盘点。

(3)库存账和销售账、现金账的及时分析、核对。

四、创业初期应制定的规章制度

对于任何企业来说,财务规章制度的建立和遵循是企业的命脉,在设计规章制度时要全

面考虑可能遇到的问题,把握好以下几个问题:

1. 现金管理制度

在建立初期,受成本效益的限制,企业人员职责分工往往不明确,对互不相容岗位没有做到职责分离,容易出现一名财务人员身兼数职的情况,为了避免造成资金管理的巨大风险,要确保不相容岗位相互分离。

2. 支票管理制度

支票领用时,按照要求签发支票,不得签发空白支票、空头支票、远期支票;不准签发印鉴不全、印鉴不符的支票;不准签发与付款凭证实际内容不一致的支票。建立严格的支票领用、注销手续,设立"支票领用登记簿",对支票逐本、逐号进行登记。支票的使用必须做到随签发、随盖章,不得事先盖章备用。

3. 费用的申请及报销

费用申请时,认真进行费用的核算,杜绝与业务无关的票据、内容填写错误的票据,要及时申请。制定各项费用报销标准,收集好完整的单据,按顺序粘贴,由各级主管签字后,到财务部报销。申请须核清旧账,否则不予办理。本期的费用及时入账。

4. 内控制度

制度的制定符合法律、行政法规的规定和监管要求,覆盖公司的各种业务和事项。在兼顾全面的基础上突出重点,针对重要业务与事项、高风险领域与环节采取更为严格的控制措施。在保证内部控制有效性的前提下,合理权衡成本与效益的关系,争取以合理的成本实现更为有效的控制。

创业小案例

西部创业:内控不力信披涉违规 增长停滞毛利率下滑

2020年1月22日宁夏西部创业实业股份有限公司(以下简称"西部创业"或"公司")发布了其2019年业绩预告。报告显示,2019年1—12月西部创业实现归母净利润约4 100万元,同比2018年下降约72.18%;扣非净利润约14 700万元,同比2018年增长约8.09%。

西部创业目前从事的业务包括铁路运输、仓储物流、葡萄酒、酒店餐饮,2019年业绩大幅下滑的原因主要是公司全资子公司宁夏大古物流有限公司因涉税事项需要补缴增值税及缴纳滞纳金,减少公司2019年度净利润约1.06亿元。

虽然,此次子公司涉税事项对公司造成的损益是非经常性的,扣除非经常性损益后公司2019年的利润仍有小幅上涨。但这反映出公司在内部控制上的不力,涉嫌信披违规和收受虚开发票。同时,公司所从事的业务也增长缓慢,毛利率连年下滑,扣非净利润波动极大。

1. 内部控制不力　信批涉嫌违规

在2019年西部创业公布的半年度报告中,对于财务报告,公司三位独立董事吴春芳、赵恩慧、罗立邦投出了反对票,并表示"无法保证本报告内容的真实、准确、完整"。三位独立董事投出反对票的原因是:公司子公司宁夏大古物流有限公司因涉嫌收受虚开增值税发票接受宁东国税稽查局检查,并收到《税务行政处罚事项告知书》涉及的税金及罚款约为1.03亿元,而公司2019年半年度报告中没有合理反映宁夏大古物流涉税事项,因此,三位董事认为,西部创业2019年半年报没有公允反映其财务状况及经营成果。

公司年审会计师信永中和会计师事务所也表示,经过认真了解、研究、分析涉税事项,根据公司收到的《告知书》反映,税务部门已明确界定了大古物流涉税事项的性质及应承担的现实义务的具体数额。由于此文件于半年报报出之前已收到,大古物流应根据告知书所列的可能补缴的税金、附加费及罚款在半年报财务报表预计负债列报。同时,西部创业亦应在公司半年报中就此事项对母公司及合并报表的影响予以列报和详细披露。

2019年中报发布之后,西部创业的这一行径引起市场关注,不少投资者认为公司刻意隐瞒重大事项,对投资者造成欺骗,在信息披露方面涉嫌违规。随后,西部创业对此事进行处理,在2019年三季报中可以看到,信永中和会计师事务所针对太古物流涉税事项出具的保留意见已经消除,公司独立董事和监事会也对于保留意见涉及事项消除无异议。

虽然这一事项对西部创业业绩的影响是非经常性的,在事后公司也进行了及时的处理。但这仍然反映出公司在信息披露上的不规范以及内部控制上的不力,难以保证其在其他方面不存在类似问题。

2. 业务增长缓慢　利润波动极大

西部创业从事的业务繁杂,包括铁路运输、仓储物流、葡萄酒、酒店餐饮,其中铁路运输在公司营收中占据大头,2019年上半年占比92%。2019年上半年及2019年前三季度,公司营业收入分别同比增长6.84%、22%,但公司称,业绩增长的主要原因是公司加强代维代管业务进度管理,对往年年底一次性结算的代维代管收入按照权责发生制原则进行了分期确认。也就是说,公司的业务量本身并没有增长,业绩增长只是会计处理的结果。

利润角度来看,最近五年西部创业的扣非后净利润大起大落,2014年同比减少了103.78%,2015年同比增长了505.46%,2016年同比减少155%,2017年和2018年同比分别增长了292.31%和79.68%,2019年预计同比增长8.09%。这显示出公司主营业务盈利能力的不稳定,况且铁路运输业务的毛利率连续下滑,2017年、2018年、2019年前三季度分别为41.24%、34.68%、31.91%,未来该业务的毛利率恐会继续降低,公司盈利能力堪忧。此外,西部创业在2019年还大举以预付形式采购运输用敞车,使得公司2019年上半年和2019年前三季度的预付款项分别同比增加了1 346.29%和185%。在公司主营业务的毛利率下滑如此严重,运价不见提高的情况下,此时大手笔采购运输车辆是否合理?

(案例来源: https://www.sohu.com/a/375127483_120529110)

🎯 创业资讯站

创业公司股权分配不得不知的七大建议

创业者通常采用两种方式确定公司的股权结构,一是按照股东的出资比例进行分配,二是在股东之间平均分配。前者容易触发股东贡献和持股比例不匹配的问题,后者则会削弱核心创始人对公司的控制力,影响公司的决策效率。

虽然不少创业者已经意识到股权分配的重要性,亦有意借鉴国外发达创业体制下的股权架构思路,无奈某些想法并不为工商登记机关所接受,且创业之初事务芜杂,创业者在有限的精力下,难免有为权宜计草率分股并希冀后续解决的做法,为公司未来发展埋下隐患,这已被多个创业公司失败教训所明证,在此不赘述。本文将从我国现有法律规定出发,对创业公司股权分配方案的设计和落地给出七大简明法律实操建议。

1. 股权分配的三大原则

创业如逆水行舟,只有同行者目的明确、方向一致、公平和激励并存才能成就长远、稳定的关系。股权分配就是这么一个落实到"人"的过程,它的目的不仅要通过"丑话说在前头"来确立规则,还要明确公司基因和价值观,达成股东间的共识。

鉴于创业公司初期股东和管理层通常是重叠的,暂无须考虑股东与管理层之间的博弈,笔者认为确立股权分配时需要考虑三个因素,分别是:股东于资源层面的贡献、股东于公司治理层面的把控以及公司未来的融资造血空间。当然上述三个因素仍有分解的空间,比如资源就可以按出资、投入时间细化,出资又可以按照货币、实物、知识产权等对公司的价值进一步细化。

2. 选择实缴注册资本更好

然2014年3月1日施行的新《公司法》采用认缴注册资本制,即除非法律、行政法规以及国务院决定另有规定,公司的注册资本不必经验资程序,由全体股东承诺认缴即可,认缴期限由股东自行约定,但是,这不意味着股东可以"只认不缴",也不是说注册资本越高越好。

认缴制下股东的出资义务只是暂缓缴纳,股东仍要以认缴的出资额为限为公司的债务承担责任,若股东为了显示公司实力,不切实际地认缴高额注册资本,那么将面临多重法律风险,例如当债权人向公司索偿时,股东的清偿责任也随之加重,又如公司解散时,股东尚未缴纳的出资将作为清算财产,另外也需要考虑税务风险。笔者认为,创业公司要根据实际情况合理确定注册资本,选择实缴并进行验资,使得"公司"这种企业形式能够充分发挥它的风险隔离效果。

3. 股权分配要落地于工商登记

出资是股权分配的必要依据,却非唯一依据,创业者最终核算的股权分配方案往往与出资比例不一致,有些创业者会采用阴阳协议的方式,一方面签署投资协议固定真实的股权比例,另一方面按照出资比例完成工商登记。

但是,上述方式的法律风险很大,一旦涉诉,不仅创业者的股东权益难以获得保护,亦会消耗大量的时间成本,导致公司错失成长良机。笔者认为在此情形下,可考虑采用股本溢价方式解决:首先,创业者之前签署投资协议,明确每位创业者的实际出资和股权比例;继而,由创业者按照确认的股权比例和换算后的出资额进行工商登记,把股东超出登记出资额的部分计入资本公积金。

4. 以公司结构保障核心创始人的权益

按照我国公司法规定:在无特别约定时,股东会做出的一般决议需要股东所持表决权的半数通过,股东会做出的特别决议如修改公司章程、增加或者减少注册资本的决议,公司合并、分立、解散或者变更公司形式等,需要股东所持表决权的三分之二通过;表决权与股权比例挂钩,"但是,公司章程另有规定的除外"(以下简称"但书")。结合实际情况,创业公司往往有多个创始人,加之股权众筹大行其道,核心创始人的持股有可能达不到绝对控股比例(持股区间等于或超过公司注册资本的51%~67%)。此情形下欲保障核心创始人的控制权,就需要充分利用上述"但书",将表决权与持股比例分开来,并以公司章程的形式予以落实。

5. 期权池还是由核心创始人代持的好

对创业公司来说,预留期权池不是新鲜话题。财大气粗是创业公司的目标而非创业公司的现实,成长性才是创业公司的核心驱动,而期权就是创业公司所能激励员工的最重要工具。不少创业者没有重视期权池的问题,要么在期权制度尚未建立的前提下早早送出,反而引发了不少争议,要么造成了核心股东持股的不必要稀释。笔者认为,鉴于期权本质上来源于现有股东所持股份,但若由各股东按比例分散持有,未来恐难以统一运作,易引发争议并影响实施效率;有限责任公司体制下期权激励方式相当灵活,采用何种定位和方案取决于公司的现实选择,应在公司配套的期权制度建立后具体实施;期权池确应早做安排,方法是在拟议股权分配方案时,就从各股东处划分出来,由核心创始人一并代持,其他股东可通过协议明确代持权利的性质和处置限制。

6. 用好有限责任公司的股权回购条款

对创业公司来说,股东之间的志同道合尤为重要,因此股权分配需要从正向和反向两个维度进行考虑,即既要从正向保障创业者同船共济时的公平和激励问题,也要从反向考虑某些特殊情形下如创业者离职退出、离婚、继承等情形下公司股权的回收问题。

回购制度是平衡股东退出和公司利益的重要制度途径,但是公司法对有限责任公司的股份回购是有限制性规定的(尽管这种规定在实务中是有争议的),因此在设计回购条款时,应注意几个问题,一是回购条款最好由公司指定的其他股东实施,且应注意回购定价的公平性;二是回购条款的适用范围能够涵盖公司股权分配的反向所需;三是应将回购条款和股权转让制度综合考虑、糅合设计。

7. 创新运用公司法的各项制度

公司法的自治空间是相当宽广的,创业者要充分运用股东的章程自治权,建立适合自己的股权分配和动态调整方案。比如有些股东愿意"掏大钱、占小股",那么对此类股东可以配合使用协议和章程方式将分红权、优先认购权、表决权脱钩,设计符合各股东需求和长处的股权结构;再如可以借鉴资本工具的思路,运用可转换优先股、清算优先权等思路做股权分配设计。

综上笔者认为,创业公司的股权分配本质上并不复杂,但创业者确实应该给予相当的重视。若能在前期花费少量时间把相关问题理顺,能起到事半功倍的效果,助力公司的良性发展。

(案例来源:https://new.qq.com/omn/20200110/20200110A05ZWZ00.html)

第三节 创业初期的财务风险及应对措施

> **学习提示**
>
> 在创业初期,要注意防范现金流的短缺或断裂、应收款的延期收回或呆账、存货的积压或损毁、固定资产的盲目投入、规章制度没有建立等财务风险,实施控制资金使用、控制成本、掌握财务知识、了解国家政策等措施,充分利用创业中的税收筹划。

一、创业初期面临的财务风险

1. 现金流的短缺或断裂

对于企业来讲,在创业初期很容易出现资金紧张的情况:

(1)多数情况下创业资本来自个人投资,个人资金有限。

(2)从政府贴息的贷款和其他资金支持、政策支持等方面获得的资金因为受制审查的条件、过程,获取资金的时间较长。

(3)因为银行对创业者的能力无法认证,导致银行无法准确判断企业的前景,出于安全性考虑会拒绝向刚成立的创业者提供贷款。

(4)想要取得社会设立的担保机构的担保,也要受制于贷款本人的工作年限、还款能力。

即使在创业初期筹集了资金,在企业发展阶段由于创业者本身财务管理知识、经验不足,可能会出现资金管理不严、闲置、浪费的现象,导致现金流不足;也可能由于没有相应的财务管控制度,资金使用规划不合理,导致资金断裂。

2. 应收款的延期收回或呆账

大学生在创业初期为了扩大市场占有率,往往会给顾客许多优惠,现金折扣、赊销方式增多,在创业企业发展到一定规模之后经常出现应收账款回收困难的情况,如果没有较强的催款措施,就容易形成坏账、死账,一方面应收款收不回来,导致资金周转缓慢,另一方面,应收款的催收也导致企业的运行成本增加,财务风险加大。

3. 存货的积压或损毁

在创业初期,所生产的产品能否销售出去关系着企业的资金收入,没有销售预测就盲目进行生产,生产的产品没有适销对路,就会造成积压;生产部门没有按照销售部门下发的销售订单安排生产,生产通知单与销售订单偏差较大,就会造成库存积压;存货盘点不及时、不合规,在盘点过程中出现的短缺或溢余没有及时申报批准,就会造成存货的账实不符。

4. 固定资产的盲目投入

在创业初期,创业者可能为了扩大销售,在生产上投入大量的固定资产,固定资产的投入没有计划。一旦投入过多的固定资产,一方面,固定资产本身就会占用大量资金,不能最大限度地提高资金的使用效益,另一方面,如果在办公楼、仓库等方面投入过度,与之相配的机器设备等固定资产没有相应增加,就会导致资金的浪费。另外,如果后期需要固定资产的变现,其过程缓慢且价值降低。

创业资讯站

营改增收官,谁最获益?

2016年3月24日下午,财政部和国税总局网站双双公布了《关于全面推开营业税改征增值税试点的通知》,和通知一同下发的还有《营业税改征增值税试点实施办法》《营业税改征增值税试点有关事项的规定》《营业税改征增值税试点过渡政策的规定》和《跨境应税行为适用增值税零税率和免税政策的规定》四份文件。这四份文件的发布也标志着营改增细则已经正式落地,到5月1日,营改增试点将正式扩大到最后的建筑业、房地产业、金融业和生活服务业,也算是功德圆满了。

在税率上,金融行业营改增后的税率变化不大,但之前营业税下的优惠政策在增值税下基本予以保留,整体税负略有下降。而包括餐饮业、旅游业、酒店业、娱乐业等在内的生活性服务业的税率明显降低,比如以前娱乐业的营业税税率就高达20%,而营改增后的增值税一般纳税人税率定在了较低的6%。不过总体而言,这次营改增收官的最大赢家还是建筑业和房地产业。营改增后,建筑业和房地产业的增值税税率定在11%,从数字上看比之前征收的营业税要高出不少,比如建筑业此前的营业税税率只有3%。不过,这3%是企业整个营业额的3%,而现在的11%只是增值部分的11%,税基不同。

简而言之,营改增之后,建筑业和房地产业的实际税负并没有增加,考虑到增值税价税分离等技术性因素,这两个行业实际税负是有所下降的。而税负的下降必然会带来利润的提高,这对于目前楼市调整时期很多利润持续下降的房企来说无异于救命稻草。

另外,就是不动产抵扣最终被落实,即所有企业新增不动产所含增值税纳入抵扣范围,这对于所有企业而言都是好消息,因为这会在一定程度上降低企业的运营成本。而这对于房企而言更是利好。可以预见,这项规定实施后,企业购买不动产的热情会被激发出来。毕竟对于那些手里不差钱的企业来说,将一部分资金购买不动产,不仅能够保值增值,还能抵税,可谓两全其美,何乐而不为?对于房企而言,手里的房子,尤其商业地产,无疑会更好卖了。

营改增不仅仅是企业的事,也关乎个人。根据实施细则的规定,个人将购买不足2年的住房对外销售的,按照5%的征收率全额缴纳增值税;个人将购买2年以上(含2年)的非普通住房对外销售的,以销售收入减去购买住房价款后的差额按照5%的征收率缴纳增值税;个人将购买2年以上(含2年)的普通住房对外销售的,免征增值税。上述政策仅适用于北京市、上海市、广州市和深圳市。这意味着,过渡期二手房交易"营改增"完全平移了现行二手房交易的营业税政策。简单来说,营改增之后,去年(2015年)3.30楼市新政以来的优惠措施基本得以保留,算是给购房者喂了一颗"定心丸"。

(案例来源:http://www.ceconline.com/financial/ma/8800080556/01/)

5. 规章制度没有建立或没有认真执行

大学生在创业初期,业务发展刚刚起步,收入有限,创业者会因为账目简单而疲于记录,或是草草了事,财务部门设置简单,没有专门的财务人员,没有建立完整的规章制度或认真执行。企业的财务工作缺乏规范的基本程序,原始凭证缺失、记账凭证填制不完整、财务报表不完善,财务信息难以有效地反映企业财务状况,最终会导致企业财务工作混乱,引起财务风险。

创业小案例

天使教你这些事儿:"范进"也许变"上进"

1. "最天使"之周鸿祎

为什么创业板公司是一群"平均年龄"超过10岁的"老范进"?为什么他们成长速度飞快?除了商业模式之外,很重要的是这些公司背后,都有天使投资人的身影。这群天使的价值所在,除了一开始投资那点钱,还有无形的"经验投资"。正是这种"经验投资"不断传递和循环,才让一个个初创企业有了快速长大的可能。当然,从投资回报的角度来看,周还称不上创业教父,只是他正在践行这样的理念。那么我们就从周鸿祎和他所投资的创业公司的故事中,来梳理一下作为创业者,你可以让天使为你做些什么。

2. 天使能教你哪些事儿

如果你身处技术创业领域,最大的掣肘往往在于技术转换成"产品"的能力上。简而言之即是你的技术创造了什么用户价值?

要是再碰上你的团队都是技术出身的背景,没有多少市场经验,这时候物色一位能弥补这一短板的天使便成为当务之急。你或许会说请教业内人士也可以达到补缺的目的,但我们要提醒的是,正因为天使不是活雷锋,他们不会白帮忙:他和你的公司捆绑在一起的机制,才能让你得到的建议"更靠谱"一些,谁都不会拿着白花花的股本开玩笑。

往更深层里说,你的战略规划也是要做的,越小的公司越需要做战略规划。这个战略不是一个几百页的PPT,实际是你必须很清晰地回答,你是谁,你该做什么,什么绝不该做。只有有了清晰的策略和定位,你的产品才能够在市场中锁定用户,这是成功的第一步。

这些前提是,你找对了那个"天使"。

3. 别一开始就把股票分完

有了一幅可以让你热血沸腾的蓝图,先别冲动,设计好最初始的利益分配再说。周鸿祎以他的天使经验告诉你,很多企业后来做不下去了,原因正出在资本架构上。

这里可能存在两种极端,要么是你们哥几个"利益均沾",刚开始平分没有问题,但总避免不了有一天你我他的"贡献系数"出现偏差,你还是1,我成了0.6,他却做到1.2,一旦偏差存在而仍没有调整,就容易导致分裂;另一种极端则是一上来你一个人"大权在握",这样的结局也很明显:别人凭什么帮你卖命呢?

看看周鸿祎怎么建议的。不管你的团队强弱,都不要把股票分完,再强的团队,也要留个

15%~20%的池子,团队弱一些,你要懂得大方地留下40%甚至50%的池子才行。这样的好处在于一开始大家利益均沾也无所谓,不论日后有更强的人进来你的团队,抑或是你们的贡献与股权不一致,总可以从"大锅饭"里给牛人添点。毕竟再从别人口袋掏钱这事儿太悬。

更重要的还在于,这样的游戏规则更对VC的胃口,这将为您进一步被推销给VC扫清障碍!当然,无论怎么分,天使多数情况下仍是你的小股东。基本取向取得共识,但经营上双方不免产生分歧,这时好的天使会理解你才是冲锋陷阵的人,应该让你拿主意;如果天使不能理解,你也可以理直气壮地说:我是大股东!

(案例来源:https://tech.qq.com/a/20100125/000110.htm)

二、创业初期降低风险的应对措施

1. 控制资金使用

在创业初期,资金不足是一个方面,现金流入很少,常常会发生资金链断裂的情况,很多创业者更是轻视对资金的合理使用。因此,在创业初期必须合理安排资金使用,首先要做好资金使用规划,保持一定量的浮动资金。其次,合理分配长期资金和短期资金。再次,融资方式多种多样,考虑长、短贷款使用的衔接。

2. 控制成本

如果在创业初期对成本考虑不全面,就会导致入不敷出。成本可以分为可控成本和不可控成本,其中可控成本又分为可控变动成本和固定成本。创业初期的成本主要包括房屋租赁、设备采购、人员招聘、办理营业执照和税务登记等费用,其中员工工资和材料费又占用较大比重,如果没有考虑到成本就很容易出现工人怠工和库存积压的现象。大学生自主创业必须有成本控制的意识,以便在企业正常运营阶段提升企业盈利能力。

3. 掌握财务知识

要学习会计的基本理论知识,掌握会计基本概念、会计法规,要掌握企业经营过程的基本核算和资产负债表、利润表、现金流量表等的编报知识,要关注企业的资产、负债和股东权益的增减变化,要了解与企业经营相关的经济法、税法等法律知识和其他企业管理知识。

4. 了解国家创业政策

目前,国家出台了相关政策鼓励大学生创业,各地方政府也依当地情况给予了各种优惠政策。充分了解国家政策、利用优惠政策是大学生创办企业所必须掌握的。有关国家优惠政策主要包括注册资金允许分期到位;毕业生创办国家指定行业企业可以享受减免税;各银行、信用机构针对大学生创业申请小额贷款简化程序;毕业生人事档案保管不收费等优惠政策。与此同时,各地区也有一定程度上的优惠政策,比如上海市专门设立了大学生创业"天使基金",宁波市出台《关于使用失业保险基金预防失业促进就业有关问题的通知》,西安市高校毕业生在西安创业最高可获50万元的创业贴息贷款。

创业小案例

水滴公司一季净收入增长42.7%超行业预期 用户转化效率持续提高

水滴公司(WDH)6月17日发布的2021年Q1财报显示,一季度水滴公司净收入为8.83亿元,调整后的净收入同比增长43.2%,超出此前多家研究机构的预测。

水滴公司创始人、董事会主席兼首席执行官沈鹏表示,受益于保险行业的强劲发展,实现了高于行业的增长速度,我们独特的商业模式使我们成为中国领先的保险和健康服务技术平台。

一季报显示,水滴公司用户获取结构进一步优化,其中内部流量贡献的首年保费(FYP)同比增长65.20%;第三方流量贡献的首年保费(FYP)同比增长51.6%;自然流量及复购贡献的首年保费(FYP)同比增长48.40%。

水滴公司联合创始人、水滴保总经理杨光在16日晚间举行的分析师电话会议上表示,第一季度,水滴公司来自第三方流量渠道和老用户复购带来的转化效率都在持续改善。"对于内部流量,我们看到从水滴筹平台到保险销售的转化率更高。我们尝试使用了新的转化策略,通过优化广告曝光方式,大大提高了转换率。"杨光说。杨光表示,对于自然流量和老用户复购,水滴继续将复购的保险产品类别多样化,并加强交叉销售工作。凭借精准的推介和良好的口碑,水滴的品牌知名度不断提高。

据介绍,一季度,水滴公司深入挖掘了用户的需求,开发了一个会员系统,以增加用户黏性,并准确地关注用户的痛点。比如根据用户需求开始提供纸质的保单,这些措施改善了用户体验,增加了用户的购买意愿。

杨光还表示,由于规模优势,在第三方渠道获客方面,水滴相比于同行业的竞争对手,能实现更低的获客成本(CAC),包括:第一,以更多元化的服务留住客户;第二,与媒体渠道联合建立数据模型,提高获客效率;第三,提升复购的渗透率;第四,后端运营和售后服务,保持业界领先的用户体验和更新率。据透露,水滴还在继续探索新的流量机会,包括直播、MCN(多频道网络)和内容营销等方式来获客。

一季度,水滴公司除了持续改善用户转化效率,还持续扩大保险产品的供应。截至2021年3月31日,该平台上的保险产品达到240种,和去年末相比,增加40种。

业内人士分析指出,对于水滴公司这样的保险科技平台来说,较高的用户转化效率和产品供给能力是其快速发展的主要原因,二者相辅相成。一季报显示,一季度保险用户的数量和单用户的首年保费都快速增长。截至2021年3月31日,水滴保的累计付费保险用户达到2 190万,每位用户贡献的首年保费增加到人民币1 165元,同比增长32.1%。水滴公司在财报中预计,根据目前的市场情况,今年第二季度,水滴保实现的首年保费(FYP)将同比增长50%以上。

(案例来源:http://blog.ceconlinebbs.com/BLOG_ARTICLE_286953.HTM?_ga=2.97248287.1201012570.1624698195-422935762.1624698195)

三、创业中的税收筹划

税收筹划是指纳税人在符合国家法律及税收法规的前提下,按照税收政策法规的导向,事前选择税收利益最大化的纳税方案处理自己的生产、经营和投资的一种企业筹划行为。包括税负最轻、税后利润最大化、企业价值最大化等内涵,而不仅仅是指税负最轻。税收筹划是在法律法规许可范围内进行的,是纳税人在遵守国家法律及税收法规的前提下,在多种纳税方案中,做出选择税收利益最大化方案的决策,具有合法性。大学生在创业时要依法缴纳各项税费,按照税收政策享用税收优惠。

创业资讯站

一、独资企业

在独资企业中,拥有人持有财产所有权,进行以盈利为目的商业活动,并且直接以个人身份承担企业全部责任,是最简单的企业组织形式。

(一) 独资企业的优点

1. 容易成立(比如,较少的申请和注册程序)。
2. 操作简单(比如,因为只有一个企业主,无须对其他人报告)。
3. 易于出售的资产业务(比如,出售和清算没有双重征税)。
4. 很少的行政负担。
5. 就税务而言,收入直接由企业主获得,因此税收是在个人层面上的。

(二) 独资企业的缺点

1. 有限的资金来源。
2. 不是有限责任公司,因此公司承担无限责任。
3. 对于企业主来说,企业结构没有可持续性。
4. 有限的管理资源。
5. 收入一般受自雇税的调整。

二、普通合伙企业

是两个或两个以上的人共同拥有,以盈利为目的开展业务的企业。共同拥有人在企业运营的各个阶段共担风险、共享回报。每个合作伙伴承担相对应部分的义务。

(一) 普通合伙企业的优点

1. 更多的初始资金来源。
2. 相对独资企业更多的管理资源。
3. 相对公司形式,更少的行政负担。
4. 就税务而言,收入由合伙人直接获得,并在个人层面上征税。
5. 对以合作伙伴名义进行的相关收入、支出和损失的特别拨款,可以通过灵活的合作协议来实现。
6. 出售资产和清算时可以避免双重征税。

(二) 普通合伙企业的缺点

1. 利益转让存在困难。
2. 每一个合作伙伴以个人名义承担合作企业的责任。
3. 一般合伙企业所有业务收入净额一般受自雇税调整。
4. 伙伴关系基础和资本账户规则较为复杂。
5. 从合作伙伴关系派发红利时,确认收益可能涉及特殊规则。
6. 一般情况下,以合作伙伴名义支付的额外福利在税收中不能被抵扣。

三、有限责任合伙企业

有限责任合伙企业与普通合伙企业类似,但其中一个或多个合伙人承担有限责任。这种形式的实体是一个合法的机构,使承担有限责任的合伙人成为合伙企业中的被动投资者,通常会将其责任限定在其投资范围内,而负无限责任的合伙人负责管理和控制日常运作。

(案例来源:http://www.ceconline.com/operation/ma/8800065523/01/)

【创业语录】

企业要敢担当,不能逐利而行。

——董明珠

第四节　中小企业的上市

> 学习提示
>
> 要掌握中小企业改制上市中股份有限公司设立、上市辅导、发行申报与审核、股票发行与挂牌上市等流程，掌握主板、创业板、新三板上市的条件，掌握上市公司需要承担的费用。

一、中小企业需要壮大和发展

随着国内经济形势的变化，国家采取了货币紧缩的财政政策，中小企业面临难以获取银行贷款、流动资金紧缺的尴尬局面。为了避免这种情况，很多企业在经营稳定之后开始考虑推动企业上市，利用上市公司这个平台募集大量社会资金，获得快速发展契机，获得持续、稳定的融资渠道，同时借此改善财务结构，降低资产负债率，提高抗风险能力。

二、中小企业改制上市的流程

中小企业改制上市的基本业务流程有：改制与设立、上市辅导、发行申报与审核、股票发行与挂牌上市等阶段。

1. 改制与设立

对于想要上市的中小企业来说，必须要改制设立股份公司才能申请IPO。改制设立的基本程序有：拟定改制设立方案；聘请具有证券业务资格的有关中介机构进行审计和国有资产评估；签署发起人协议并拟定公司章程草案；拟定国有土地处置方案并取得土地管理部门的批复；拟定国有股权管理方案并取得财政部门的批复；发起人认购股份和缴纳股款、办理财产转移手续；聘请具有证券业务资格的会计师事务所验资；召开公司创立大会并建立公司组织机构；向公司登记机关申请设立登记。

2. 上市辅导

股份公司在提出IPO申请前，应聘请辅导机构进行辅导。其中，辅导机构应是具有保荐资格的证券经营机构以及其他经有关部门认定的机构，且辅导期至少为一年。

3. 发行申报与审核

主要包含：初步验收、为股票发行申请文件的制作做好准备工作、制作股票发行申请文件、股票发行审核。

4. 股票发行与挂牌上市

这一过程包括股票发行和股票的上市。

> 创业小案例
>
> #### 同为品类王者，为什么巴比馒头市值百亿，正新鸡排还没上市？
>
> 2020年，食品细分领域掀起一股上市热潮——靠2元一个包子的"小生意"上市的巴比食品，上市8天连续八个涨停板，总市值达88.56亿元；香菇酱企业仲景食品登陆创业板，市值超121亿元；"辣条一哥"卫龙也传出消息，计划明年赴港上市。这些细分领域的龙头企业，之所以决定敲开资本市场的大门，大多希望借助融资，为企业的长远发展加码。在细分龙头中，还有一

家企业,店面超2万家,遍布全国,甚至向海外征战。和谋求上市的食品企业不同,这家公司不仅没有曝出上市计划,连融资的消息都没有,而是继续扩展加盟店。它就是正新鸡排。

一、成为霸主

在食品细分领域,巴比馒头以2 931家的规模保持绝对的品类规模第一,而正新鸡排以超过2万家的门店规模,摘得中国鸡排之王的桂冠。

不管是巴比馒头售卖的包子、馒头,还是正新鸡排售卖的鸡排等食物,最低单品价格只有几块钱。客单价虽然低,却完全不影响它们成为各自品类的霸主。

一门"小生意",衍生出庞大的业务网络,这两家公司究竟做对了什么?笔者认为,主要有以下三点:

1. 选择超级品类

包子、馒头,是中国人消费频次最高的食品之一,人们已经形成根深蒂固的消费习惯,不只是早餐,午餐、晚餐都有人食用。

2001年,巴比馒头创始人刘会平在办公楼林立的上海南京路附近以每月5 000元的价格,租下一个不到10平方米的小店,取名"刘师傅大包"。

通过调整口味,做出了符合上海人口味的包子,3个月后,这家小店引起消费者注意,门口排起长队,一天能卖出四五千只包子、馒头。占据刚需、高频赛道,巴比馒头由此深入了消费者的日常生活。

正新鸡排切入的炸鸡品类,自肯德基、麦当劳进入中国以来,在30年的时间里,逐渐完成了消费习惯的培育。2000年,正新鸡排第一家门店在浙江温州开业,创始人陈传武同样着力调整口味,使其适合中国人的需求。由于鸡排口感偏干,大部分品牌会搭配饮料售卖,而正新鸡排则是长期采取赠饮方式,大大超出了消费者的心理预期,高性价比赢得口碑,受到消费者欢迎。

2. 采取加盟模式扩张

2003年,"刘师傅大包"改名为"巴比馒头",之后投资80万建立中央厨房,统一加工馅料并配送到店。为了快速消化中央厨房的产能,2005年,巴比开放加盟。如今,巴比馒头全国门店总数达2 931家,其中直营门店只有16家,其他均为加盟。

对于加盟模式,正新开启时间较晚,在直营门店达到近千家后,2013年正式开放加盟。此后,凭借8万~10万元的较低加盟费,正新鸡排门店迅速在全国铺开,官方数据显示,截至2020年5月1日,总门店数为21 426家。

开放加盟,门店遍地开花,不仅使巴比馒头、正新鸡排拥有了超大规模,品牌影响力也与日俱增。

3. 完善的供应链体系才是品牌"护城河"

无论是包子、馒头,还是炸鸡,客单价低,行业门槛更低——一辆三轮车、一只煤球炉、一口油锅,就能变身为走街串巷的"小吃摊"。因此要想把生意做大、做强,还得从供应链着手。

巴比能"掌控"这么多加盟商,利器正是供应方式。刘会平通过不断试验,最终实现成品冷冻馒头的口味与现制现蒸产品无差别,为连锁化、产业化经营打下了坚实基础。

目前,巴比馒头门店的供应方式有两种,一种是由中央工厂将制作好的冷冻成品直接配送到门店,另一种是由工厂配送馅料,由门店师傅现场包制,包子之外的产品全部由中央工厂配送。

同样,正新也自建供应链平台,从养殖、生产、加工、冷链运输、仓储到门店,再到配套供应商服务,形成了成熟的上下游链条。在物流配送方面,依托七大中央库和50多个遍布全国的前置仓配中心,为加盟店提供采购、配送等服务。

正新的供应链不仅为加盟商提供一站式解决方案,甚至还为其他品牌餐厅提供供应链生态服务。据媒体报道，正新食材供应链现服务总门店数超过28 000家，年销售额已达100多亿元。

超级品类、加盟模式、供应链体系等因素，推动巴比馒头、正新鸡排成为它们各自领域的霸主。然而，在上市这件事情上，刘会平和陈传武态度各异。

二、上市之辩

一开始，刘会平就聚焦包子生意。2004年，他学习麦当劳、肯德基的模式，从开店赚得的100万元中拿出80万投资建设中央厨房。这一"大手笔"，为巴比后续的连锁经营积累能量。刘会平这种学习精进的态度，同样体现于资本市场。2015年，刘会平与加华资本签订战略合作协议，融资1亿元，共同推进在A股上市的进程。今年（2020年）10月12日，巴比食品成功上市，成为"中国包子第一股"。巴比上市，目的是谋求模式转型。

对于IPO募资9.5亿元，巴比食品称，"资金将用于建设巴比食品智能化厂房项目、生产线及仓储系统提升项目、直营网络建设项目、食品研发中心和检测中心建设项目、品牌推广项目、信息化建设项目、电子商务平台建设项目、补充流动资金项目"。从资金投入方向看，巴比馒头想努力摆脱传统门店模式向智能化转型的决心，不言自明。

相比之下，陈传武更看重一个"稳"字，发展20年，关键词仍然是开店。创立正新鸡排前，陈传武曾凭借速冻代理起家，2000年，他在温州开出正新鸡排第一家店。和巴比馒头的加盟节奏不同，从创立到2013年，陈传武在全国开出近1 000家直营店后，才放开加盟，加快扩张，"2013年至2015年，正新单年签约加盟门店分别为85家、249家、890家"。

2017年，正新又开放海外加盟。即使现在，正新鸡排的全国门店已经超过2万家，持续开店仍是其重头戏。陈传武的理想目标是要开到5万家。

有关正新鸡排融资上市的信息，笔者查遍网络，也未有发现，却查到了相反的消息——陈传武担任创始合伙人，联合发起"萌想之星"基金，今年5月，基金首期募资规模超过1亿元人民币，重点投资餐饮和新零售的早期及成长期项目。有投资者分析，近十年餐饮从线下被改造为"线上＋线下"，只是销售路径的变化，萌想之星关注的是如何打破餐饮行业的商业模式并重建成本结构。显然，陈传武加入这场投资，是有意扶持餐饮零售新模式，而正新鸡排的主要聚焦点，仍然是开店。在接受媒体访问时，陈传武坦承，之所以坚定走大举扩张路线，原因之一是他预感餐饮连锁化比例会越来越高。"真正的连锁化不是开一两家店的问题，而是需要迅速撬动上游供应链资源。对正新来说，要用规模体量来解决低成本、大批量生产的物流供应链问题。"换句话说，陈传武暂时不把正新鸡排送上市，是想进一步加深、巩固、夯实供应链"护城河"。

三、深度竞争

上市与否，企业都得继续面对未来。对于深度捆绑一两个大单品的品牌来说，扩大品类，无疑是着眼未来的方式之一。

这一点，刘会平深有感触。他直言："我们走出去之后就碰到困惑，顾客以为你只卖馒头。"于是，刘会平大力拓展品类，开始尝试售卖油条、粥、水饺、粽子、速冻点心等产品。巴比的品牌定位也随之调整，从"包子馒头卖到第一"到"早餐第一品牌"，再到如今的立志成为"中式面点世界第一品牌"。从门店的形象建设来看，便能一窥堂奥——门头店招上的"馒头"二字已经撤除，只留下了"巴比"成为其品牌名。

丰富品类这一策略，正新鸡排要走得更远些。2018年，正新推出"森林计划"战略，在主品牌之外，孵化出手摇茶、汉堡、烤鸭脖、水饺、螺蛳粉等新品类的子品牌。按照陈传武所说，正新的新品牌可以开5万家门店，加上正新鸡排的5万家理想门店数，"打造一棵10万家规模体量的参天大树"。

对比巴比馒头和正新鸡排的品类扩充，不难发现，二者推出的新产品，和主品牌商品仍然属于同一价格带,目的不是为了"出圈",而是深耕同一类消费人群。如此一来,新产品能否加强用户黏性,提升品牌活力,甚至成为新的业务增长点,是巴比馒头、正新鸡排未来深度竞争的一部分。

品类之外,另一层面的深度竞争,当属数字化。

2014年,移动互联网兴起,几大外卖平台奋力抢占市场份额,刘会平开始思考自己打造平台的可能性。刘会平表示:"平台的意义无疑是非凡的。除了缓解高峰期排队带来的订单压力,后台的大数据将记录并分析顾客的消费习惯,实现精准营销的同时增加客户黏性。"为此,刘会平自建巴比商城,消费者可以线上订餐,线下取餐,也可以由外卖配送,由此打造出一个完善的电商平台。2018年,巴比还将门店POS、订单APP、生产管理、仓储配送等六大系统的98条业务线集成于一个数字平台上。此次上市,巴比募资的9.5亿元,将用于包括信息化建设、电子商务平台建设在内的诸多项目,以向智能化转型。

作为巴比食品唯一外部投资人,加华资本掌舵者宋向前更是认为:"未来,大家竞争的是到店到家的场景。产品的零售场景覆盖冷冻、冷藏和鲜食的部分,企业会在全场景、全流程、全系列频谱上展开竞争。"

和刘会平积极拥抱移动互联网、数字化转型不同,陈传武坦承,正新还是以线下经营为主,"我们提倡外带,不提倡外卖"。在陈传武看来,正新的外卖业务占门店收入的理想比重是10%左右。据媒体报道,今年5月,正新鸡排外卖业务占比约在10%~12%。当然,正新也尝试在微信、天猫等平台开辟电商零售渠道,销售品牌手抓饼、煎饼、调料包、卤味小吃等产品。只是,相关业务尚处于探索阶段,"销量贡献并不明显"。

眼下,90后、00后渐成主流消费群体,如何利用数字化为企业赋能,同时获得年轻人的青睐,无疑将成为企业的"主战场"。这一方面,或许,正新鸡排要跑得更快一些。

(案例来源:http://www.ceconline.com/strategy/ma/8800107487/01/?_ga=2.102010497.1466080770.1624701974-1525835871.1624701974)

三、主板、创业板、新三板上市的条件

(一) 主体资格要求

经国务院特批或有限责任公司按原账面净资产值折股整体变更为股份有限公司可连续计算业绩;公司的股本必须缴足,资产权属不存在纠纷;公司在最近三年内实际控制权没有发生转移,主营业务没有重大变化,包括董事、高管在内的公司高层人员构成稳定;发行人股权清晰明确,控股股东和受控股股东、实际控制人支配的股东持有的发行人股份不存在重大权属纠纷;公司的市场化运作与生产经营没有违反国家相关法律法规和公司章程,没有违背国家产业政策要求。股份公司设立须满三年。

(二) 规范运行要求

依照《公司法》建立相关制度,健全和完善股东大会、董事会、监事会、独立董事、董事会秘书等制度,相关机构和人员职责明确并能依法履职;对于公司上市和股票发行的相关法律法规,公司高层管理人员如董事、监事、总经理等必须做到认真学习和理解,并对各自职位所担负的法定责任和义务做到明确认识;上市公司要对自身内部的生产经营状况进行严格把控,确保经营业绩和效率。通过健全内部控制机制,确保公司财务的真实可靠。

(三) 财务指标要求

1. 主板

(1) 最近3个会计年度净利润均为正数且累计超过人民币3 000万元,净利润以扣除非

经常性损益前后较低者为计算依据。

（2）最近3个会计年度经营活动产生的现金流量净额累计超过人民币5 000万元；或者最近3个会计年度营业收入累计超过人民币3亿元。

（3）最近一期不存在未弥补亏损。

（4）无形资产与净资产比例不超过20%，过去三年财务报告中无虚假记载。

其中，中小板：

（1）最近3个会计年度净利润均为正且累计超过人民币3 000万元。

（2）最近3个会计年度经营活动产生的现金流量净额累计超过人民币5 000万元；或者最近3个会计年度营业收入累计超过人民币3亿元。

（3）最近一期末无形资产占净资产的比例不高于20%。

（4）最近一期末不存在未弥补亏损。

2. 创业板

（1）盈利要求：最近两年连续盈利，最近两年净利润累计不少于1 000万元，且持续增长；或者最近一年盈利，且净利润不少于500万元，最近一年营业收入不少于5 000万元，最近两年营业收入增长率均不低于30%。净利润以扣除非经常性损益前后孰低者为计算依据。

（2）资产要求：最近一期末净资产不少于2 000万元。

（3）股本要求：企业发行后的股本总额不少于3 000万元。

3. 新三板

（1）业务明确。业务明确，是指公司能够明确、具体地阐述其经营的业务、产品或服务、用途及其商业模式等信息；公司可同时经营一种或多种业务，每种业务应具有相应的关键资源要素，该要素组成应具有投入、处理和产出能力，能够与商业合同、收入或成本费用等相匹配。

（2）具有持续经营能力。持续经营能力，是指公司基于报告期内的生产经营状况，在可预见的将来，有能力按照既定目标持续经营下去。

（四）独立性要求

企业的业务体系必须完整，且具备独立的经营能力。

1. 资产完整

具备基础的硬件设施（如机械设备、厂房和土地），可自主完成原料采购、产品销售等活动，拥有商标、专利或非专利技术的所有权或使用权。

2. 人员独立

公司高层人员（如总经理、副总、财务负责人、董事会秘书）不得在公司以外的企业中担任董事、监事等管理职务，也不允许财务人员兼职公司以外的任何事务。

3. 业务独立

发行人除具备独立的组织机构和财务机构外，还应建立独立的业务体系。上市公司应正确处理与同行企业之间的竞争关系，严禁利用有失公平或不正当的经营手段进行关联交易。

（五）股本及公众持股要求

1. 主板

（1）发行前不少于3 000万股。

(2) 上市股份公司股本总额不低于人民币5 000万元。

(3) 公众持股至少为25%;如果发行时股份总数超过4亿股,发行比例可以降低,但不得低于10%。

(4) 发行人的股权清晰,控股股东和受控股股东、实际控制人支配的股东持有的发行人股份不存在重大权属纠纷,发行前股本总额不少于人民币3 000万元。

(5) 发行后股本总额不少于人民币5 000万元。

其中,中小板:

(1) 发行前股本总额不少于人民币3 000万元。

(2) 发行后股本总额不少于人民币5 000万元。

(3) 发行后总股本在4亿股以上的,公开发行比例不低于10%;发行后总股本在4亿股以下的,公开发行比例不低于25%。

(4) 一般来说,拟在上交所发行上市的,其首次公开发行的股数应不少于1亿股。

2. 创业板

发行后股本总额不少于3 000万元。

3. 新三板

发行前股本总额不少于500万元。

四、上市公司需要承担的费用

在企业的上市过程中,有一些费用是按照比例来计算的,比如承销费用按照承销金额的1.5%～3%支付,审核费用20万,上网发行费用按照发行金额的0.35%计算;有一些是参照行业标准由双方协商确定的,比如保荐费用、辅导费用、会计师费用、律师费用、评估费用。

创业资讯站

科技创新领域具有大投入、长周期、高风险等特点,在科创板落地之前,我国资本市场体系尚不能完全对接科技创新型企业的发展需求。如今,科创板的诞生有望完善我国资本市场,有效促进科技与金融的融合、加速创新资本的循环利用,并带来以下五大积极效应:

一、加速半导体及集成电路国产化进程

集成电路产业主要包括设计、材料、设备、制造、封测等环节,是衡量一个国家综合实力的重要指标之一。它对国家经济建设、社会发展和国家安全具有重要的关键作用。据美国知名半导体市场研究公司IC Insights统计,2013年至2018年,中国半导体市场总量从820亿美元快速扩张到1 550亿美元,年复合增长率高达13.58%,有望成为全球半导体行业最具发展潜力的市场。在国内集成电路市场不断扩张的背景下,我国半导体产品进口从2015年起已连续4年在所有进口商品中位居首位(中国海关总署发布的数据)。国内集成电路企业亟须获得更优质的资本支持,走向价值链高端。

科创板集聚了大量国内优秀集成电路企业,包括晶晨股份、澜起科技、和舰芯片、硅产业集团、中微公司等,产业链涉及设计、材料、设备、制造等多个环节。2018年12月,中微半导体自主研制的5纳米等离子体刻蚀机正式通过台积电验证,成为全球首条5纳米制程生产线。同时,国产化300毫米大硅片发展迅速。硅产业公司是中国大陆率先实现300毫米半导体硅片规模化销售的企业,公司在全球半导体硅片市场2018年的市场份额达到2.2%。可以预见,在国产化前景广泛的大背景下,科创板将进一步有力刺激国产半导体产业自给率的提高,相关企业和产品将迎来更大的发展空间,半导体行业的国产化进程势必稳步向前。

二、强化人工智能"硬科技"研究

2010年以来,随着全球数据爆发性增长、计算能力的提升、算法的不断迭代、资本的大量支持,新一轮人工智能发展浪潮如约而至。同时,我国政府高度重视人工智能的技术进步与产业发展,2017年出台《新一代人工智能发展规划》标志着将人工智能正式上升为国家战略,并提出"到2030年,要成为世界主要人工智能创新中心"的重要战略目标。在此战略引导下,近年来我国人工智能领域的计算机视觉、语音处理、自然语言处理等技术取得重大进展,安防、交通、医疗、金融、教育等方面人工智能应用纷纷落地开花。

目前,科创板人工智能企业包括虹软科技、鸿泉物联、天准科技、海天瑞声、石头科技、罗克佳华等。计算机视觉作为当前我国人工智能产业落地应用最为广泛的领域,虹软科技的智能手机视觉系统、石头科技的智能扫地机器人与天准科技的工业视觉装备均是国际领先的计算机视觉解决方案。据全球著名信息技术行业资讯公司IDC测算,至2022年我国计算机视觉应用市场规模预计将达到146.08亿元人民币。

需要注意的是,我国人工智能领域虽然有很多优秀企业,但是多数自身盈利能力较弱,这与人工智能行业基础研究层面产业化难度较大,资本往往集聚于应用层面这一先天条件有很大的关系。原先中国资本市场对未盈利的企业包容性与适应性较弱,但科创板的诞生为这类企业开辟了通道,通过资本的力量将企业从商业市场模式引导到基础研发模式这条科技创新道路上来。

三、推进医疗器械产业创新生态链日趋完善

医疗器械行业下细分领域众多,大体可划分为高值医用耗材、低值医用耗材、医疗设备、体外诊断(IVD)四大类。其中,体外诊断又包括生化诊断、免疫诊断、分子诊断、即时检验(POCT)。近年来,医疗器械行业下各细分领域都处在市场规模稳健增长的状态中。据全球知名医疗市场信息数据咨询公司Evaluate预计,2022年全球医疗器械总市场规模将达到5 220亿美元。

截至目前,科创板的医疗器械企业中,医用耗材企业有心脉医疗(心血管支架)、佰仁医疗(生物瓣膜、肺动脉带瓣管道等)等,医疗设备领域企业有南微医学(内镜下微创诊疗器械)、安翰科技(磁控胶囊胃镜系统)等,IVD领域企业有浩欧博(过敏原检测)等,企业产品所处领域覆盖面较散。心脉医疗成功开发国内唯一的术中心血管支架,安翰科技的磁控胶囊胃镜是全球首个通过CFDA(国家食品药品监督管理总局)批准的产品,浩欧博的过敏原检测试剂已经打破了外国企业在国内的市场垄断。

过去几年,我国医疗器械行业规模和技术水平增长很快。据中国药品监督管理研究会预计,到2020年我国医疗器械的年销售总额预计将超过7 000亿元人民币。但是,从整体发展情况来看,我国医疗器械企业还存在平均规模较小、原始创新能力较弱、高端产品质量技术水平与发达国家仍有差距等问题。不过,可以预见的是,我国高端医疗器械时代大幕即将拉开,随着大批医疗器械企业登录科创板,产业创新生态链将在科创板的驱动下更加趋于完善。高端医疗器械将是未来10年国内市场最为核心的投资主线之一。

四、支撑智能制造关键核心技术攻关

改革开放40年以来,中国正从"制造大国"走向"制造强国",经历着从低端劳动密集型的"世界工厂"转型为全球资源配置的"世界市场"的必经之路。高端装备是现代产业体系的脊梁,而智能制造更是高端装备产业重要细分领域之一。据美国市场调查与咨询公司MarketsandMarkets预测,全球2018年智能制造市场达到1 707.8亿美元,到2023年这一数据将增至2 991.9亿美元,年复合

增长率为11.9%,其中包括中国在内的亚太市场在全球范围内以最高的年复合增长率增长。

科创板智能制造相关企业,主要分布于系统集成板块、本体制造板块和核心零部件板块三大板块。核心零部件成本占智能制造装备总成本约70%,是智能制造产业链中的核心部分,但由于技术壁垒较高,"卡脖子"现象较为严重,是我国相对薄弱的环节。柏楚电子是国内中功率激光切割控制系统的龙头供应商,但在高功率激光切割系统方面,由于国内发展较晚,基本被国外企业垄断,亟须技术突破。

当前国内智能制造企业普遍面临的困难,一是技术壁垒高,二是研发成本大,三是融资难度大,四是转型需求强烈。科创板有望从提高融资效率、帮助企业攻克技术壁垒、促进企业产业化落地三方面解决四大难题。创新作为当前"中国制造2025"核心驱动,资本的力量也将推动智能制造产业突破关键核心技术、填补国产化空白,科创板无疑将在其中发挥重要作用。

五、催生先进化工新材料"隐形冠军"

材料是人类文明发展的基础,产业经济的一次次技术革新背后往往都是革命性新材料的发明。伴随着我国新材料产业和化工产业的发展,先进化工新材料正受到越来越多的关注。当前时期,先进化工新材料主要包括工程塑料、高性能纤维、功能性膜材料、电子化学品等。据统计,2010年我国新材料产业规模约为0.65万亿元人民币,2017年时我国新材料产业规模约提升至3.1万亿元人民币,到2025年预计将达到10万亿元人民币规模。其中,先进化工新材料产业结构占比约24%,新材料产业市场呈现稳步增长的态势。

市场规模的持续增长之下,折射出的是我国先进化工新材料的发展困局。我国市场规模虽大,但在技术水平方面仍与发达国家存在较大差距,大多处于低端价值链。根据2018年工业和信息化部对全国30多家大型企业130多种关键基础材料调研结果显示,32%的关键材料在中国处于空白状态,52%的关键材料目前依赖进口。例如,高端碳纤维、锂电池高分子隔膜等先进化工新材料或处于空白状态或完全依赖进口。

科创板的出现有望打破困局。当前,已有先进化工新材料企业脱颖而出。安集科技是目前国内集成电路抛光液龙头企业,生产的CMP抛光液14纳米产品已经进入客户认证阶段,7~10纳米产品正在研发中,打破了国外厂商对集成电路领域化学机械抛光液的垄断,有望实现进口替代。天奈科技是目前国内最大的碳纳米管材料生产企业之一,生产的碳纳米管材料核心指标处于行业领先水平,主要应用于锂电池导电浆料。可以预见,在这些细分行业中,科创板将加速吸收、培育国内"小而美"的隐形冠军,打破国外垄断。

(案例来源:http://www.ceconline.com/it/ma/8800100920/01/?_ga=2.63761071.1466080770.1624701974-1525835871.1624701974)

【创业语录】

创新决定我们能飞得多高,而品质决定我们能走多远。

——雷军

巩固与训练

一、小王是位大四的学生,自2020年5月起开始有了创业的想法,他考察了许多创业项目,对其中代收代发邮件业务感兴趣。在这个项目中前期,规划的每月资金支出包括:房租600元,雇佣一个同学500元,材料费用50元,水电通信费100元,还要购买一辆电动车1800元,而每代收一件1元钱,代发一件1元。

要求：

1. 小王所考虑的前期费用支出是否全面？
2. 帮小王算一下，一个月的业务量达到多少才能保本？
3. 对于后期的发展你有什么想法？

二、某企业现着手编制 2020 年 6 月份的现金收支计划。预计 2020 年 6 月初现金余额为 8 000 元；月初应收账款 4 000 元，预计月内可收回 80%；本月销货 50 000 元，预计月内收款比例为 50%；本月采购材料 8 000 元，预计月内付款 70%；月初应付账款余额 5 000 元需在月内全部付清；月内以现金支付工资 8 400 元；本月制造费用等间接费用付现 16 000 元；其他经营性现金支出 900 元；购买设备支付现金 10 000 元。企业现金不足时，可向银行借款，借款金额为 1 000 元的倍数；现金多余时可购买有价证券。要求月末现金余额不低于 5 000 元。

要求：

1. 计算经营现金收入。
2. 计算经营现金支出。
3. 计算现金余缺。

三、某工业企业现为小规模纳税人。年应税销售额为 60 万元（不含税），会计核算制度也比较健全，符合作为一般纳税人的条件，适用 13% 增值税税率，但该公司可抵扣的购进项目金额只有 20 万元（不含税）。

要求：

1. 若企业申请认定为一般纳税人，则企业应纳增值税税额为多少？
2. 若企业仍作为小规模纳税人，则企业应纳增值税税额为多少？
3. 如果你是创业者，你会怎么做？

第九章

创业初期的客户管理

学习目标

知识目标：熟知提升客户满意度策略、企业的差别化经营策略、提升客户满意度的策略，以及如何通过上述策略达到留住客户的目标。

技能目标：掌握创业企业提升客户满意度、挽回流失客户的方法和技巧。

态度目标：始终保持乐观积极的创业态度。

第一节 以客户为中心的公司才能获得成功

学习提示

本节阐述了客户对企业效益的重要性，讲述了提高客户忠诚度和留住客户的方法。目的是使学生明白，不论多么好的产品和服务，如果没有客户的购买，也不能给企业带来利润，有助于学生理解"顾客是上帝"的经营真谛。

要想获得良好的公司效益，只有为客户提供可以满足客户某种需要的产品、为公司的目标客户提供优质服务这一条捷径。

一、吸引客户不是某一个部门的事

很多公司认为吸引客户是营销人员的事和广告的作用，事实上，在公司吸引和留住客户的工作中，营销和广告仅占其中的一部分。即使是最优秀的营销人员也无法销售劣质、无人需要的产品，即使是广告投入再多，也无法把顾客感到无用的产品推广出去。所以，只有公司上下从产品质量、售后服务、公司文化以及公司形象上都高度重视，才会带来顾客的满意和良好的口碑。

如果能够将资源进行有效的组合，就能创造出很好的盈利模式，没钱照样做大生意。那么怎样才能运用好这种盈利模式呢？

关键在于把握好以下两点：

(1) 推出的产品或服务必须有社会需求。

(2) 分析全局，对资源进行最佳的配比，尽管闲置的资源很多，但并不都是我们所需要的。

必须营造共赢的局面，让所有的合作者都能获利。这一点至关重要。既然要借别人的资源，就必须让所有的参与者、合作方面都能获得利益；否则，就不可能说服别人和你合作，将自己的资源和你共享。

二、客户忠诚度的衡量

客户对某品牌的忠诚度,可以通过以下指标来衡量:

(一)客户重复购买的次数

客户重复购买的次数是指在一定时期内,客户重复购买某种品牌产品的次数。客户对某品牌产品重复购买的次数越多,说明对这一品牌的忠诚度越高,反之则越低。企业一般将忠诚客户量化为连续3次或4次以上的购买行为,但现实中,不同消费领域、不同消费项目有很大差别,因此不能一概而论。

(二)客户购买费用的多少

客户对某一品牌支付的费用与购买同类产品支付的费用总额的比值如果高,即客户购买该品牌的比重大,则说明客户对此品牌的忠诚度高;反之则低。

(三)客户对价格的敏感程度

客户对价格都是非常重视的,但这并不意味着客户对价格变动的敏感程度相同。事实表明,对于喜爱和信赖的产品或者服务,客户对其价格变动的承受能力强,即敏感度低。而对于不喜爱和不信赖的产品或者服务,客户对其价格变动的承受力弱,即敏感度高。因此,可以依据客户对价格的敏感程度来衡量客户对某品牌的忠诚度。对价格的敏感程度高,说明客户对该品牌的忠诚度低。对价格的敏感程度低,说明客户对该品牌的忠诚度高。

(四)客户挑选时间的长短

客户购买都要经过对产品的挑选,但由于信赖程度的差异,对不同品牌的挑选时间是不同的。通常,客户挑选时间越短,说明他对该品牌的忠诚度越高;反之,则说明他对该品牌的忠诚度越低。

(五)客户对竞争品牌的态度

一般来说,对某种品牌忠诚度高的客户会自觉地排斥其他品牌的产品或服务。因此,如果客户对竞争品牌的产品或服务有兴趣并有好感,那么就表明他对该品牌的忠诚度较低;反之,则说明他对该品牌的忠诚度较高。

(六)客户对产品质量的承受能力

任何服务或产品都有可能出现各种质量问题,当出现质量问题时,他们会采取宽容、谅解和协商解决的态度,不会由此而失去对它的偏好。相反,如果客户对品牌的忠诚度较低,当出现质量问题时,他们会深感自己的正当权益被侵犯了,从而会产生强烈的不满,甚至会通过法律方式进行索赔。当然,运用这一指标时,要注意区别事故的性质,即是严重事故还是一般事故,是经常发生的事故还是偶然发生的事故。

三、实现客户忠诚的策略

(一)努力实现客户满意

客户越满意,忠诚的可能性就越大,而且只有最高等级的满意度才能实现最高等级的忠诚度。可见,企业应当追求让客户满意,甚至完全满意。

> 创业小案例

滴滴出行体验服务发展平台

滴滴于2012年9月14日成立了专门聚焦用户体验、以"通过专业和温暖的服务,让出行更美好"为使命的体验服务发展平台(Experience & Service Excellence,"ESE"),以"成就最佳体验服务中心"为愿景,"崇尚用户导向、服务一线,崇尚坦诚透明、高效沟通,崇尚成就团队、自我进化"。

目前,体验服务发展平台共有38个职场,其中包含6大自建职场、21个合作伙伴职场以及11个海外职场。为了适应多品类业务快速发展的业务环境,ESE通过重塑组织阵型,将服务方案、交付运营、能力中台、体验管理进行了专业化分工,实现了专业深度的业务宽度的灵活适配,实现了用户客观评价解决率大幅提升,员工满意度同步持续提升,体验管理形成体系化的多赢结果。同时高价值服务、电话销售、服务销售能力也得到了快速的孵化和价值实现。在实现用户价值,协同业务发展,拓宽员工成长空间维度实现了多重收获。ESE致力于优化体验,并成立了物品遗失专门项目组,不断升级遗失物品找回系统功能,据统计,截至2019年物品遗失团队共获得锦旗24面,表扬297例,帮助找回遗失物品数达到112万件,预估全年为用户挽回直接经济损失约合人民币4.5亿元。

(案例来源:https://www.360kuai.com/pc/915be0eea6485552e? cota=4&kuai_so=1&tj_url=so_rec&sign=360_7bc3b157)

(二) 奖励客户的忠诚

我们知道,想要让某人做某事,如果能够让他从做这件事中得到好处,那么,他自然就会积极主动地去做这件事,而用不着别人引导或监督。同样的道理,企业想要赢得客户忠诚,就要对忠诚客户进行奖励,奖励的目的就是要让客户从忠诚中受益,让三心二意者得到鞭策,让客户因流失付出代价,从而使客户在利益驱动下维护忠诚。

奖励客户需要注意的问题:

(1) 客户是否重视本企业的奖励。如果客户对奖励抱着无所谓的态度,那么企业就不必花"冤枉钱"。

(2) 不搞平均主义,要按贡献大小区别奖励。

(3) 奖励是否有效。奖励效果一般由现金价值、可选择的奖品类别、客户渴望的价值、奖励方法是否恰当、领取奖励是否方便等因素决定。

(4) 不孤注一掷,要细水长流。也就是要注重为客户提供长期利益,因为一次性促销活动并不能产生客户的忠诚,而且还浪费了大量的财力,即使促销有效,竞争者也会仿效跟进。因此,企业要考虑自己是否有能力对客户持续进行奖励,能否承受奖励成本不断上升的压力,否则,就会出现尴尬的局面——坚持下去,成本太高;取消奖励,企业信誉受影响。

(三) 增加客户对企业的信任与感情

1. 增加客户对企业的信任

一系列的客户满意产生客户信任,长期的客户信任形成客户忠诚。企业要建立高水平的客户忠诚还必须把焦点放在赢客户信任上而不仅是客户满意上,并且要持续不断地增强客户对企业的信任,这样才能获得客户对企业的永久忠诚。那么,企业如何才能增加客户的信任呢?

第一,要牢牢树立"客户至上"的观念,想客户所想,急客户所急,解客户所难,帮客户所需,所提供的产品与服务确实能够满足客户需要。

第二,要提供广泛并值得信赖的信息(包括广告),当客户认识到这些信息是值得信赖并可接受的时候,企业和客户之间的信任就会逐步产生并得到强化。

第三,要重视客户可能遇到的风险,然后有针对性地提出保证或承诺,并切实履行,以减少他们的顾虑,从而赢得他们的信任。

第四,要尊重客户的隐私权,使客户有安全感,进而产生信赖感。

第五,要认真处理客户投诉,如果企业能够及时、妥善地处理客户的投诉,就能够赢得客户的信任。

2. 增强客户对企业的感情

建立客户忠诚说到底就是赢得客户的心,联邦快递的创始人弗莱德·史密斯有一句名言:"想称霸市场,首先要让客户的心跟着你走,然后才能让客户的腰包跟着你走。"那么,如何增强客户对企业的情感牵挂呢?

第一,积极沟通,密切交往。

企业应当积极地与客户进行定期或不定期的沟通,进行拜访或者经常性的电话问候,了解他们的想法和意见,并邀请他们参与到企业的各项决策中,让客户觉得自己很受重视。在客户的重要日子(如生日、结婚纪念日、职务升迁、乔迁之喜、子女上大学、厂庆日等),采取恰当的方式予以祝贺,如寄节日卡、赠送鲜花或礼品等,让客户感觉到企业实实在在的关怀就在身边。

第二,超越期待,雪中送炭。

生活中我们常说"将心比心,以心换心",企业与客户之间特别需要这种理解与关心,当企业对处于围困之中的客户"雪中送炭",那么,很可能为自己培养了未来的忠诚客户。

1986年华为刚刚成立,任正非带领团队做业务,他提出要努力让客户感动,把客户当亲人,帮客户搬煤气罐、帮客户练车、接送孩子、做家政服务,把客户的事当自己的事来做,使客户觉得自己得到了特殊的关心。

(四)提高客户的转换成本

一般来讲,如果客户在更换品牌或企业时感到转换成本太高,或者客户原来所获得的利益会因为更换品牌或企业而损失,或者将面临新的风险和负担,就可以加强客户的忠诚。

例如,软件企业一开始为客户提供有效的服务支持,包括提供免费软件、免费维修保养及事故处理等,并帮助客户学习如何正确地使用软件。那么,一段时间以后,客户学习软件使用所花费的时间、精力将会成为一种转换成本,使客户在别的选择不能体现明显的优越性时自愿重复使用,成为忠诚客户,而不会轻易转换。

(五)建立客户组织

建立客户组织可使企业与客户的关系更加正式化、稳固化,使客户感到自己有价值、受欢迎、被重视,从而使客户产生归属感,因而有利于企业与客户建立超出交易关系之外的情感关系。

例如,上海华联商厦对持有"会员卡"的客户在商厦购物可享受一定的折扣,并根据消费的金额自动累计积分;会员还可以通过电话订购商厦的各种产品,不论大小,市区内全部免费送货上门,对电视机、音响等产品免费上门进行调试,礼品实行免费包扎;商厦还注意倾听会员的意见和建议,不定期地向会员提供产品信息和市场动态等各种资料,会员生日还能收到商厦的祝福贺卡及小礼物。

(六) 加强业务联系,提高不可替代性

加强业务联系是指企业渗透到客户的业务中间,双方形成战略联盟与紧密合作的关系。我们知道,婚姻的稳定单靠"满意"是不够的,因为人们对"满意"的追求往往是无止境的,谁也不能保证自己是最美、最帅、最年轻、最好的,要防止见异思迁、朝三暮四,还要靠感情、靠责任、靠纽带。为什么三口之家比两口之家稳定?因为夫妻双方有了共同的骨肉和牵挂,彼此要分手就相对而言不容易了。同理,企业要想办法与客户建立深层的联系,如通过交叉持股或者双方共同成立合资企业、合伙企业或合作企业等形式,建立双方共同的利益纽带,你中有我,我中有你,这样彼此就不容易分开了。

个性化的产品或者服务是客户发展到一定程度时的必然要求。一个企业如果不能满足客户的这种需求,将始终无法成为客户心中最好的企业,也就无法成为客户唯一的、持久的选择。因此,企业如果能够为客户提供独特的、不可替代的产品或者服务,如提供个性化的信息、个性化的售后服务和个性化的技术支持,甚至个性化的全面解决方案,就能够成功地与竞争对手的产品和服务相区分,就能够形成不可替代的优势,增加客户对企业的依赖性,从而达到增进客户忠诚的目的。

创业小案例

华为发布多项行业应用解决方案 助力千行百业数字化升级

2020华为全联接大会在上海开幕,华为消费者业务云服务总裁张平安介绍了华为HMS生态的全面开放能力及其赋能金融、政务、教育、企业、文旅、商业等领域的数字化创新实践。张平安表示:"华为面向行业伙伴,持续开放HMS的软硬件和云端能力,赋能千行百业加速向智能数字化迈进,让创新数字服务为更多消费者带来全新的智慧生活体验。"

HMS是华为终端云服务(全称"Huawei Mobile Services",简称"HMS"),是华为云服务的合集,包含华为账号、应用内支付、华为推送服务、华为云盘服务、搜索引擎、地图、快应用等服务。

华为HMS生态全面开放领先的软硬件能力和云端能力,携手行业合作伙伴持续创新数字服务体验,使能金融、政务、教育、企业、文旅等领域加速数字化进程,让创新数字服务普惠更多人。

(案例来源:http://it.people.com.cn/n1/2020/0923/c1009-31872245.html)

暖心住宿从"粥到"开始

亚朵旗下300多家酒店倾情推出"粥到"暖心夜宵服务计划,亚朵会员只需预订酒店客房,即可在餐厅免费享用一份暖心暖胃粥。亚朵还特别提示,铂金会员用户原有的专属夜宵权益和该服务并不冲突,依然可以享受由伙伴送至房间的美味宵夜。面向新中产和商旅人群,亚朵把酒店用户的需求分成五个层次:安全卫生、优质睡眠、友善、趣味、社群。通过理解用户,洞察用户需求,亚朵为用户提供了一种真实且精心准备的入住体验。从"粥到"暖心夜宵服务计划就可以窥见一斑,人文阅读、属地摄影、IP人气酒店、亚朵生活节等产品更是不胜枚举。

(案例来源:https://tech.sina.com.cn/roll/2020-03-16/doc-iimxxstf9435013.shtml)

浦发银行宁波分行推出"e路e贷"综合金融服务方案,该方案全面整合离在岸、自贸区、境内外多元化平台优势，以数字化、生态化服务理念，精准定位、量身施策，重点为中东欧商品采购联盟提供10亿元优先授信额度，涵盖跨境贸易融资、海外代付、1＋N供应链等30余类融资产品，以及国际结算、跨境人民币、远期结售汇等20余项结算性工具，围绕企业需求，配套全方位个性化服务。

云闪付银联商务"小帮手"不仅提供支付和收银服务，对于资金不足的摊主银联商务通过旗下贷款平台为摊主最高提供30万启动资金贷款，进一步解决启动资金难等问题，积极助力释放经济活力。

此外，企业还可以通过技术专利与对手拉开差距，构筑防止竞争者进入的壁垒，从而使自己成为不可替代的，那么就可以降低客户的"跳槽率"，实现客户的忠诚。

例如，微软公司就是凭借其功能强大的Windows系列产品，几乎垄断了PC操作系统软件市场，而功能实用、性能良好的AutoCAD在计算机辅助设计领域占有很高的市场份额，它们都是凭借不可替代的产品或者服务赢得了客户的忠诚。

（七）加强员工管理

企业应该通过提升员工的满意度和忠诚度来提升客户的满意度和忠诚度，同时，通过制度避免员工流动造成客户的流失。企业通过寻找优秀的员工、加强对员工的培训、给员工以授权、建立有效的激励制度、尊重员工、不轻易更换为客户服务的员工等方法，通过培养员工的忠诚实现客户的忠诚。通过轮换制度、以客户服务小组代替单兵作战、客户数据库在企业内部实现客户资源共享等制度，避免员工的流失造成客户的流失。

（八）以自己的忠诚换取客户的忠诚

企业不应当忽视自己对客户的忠诚，而应当以自己的忠诚换取客户的忠诚。

> **创业小案例**
>
> **联想王忠：打造"标准化＋个性化"解决方案 助力中小企业智慧化转型**
>
> 联想集团副总裁、中小企业事业部总经理王忠在接受人民网访谈时表示，疫情叠加智能变革浪潮，正加速智能化时代的到来，智能化转型升级成为企业降本增效的迫切需求。
>
> 据IDC调查结果显示：受到全球新冠肺炎疫情影响，73%的组织将重新评估当前的数字化转型项目，以提高效率和投资回报率。60%的受访者表示，他们将专注于新的业务和运营模式。
>
> "其实'不想'已是少数派。"王忠表示，在疫情的催化下，大多数企业都已意识到智能化可以有效助力企业达成降本、增效、提质的目标。
>
> 但中小企业在数字化转型中仍面临不少难点、痛点。王忠表示，数字化、智能化转型涵盖了营销、IT、人力、财务等多个范畴，而中小企业往往在这些方面经验不足。其中，中小企业在设备故障解决、安装部署、回收等IT服务方面的能力缺乏，成为其进行数字化转型时面临的核心痛点问题。
>
> 据王忠介绍，联想中国在2017年制定了"日出东方"战略，以"联想 智慧中国"为愿景，通过建立直达客户的业务模式，把联想的业务从PC扩展到全线智能产品和智慧服务，赋能和推动行业和企业智能化转型。
>
> 针对中小企业需求，联想基于智能化转型的实践与经验，打造了一系列针对核心应用场景的标准化方案。在此基础上，联想还能够依据行业特性和企业实际需求，提供个性化服务方案，实现解决方案在"硬件＋软件＋服务"的全链路覆盖，助力中小企业建立数字化新商业模式。

"以联想thinkplus智能会议系统为例,该系统针对新商务人士及企业用户的办公、商旅、生活三大场景设计,以联想大智慧屏为核心,辅以智能物联网设备及周边选件,打造涵盖智能会议、党政、医疗、金融等行业领域智能化、场景化的Smart Work解决方案。"王忠介绍道。

而针对成本的担忧,联想面向中小企业、政企用户推出"七免计划""智慧赋能计划"等措施,通过服务免费体验、硬件分时租赁的举措帮助控制数字化转型初期的成本投入。

据介绍,联想基于自身经验积累,已为超过100个品牌的通信和IT设备提供维修保养、数据拯救等服务,帮助实现智能化转型。数据显示,当前联想已累计管理超过1 350万台PC设备、400万台服务器,联想桌面运维服务连续五年在中国市场占有率排名第一。

"生存和发展,是中小企业关注的核心话题,智能化转型则为中小企业'降本增效'提供了可行的路径。希望这些举措可以切实解决中小企业客户面临的核心痛点问题,支持他们快速发展。"王忠表示。

(案例来源:http://www.ciia.org.cn/news/12630.cshtml)

首旅如家面向1.2亿会员推出"五大特权",升级会员权益

首旅如家"家宾会"宣布全新升级,推出"基础权益、成长特权、商旅特权、亲子特权、休闲特权"五类会员权益,并结合旗下1 000多家中高端酒店、3 000多家商旅型酒店,在不同酒店品牌的特色服务基础上,打造相应的会员特权体验。

首旅如家表示,即日起至9月30日,在首旅如家旗下酒店购卡入会,即可在首旅如家官方APP领取全新特权礼包,还有购卡得礼、多住多享活动,最高可得价值699元超值礼包。客人在门店新购金卡可获得一次门市价8折入住的权益,新购银卡可获得一次门市价85折入住的权益。活动期间,会员完成入住,离店时将获得折上88折优惠券;打卡入住多个品牌,还可获得延迟退房券、高级房型门市价7折券、夜床服务券、房型升级。

"基础权益"主要为"权益体验券",作为本次升级的创新概念,体验券致力于将一些权益及体验"券化",会员可以通过会员升级、每月领取、小积分兑换、活动等方式获得体验券,在入住时使用可以享受额外权益和增值服务。通过这种方式,会员可以体验到超越其自身会员等级的新鲜权益,拓展会员权益的广度范围。

首旅如家用"成长特权"回馈忠粉会籍的每一次"成长"。会员购卡绑定身份证后,便可享有等级升级、生日礼遇、入会周年纪念礼等权益,若邀请亲友入会,受邀请人完成首次本人本卡入住后,也能得到相应的特权奖励。基于对商旅生活的洞察,首旅如家推出"商旅权益",为商旅会员提供便捷服务。该权益内容包括衬衣干洗,为商旅人群提供衬衣干洗与熨烫服务;自助洗衣,便捷的洗衣服务,还可挂烫、刷鞋;商务打印,可在酒店免费享受20张A4纸打印服务;门市价积分加速,钻石会员如果按门市价预订,可享受15倍积分(基础积分1.8倍)。

针对消费潜力巨大又最需要品质、贴心服务的家庭客群,首旅如家为其定制"亲子特权"。其亮点包括亲子乐趣体验,酒店会为携带儿童入住的会员提供儿童拖鞋、儿童餐具、小玩具等儿童用品;儿童出行设施租赁;家庭房加床,入住如家小镇和建国铂萃酒店的家庭房,可免费享加床服务;生日入住礼遇,为亲子和家庭入住提供生日小蛋糕。

另外,针对年轻活力的中青年客人,首旅如家根据年轻群体喜爱社交、追求潮玩的特点,推出"休闲特权",亮点包括入住高星酒店(建国饭店、建国铂萃酒店、京伦饭店、首旅南苑酒店、逸扉酒店)、YUNIK HOTEL、如家小镇等,可以享受免费鸡尾酒或下午茶;入住YUNIK HOTEL能在公区免费参与鸡尾酒或咖啡调制课程,免费观影,参与剧本杀、陶艺制作等活动。还有几百家门

店提供最"IN"游戏的特权专享,包括王者荣耀皮肤、铭文、登陆礼包以及和平精英炫酷外观、金币等。

(案例来源:https://www.bjnews.com.cn/detail/159885828315885.html)

公司的品牌是需要满意的顾客的口头传播来传递的,每一个获得满意服务的顾客,或者对产品感到满意的顾客,都有可能成为你的忠诚顾客,也可能给你带来更多的新顾客。因此,树立品牌,要从服务入手。

四、留住老顾客的必要性

维护好你现有的客户,未来会带给你的利益远远大于第一次。转介绍的客户会有80%的成交率,其开发成本是新客户开发成本的20%。

(一)留住老顾客的重要性和必要性

美国西北大学教授、当代市场学权威菲利浦·科特勒的研究结论:

- 获取一个新顾客的成本是留住一个老顾客的5倍。
- 公司每年老顾客的流失率为10%。
- 一个公司如果将其老顾客的流失率降低5%,就可以提高25%~85%的利润。
- 转换一个竞争对手的满意顾客,需要付出大量的努力。

(二)避免老顾客流失的方法

1. 建立累计消费优惠制度

累计消费优惠制度,即顾客消费达到某个程度就可以享受某种折扣。有的顾客为了不放弃这块价值,就不太愿意离开这个品牌。

2. 提高顾客满意度

如果你的服务让你的顾客足够满意,那么,就算你的竞争对手用低价或者其他小手段,也很难拉走你的顾客。

🎯 **创业小案例**

三亚艾迪逊酒店创新推出线上瑜伽课

三亚艾迪逊酒店以拥有超过330米海岸线和天然海滩,以及超过75%的绿化率受众多游客推崇。疫情期间艾迪逊酒店推出价值3 088元,现价1 888元的活动套餐,预订及入住有效期均截至2020年6月30日。套餐内容包括观海客房一晚;早餐及午餐或晚餐(含两个成人和一位6岁以下儿童);三亚凤凰机场专车接机或送机;三亚国际免税城专车接送服务;家庭活动如"专列"小火车、"私人"海洋水上运动等。

(案例来源:https://www.thepaper.cn/newsDetail_forward_6772836)

第二节 企业的差别化经营

📖 **学习提示**

使学生明白差异化经营是企业避免同质化竞争的有效策略,理解只有创新和差异化经营才可以真正提升企业的竞争力。

一、差别化竞争经营实例

通常那些成功的公司与一般公司的区别,就在于他们往往更注重培养公司的核心竞争力,核心竞争力通常表现在以下方面。

(一) 具有一种竞争优势的资源

如拥有特殊技术的领域和产品专利,这些决定企业的差别化能力,例如耐克公司具有在运动鞋设计和销售的优势。

(二) 竞争者模仿难度很大

如微软公司的企业文化,很大程度上与比尔·盖茨的个人风格有关。

> **创业小案例**
>
> ### 差异化营销,塑造农夫山泉的千亿帝国
>
> 在农夫山泉进入市场之前,我国瓶装水市场的竞争就已经异常激烈。在这一背景下,作为新进入者,农夫山泉没有盲目地加入战团,而是冷静地分析市场环境,最终将产品质量的差异化作为战胜对手的法宝。作为天然水,农夫山泉有着得天独厚的优势,那就是水源。农夫山泉坐拥国家一级水资源保护区——千岛湖,水源取自千岛湖水面以下 70 米 pH 最适宜的那一层,在水质上,国内竞争产品无出其右。另外,农夫山泉还别出心裁地喊出"有点甜"的口号,使自身显得更加独特,更为符合差异化策略。
>
> 首先,在产品名称上,农夫山泉给人以独特的感受。"农夫"二字能够让人联想到淳朴、敦厚、实在等,"山泉"则给人以源于自然、远离工业污染的感觉。这也迎合了都市人时下渴望回归自然的潮流。为突出千岛湖背景,农夫山泉在红色的瓶上标出千岛湖的风景照片,一下子便将自身与竞争产品的差异性显现出来,无形中彰显了自己的纯净特色。此外,鲜红的商标更是在摆上货架的同时就能立即抓住众人的目光。
>
> 在产品包装上,农夫山泉也努力做到与众不同。它率先使用了4升包装的饮用水瓶,给人以水、油同价的感觉,在消费者心中留下了农夫山泉比一般饮用水更高档的印象。农夫山泉又有了运动型的包装,"运动瓶盖"是这种包装的最大亮点,它被设计成能够直接拉起,而不是以往的旋转开启方式,这在当时也是独一无二的。
>
> 在产品定价上,农夫山泉没有随大流选择1元左右的价位,而是一开始就定位为高质高价。即便是价格战愈演愈烈,农夫山泉的价格依然高居不下,运动型包装的单价为2.5元,普通包装的单价为1.8元。这相当于同类产品价格的两倍,从而成功地在消费者心目中树立了高品质、高档次、高品位的"健康水"品牌形象。
>
> 差异化的策略和战略在农夫山泉短短几年的成长过程中起到了至关重要的作用,相信没有上述差异化的策略,也不会有农夫山泉今天的地位。
>
> (案例来源:https://xw.qq.com/partner/sxs/20210225A0ENNW/20210225A0ENNW00?ADTAG=sxs)

二、坚定不移地致力于打造企业的核心竞争力

创业者必须致力于公司在始终如一地发展一个核心理念,而且绝不动摇。

> 创业小案例

"始于产品,归于产品" 巴奴的产品主义胜利法

2021年巴奴20岁了。20年,巴奴一直坚持产品主义,并不断颠覆、死磕自己,走遍世界寻找优质食材。如果有的选就选更好的,没的选就造更好的。巴奴的"产品主义"不仅仅是产品的聚焦,它更是以产品为中心,重构产品与服务、店面体验、营销系统等的复合"生态系统"。

围绕这一点,巴奴将门店打造成产品主义落地的体验场。顾客进店会看到巴奴对食材的极致追求,等位区会展示陈列食材摊位,服务员奉行适度的服务原则,并会在上菜期间介绍巴奴最核心的产品"毛肚和菌汤"来建立顾客对巴奴的认知。除了前端的店面,巴奴还建立了属于自己的中央厨房。他们通过不断地寻找优质的食材供应商,解决各种供应商的不可控性。为保证产品的优质与放心,自己收购关键的供应厂商。

同样,适度的服务,也是"产品主义"的表现。巴奴提倡40℃恰到好处、不过度的服务,也受到重视私密或者怕被打扰的粉丝们的拥护。用机器人上菜,避免尴聊,但桌边服务员会时刻关注照顾用餐者的需求。

正如巴奴创始人杜中兵所说,顾客才是真正的高手:"永远记住一点,顾客自动自发找你玩,愿意给你付钱的理由,就是你的核心竞争力。"

(案例来源:https://3g.163.com/news/article/GCG7MMPA0542WBLW.html)

胖东来:称霸一个四线城市的"零售界海底捞"

于东来称,建立在"自由和爱"土壤上的标准化体系是胖东来最核心的竞争力。他的理念是,顾客是他最重要的资产,既包含外部顾客消费者,也包含内部顾客员工,"老板只有服务好内部顾客,(他们)才能对外部顾客服务得尽善尽美"。在胖东来生活广场开业初期,于东来为了犒赏员工,让他们随意品尝货架上售卖的商品。这样的做法通常被认为是毫无商品盘点的概念,会搞乱库存。一般来说,在超市创办初期,内盗大于外盗。于东来对员工好,反而减少了超市的内盗问题。员工也享有相对畅通的晋升空间。2015年后,胖东来开始实行"弱总部强门店"的经营策略,将权力下放至门店。于东来也多次在会议上强调,管理层要学会放权,信任下属,员工的晋升通道也不设限。在所有服务里,最受消费者欢迎的还是胖东来几十年如一日的"无理由退换货"。如果消费者发现想要的商品没有,可以填写"缺货登记表",要求进货。于东来曾讲过,最远的一件单品是飞机空运回来的,这样做虽然赔钱,但他不想让顾客失望。胖东来实行"三三三"的分配机制:每年的利润,30%用于社会捐献,30%用于下一年的垫付成本,剩下的30%按照级别分给所有员工。

(案例来源:http://www.infzm.com/contents/205901)

第三节 提升客户满意度

> **学习提示**
>
> 本节介绍了客户满意度的衡量指标以及如何提升客户满意度的策略,可以使学生理解"企业的经营策略和做法,都是为了客户满意",其根源是为了企业的生存。

客户满意是客户得到满足后的一种心理反应,是客户对产品和服务的特征或产品本身满足自己需要的程度的一种判断,判断的标准是看这种产品或服务满足客户需求的程度。换句话说,客户满意是客户对所接受的产品或服务过程进行评估,以判断是否能达到他们所期望的程度。

总的来说,客户满意是一种心理活动,是客户的需求被满足后形成的愉悦感或状态,当客户的感知没有达到期望时,客户就会不满、失望;当感知与期望一致时,客户是满意的;当感知超出期望时,客户就感到"物超所值",就会很满意。

一、客户满意度的衡量

客户满意度是指客户满意程度的高低,衡量客户满意度一般可以从下面几个指标来反映:

(一) 美誉度

美誉度是客户对企业或产品或者品牌的褒扬程度,借助美誉度,可以知道客户对企业或品牌所提供的产品或服务的满意状况。一般来说,持褒扬态度、愿意向他人推荐企业及其产品或者服务的,肯定对企业提供的产品或服务是非常满意或者满意的。

(二) 指明度

指明度是客户指明消费者购买某企业或某品牌的产品或服务的程度。如果客户在消费或者购买过程中放弃其他选择而指明购买、非此不买,表明客户对这种品牌的产品或服务是非常满意的。

(三) 回头率

回头率是客户消费了某企业或某品牌的产品或服务之后,愿意再次消费的次数。客户是否继续购买某企业或某品牌的产品或者服务,是衡量客户满意度的主要指标。如果客户不再购买该企业或该品牌的产品或服务而改购其他品牌的产品或服务,无疑表明客户对该企业或该品牌的产品或服务很可能是不满意的。调查表明,如果一个网站不能够吸引人,那么75%的客户不会访问第二次。在一定时期内,客户对产品或服务的重复购买次数越多,说明客户的满意度越高,反之则越低。

(四) 投诉率

客户的投诉是不满意的具体表现,投诉率是指客户在购买或者消费了某企业或某品牌的产品或服务之后所产生投诉的比例,客户投诉率越高,表明客户越不满意。但是,这里的投诉率不仅指客户直接表现出来的显性投诉,还包括存在于客户心底未予倾诉的隐性投诉。研究表明,客户每四次购买中会有一次不满意,而只有5%的不满意客户会投诉,另外95%的不投诉客户只会默默地转向其他企业。所以,不能单纯以显性投诉来衡量客户的满意度,企业要全面了解投诉率还必须主动、直接征询客户,这样才能发现可能存在的隐性投诉。客户对某企业或某品牌的产品或服务出现事故承受能力,也可以反映客户对某企业或某品牌的满意度。当产品或服务出现事故时,客户如果能表现出容忍的态度(既不投诉,也不流失),那么表明客户对该企业或该品牌肯定不是一般的满意。

(五) 购买额

购买额是指客户购买某企业或某品牌的产品或者服务的金额多少。一般而言,客户对某企业或某品牌的购买额越大,表明客户对该企业或该品牌的满意度越高;反之,则表明客户的满意度越低。

(六) 对价格的敏感度

客户对某企业或某品牌的产品或服务的价格敏感度或承受能力,也可以反映客户对某企业或某品牌的满意度。当某企业或某品牌的产品或服务的价格上调时,客户如果表现出很强的承受能力,那么表明客户对该企业或该品牌肯定不是一般的满意;相反,如果出现客户的流失与叛离,那么说明客户对该企业或该品牌的满意度是不够高的。

总之,客户满意是一种暂时的、不稳定的心理状态,为此,企业应该经常性地测试,如可经常性地在现有的客户中随机抽取样本,向其发送问卷或打电话,向客户询问:对企业的产品或服务是否满意?如果满意,达到了什么程度?哪些方面满意?哪些方面不满意?对改进产品或者服务有什么建议?如果客户的满意度普遍较高,那么说明企业与客户的关系是处于良性发展状态的,企业为客户提供的产品或服务是受欢迎的,企业就应再接再厉,发扬光大;反之,企业则需多下功夫、下大力气改进产品或者服务。

二、如何让客户满意

如果企业能够掌握甚至引导客户的期望,那么就可以用最小的代价——让客户感知价值稍稍超出客户期望一点点,就能够获得客户的满意。这既是最经济的思路,也是最科学的思路。

(一) 把握客户期望

我们知道,如果客户期望过高,一旦企业提供给客户的产品或服务的感知价值没有达到客户期望,客户就会感到失望,导致客户的不满。可见,过高的期望在无形中会增大企业的服务成本,如此一来,企业的努力是事倍功半之举,因为负责的企业总不能让客户乘兴而来,扫兴而归。但是,如果客户期望过低,可能就没有兴趣来购买或者消费企业的产品或服务了。看来,客户期望过高、过低都不行,企业必须对客户期望加以把握。那么,如何把握客户期望呢?

1. 以当前的努力培育良好的客户期望

客户以往的消费经历、消费经验、消费阅历,客户的价值观、需求、习惯、偏好、消费阶段,他人的介绍,这三个影响客户期望的因素都属于企业不可控的因素,企业可以直接作为的余地和机会不大。但是,如果企业能够认真做好当前的工作,从身边的事情做起,从小事做起,从细节做起,努力使客户得到满意的产品或服务,长此以往、坚持不懈就能够使客户逐渐形成对企业良好的印象与口碑,进而使客户形成对企业的良好期望。

2. 不过度承诺,留有余地地宣传

在一定的感知水平下,如果企业的承诺过度,客户的期望就会太高,从而会造成客户感知与客户期望的差距,因此降低客户的满意水平。人们对承诺捐赠却没有兑现的企业的满意程度,远大于未捐赠也未提捐赠的企业,就说明了这一点。可见,企业要根据自身的实力进行恰如其分的承诺,只承诺能够做得到的事,而不能过度承诺,更不能欺诈客户。承诺如果得以实现,将在客户中建立可靠的信誉。正如IBM所说:"所做的超过所说的且做得很好,是构成稳固事业的基础。"如果企业在宣传时恰到好处并且留有余地,或者干脆丑话说在前头,使客户的预期保持在一个合理的状态,那么客户感知就很可能轻松地超过客户期望,客户就会因感到"物超所值"而"喜出望外",自然对企业十分满意。

> 创业小案例

EMUI10 照常升级，给华为用户吃下定心丸

"七年前当华为开始做 EMUI1.0 版本的时候，我们就定下了一个目标：始终围绕着消费者的体验提升去做我们的软件。这个初心在多年的路程上从来没有变过。"华为消费者 BG 软件总裁王成录说。

从 EMUI10 的升级可以看出，华为向前兼容老机型所做出的巨大投入，以及对消费者负责任的态度。我们知道，手机操作系统向前兼容老机型对于所有厂商都是一个巨大的挑战，兼容的机型越多，开发的工作量也就越大。同时，如果老机型升级新版本系统后会有新机一样的体验，那么也会影响老用户更换购买新机。所以，很多厂商并不愿意投入太多的成本在对老机型升级这件事上下功夫，甚至有的厂商在发布新机的时候，还会限制老机型的功能，促进老用户购买新机。但是华为的出发点只有用户体验，EMUI 每一次迭代会覆盖更多的机型。

"把技术与消费者价值连接起来，如果一个技术不能够给消费者的体验带来贡献，这样的技术是没有价值的。"王成录团队在升级 EMUI 的时候，所有的决策都围绕消费者价值来进行。

（案例来源：https://m.toutiaocdn.com/i6725371337688220174/）

银座商城用承诺和言行引领顾客放心消费

作为一家建筑面积 13 万平方米、经营 15 万种商品的大型消费场所，银座商城充分考虑各个消费环节，组织全员参与，通过完善制度、创新消费服务形式，用承诺和言行营造出了"放心消费在银座"的良好氛围。

在放心消费创建过程中，银座商城严格根据市、区创建"放心消费"工作要求，制订了放心消费员工培训计划，对外公示"六保一奖"服务承诺、"一个月无理由退换、八分钟无障碍办结"商品退货服务承诺。常态开展"银座邀您来监督"活动，通过微信公众号、消费后服务评价留言、服务监督电话、邮箱等多种渠道获知顾客意见及建议，第一时间反馈整改，提升顾客满意度。大型消费场所消费环境相对复杂，银座商城为保证创建放心消费无死角，动员全体员工参与，提高责任意识，优化消费环境，保护消费者的合法权益。

银座商城总经理李小彦介绍，银座商城把放心消费创建工作融入了商品销售的所有环节中。售前，严把商品质量关，坚持开展全员每日"质检 5 分钟"，为消费提供放心产品；售中，商城定期开展顾客调研，通过"一对一访问式"调查和 UMU 线上调查，了解顾客满意度及购物习惯，不断改进工作提升顾客满意度；售后，对外公示投诉电话，直面接受消费者的监督，建立投诉处理首问责任制度，由商城顾客接待室全面协调妥善处理每一起消费者投诉，做到了有诉必接、有报必查、快速处置、件件要落实、事事有回音，全力配合行政部门妥善处理投诉问题，维护消费者合法权利。

（案例来源：http://k.sina.com.cn/article_5328858693_13d9fee450200117c0.html）

3. 通过价格、包装、有形展示等来影响客户期望

企业可以通过制定合适的价格来影响客户期望，如果试图使客户形成高期望就可以定高价格。企业也可以通过包装、有形展示等来影响客户期望，如果试图使客户形成高期望值就应该通过精美豪华的包装、高档的装修、现代化的设施与装备等来实现。例如，零售机构处在繁华的地段提示零售的商品档次不会低，而整洁的环境又提示严谨的作风，统一的着装、标准化的服务、热情的招呼、举止的文明也提示服务机构格调的高雅。此外，满目的证书

和奖状、冠有"××之星""××标兵""××模范"称号的机构和人员,也会增加客户的期望。当然,如果企业试图使客户的期望不那么高,相应地,价格、包装、有形展示等也就不应该过高、过好、过考究。

总之,企业要提高客户满意度,就必须采取相应的措施来引导甚至修正客户对企业的期望,让客户的期望值在一个对企业有利的恰当的水平,这样既可以吸引客户,又不至于让客户因为期望落空而失望,产生不满。

(二) 让客户感知价值超越客户期望

如果企业善于把握客户期望,然后为客户提供超期望的感知价值,就能够使客户产生惊喜,这对于提高客户满意将起到事半功倍的作用。例如,一对已经相处了多年的恋人,在过去几年的情人节当天,先生总是送女士9朵玫瑰。而今年男士送她99朵玫瑰,这大大超出了她的预期,她会怎样呢——她高兴地几乎跳了起来!

提高客户的感知价值可以从两个方面来考虑:一方面,增加客户的总价值,包括产品价值、服务价值、人员价值、形象价值;另一方面,降低客户的总成本,包括货币成本、时间成本、精神成本、体力成本。企业要使客户获得的总价值大于客户付出的总成本,这样才能提高客户的感知价值。

1. 增加客户的总价值

(1) 提升产品价值

美国哈雷摩托车公司就是始终坚持质量第一的信念,其对产品质量的要求是苛刻的。在工业化批量生产、追求规模效应的今天,哈雷公司仍然坚持手工工艺和限量生产,从而使每一辆哈雷车的品质都很过硬,给每一位车迷都留下坚固、耐用、物有所值的满足感。

众多世界品牌的发展历史告诉我们,客户对品牌的满意,在一定意义上也可以说是对其质量的满意。只有过硬的质量,才能提升客户的感知价值,才能真正在人们的心目中树立起金字招牌,受到人们的爱戴。所以,企业应保证并不断地提高产品的质量,使客户满意建立在坚实的基础上。

【创业语录】

质量是通用提升客户忠诚最好的保证,是通用对付竞争者的最有利的武器,是通用保持增长和盈利的唯一途径。

——通用电气公司前总裁韦尔奇

为客户提供定制的产品或服务,根据每个客户的不同需求来制造产品或者提供服务,其优越性是通过提供特殊的产品或超值的服务来满足客户需求,提高客户的感知价值,从而提高客户的满意度。例如,联想4S店可根据顾客要求接受私人定制,通过喷绘、激光等技术抛弃千篇一律的外观,帮助顾客拥有专业高效且艺术个性的笔记本。

◎ **创业小案例**

格力推出定制化AI智能语音空调"月亮女神"

格力推出了定制化的AI智能语音空调"月亮女神",可通过声音对空调进行管理,再也不会为半夜找不到遥控而受冻了。宣称,"月亮女神"搭载基于海思SoCWi-Fi IoT芯片的荣邦智能AI语音模组方案正式量产,搭载于格力电器的AI语音空调"月亮女神"。这次基于国产自主物联网操作系统、海思 Wi-Fi SoC 研发的控制器模组,在智能家居领域的应用意义重大,100%国产化产品,并在家电行业首次成功应用,填补了行业空白。所有智能家居设备,都离不开芯片原厂和品牌方的共同努力,唯有上下游同心,才能为消费者打造出真正的"智慧"生活。

(案例来源:http://m.elecfans.com/article/1448645.html)

(2)提升服务价值

随着购买水平的提高,客户对服务的要求也越来越高,服务的质量对购买决策的影响越来越大,能否给客户提供优质的服务已经成为提高客户的感知价值和客户满意度的重要因素。这就要求企业站在客户的角度,想客户所想,在服务内容、服务质量、服务水平等方面提高档次,提升客户的感知价值,进而提高客户的满意度。

创业小案例

携程升级服务理念"HEAT":试运行 5 个月客户少等待约 30 万分钟

携程集团在其举办的第四届"616 客服节"上发布《2021 旅行服务大数据》,在 2021 年携程用户高频问题 TOP10 中,"到×××地需要做核酸检测吗?"位列首位。不同地域用户的旅行服务需求各具特色。

针对不断个性化的服务需求,携程宣布将再次升级客户服务理念为"HEAT",即"Heartwarming 暖心、Effortless 简单、Active 主动、Trust 信任"。

随着客户旅行服务需求的不断变化和个性化,携程全新升级的"HEAT"服务理念,服务目标包括携程客户和合作伙伴,执行方向包括系统设计和服务设计,都追求提供"暖心、简单、主动、信任"的服务,做到行知合一。

"HEAT"服务理念要求携程客服以真诚温暖对待每一位用户;必要时能够跳出流程,解用户之所急,用服务填补规则缝隙;有别于"挂断电话后凡事与我无关"的客服体验,携程还要求客服员工要能够预见客户可能会产生的连带需求并主动询问;全新升级后的服务理念还保持了携程一贯坚持的"信客"原则,相信和理解客户需求的合理性并能以同理心为客户找到最佳解决方案。

据了解,"HEAT"服务理念试运行 5 个月以来,携程客服收获好评次数同比提升约 10%。其中,一次性解决客户需求的平均值高达 95%,同比提升约两位数;为用户减少等待时长约 30 万分钟;为客户挽回经济损失高达约 3 亿元。

(案例来源:https://www.360kuai.com/pc/93a0f695e23b1e3d8?cota=3&kuai_so=1&tj_url=so_vip&sign=360_57c3bbd1&refer_scene=so_1)

桂林机场逸飞祥贵宾服务部升级"舌尖上的美味"

逸飞祥结合目前服务工作的实际情况,打造"有品质、有温度、有内涵"的品牌服务,对餐食服务进行更新,升级"舌尖上的美味"。引进了老盐街的桂林鲜米粉,让贵宾旅客品尝正宗桂林味道;饮品方面新增了美式冰咖、坚果酸奶杯、干果茶和解暑绿豆沙,满足各年龄层及各类人群的需求。下一步,逸飞祥将持续从营造温馨环境、推出特色餐饮入手,优化提升"五觉"服务品牌,让旅客在旅途中尽享"舌尖上的美味"。

(案例来源:http://www.caacnews.com.cn/1/5/202106/t20210625_1326353.html)

(3) 提升人员价值

提升人员价值包括提高"老板"及全体员工的经营思想、工作效益与作风、业务能力、应变能力以及服务态度等。优秀的人员在客户中享有很高的声望,对于提高企业的知名度和美誉度、提高客户的感知价值及客户的满意度都具有重要意义。例如,北京王府井百货大楼优秀营业员张秉贵以"一团火"精神热心为客户服务,创立了闻名全国的"张秉贵品牌"。

企业可以通过培训和加强管理制度的建设来提高员工的业务水平,提高员工为客户服务的娴熟程度和准确性,提高客户的感知水平,进而提高客户的满意度。例如,星巴克对员工进行深度的专业训练,使每位员工都成为咖啡方面的专家,他们被授权可以和客户一起探讨有关咖啡的种植、挑选和品尝,还可以讨论有关咖啡的文化甚至奇闻、轶事,以及回答客户的各种询问,所以,客户在星巴克能够获得很高的人员价值。

(4) 提升形象价值

企业是产品与服务的提供者,其规模、品牌、公众舆论等内在或外部的表现都会影响客户对它的判断。企业形象好,会形成对企业有利的社会舆论,为企业的经营发展创造一个良好的氛围,也提升了客户对企业的感知价值,从而提高对企业的满意度,因此企业应高度重视自身形象的塑造。企业形象的提升可通过形象广告、公益广告、新闻宣传、赞助活动、庆典活动、展览活动等方式来进行。

> **创业小案例**
>
> ## 从无名之辈到火遍全国,茶颜悦色是如何爆火的?
>
> 最近,茶颜悦色又火了!
>
> 4月2日,为给同为长沙特色名片的文和友应援,仅解锁武汉、长沙、常德的茶颜悦色来到了深圳,开了一家3个月就闪的"快闪店"。当天凌晨4点,深圳文和友的门前早已聚集了许多慕名而来的排队者。下午临近饭点,排队取号的人数已经突破5万人。
>
> 排队8个小时、一杯奶茶被炒到150元到黄牛扎堆,茶颜悦色凭什么这么火爆?
>
> **一、认真打磨产品和服务,坐实长沙名片的身份**
>
> 之前在茶颜悦色还深居长沙时,有网友发起万人血书,请愿茶颜悦色向外扩展,但品牌并未立即行动。即使在去年扩张了,也选择在距离长沙不是很远的常德和武汉。
>
> 用茶颜悦色创始人吕良的说法是"不敢出城",实际上茶颜悦色之所以深扎长沙那么多年,就是因为其一直在打磨产品、服务等,以此来不断沉淀品牌口碑。
>
> **1. 做一杯独具特色的茶饮**
>
> 在奶茶界,各大品牌的产品大同小异,去掉包装之后,很难分清是哪家的茶饮。面对如此同质化的产品,茶颜悦色提出了中茶西做的新颖概念,"鲜茶+奶+奶油+坚果碎"的产品设计,不仅赋予了用户丰富的口感体验,而且品牌坚持中式茶搭配西式料的极简风,赋予了产品新奇的形态,让茶颜悦色成为奶茶界的一股清流,在一众水果茶、奶盖茶中脱颖而出。
>
> **2. 用优质产品回馈用户的喜欢**
>
> 除了用独具特色的茶饮,在用户心中形成差异化认知,与竞争对手区别开来之外,茶颜悦色在产品用料上也堪称良心,采用鲜茶加鲜奶的做法,只需15元左右就能享受到锡兰红茶、雀巢鲜奶、动物奶油以及进口品质坚果的品质茶饮。
>
> 另外,现如今很多茶饮品牌都采取加盟店,而茶颜悦色为保证产品质量不下降,坚持采用直

营店的模式,力求用优质产品来回馈用户的喜欢,并构建自身的竞争壁垒。

3. 用诚意服务打动用户

众所周知,海底捞凭借极致的服务跑赢了许多竞争对手。

在一众新式茶饮品牌中,茶颜悦色的服务可以说是奶茶界的"海底捞",比如门店自备雨伞、创可贴等东西,在顾客急需时雪中送炭,虽是细小物件却展现了品牌的细心与贴心。值得一提的是,茶颜悦色还独创了给予任何一位顾客一杯鲜茶的永久求偿权——不管是什么时候买的茶,只要觉得不好喝,可以在任意一家门店要求重做一杯。就像去年,武汉某个小区团购了长沙的茶颜悦色,但因长途跋涉之后,口感下降,并不符合预期。茶颜悦色看到舆论后,立马回应,不仅不回避跨境购买影响口感这一事实,还提出了补救方案,该顾客可以凭借凭证届时在武汉店获取小礼品,来弥补糟糕的消费体验。

这些都让人们感受到了茶颜悦色背后极致真诚、用心的服务理念。

茶颜悦色数年来认真打磨产品与服务,既让其成为长沙的特色名片,可以与橘子洲头等相提并论,这种稳扎稳打的精神,为其积累了坚厚的实力,也让品牌往其他城市走得更自信。

二、瞄准古风国潮,将品牌差异化形象植入用户心智

茶颜悦色之所以发展这么快,并受到年轻人的青睐,除了产品和服务经营哲学外,也离不开品牌IP形象的差异化打造。

1. 借助包装营销,形成用户对品牌的第一印象

在颜值即正义的今天,茶颜悦色深谙品牌形象意味着传播力。一方面,在品牌标识层面,茶颜悦色的品牌LOGO采用极具江南特色的古代女子形象。甚至店面的装饰,也是满满的中国风气息,比如,"新中式实验"系列概念店广泛运用传统文化,太平老街的"好多鱼"概念店就在店面设计中运用《海错图》元素。

另一方面,产品上,茶颜悦色对于茶饮的起名堪称一绝,像"幽兰拿铁""人间烟火""蔓越阑珊"等,与古诗词息息相关。并且产品包装上,品牌以古代名画加文案组成,为将包装做得更具品质和特色,茶颜悦色还与当代艺术家合作,投入不菲。无论品牌标识,还是产品杯身,甚至门店装饰,茶颜悦色都深扎中国传统文化,用国风撬动年轻人注意力,在用户心中构建差异化认知。

2. 打造周边产品,占领用户心智

像星巴克、喜茶、奈雪的茶等很多品牌都爱好打造周边产品,不仅仅是因为周边产品可以为品牌带来额外的营收,更是因为周边可以强化品牌在用户心中的印记。比如,茶颜悦色的周边产品,继承文创风格,各式茶杯、帆布袋、雨伞、明信片上,不仅采用了中国传统文化的风格,还几乎涵盖用户生活用品的方方面面。茶颜悦色的目的就是,时刻占据用户的视线,从而将品牌的国风印象植入用户脑海中,占领用户心智。

3. 巧借联名营销,增强用户对品牌的认同感

联名营销是当下品牌屡试不爽的营销手段。不同于喜茶、奈雪的茶频繁的品牌联名,茶颜悦色深挖不同城市的文化底蕴,以城市为根据来做联名,赋予品牌不同的城市印记,比如,茶颜悦色推出的"弗兰茶",在包装设计上融入了叠植、石门、古丈和安化这四个地方的人文元素,使小小茶包充满城市的烟火气。

至此,在品牌深耕中国传统文化的基础上,茶颜悦色融合了更多的国潮元素,不断拓展和丰富品牌的文化价值和内涵,由此也增强了用户对品牌的认同感。

总的来讲,国潮风吹起的不只是年轻人颜值至上的时尚意识,更是一种精神层面的认同感。茶颜悦色之所以能够成功调动起年轻人的胃口,就是因为它这些根植于中国文化基础上的玩法,

满足了年轻人对文化自信和潮流时尚的双重追求。

（案例来源：https://www.163.com/dy/article/G8CI0SQP0514X2OL.html）

2. 降低客户的总成本

（1）降低货币成本

合理地制定产品价格也是提高客户感知价值和满意度的重要手段。因此，企业定价应以确保客户满意为出发点，依据市场形势、竞争程度和客户的接受能力来考虑，尽可能做到按客户的"预期价格"定价，千方百计地降低客户的货币成本，坚决摒弃追求暴利的短期行为，这样才能提升客户的感知价值，提高客户的满意度。

例如，沃尔玛在与供应商的关系方面，绝对站在消费者采购代理的立场上，苛刻地挑选供应商，顽强地讨价还价，提出"帮客户节省每一分钱"的宗旨，提出了"天天平价、始终如一"的口号，并努力实现价格比其他商品更便宜的承诺，这无疑是使沃尔玛成为零售终端之王的根本所在。

（2）降低时间成本

也就是在保证产品与服务质量的前提下，尽可能减少客户的时间支出，从而降低客户购买的总成本，提高客户的感知价值和满意度。

例如，世界著名的花王公司在销售其产品的商场中安装摄像头，以此来记录每位客户在决定购买"花王产品"时所用的时间。"花王公司"根据这些信息改进了产品的包装和说明，对产品摆设进行重新布置以及调整产品品种的搭配，让客户可以在最短时间内完成消费行为。经过产品摆设的重新布置和品种调整后，客户决定购买花王洗发精所用的时间比过去少了40秒。

（3）降低精神成本

降低客户精神成本最常见的做法是推出承诺与保证。例如，汽车企业承诺永远公平对待每一位客户，保证客户在同一月份购买汽车，无论先后都是同一个价格，这样今天购买的客户就不用担心明天的价格会更便宜了。

（4）降低体力成本

如果企业能够通过多种销售渠道接近客户，并且提供相关的服务，那么就可以减少客户为购买产品或服务所花费的体力成本，从而提高客户的感知价值和满意度。

对于装卸和搬运不太方便、安装比较复杂的产品，企业如果能为客户提供良好的售后服务，如送货上门、安装调试、定期维修、供应零配件等，就会减少客户为此所耗费的体力成本，从而提高客户的感知价值和满意度。

总之，企业要实现客户满意，就必须把握客户期望、提高客户的感知价值，同时使客户感知价值超越客户期望，那么，客户就必然满意。

第四节 挽回流失的客户

学习提示

本节从客户流失的原因，区别对待不同的流失客户等角度入手，介绍如何挽回流失的客户。

一、客户的流失

客户流失是指客户由于种种原因不再忠诚,而转向购买其他企业的产品或服务的现象。随着科学技术的发展和企业经营水平的不断提高,产品和服务的差异化程度越来越低,市场上雷同、相近、相似的产品与服务越来越多,竞争品牌之间的差异也越来越小,客户因改变品牌所承受的风险也大大降低了,因此,当前企业普遍存在客户易流失的特点。客户流失的原因除了有企业自身的原因外,还有客户本身的原因。

二、区别对待不同的流失客户

由于不是每一位流失客户都是企业的重要客户,所以,如果企业花费了大量时间、精力和费用,留住的只是使企业无法盈利的客户,那就不值得了。因此,在资源有限的情况下,企业应该根据客户的重要性来分配投入挽回客户的资源,挽回的重点应该是那些最能盈利的流失客户,这样才能实现挽回效益的最大化。针对不同级别的流失客户,企业应当采取的基本态度如下:

(一) 对流失的关键客户要极力挽回

一般来说,流失前能够给企业带来较大价值的客户,被挽回后也将给企业带来较大的价值。因此,给企业带来价值大的关键客户应该是极力挽回工作的重中之重,他们是企业的基石,失去他们,轻则会给企业造成重大的损失,重则伤及企业的元气。

所以,企业要不遗余力地在第一时间将关键客户挽回,而不能任其流向竞争对手,这也是企业必须做和不得不做的事情。

(二) 对流失的普通客户要尽力挽回

普通客户的重要性仅次于关键客户,而且普通客户还有升级的可能,因此,对普通客户的流失要尽力挽回,使其继续为企业创造价值。

(三) 对流失的小客户可见机行事

由于小客户的价值低,对企业又很苛刻,数量多且很零散,因此,企业对这类客户可采取冷处理,顺其自然,如果不用很吃力,或者是举手之劳,则可以试着将其挽回。

(四) 彻底放弃根本不值得挽回的劣质客户

例如,以下情形的流失客户就根本不值得挽回:

- 不可能再带来利润的客户。
- 无法履行合同规定的客户。
- 无理取闹、损害了员工士气的客户。
- 需要超过了合理的限度,妨碍企业对其他客户服务的客户。
- 声望太差,与之建立业务关系会损害企业形象和声誉的客户。

……

总之,对有价值的流失客户,企业应当竭力、再三挽回,最大限度地争取与他们"破镜重圆""重归于好"。对其中不再回头的客户也要安抚好,使其无可挑剔、无闲话可说,从而有效地阻止他们散布负面评价而造成不良影响,而对没有价值甚至负价值的流失客户则抱放弃的态度。

三、挽回流失客户的策略

客户的维护需要"组合拳",需要一系列组合策略,缺一不可,而客户关系的挽救则可以从"点"上着眼,找出客户流失的原因及关系破裂的症结,然后对症下药,有针对性地采取有效的挽回措施,就能事半功倍。

(一)挽回流失客户的重要性

假设公司有 1 000 名客户,每年的客户忠诚度是 80%,算是比较高的了,那么第二年还留下来的客户就是 800 名,第三年就是 640 名,第四年就是 512 名。也就是说,四年后,只有一半的客户还忠诚!多可怕!对流失客户的挽回工作多么重要!可见,在客户流失前,企业要防范客户的流失,极力维护客户的忠诚,而当客户关系发生破裂、客户流失成为事实的时候,企业不应该坐视不管、轻易放弃他们,而应当重视他们,积极对待他们,"亡羊补牢",尽力争取挽回他们,尽快恢复与他们的关系,从而促使他们重新购买企业的产品或服务,与企业继续建立稳固的合作关系。

> **创业小案例**
>
> **齐河农商银行:多措并举,贷后管理显实效**
>
> 贷后管理是信贷管理的最终环节,良好的贷后管理可以有效控制风险,对于确保银行贷款安全和案件防控具有至关重要的作用,一个高效完善的贷后管理能帮助我们有效化解风险、减少损失。
>
> 收集资料信息,及时掌握客户动态。贷款发放后要及时对客户的各项情况进行定期检查,一方面做好贷前准备,通过互联网查询客户的营业执照及年检状态、法院执行信息等重要信息以便现场重点问询。另一方面收集公司客户近期财务凭证、个人客户账户流水等资料,实地回访。
>
> 加强客户联系,有效降低客户流失率。定期开展贷后管理,平时注意与客户联系,针对客户需求,推荐适合客户的金融产品,对客户反馈的问题,协调解决,及时满足客户需求,增加客户黏性。
>
> 拓展客户渠道,获取更多客户。对客户进行贷后管理时,信贷经理能直接获得客户的反馈,及时发现自身的问题并做出改进,为客户提供更好的服务,提升客户满意度,从而推动客户转介绍,帮助获得更多的客户。同时与客户接触的时候,有意识地了解客户的家人、朋友、同事等的资金需求,重点营销,拓宽自己的客户渠道。
>
> 及时发现风险,减少贷款损失。贷后检查完成后应当撰写风险报告,将现场回访资料信息和记录整理成详尽信息报告,以便客户续贷时及时调阅。加强风险预警与提示,将有风险的客户信息以及发现的风险点整理汇报给上级领导。检查完毕及时归档,形成环环相扣的完整档案。
>
> (案例来源:https://www.toutiao.com/group/6888905363920421389/)

(二)调查原因,亡羊补牢

如果企业能够深入了解、弄清楚客户流失的原因,就可以获得大量珍贵的信息,发现经营管理中存在的问题,就可以采取必要的措施,及时加以改进,从而避免其他客户的再流失。相反,如果企业没有找到客户流失的原因,或者需要很长的时间才能找到流失的原因,企业就不能及时采取有效措施加以防范,那么这些原因就会不断地"得罪"现有客户而使他们最终流失。因此,企业要在第一时间积极地与流失客户联系,了解流失的原因,弄清问题究竟出在哪里,并虚心听取他们的意见、看法和要求,让他们感受企业的关心。企业只有充分考虑流失客户的利益,并站在流失客户的立场上,对不同特点的流失客户进行及时的、有针对性的、个性化的沟通,这样才可能挽救破裂的客户关系。

例如,IBM 公司就非常重视老客户的保留,当一个客户流失时,IBM 公司会尽一切努力去了解自己在什么地方做错了——是价格太高、服务不周到,还是产品不可靠,等等。公司不仅要和那些流失客户谈话,而且对每一位流失客户都要求相关的营销人员写一份详细的报告,说明原因并提出改进意见,并且采取一切办法来恢复客户关系,从而控制客户的流失率。

创业小案例

2 个月流失 800 万用户,中国移动绝地反击,4 大特权挽留老用户

移动作为中国通信行业出现得最早,实力也最强大的运营商,长期霸着运营商之首的位置。根据最新数据显示,移动的用户数量超过 9 亿,联通和电信两家的用户数加起来都还比移动少将近 2 亿!除此以外,固网宽带上移动也保持着高速发展,用户增长率将联通和电信两家远远甩在身后!

照理说用户数这么庞大的移动应该是很受用户追捧的。然而事实上,由于移动用户在对待新老客户上有"两副面孔",例如对待老客户进行流量限速、乱收费,对待新客户则是低价套餐无限流量,这种行为造成大部分用户的不满,被广大用户吐槽为"杀熟"。

此外,联通电信近些年推出很多资费优惠的互联网套餐,而移动仍然保持着传统的套餐,在此情况下,移动的处境又增艰难。根据移动经营报告显示,2018 年前两个月累计流失了 800 多万客户。虽说运营商的霸主地位暂时不可撼动,但是在用户大批流失的情形下,中国移动的财报数据并不好看,移动不得不想些法子来挽留自己的用户。

近期中国移动动静不小,移动针对老客户,推出 4 个特权回报,凡是 10 年没换号的老用户,都将获得该特权!第一,是最受用户喜爱的免停机待机时长特权。过去最让用户困扰的一件事,肯定包括欠费即直接停机。大多数用户有时欠费仅 1 毛 2 毛,没有及时去缴费,没多久就会发现被停机了!如果这时候处在没有无线网络的环境下,被停机就显得更加尴尬。而这个特权,给了老用户即便欠费,也还有 72 小时的停机待机时长,不会立即停机。

第二,便是网龄特权。10 年以上的老用户可以在中国移动推出免费赠送流量的活动的时候,比新用户获得更多的流量;而对于新的 5G 套餐,老用户也能凭着网龄获得同级别的低折扣。

第三则是免费宽带特权。早前工信部发表了"将于今年在全国范围内开放携号转网业务"的消息,这个消息一度让用户数量庞大的中国移动头疼。在免费宽带特权中,中国移动推出,只要老用户能够接受时长 2 年的合约期,且拒绝携号转网、更换套餐消费,就能免费享受宽带。而新用户想要获得免费宽带,则要先跨过套餐门槛。这个特权也在某种程度上解决了工信部条件下的新用户的流失。

第四是免费升级套餐的特权。老用户可以免费升级套餐,但升级套餐当然不仅仅是升级套餐内容那么简单,套餐消费自然也要同比增长的。

(案例来源:https://m.toutiaocdn.com/i6812221189327421964/)

(三)"对症下药",争取挽回

"对症下药"就是企业要根据客户流失的原因制定相应的对策,以挽回流失的客户。例

如，针对价格敏感型客户的流失，应该在定价策略上采取参照竞争对手的定价策略，甚至采取略低于竞争对手的价格，这样流失掉的客户自然而然会自己跑回来。针对喜新厌旧型的客户的流失，应该在产品、服务、广告、促销方面多一些创新，从而将他们吸引回来。

企业要根据实际情况，参照流失客户的要求，提出解决具体方案，并告诉他们正是基于他们的意见，企业已经对有关工作进行了整改，以避免类似的问题再次发生。如果流失客户仍然对整改方案不满意，可以询问他们的意见，向客户讨教，最后抓紧实施流失客户认可的方案，真心实意地解决问题，这样就可以打动他们促使流失客户回头。

例如，随着健康观念的增强，中国消费者认识到洋快餐导致肥胖，在这种观念的影响下肯德基的部分客户流失。肯德基通过产品创新及推广活动，使品牌与健康、运动紧密结合，并且向"均衡营养、健康生活倡导者"转化，从而挽回了流失的客户。

◎ 创业小案例

绿茶餐厅为何能火10年？一招挽回两成排队流失客

多年来，绿茶餐厅以别致的环境和高性价比，吸引着一波又一波的年轻客流，他们是快时尚餐厅的典型。无论在一线还是二线城市，绿茶餐厅的生意一如既往的火爆，因此排队长成了难以突破的现状。绿茶餐厅开始寻求新的改变，在互联网的大潮下，他们能找到适合的经营密码吗？这条餐饮数字化全链路正在绿茶的经营中逐渐完善。

绿茶餐厅是全国知名的餐饮连锁品牌，在全国已有80家连锁门店。据数据统计，其单店日均客流超过1 500人次。从第一家绿茶餐厅开始，他们对餐饮的定位就是高性价比，这也成为绿茶十年来经营路上最重要的策略之一。

互联网的发展让绿茶开始思考，如何能在保证服务的同时提高效率。事实上，绿茶早就开始尝试扫码点单、在线支付等新技术，通过一系列试水来最大程度地节省时间和人力成本、提高翻台率。

口碑宣布，率先在杭州试点"预订"功能，满足消费者提前预订的就餐需求。杭州的绿茶、外婆家、一席地、潮牛海记、澳门豆捞等近千家餐厅纷纷上线预订业务。绿茶成了第一批预订的试水者。上线仅一个月，门店的闲时顾客量就有相较明显的提升，数据显示，闲时段的订单量增长超过17%。不少消费者在高峰期就餐，但通过预订提前在线点餐，只需到店就可以就餐，提升了餐厅高峰期的翻台率。

"每天的午市晚市都是绿茶的高峰期，尤其周末排队明显，有数据显示，接近四成排队用户会流失，所以对分散高峰期客流从而减少流失、提升次高峰是非常急切的诉求。"绿茶线上负责人解释，通过提前预订可以在高峰期适当引导用户预订点菜，提前支付锁定排队客人，从而挽回两成的排队流失客户。

几年前，绿茶开始尝试扫码点餐。有数据统计，使用传统纸质菜单往往需要10分钟才能下单，而通过口碑平台的扫码点餐，消费者可以通过手机直接下单，平均每桌可以缩短5分钟的点餐时间。同时，在支付环节，消费者无须等待，只需要通过支付宝等线上支付自助买单，每桌可以节省接近5分钟的时间。

对于绿茶而言，在实现数字化的各个环节背后，更重要的是对会员行为可视化，从而通过数据化分析来帮助企业精细化运营。以预订为例，餐厅便可以通过两人位、四人位和六人位的需求，来根据数据定期调整，提高餐厅的空间利用率。同时可以通过会员的身份标签，来针对不同用户特征、不同的场景及位置推出不同的优惠券，提升消费者的服务体验。

（案例来源：https://www.toutiao.com/i6697014948054172174/）

海尔的服务理念是什么？

海尔负责人张瑞敏说：企业生存和发展的关键在于有一个发展的理念。那么海尔的服务理念是什么？海尔的服务理念与品牌意识值得借鉴。

如果没有一个发展思路，就很难在激烈的市场竞争中发展。企业没有好的想法，就没有出路，企业就没落了。所有企业缺少的不是日常管理，而是远见和思考，也就是总经理发现问题、抓住机会进行战略管理的能力，现代服务业做到极致，这就是海尔的服务理念最简略的说法。

1. 海尔的质量意识。张瑞敏说，没有素质，今天就没有海尔了；如果当时我们不注重质量，海尔就不会有今天。抓质量管理就是从抓观念转变入手，搞好人的管理和"三全"管理。

2. 海尔的营销意识。张瑞敏说，促销是一种手段，营销是一种真正的策略。营销的目的是让推广变得没有必要。信誉是靠对用户的真诚来保证的，营销要达到这个目的。企业要不断开拓新的市场。假设市场是一块蛋糕，企业最好不要去争这块蛋糕，而是尝试再做一块蛋糕，自己享用。市场上有淡季也有旺季。海尔认为：只有淡季思想，没有淡季产品。

3. 海尔的品牌意识。张瑞敏说，没有名牌的企业只能是为别人加工产品的企业。没有自己的名牌，就没有自己的企业，没有自己的市场，没有自己的市场经济，就不会成为市场经济。什么是名牌？海尔认为，知名品牌不会被政府部门检测或评估。名牌只能在市场上生产，企业内部不应该有名牌的概念。根据国家规定，半米内无划痕，冰箱表面检查合格。海尔坚持要仔细观察，只有当他看不到划痕时，他才有资格。

4. 海尔的针对不同用户的意识。张瑞敏说，谁在市场上卖得快，卖得多，卖得贵，谁就是名牌。作为一个工厂，我们必须时刻想到为自己获得更多的利益，但也必须想到最大限度地满足消费者对产品价值的需求。满足双方需求是正常的市场行为。作为一个企业，我们必须去市场看看我们的产品是否真的是受欢迎的好产品。

海尔认为，只有开发和生产满足用户需求的产品，我们才能赢得市场，并领先于竞争对手。海尔提出，用户永远是对的，并努力付诸实践。例如，四川农民洗红薯洗得又快又干净，但洗衣机的出水管经常堵塞，所以海尔进行了技术改进，很快推出了一种可以洗红薯的洗衣机。

（案例来源：http://www.yjcf360.com/licaijj/734500.htm）

巩固与训练

案例分析

聚焦时代发展，创新让老凤祥"活"起来

随着社会的变革，"创新"和"发展"逐渐成为时代的主题，作为中国民族首饰业金字招牌的老凤祥，创立至今已经拥有了170多年的历史。百年企业的历练与沉淀，让老凤祥在文化传承与产品创新方面，都有着无可比拟的优势，它然成了中国珠宝首饰业的龙头企业。最近，大家时常谈起的"国潮"，又让老凤祥在珠宝行业火了起来。

1. 经典工艺结合时代发展 实现艺术新突破

经典的工艺技术，在老凤祥可谓代代传承。中国古代金银制品的制作技艺博大精深，老凤祥较为完整地汲取了中国传统手工制作技艺的精华，如：泥塑、翻模、制壳、焊接、精雕等，以及抬压、钣金、拗丝和雕琢等各种技法。鎏金，这一古老的工艺，也在老凤祥中保留着。在走向世界化的过程中，在"切削""弹压""焊接"等技术工艺中融合了西洋首饰的镶嵌制作技巧，自成一派，闻

名遐迩,成为质量可靠、款式优良的首饰技艺的代表,层出不穷的精美艺术品也正谱写了老凤祥大师文化与工匠精神在新时代的金色乐章。

2. 老品牌的转型发展,一代代人的圆梦过程

老凤祥在专注从事珠宝饰的基础上,将"国潮"融入腕表中,推出了老凤祥钟表。这既是当今民族自信带来的优势,也是老凤祥发展的必经之路。老凤祥正由传统的工艺业、制造业向创意产业、文化产业、时尚产业转型。钟表产品就是企业转型发展的产物。在钟表设计和工艺上,老凤祥真正做到了将文化、珠宝和腕表完美结合。近期推出的荷鲁斯之眼四件套就是件为成人礼量身打造的珠宝腕表礼盒,选择荷鲁斯之眼的图腾作为产品主设计灵感,将古埃及文明注入匠心独运的品牌灵魂,将中西文化完美融合,更加贴近年轻人的需求。

3. 科技创新发展新型珠宝销售模式门店

老凤祥在传承经典的同时,也在不断创新变革,在老凤祥时尚珠宝定制体验中心,我们不仅能看到各种设计师的作品展示,还能亲自体验互联网珠宝定制。其中,"互联网技术珠宝定制体验"通过多重互联网技术让消费者们享受全新的购物体验——通过VR沉浸式场景体验和3D虚拟试戴智能导购机,让消费者可以以独特视角参与到珠宝首饰的设计制作中去,还能让消费者在定制前就找准符合自身的风格的珠宝,购物体验生动又有趣。这也为百年老店老凤祥注入了一丝科技活力,让品牌更加年轻化。而老凤祥(东莞)珠宝镶嵌首饰基地更是引进了世界一流的德国3D首饰打印设备和日本的精密铸造机,打造了三条专业生产线、7S现场管理,迅速形成了年产50万件镶嵌饰品的产能,组建成国内一流黄金珠宝首饰自动化生产制造基地,打造了首饰行业"上海制造"的新高度。老凤祥与时俱进,真正让传统的文化"活"了起来。

回首老凤祥品牌的发展历史,是一个不断蜕变的过程。在将来,老凤祥也必将披荆斩棘,完成一次又一次的成长。

(案例来源: https://www.360kuai.com/pc/9a47f651cf33bb7ba? cota=4&kuai_so=1&tj_url=so_rec&sign=360_57c3bbd1&refer_scene=so_1)

案例思考题:

1. 老凤祥是怎样超越客户期望的?
2. 客户为什么会对老凤祥满意?

参 考 文 献

[1] 施永川.大学生创业基础[M].2版.北京：高等教育出版社,2020.
[2] 蔡余杰.命运共同体[M].北京：北京工业大学出版社,2017.
[3] 胡超.极简市场营销[M].北京：北京联合出版公司,2021.
[4] 张玉荣.浅析小米手机的渗透定价策略[J].商场现代化,2018(15)：42-43.
[5] 于刚.电商创业谨防四大误区[J].支点,2018(10)：86-87.
[6] 莱斯.精益创业：新创企业的成长思维[M].吴彤,译.北京：中信出版社,2012.
[7] 曹海涛.合伙创业：合作机制＋股份分配＋风险规避[M].北京：清华大学出版社,2019.
[8] 瑞德,萨阿斯瓦斯,德鲁,等.卓有成效的创业[M].李华晶,赵向阳,等译.北京：机械工业出版社,2020.
[9] 黄一帆,朱瑞丰.从0到1开公司：新手创业必读指南(实战强化版)[M].北京：人民邮电出版社有限公司,2020.
[10] 张玉利,薛红志,陈寒松,等.创业管理[M].5版.北京：机械工业出版社,2020.
[11] 霍洛维茨.创业维艰[M].杨晓红,钟莉婷,译.北京：中信出版社,2015.
[12] 罗斌.大学生创新创业法律知识概论[M].北京：北京师范大学出版社,2017.
[13] 张洪江.创业者的七堂法律必修课[M].北京：中国法制出版社,2016.
[14] 刘丹."互联网＋"创业基础[M].北京：高等教育出版社,2016.
[15] 魏炜,李飞,朱武祥.商业模式学原理[M].北京：北京大学出版社,2020.
[16] 孔德兰.创新创业财务知识读本[M].北京：高等教育出版社,2017.
[17] 席佳颖.创新创业实务[M].北京：机械工业出版社,2019.
[18] 余来文.创业融资[M].厦门：厦门大学出版社,2020.
[19] 杜海东.创业启动与运营(知识手册)[M].北京：清华大学出版社,2014.
[20] 淦南森,傅强.快乐创业——从0到1实战教程[M].北京：中国铁道出版社,2018.
[21] 王媚莎,陈飞飞.创业指导[M].北京：人民邮电出版社,2017.
[22] 贾德芳.创业团队建设与管理[M].北京：清华大学出版社,2021.
[23] 王静.创业策划及路演实训[M].北京：电子工业出版社,2020.
[24] 邓白君,黄洁琦,曹继娟,等.创业小白实操手册[M].北京：机械工业出版社,2020.
[25] 李变花,姬康.创新创业基础：跨界与融合[M].北京：北京师范大学出版社,2020.
[26] 汤历漫.从创意到创业[M].北京：中国经济出版社,2017.
[27] 苗苗,沈火明.创新创业创青春[M].北京：机械工业出版社,2019.

内 容 提 要

本书包括创业、创业精神与人生发展，创业者与创业团队，创业机会与风险，创业资源，创业计划，新企业的开办，创业初期的营销管理，创业初期的财务管理，创业初期的客户管理等九章内容。通过学习本教材，使学生掌握创业的基础知识和基本理论，熟悉创业的基本流程和方法，了解创业的法律法规和相关政策，激发学生的创业意识，提高学生的社会责任感、创业精神和创业能力，促进学生创业和就业全面发展。

图书在版编目(CIP)数据

大学生创业基础 / 范龙，戴玉主编. —南京：东南大学出版社，2021.9（2024.1 重印）
ISBN 978-7-5641-9690-5

Ⅰ.①大… Ⅱ.①范… ②戴… Ⅲ.①大学生-创业-高等职业教育-教材 Ⅳ.①G717.38

中国版本图书馆 CIP 数据核字(2021)第 195257 号

大学生创业基础(Daxuesheng Chuangye Jichu)

主　　编：	范龙　戴玉
出版发行：	东南大学出版社
社　　址：	南京市四牌楼 2 号　邮编：210096
出 版 人：	江建中
网　　址：	http://www.seupress.com
电子邮箱：	press@seupress.com
经　　销：	全国各地新华书店
印　　刷：	常州市武进第三印刷有限公司
开　　本：	787mm×1092mm　1/16
印　　张：	15
字　　数：	406 千字
版　　次：	2021 年 9 月第 1 版
印　　次：	2024 年 1 月第 3 次印刷
书　　号：	ISBN 978-7-5641-9690-5
定　　价：	44.80 元

本社图书若有印装质量问题，请直接与营销部联系。电话(传真)：025-83791830